汽车电器设备与维修

第 4 版

主　编　毛　峰

副主编　熊长炜

参　编　马　良　李亚鹏

　　　　陈先亮　刘　丰

机械工业出版社

本书是"十四五"职业教育国家规划教材。

本书主要内容包括：汽车电路图的识读与测试，蓄电池的使用与维护，发电机、起动系统、点火系统、照明与信号系统、仪表与报警系统、安全与舒适系统、汽车空调系统的检测与维修。本书以项目为载体，以任务驱动的形式组织现场教学，以丰田、大众等典型车系为具体案例，既将理论知识及岗位技能融于工作任务之中，又重点突出了学生岗位技能的培养。

本书可作为高等职业院校、高等专科院校、成人高校、民办高校汽车类专业的教学用书，也可作为社会从业人士的业务参考书及培训用书。

本书配有电子课件和工作单，凡使用本书作为教材的教师均可登录机械工业出版社教育服务网（www.cmpedu.com）注册后免费下载。咨询电话：010 - 88379375。

图书在版编目（CIP）数据

汽车电器设备与维修/毛峰主编 . —4 版 . —北京：机械工业出版社，2023.6（2025.6 重印）

ISBN 978-7-111-73357-7

Ⅰ.①汽⋯ Ⅱ.①毛⋯ Ⅲ.①汽车 – 电气设备 – 车辆修理 – 高等职业教育 – 教材 Ⅳ.①U472.41

中国国家版本馆 CIP 数据核字（2023）第 107369 号

机械工业出版社（北京市百万庄大街 22 号 邮政编码 100037）
策划编辑：张双国 责任编辑：张双国
责任校对：薄萌钰 张 薇 封面设计：严娅萍
责任印制：郜 敏
唐山三艺印务有限公司印刷
2025 年 6 月第 4 版第 6 次印刷
184mm×260mm·18.25 印张·451 千字
标准书号：ISBN 978-7-111-73357-7
定价：59.00 元

电话服务 网络服务
客服电话：010 - 88361066 机 工 官 网：www.cmpbook.com
 010 - 88379833 机 工 官 博：weibo.com/cmp1952
 010 - 68326294 金 书 网：www.golden - book.com
封底无防伪标均为盗版 机工教育服务网：www.cmpedu.com

前言 >>

由于汽车技术、材料及工艺不断变化，汽车电器设备的结构、原理及故障诊断与维修等内容也随之变化。为使课程内容与职业标准对接，本书在第3版的基础上进行了修订。

党的二十大报告关于职业教育在人才战略中的定位，明确了高等职业教育就是为国家产业结构优化升级、科技创新培养更多高技能人才及大国工匠。本书贯彻落实党的二十大精神，突出实践能力的培养，以职业活动为导向、工作任务为驱动、项目为载体，融"做、学、教"于一体，突出工作任务的实施过程。本书主要包括汽车电路图的识读与测试、蓄电池的使用与维护、发电机的检测与维修、起动系统的检测与维修、点火系统的检测与维修、照明与信号系统的检测与维修、仪表与报警系统的检测与维修、安全与舒适系统的检测与维修、汽车空调系统的检测与维修9个项目。

本书由东莞职业技术学院毛峰任主编并统稿，东莞职业技术学院熊长炜任副主编。参加本书编写的还有东莞职业技术学院马良、李亚鹏、陈先亮、刘丰。

本书在编写过程中，得到了东莞市辉途汽车服务有限公司技术总监魏荣造、东莞市汽车行业协会专家委员会主任肖对养提供的资料和技术支持，在此，对所有帮助和支持本书出版的同事、专家表示衷心的感谢。

由于编者水平有限，书中难免有疏漏和不妥之处，恳请读者批评指正。

编　者

二维码索引

（续）

目录 >>

绪 论 >>

汽车是由发动机、底盘、车身和电器4部分组成的。汽车电器与电子设备性能的好坏直接影响汽车的动力、经济、安全、可靠、舒适及废气污染等方面的性能。随着电子技术的发展，电子技术在汽车上的应用日益广泛，汽车零部件电子化的比例越来越高，而且已实现了汽车总成或系统的自动检测、自动诊断和自动控制。

一、汽车电器设备的组成

1. 电源部分

电源部分包括蓄电池和发电机（本书只介绍低压蓄电池，即传统燃油汽车的起动蓄电池和电动汽车的辅助蓄电池，统称蓄电池）。其中发电机为主电源，当发电机工作时，由发电机向全车用电设备供电，同时给蓄电池充电；蓄电池的主要作用是起动发动机时向起动机供电，当发电机不工作时向用电设备供电。

2. 用电设备

汽车上的用电设备很多，大致可分为起动系统，点火系统，照明与信号系统，仪表、报警与电子显示系统，安全与舒适系统及电子控制系统等部分。

（1）起动系统 用来起动发动机。

（2）点火系统 用来产生电火花，点燃汽油发动机内的可燃混合气；有电子点火系统和计算机控制点火系统两大类。目前，在电控发动机汽车上已广泛使用了计算机控制点火系统。

（3）照明与信号系统 照明装置包括车内、外各种照明灯及提供夜间安全行驶必要的灯光，其中前照灯最为重要；信号装置包括电喇叭、闪光器、蜂鸣器及各种信号灯，主要用来提供安全行车所必需的信号。

（4）仪表、报警与电子显示系统 仪表包括机油压力表、冷却液温度表、燃油表、车速里程表等；报警装置及电子显示装置用来监测汽车各系统的工况，比仪表更方便、直观。

（5）安全与舒适系统 包括电动刮水器、风窗洗涤器、汽车空调、安全气囊、中控门锁系统、电动车窗、电动后视镜及电动座椅等。

（6）电子控制系统 包括电子控制的燃油喷射装置、点火装置、防抱死制动装置、自动变速器等，可用来提高汽车的动力性、经济性、安全性及达到排气净化的目的。此项内容本书不作介绍。

3. 配电装置

配电装置包括中央接线盒、电路开关、保险装置、插接器和导线等。

二、汽车电器设备的特点

1. 低压

汽车用电设备的额定电压有直流 12V、24V 两种。汽油机汽车普遍采用直流 12V 电源，大型柴油机汽车多采用直流 24V 电源。

2. 直流

因为蓄电池是直流电源，所以汽车电器使用直流电。

3. 单线制

汽车上所有用电设备都是并联的，这样电源到用电设备只用一根导线连接，而用汽车的金属机体作为公共回路，这种连接方式称为单线制。由于单线制节省导线、电路清晰、安装与检修方便，并且用电设备不需与车体绝缘，因此被广泛采用。

4. 负极搭铁

采用单线制时，蓄电池的一个电极需接到车架上，俗称搭铁。若将蓄电池的负极接到车架上，就称为负极搭铁。目前，国际上各国生产的汽车基本上都采用负极搭铁。

项目1

汽车电路图的识读与测试

【项目导读】

>>> 知识目标

1）掌握汽车电器设备的特点。
2）掌握汽车电路的基本构成及电路图的读图规则。
3）了解汽车电器设备及其线束的拆装要求。

>>> 技能目标

1）能够正确地进行熔丝、继电器、线束及开关的检测。
2）能够正确地进行汽车电路断路与短路的检测。
3）能够利用维修手册在汽车上准确、迅速地找到每个系统的熔丝及继电器。

任务1   汽车电路图识读

【任务导入】

维修技师对车辆电气系统进行维修时，必须借助汽车制造厂提供的汽车电路图及维修手册，才能了解该电气系统的控制关系、电路连接关系及在各工况下每个端子信号的标准数值。所以，读懂汽车电路图是汽车电气系统故障检测的最基本的技能要求。

【相关知识】

一、汽车电气系统的组成

汽车电气系统的组成如图1-1所示。

二、汽车导线、线束及插接器

随着汽车电器设备的增多，导线的数量不断增加，为了便于维修，连接各设备的导线常以不同的颜色加以区分。其中，**截面面积在 4mm² 及以上的导线采用单色线，截面面积在 4mm² 以下的导线均采用花线。**

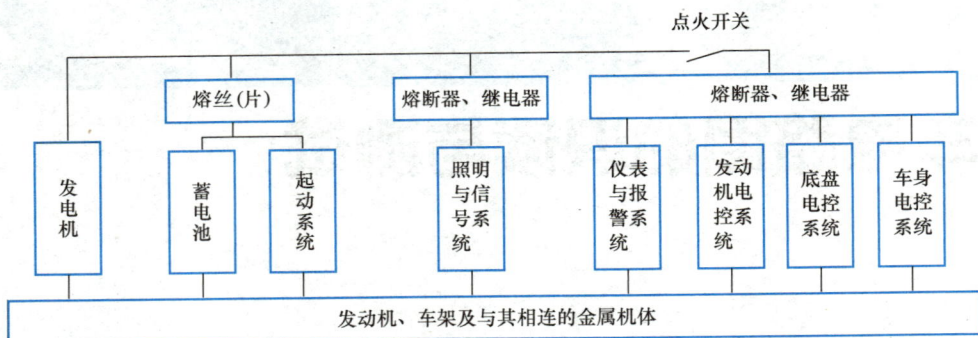

图1-1　汽车电气系统的组成

为了达到全车导线规整、安装方便及保护导线绝缘的目的，汽车上的全车导线除高压线、蓄电池的电缆外，**一般将同区域的不同规格的导线用棉纱或薄聚氯乙烯带缠绕包扎成束，称为线束。一般汽车的线束分为发动机线束、仪表线束和车身线束等。**

线束与线束之间、线束与用电设备之间、线束与开关之间的连接采用插接器。为保证插接器的可靠连接，其上都有锁紧装置，而且为了避免安装中出现差错，插接器制成不同的规格与形状。图 1-2 所示为常见插接器的结构与外形。

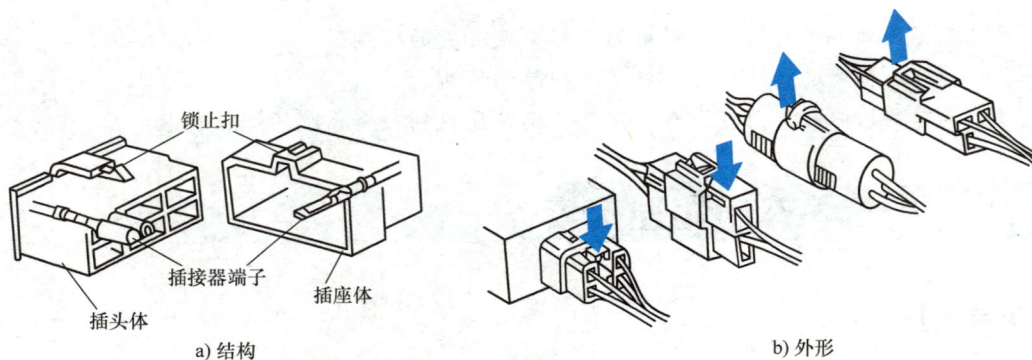

a) 结构　　　　　　　　　　　　　　b) 外形

图1-2　常见插接器的结构与外形

三、汽车开关

在汽车电路中，各用电设备或独立的电系统中一般都设有单独的控制开关，如灯光开关、变光开关、刮水器开关、洗涤器开关、转向开关、紧急报警开关、空调开关、倒车开关、制动开关和喇叭开关等。

在所有的开关中，点火开关最为重要，它控制着充电系统、点火系统、起动系统及大部分的辅助电器设备。图 1-3a 所示为某柴油机汽车点火开关的结构图。图 1-3b 表明该点火开关有 5 个档位，分别为关闭档（LOCK）、专用档（ACC）、点火档（ON 或 IG）、预热档（HEAT）和起动档（START）。点火开关的档位工作情况见表 1-1。该点火开关共有 5 根接线，即点火开关共有 5 个端子，端子说明见表 1-2。

a) 结构

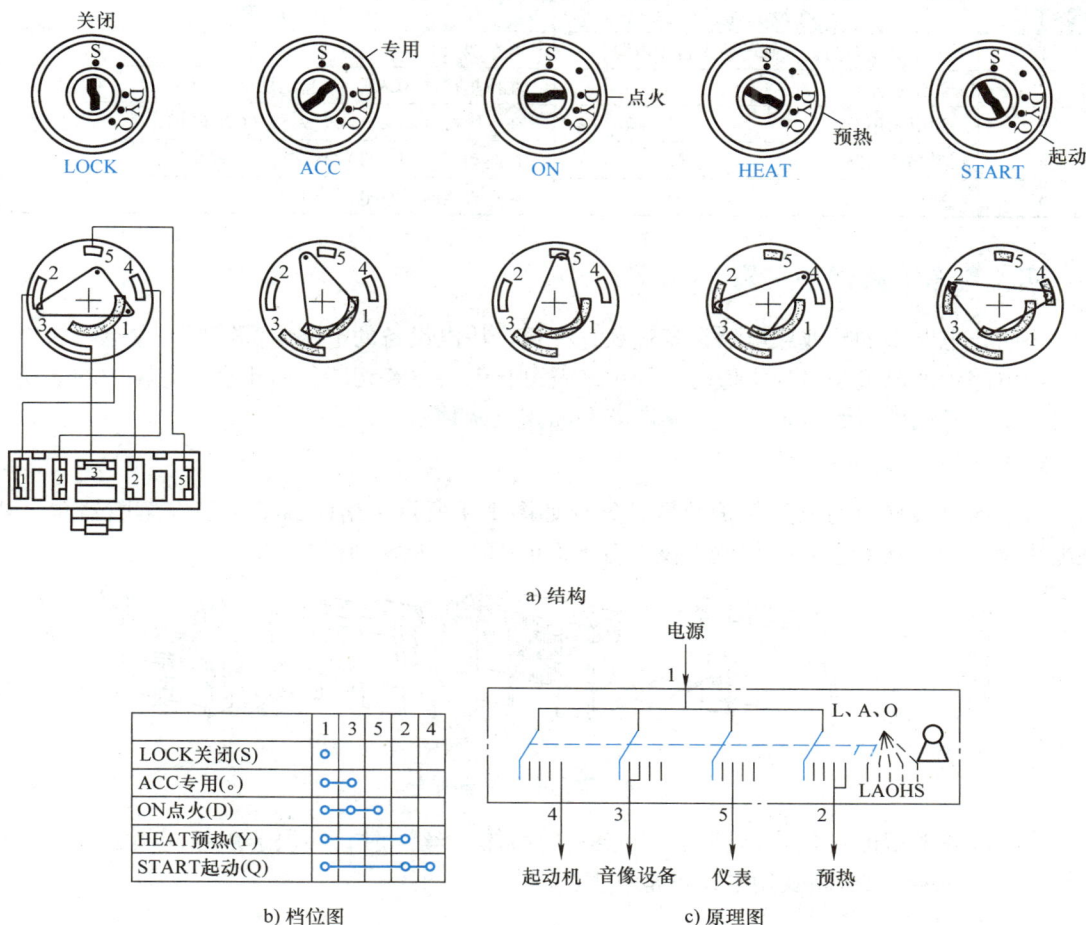

	1	3	5	2	4
LOCK关闭(S)	○				
ACC专用(。)	○	○			
ON点火(D)	○	○	○		
HEAT预热(Y)	○			○	
START起动(Q)	○			○	○

b) 档位图　　　　　　c) 原理图

图 1-3　点火开关

　　如图 1-3c 所示，4 个电刷用虚线连接起来，表明 4 个电刷组合在一起并同时转动，每个电刷对应 5 个位置，即 5 个档位，右侧字母 L、A、O、H、S 表示开关的 5 个档位。字母 L、A、O 表示自行定位档位，即关闭档、专用档及点火档可自行定位。而起动档、预热档在操作时必须用手克服弹簧力，拧住钥匙，当起动结束后松开手时，钥匙就回到点火档，不能自行定位。

表 1-1　点火开关的档位工作情况

档　位	导 通 情 况
在关闭档（LOCK）时	电源线端子 1 与其他输出端子都不相通，表明点火开关没有电流输出
在专用档（ACC）时	端子 1 与端子 3 相通，表明电源由端子 1 输入、端子 3 输出
在点火档（ON 或 IG）时	端子 1 与端子 3、5 都相通，表明电源由端子 1 输入，端子 3、5 同时输出
在预热档（HEAT）时	端子 1 与端子 2 相通，表明电源由端子 1 输入、端子 2 输出
在起动档（START）时	端子 1 与端子 2、4 都相通，表明电源由端子 1 输入，端子 2、4 输出

表1-2 点火开关的端子说明

端子号	接线情况	工作情况
1	为电源线,为输入端子,来自于电源	电源线
2	到预热器	在预热档(HEAT)与起动档(START)时,有电压输出
3	到专用用电设备	在专用档(ACC)与点火档(ON或IG)时,有电压输出
4	到起动电路	在起动档(START)时,有电压输出
5	到仪表	在点火档时,有电压输出

四、汽车电路保护装置

为防止电路中的导线或电器设备过载,在每个用电设备的电路中都需要设置电路保护装置。当电路中的电流超过规定值时,保护装置可自动将电路切断,防止烧坏电路中的导线和电器设备。常用的电路保护装置有熔断器和断路器两种。

1. 熔断器(熔丝)

熔断器是最普通的电路保护装置,外形如图1-4所示。熔断器集中装在熔断器盒(中央配线盒)内,熔断器盒通常位于仪表台下面的围板上及发动机罩下。

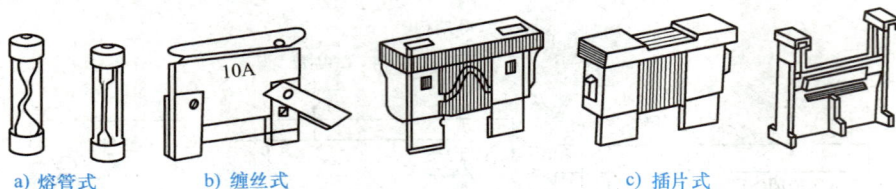

a) 熔管式   b) 缠丝式   c) 插片式

图1-4 常见的熔断器外形

当熔断器的熔体(丝)熔断后,更换新的熔体(丝)时,必须选用相同额定电流值的熔体(丝),否则对电路及用电设备是有害的。

2. 断路器

断路器用于工作时容易过载的电路中。断路器是利用双金属片受热变形的原理制成的。当电路发生过载时,双金属片受热变形弯曲,触点打开,电路自动切断。当双金属片冷却后,自动复位,触点闭合,电路自动接通;双金属片受热变形,触点再次打开。如此,断路器触点周期地打开和闭合,直至电路不过载为止,如图1-5所示。

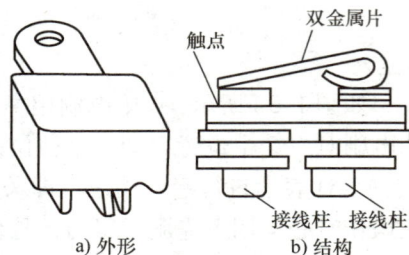

a) 外形   b) 结构

图1-5 断路器

五、继电器

在汽车电路中应用了大量的继电器。继电器的主要作用是用小电流控制大电流,即用开关电路(小电流)来控制继电器电磁线圈电路,再通过继电器的触点控制用电设备的电路(大电流),这样可保护控制开关触点不被烧蚀,提高控制开关的使用寿命。继电器的控制原理如图1-6所示。通过控制开关的电流 I_1 很小,可以保护控制开关可靠地工作;通过继电器的电流 I_2 足够大,可以满足负载的需要。

常见继电器的外形与内部电路如图 1-7 所示。

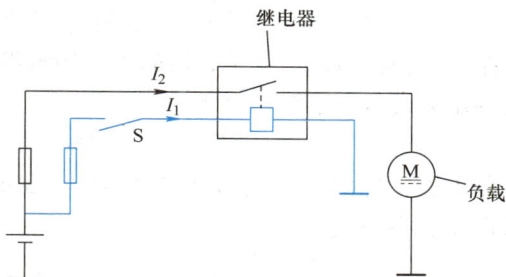

图 1-6　继电器的控制原理

六、汽车电路图

汽车电路图有全车电路图和系统电路图两种。全车电路图是用标准电路符号将全车电器设备通过开关、熔断器、继电器（或电控单元）及导线连接起来。系统电路图是仅涉及单个系统的电路图。全车电路图和系统电路图不仅符合车上导线的实际连接关系，而且电路清晰、简单明了，对分析各电器设备的工作原理有很大作用。

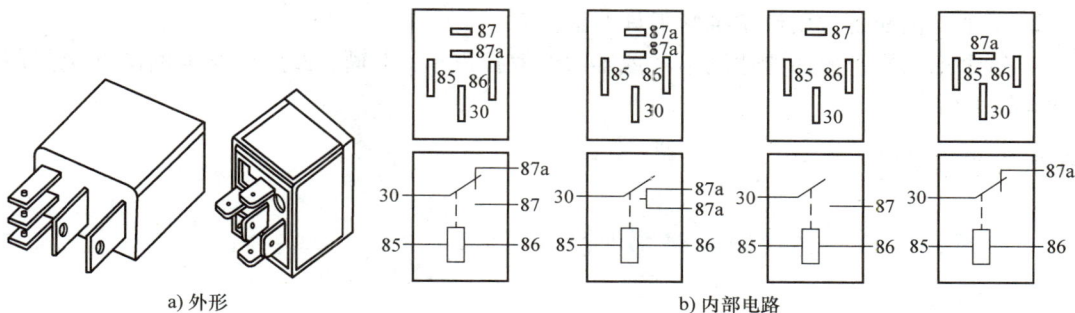

a) 外形　　　　　　　　　　　b) 内部电路

图 1-7　常见继电器的外形与内部电路

1. 电器符号

虽然不同车型的电路图不完全相同，但汽车电路图所采用的符号大体相同。

2. 导线的标记

在电路图中，每根导线都有线束标记，如导线上标有 W/R，表示该导线为白色基色带红色条纹的导线。由于各国家的母语不同，故线束标记有所不同。我国与美国、日本等国均采用英文字母缩写形式，而德国则采用德文字母。电路图中导线的颜色代号见表 1-3。随着汽车用电设备的增多，导线的数量也不断增加，为了维修及安装方便，除各线束间的插接器不同外，各用电设备之间线束中的导线颜色也是不同的。当汽车电路出现故障时，根据电路图上导线的标注，可以从线束中很方便地找到相应的导线。

表 1-3　电路图中导线的颜色代号

颜色	黑	白	红	绿	黄	棕	蓝	灰	紫	粉	橙	浅蓝	浅绿	深绿
英文代号	B	W	R	G	Y	Br	Bl	Gr	V	P	O	L	Lg	Dg
德文代号	sw	ws	ro	gn	ge	br	bl	gr	—	li	—	hb	—	—

3. 阅读电路图

汽车全车电路图一般较为复杂，在利用电路图进行系统分析时，首先要理解系统的工作原理及控制关系，这样才能准确、及时地将故障排除。

（1）**回路原则**　所有用电设备都是并联的，任何一个系统的电路都是一个完整的闭合回路。它包括电源、开关、熔断器、用电设备和导线等，电流方向为电源正极→熔断器→开关→用电设备→搭铁→电源负极。

（2）**注意正极（电源＋）线与搭铁线**　同一电路中可能有多条正极（电源＋）线，要区分正极（电源＋）线的类型及作用。在电路图中有很多搭铁线，要区分搭铁线的控制及搭铁点的不同。

（3）**注意继电器和用电设备的开关**　继电器及开关可以控制正极线，也可以控制搭铁线。

【任务实施环境】

1. 理实一体教室授课，每个学习小组配备 1 个标准工位。

2. 每个工位配备常用汽车维修工具 1 套。

3. 每个工位配备德系捷达汽车（或丰田卡罗拉汽车）1 辆、原版汽车电路图（电子版）及计算机 1 台。

【任务实施步骤】

一、德系大众捷达汽车电路图识读

1. 基本电路

1）简单闭合电路，如图 1-8 所示。

2）简单继电器控制电路，如图 1-9 所示。

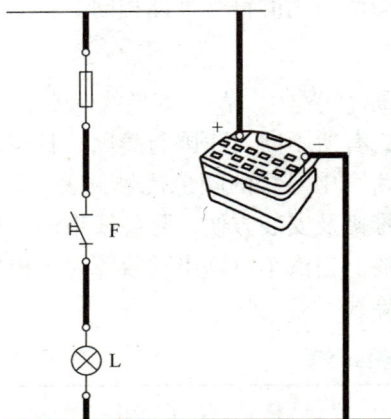

图 1-8　简单闭合电路

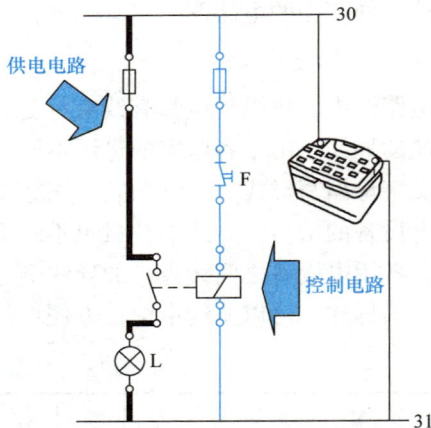

图 1-9　简单继电器控制电路

3）电子继电器控制电路，如图 1-10 所示。

2. 电路图中的基本符号

电路图中的基本符号如图 1-11 所示。

3. 德国大众捷达汽车电路图识读

图 1-12 所示为德国大众捷达汽车的部分电路图。德系汽车电路图的特点是：所有电路

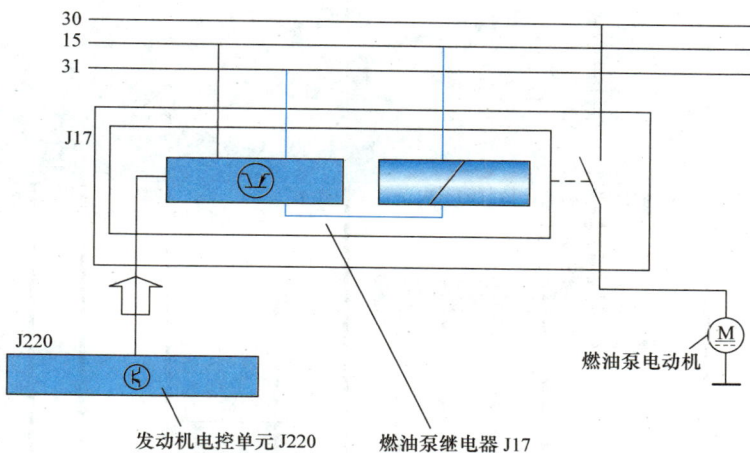

图 1-10　电子继电器控制电路

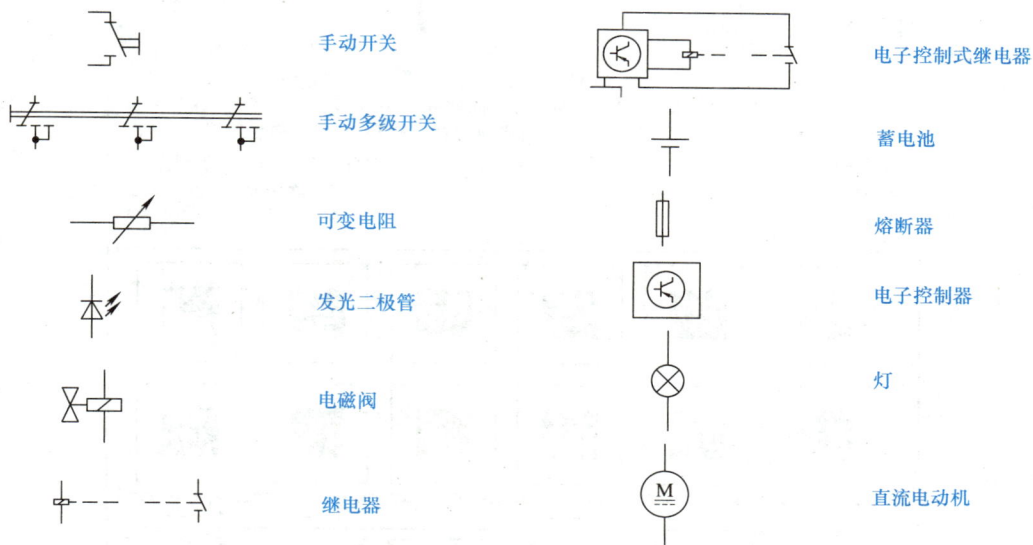

手动开关		电子控制式继电器	
手动多级开关		蓄电池	
可变电阻		熔断器	
发光二极管		电子控制器	
电磁阀		灯	
继电器		直流电动机	

图 1-11　电路图中的基本符号

都是纵向排列，互相不交叉；整个电路以中央继电器盒为中心。

（1）电路图的上部分　电路图的上部分主要指中央继电器盒的接线部分，包括继电器、熔断器及插接器等。德国大众捷达汽车中央继电器盒的正面如图 1-13 所示，背面如图 1-14 所示，熔断器的控制内容见表 1-4，继电器的位置及控制内容见表 1-5。

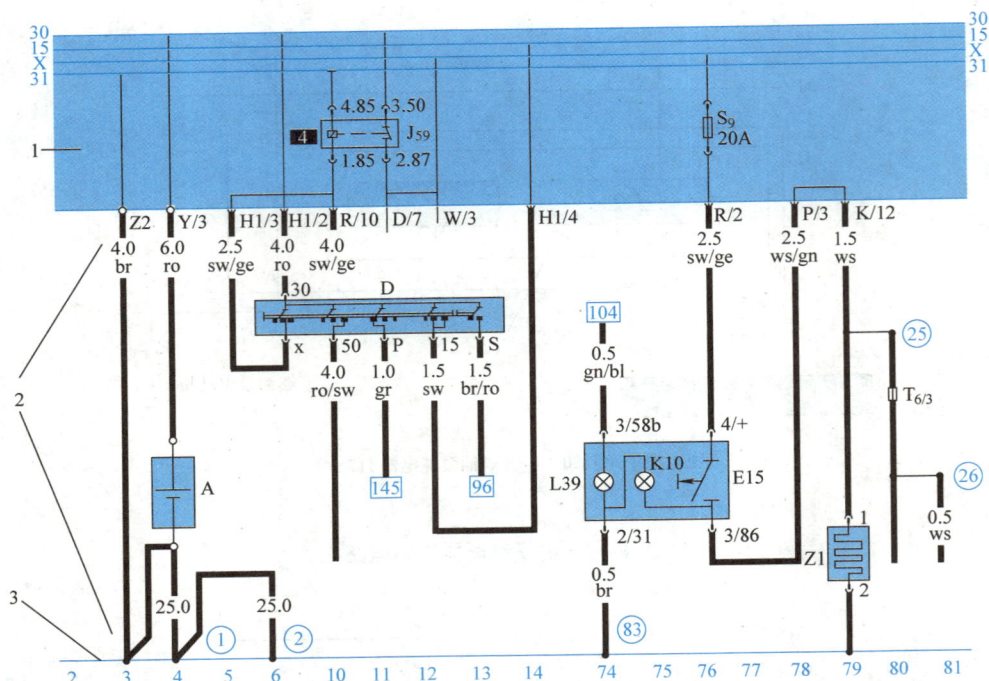

图 1-12　德国大众捷达汽车的部分电路图

1—电路图的上部分　2—电路图的中间部分　3—电路图的下部分

A—蓄电池　D—点火开关　J₅₉—卸荷继电器　E15—后风窗加热开关

K10—后风窗加热开关照明灯　L39—后风窗加热工作指示灯　Z1—后风窗加热器

ws = 白色　　sw = 黑色　　ro = 红色　　br = 棕色　　gn = 绿色　　bl = 蓝色　　gr = 灰色　　ge = 黄色

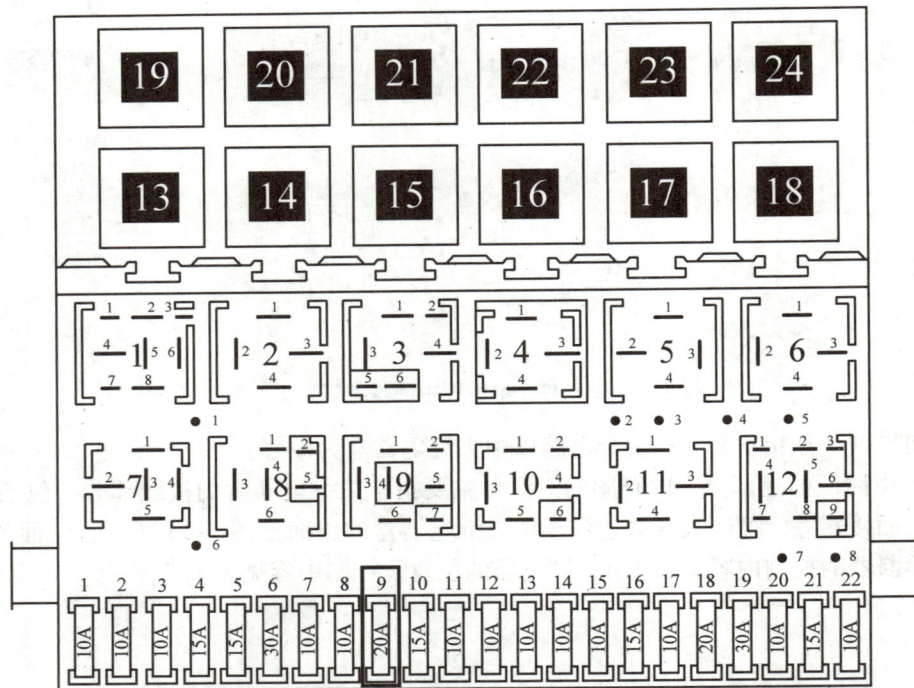

图 1-13　德国大众捷达汽车中央继电器盒的正面

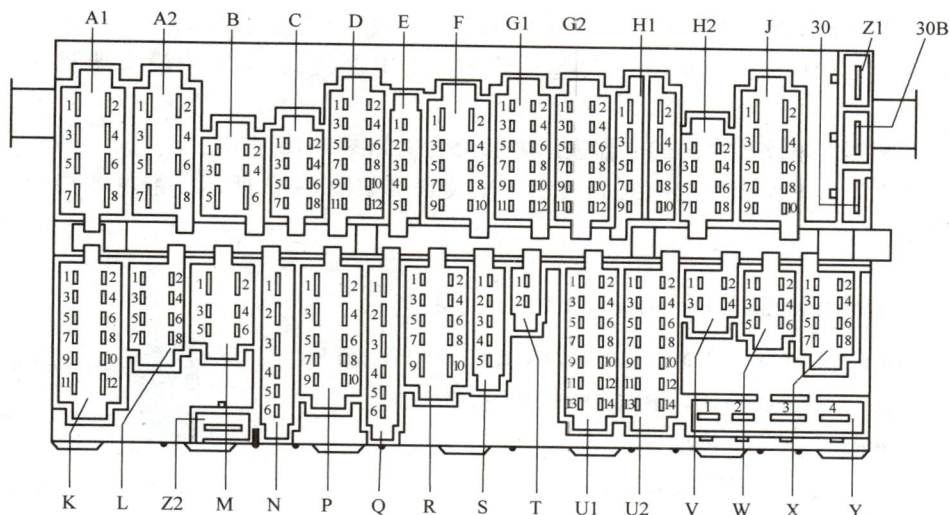

图 1-14　德国大众捷达汽车中央继电器盒的背面

表 1-4　德国大众捷达汽车熔断器的控制内容

1. 左近光灯（10A）	12. 右远光灯（10A）
2. 右近光灯（10A）	13. 双音喇叭（10A）
3. 仪表及牌照照明灯（10A）	14. 倒车灯（10A）
4. ABS 灯（15A）	15. 自动阻风/进气预热（10A）
5. 刮水器及清洗设备（15A）	16. 仪表板（15A）
6. 鼓风机（30A）	17. 遇险警告灯（10A）
7. 右停车灯和尾灯（10A）	18. 燃油泵（20A）
8. 左停车灯和尾灯（10A）	19. 风扇/空调继电器（30A）
9. 后风窗加热（20A）	20. 制动灯（10A）
10. 前雾灯（15A）	21. 车内灯/数字钟（15A）
11. 左远光灯（10A）	22. 收录机/点烟器（10A）

表 1-5　德国大众捷达汽车继电器的位置及控制内容

中央继电器盒上的位置号	继电器名称	产品号（外壳上的号码）
1	空调继电器	13
3	主继电器	109
4	X 触点卸荷继电器	18
6	遇险警告继电器	21
8	刮水器间歇档继电器	19
10	雾灯继电器	53
11	双音喇叭继电器	53
12	燃油泵继电器	67
	预热塞继电器	167
	进气管预热继电器	1
13	散热器起动控制单元	31
16	电动窗继电器（风扇高速档起动继电器：在风扇护风圈壳体上）	53
17	档位锁止及倒车灯继电器	175
18	空调继电器（仅 5V 发动机）	147

1）全车电路总线。在电路图中全车电路总线的表示方法及含义如图1-15所示。全车电路总线还有一个50号线（点火开关起动档输出的电源线），本图中没有涉及，因此没有画出。

2）熔断器。电路图中的熔断器表示方法及含义如图1-16所示。

3）继电器。电路图中继电器的表示方法及含义如图1-17所示，继电器端子示意图如图1-18所示。

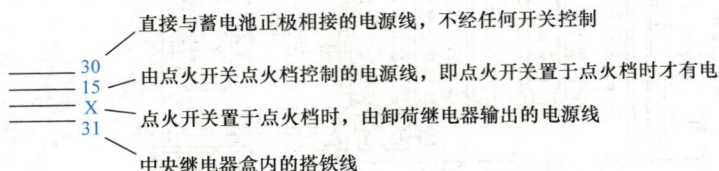

直接与蓄电池正极相接的电源线，不经任何开关控制

由点火开关点火档控制的电源线，即点火开关置于点火档时才有电

点火开关置于点火档时，由卸荷继电器输出的电源线

中央继电器盒内的搭铁线

图1-15　全车电路总线的表示方法及含义

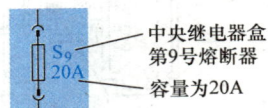

中央继电器盒第9号熔断器

容量为20A

图1-16　电路图中的熔断器表示方法及含义

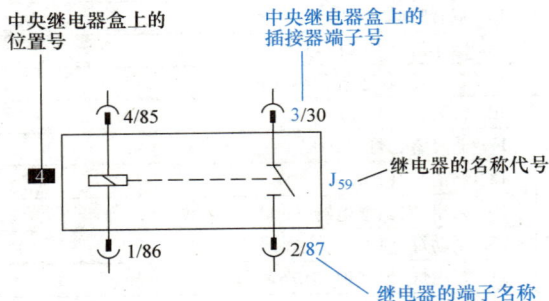

中央继电器盒上的位置号

中央继电器盒上的插接器端子号

继电器的名称代号

继电器的端子名称

图1-17　电路图中继电器的表示方法及含义

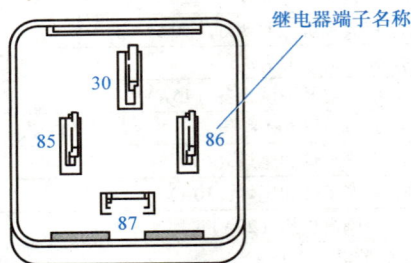

继电器端子名称

图1-18　继电器端子示意图

4）插接器。中央继电器盒背面插接器在电路图中的表示方法及含义如图1-19所示。

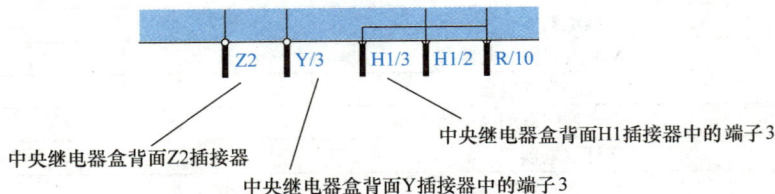

中央继电器盒背面H1插接器中的端子3

中央继电器盒背面Z2插接器

中央继电器盒背面Y插接器中的端子3

图1-19　中央继电器盒背面插接器在电路图中的表示方法及含义

（2）电路图的中间部分　电路图的中间部分包括各种导线、开关、控制单元及用电设备。电路图中间部分的含义如图1-20所示。

（3）电路图的下部分　电路图的下部分主要由电路编码及搭铁点组成。电路图下部分的含义如图1-21所示。捷达汽车的搭铁点说明见表1-6。

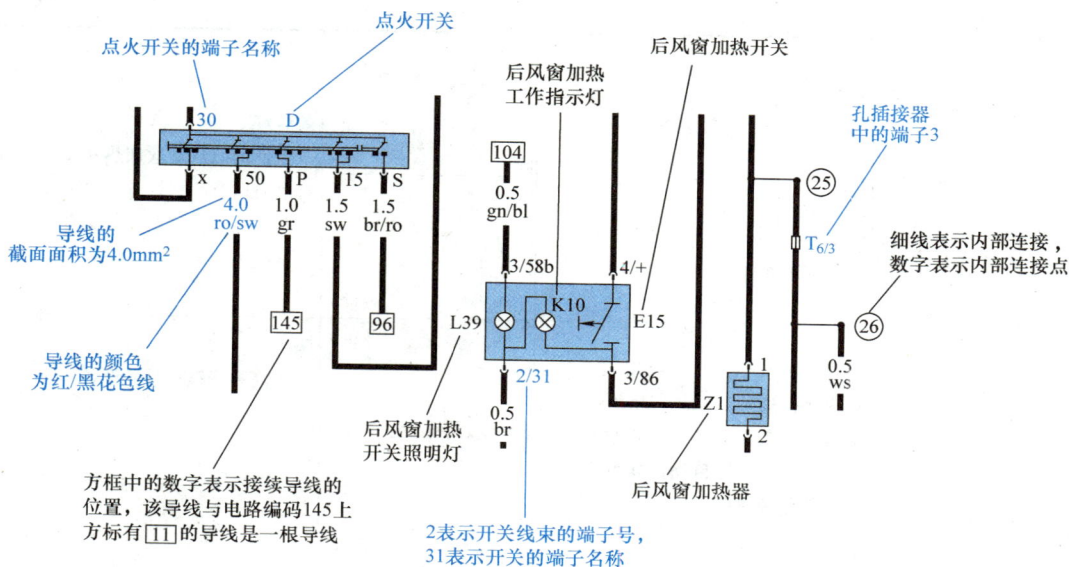

图 1-20　电路图中间部分的含义

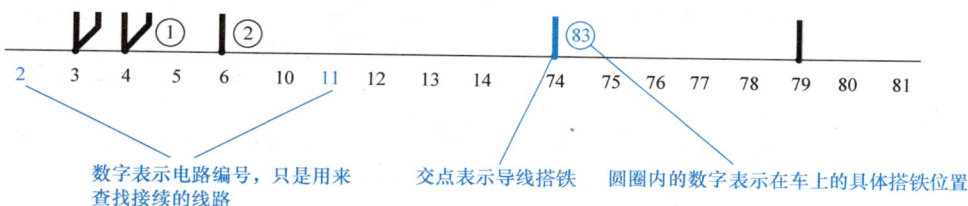

图 1-21　电路图下部分的含义

表 1-6　捷达汽车的搭铁点说明

搭铁点	位置	搭铁点	位置
①	蓄电池－车身	51	行李舱左侧
②	蓄电池－车身	④	车身线束内
③	中央继电器盒	50	行李舱锁下方
85	气缸盖	63	车身内部线束内
119	前照灯线束	55	行李舱上部右侧
43	继电器盒周围车身处		

二、日系丰田卡罗拉汽车电路识读

1. 符号（见表 1-7）

表 1-7　电路中的符号

	蓄电池		搭铁
⊣⊢	存储化学能并将其转化为电能。给汽车的各个电路提供直流电	⊥	配线连接车身的点，给电路提供回路。如果没有搭铁，则电流不能流动

（续）

	电容器 小型临时电压保持装置	1. 单丝	**前照灯** 电流使前照灯灯丝加热并发光。前照灯既可以有一根灯丝，也可以有两根灯丝
	点烟器 电阻加热元件	2. 双丝	
	断路器 可再次使用的熔丝。如果流经的电流过大，断路器将变热并断开。冷却之后部分装置自动重新设定，而另一部分必须重新手动设定		**喇叭** 发出高频音频信号的设备
	二极管 仅允许电流单向流通的半导体器件		**点火线圈** 将低压直流电转换为点燃火花塞的高压点火电流
	稳压二极管 只在规定电压时允许电流单向流通并阻止逆向流通，超过该电压，则由其分流余压。可以简单起到调压器的作用		**灯** 流经灯丝的电流加热灯丝并使之发光
	光电二极管 根据光线强弱控制电流的半导体器件		**LED（发光二极管）** 基于电流，这些发光元件不同于一般的灯，它发光但几乎不产生热量
	分电器，IIA 将高压电流从点火线圈引到每个火花塞		**模拟型仪表** 电流将起动一个电磁线圈，这将导致指针的移动，从而提供一个与背景刻度相对照的相关显示
（小电流熔体） **（中等电流熔体）**	**熔片** 薄的金属片。如果流经的电流超过其限值，则会熔断，从而切断电流来保护电路免受损坏	FUEL	**数字型仪表** 电流起动 LED、LCD 或荧光显示屏中的一个或数个，提供相关显示或数字显示
（大电流熔体）	**熔丝** 位于大电流电路中的粗导线。如果流经的电流超过其限值，则会熔断，从而保护电路	M	**电动机** 将电能转换为机械能的装置，特别是对于旋转运动

（续）

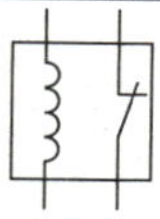	继电器 可以正常关闭或打开的电子操作开关。流经励磁线圈的电流将产生电磁场，会打开或关闭附属的开关		扬声器 可以根据电流产生声波的机电设备
1. 正常关闭			
2. 正常打开		1. 正常打开	手动开关 打开或关闭电路，从而停止或流通电流
双投继电器 电流流经一组接点或其他组接点的继电器		2. 正常关闭	
电阻器 具有固定电阻的电子元件，安装在电路中将电压降低到规定值		双投开关 使电流持续流经一组接点或其他组的开关	
抽头电阻器 有两个或多个不同不可调电阻值的电阻器		点火开关 键操作开关，它有数个位置允许各个电路变为可操作，特别是一次点火电路	
滑变电阻器或可变电阻器 可调电阻比的可控电阻器，也称为电位计或变阻器			
传感器（热敏电阻） 可以根据温度变化而改变其电阻值		刮水器停止开关 关闭刮水器开关时，此开关自动将刮水器返回到停止位置	
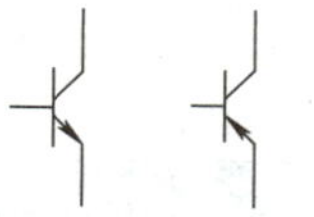 速度传感器 使用电磁脉冲来打开和关闭产生起动其他部件的信号的开关 (舌簧开关式)		晶体管 典型的被用作电子式继电器的固体电路设备	
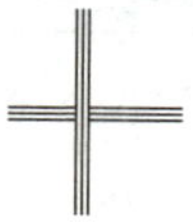 短接销 用于在接线盒中提供不断的连接		配线 在电路图中，配线通常用直线表示。在汇合处没有黑色圆点的交叉配线没有接合，在汇合处有黑色圆点或八边形（○）标记的交叉配线接合	1. 未接合
电磁阀 有电磁线圈，当电流流经时，会形成一个磁场来移动活塞等			2. 接合

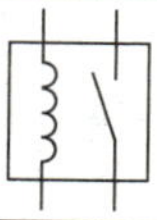

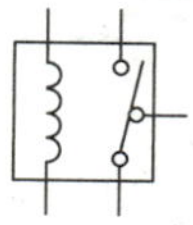

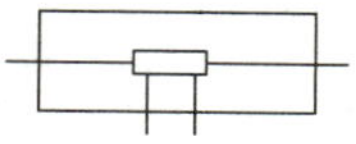

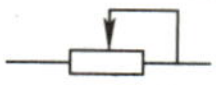

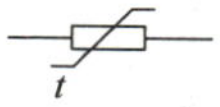

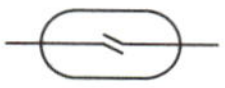

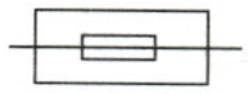

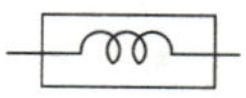

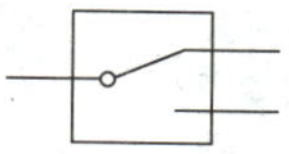

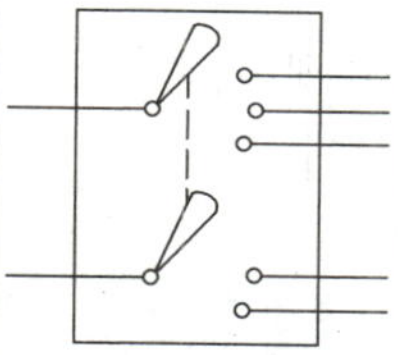

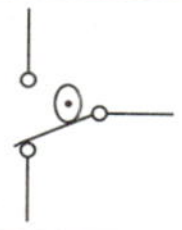

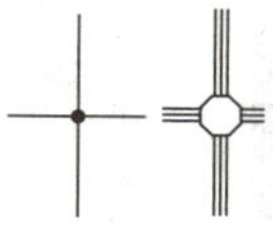

2. 丰田卡罗拉汽车的电路图识读

图 1-22 所示为丰田卡罗拉汽车的原版电路图示例。丰田卡罗拉汽车原版电路图以系统电路图为主，各系统电路的实际配线指从蓄电池开始的电源点到各搭铁点的配线。所有电路图均显示所有开关关闭时的状态。电路图由图与图注两部分组成，前部分为系统电路图，表达接线及控制关系；后部分为电路元件位置说明部分，利用索引的方式说明电路中各元件在车上的位置，方便维修技师维修时查找。

丰田卡罗拉汽车原版电路图的识读规律如下：

1）利用系统电路图来了解各个用电设备的工作原理。

2）利用电流流程图来了解熔丝到各个用电设备的控制关系。

3）利用搭铁点电路图来了解各个用电设备到搭铁点的连接情况。

4）利用继电器位置分布图来找出继电器与熔丝在车上的位置。

5）利用系统电路图来找出各个零件、接线盒、线束和线束插接器在车上的具体位置。

6）利用系统电路图来找出各个零件、线束插接器及系统电路的搭铁点。

7）利用总电路图来了解各系统之间相关的配线。

丰田卡罗拉车
电路识读

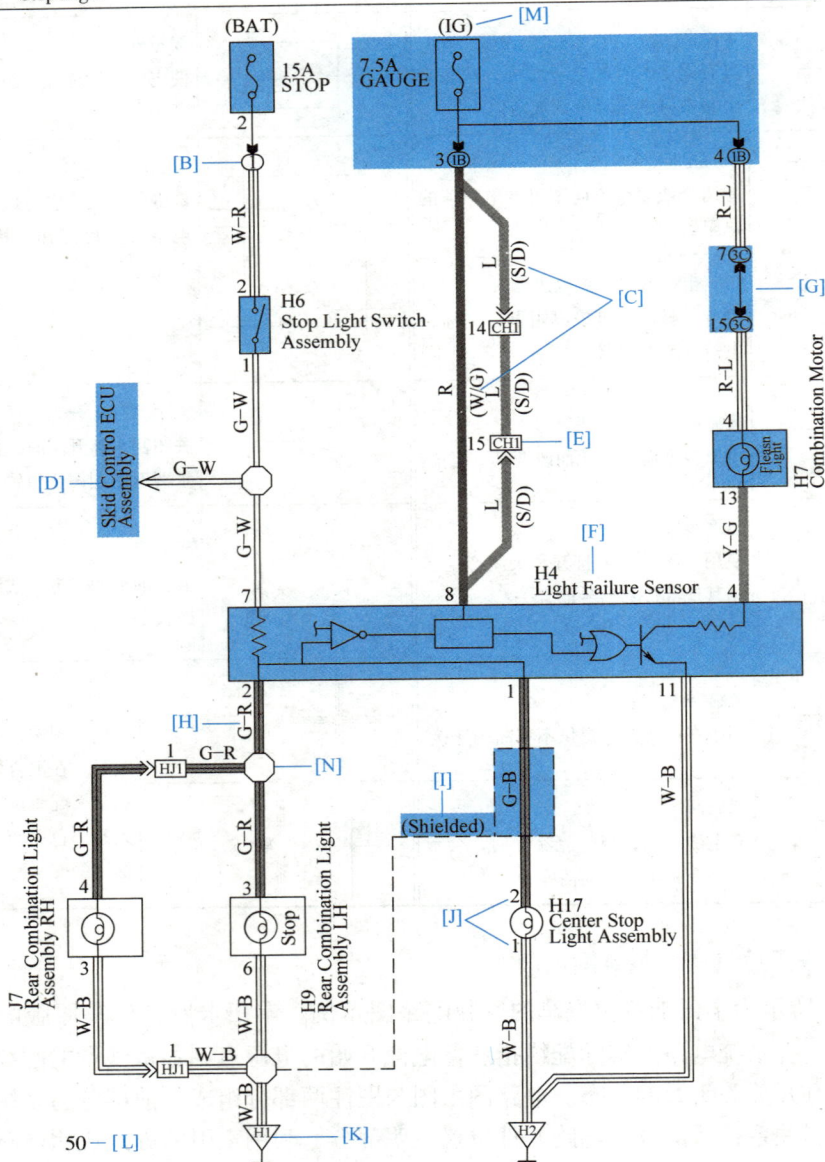

图1-22 丰田卡罗拉汽车的原版电路图示例

系统概述

始终使电流通过制动灯熔丝加到制动灯开关总成的端子2上。

打开点火或起动机开关总成时，电流从仪表熔丝流到灯故障传感器的端子8，同时流经后灯警告灯至灯故障传感器端子4。

制动灯断开警告

打开点火开关或起动机开关总成并踩下制动踏板(制动灯开关总成ON)，如果制动灯电路断路，且从灯故障传感器端子7流到端子1、2的电流改变，则灯故障传感器检测到断开，且灯故障传感器的警告电路被激活。因此，电流从灯故障传感器的端子4流到端子11，再流到搭铁点，并使后警告灯亮。通过踩下制动踏板，流到灯故障传感器端子8的电流使警告电路保持ON，并在关闭点火开关或起动机开关总成之前一直使警告灯亮。

○：零件位置

代码	参见页	代码	参见页	代码	参见页
H4	36	H7	36	H17	38
H6	36	H9	38	J7	38

①：继电器盒

代码	参见页	继电器盒(继电器盒位置)
1	18	1号继电器盒(仪表板左侧支架)

○：接线盒和线束连接器

代码	参见页	接线盒和线束(插接器位置)
3C	22	仪表板线束和3号接线盒(仪表板左侧支架)
1B	20	仪表板线束和仪表板接线盒(下装饰板)

□：连接线束的连接器和线束

代码	参见页	连接线束和线束(插接器位置)
CH1	42	发动机室主线束和仪表板线束(左侧脚踏板)
HJ1	50	仪表板线束和地板线束(右侧脚踏板)

▽：搭铁点

代码	参见页	搭铁点位置
H1	50	左侧中柱下方
H2	50	背板中间

图1-22 丰田卡罗拉汽车的原版电路图示例（续）

图1-22说明如下：

[A]：系统名称。

[B]：表示继电器盒。无阴影表示且仅显示继电器盒号以区别接线盒。

例：① 表示1号继电器盒。

[C]：当车辆型号、发动机类型或规格不同时，用（ ）来表示不同的配线和插接器。

[D]：表示相关系统。

[E]：表示用以连接两根线束的（阳或阴）插接器的代码。该插接器代码由2个字母和1个数字组成。插接器代码的第1个字母表示带阴

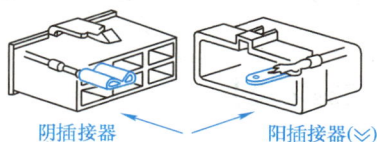

阴插接器 → 阳插接器(≫)

插接器的线束的字母代码，第2个字母表示带阳插接器的线束的字母代码。数字表示在出现多种相同的线束组合时，用于区分线束组合的系列号（如CH1和CH2）。

符号（≫）表示阳端子插接器。插接器代

码外侧的数字表示阳插接器或阴插接器的引脚编号。

[F]：表示零件（所有零件用天蓝色表示）。此代码与零件位置图中所用的代码相同。

[G]：接线盒（圈内的数字是接线盒号，旁边为插接器代码）。接线盒用阴影标出，以便将它与其他零件清楚地区别开来。

例：

插接器引脚

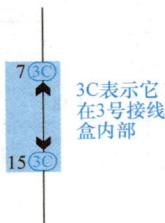

3C表示它在3号接线盒内部

[H]：表示配线颜色。配线颜色用字母表示。

B = 黑色　W = 白色　BR = 褐色　L = 蓝色

V = 紫色　SB = 天蓝色　R = 红色　G = 绿色

LG = 浅绿色　P = 粉色　Y = 黄色

GR = 灰色　O = 橙色

第1个字母表示基本配线颜色，第2个字母表示条纹的颜色。

例：L－Y

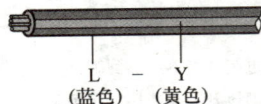

L　　　Y
（蓝色）（黄色）

[I]：表示屏蔽电缆。

[J]：表示插接器引脚的编号。
阳插接器和阴插接器的编号系统各异。

例：从左上到右下　　从右上到左下
　　依次标出编号　　依次标出编号

| 1 | 2 | 3 |
| 4 | 5 | 6 |

| 3 | 2 | 1 |
| 6 | 5 | 4 |

　　阴插接器　　　　　阳插接器

[K]：表示搭铁点。该代码由2个字符组成：1个字母和1个数字。该代码的第1个字符表示指示线束的字母代码。第2个字符表示在同一线束有多个搭铁点时作区别用的系列号。

[L]：页码

[M]：表示熔丝通电时的点火开关位置。

[N]：表示配线接点。

例：

任务2　汽车电路基础元件测试

【任务导入】

汽车电路的基础元件包括熔丝、继电器、线束与线束插接器及各种开关等。这些基础元件存在于每一个用电设备的电路中。当电气系统出现故障时，首先要检测这些基础元件是否有故障。因此，在汽车用电设备电路故障诊断过程中，熔丝、继电器的检测是最基本的检测。

【任务实施环境】

1. 理实一体教室授课，每个学习小组配备1个标准工位。

2. 常用开关、继电器、熔丝及熔丝插座、导线、试灯、万用表、稳压电源（或蓄电池）、可变电阻器及成套工具等，每组1套。

【任务实施步骤】

一、点火开关的测试

点火开关实物图如图1-23a所示，按照图1-23b所示测试点火开关各档位的导通情况，即在不同的档位分别测试输入端子30与输出端子的导通情况。点火开关的档位导通情况如图1-24所示。将测试结果填写在表1-8中，根据测试结果判断点火开关的工作状况是否正常。

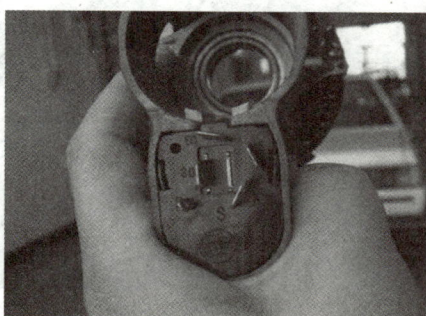

a) 实物图　　　　　　　　　　　b) 测试方法

图1-23　点火开关的实物图及测试方法

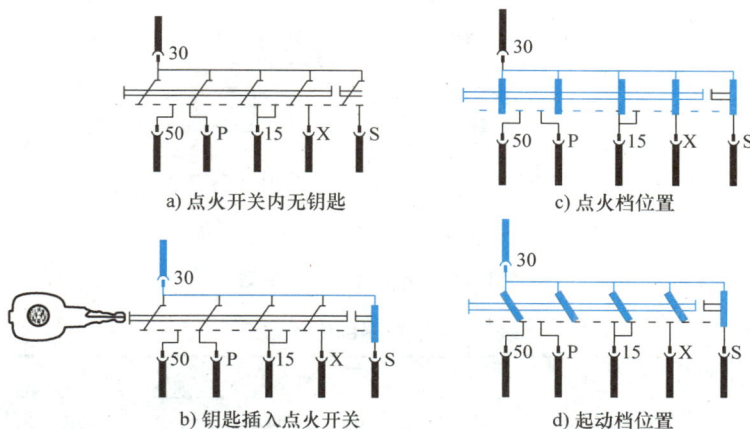

a) 点火开关内无钥匙　　　　　　　c) 点火档位置

b) 钥匙插入点火开关　　　　　　　d) 起动档位置

图1-24　点火开关的档位导通情况

表1-8　点火开关测试情况

档位	端子						
	30	50	P	15	X	S	
点火开关内无钥匙							
钥匙插入点火开关							
点火档位置							
起动档位置							
测试结果分析：							

二、继电器的测试

继电器的实物图及测试方法如图 1-25 所示，在端子 85、86 间加直流可调电压，电压逐渐增大，继电器闭合时的电压为继电器闭合电压，然后逐渐减小电压，继电器触点断开时的电压为继电器释放电压。继电器的工作原理如图 1-26 所示，将测试结果填于表 1-9 中，并分析测试结果。

继电器结构认识

a) 实物图

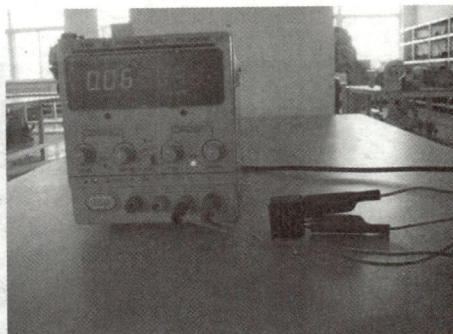

b) 测试方法

图 1-25 继电器的实物图及测试方法

继电器检测方法

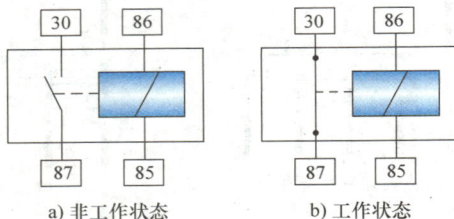

a) 非工作状态　　　　　b) 工作状态

图 1-26 继电器的工作原理

表 1-9 继电器的测试结果

状态	端子				
	30	87	85	86	电压
非工作状态					
工作状态				吸合电压	
				释放电压	

三、线束插接器的测试

如图 1-27 所示，直接测试线束插接器的导通状态，并将测试结果填写在表 1-10 中。

表 1-10 插接器的测试结果

测试	导线一	导线二	导线三	导线四
导通情况				

a) 实物图　　　　　　　　　　　　　b) 测试方法

图 1-27　线束插接器的实物图及测试方法

四、熔丝的测试

测试熔丝时，可以将其从车上取下来，通过肉眼观看。熔丝实物图如图 1-28a 所示。在诊断故障时，可以就车测试熔丝的好坏，如图 1-28b 所示。在一个熔丝的两端分别测试，若一端有高电位，而另一端没有高电位，则该熔丝有故障。将测试结果填写在表1-11中。

a) 实物图　　　　　　　　　　　　　b) 测试方法

熔丝的检测方法

图 1-28　熔丝的实物图及测试方法

表 1-11　熔丝的测试结果

测试	熔丝			
	S1	S2	S3	……
导通情况				

任务3　汽车基础电路故障诊断　◀◀◀

【任务导入】

汽车基础电路的故障诊断除对基础元件进行检测外，最重要的基本技能是检测电路的短路与断路故障。短路与断路故障是汽车电器电路故障中最常见的故障，检测的任务是确定电路的故障点并排除。

【任务实施环境】

1. 理实一体教室授课，每个学习小组配备 1 个标准工位。

2. 常用开关、继电器、熔丝及熔丝插座、导线、试灯、万用表、稳压电源（或蓄电池）、可变电阻器及成套工具等每组1套。

【任务实施步骤】

一、自己动手设计汽车电路

设计一个完整的闭合回路，如图1-29所示。电路中要有点火开关、继电器、导线插接器及灯泡等用电设备，并确保用电设备能正常工作，以便进行电路故障测试。

二、电路的诊断

1. 设置电路为短路故障

当电路的正极线发生搭铁（短路）故障时，电路的熔断器（熔丝）将被熔断，用电设备不工作。这种情况可用断路法进行故障诊断。

如图1-30所示，当发生短路故障熔断器（熔丝）熔断时，将一个试灯并联于熔断器两端，按图中①—②—③顺序逐次断开插接器，直到灯灭为止，便可确定故障部位。将测试结果填写在表1-12中。

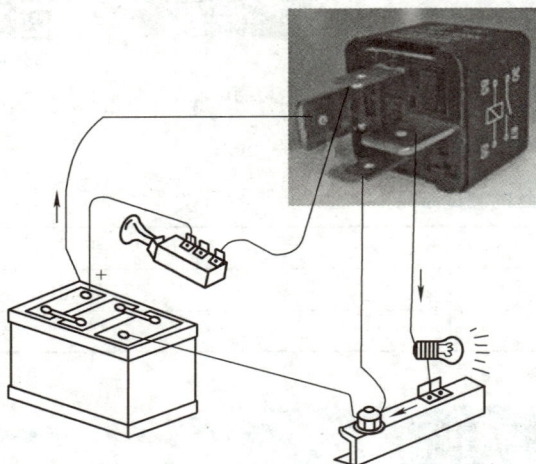

图1-29　简单的闭合电路

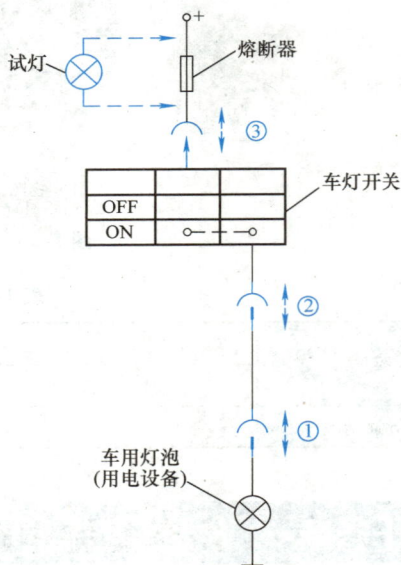

图1-30　用断路法进行电路故障诊断
①②③—插接器

表1-12　用断路法进行电路故障诊断

诊断步骤	试　灯　亮	试　灯　灭
断开①插接器		
断开②插接器		
断开③插接器		
测试结果分析		

2. 设置电路为断路故障

当开关、继电器或插接器有断路故障（不导通或接触不良）时，用电设备不工作。这种情况可应用短路法进行故障诊断。

如图1-31所示，检测时，先将与灯泡连接的插接器①断开，用一根导线直接给灯泡送电，通过灯泡是否亮可判断灯泡的好坏，然后按①—②—③顺序逐次断开插接器，可判断故障的具体部位。将测试结果填写在表1-13中。

表1-13　用短路法进行电路故障诊断

诊断步骤	试 灯 亮	试 灯 灭
断开①插接器后送电		
断开②插接器后送电		
断开③插接器后送电		
测试结果分析		

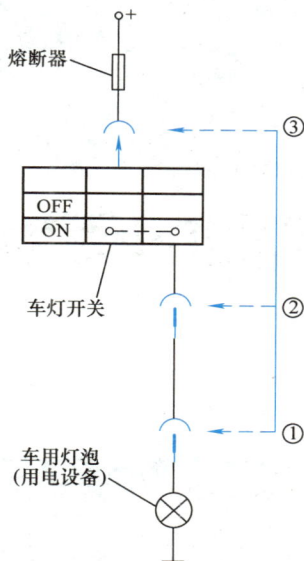

图1-31　用短路法进行电路故障诊断
①②③—插接器

小　结

汽车上的用电设备一般都是低压直流电器，不同的用电设备都并联在电路中。每一个用电设备的工作电路都通过开关、熔丝、继电器和导线等连接起来，形成闭合回路。

不同车系的全车电路图是不完全相同的，但是绘制电路图的基本原则是一致的。在阅读电路图时，一定要遵循回路原则，重点要分析用电设备的正极线和搭铁线是如何控制的。开关、继电器可以控制正极线，也可以控制搭铁线。

复习思考题

1. 更换熔断器时应注意什么问题？
2. 电路中的继电器有什么作用？
3. 汽车电气设备有什么特点？
4. 如何识读汽车电路图？

项目2 ▶▶

蓄电池的使用与维护

【项目导读】

>>> **知识目标**

1）了解蓄电池的结构、工作原理及蓄电池的作用。
2）了解蓄电池的容量及影响因素。
3）掌握蓄电池的使用注意事项。

>>> **技能目标**

1）能正确为车辆选用蓄电池。
2）能正确对蓄电池进行维护。

任务1　蓄电池的技术状况检测　◀◀◀

【任务导入】

　　蓄电池是汽车电源之一，其技术状况决定汽车发动机能否顺利起动及汽车正常出行。因此，正确维护、检测蓄电池是汽车检测的基本技能。

【相关知识】

一、蓄电池的作用

　　蓄电池是一种可以将化学能转变为电能的电化学装置，是可逆的低压直流电源。蓄电池放电时，将其储存的化学能转变为电能；蓄电池充电时，将电能转变为化学能储存起来。

　　汽车上装有发电机与蓄电池两个直流电源，蓄电池与发电机并联，共同向全车用电设备供电。在发动机正常工作时，由发电机向全车用电设备供电，与此同时，蓄电池处于充电状态，由发电机给蓄电池充电。

　　蓄电池的作用如下：

　　1）在发动机起动时，由蓄电池给起动机提供大电流，同时向点火系统、燃油喷射系统及发动机其他用电设备供电。

2）在发电机不发电时，由蓄电池向用电设备供电。

3）当取下汽车点火开关钥匙时，由蓄电池向时钟、全车各电控系统的电控单元（ECU）存储器及防盗报警系统等供电。

4）当发电机超载时，蓄电池协助发电机供电。

5）当发电机正常发电时，蓄电池可将发电机产生的电能转变为化学能储存起来（即充电）。

6）蓄电池相当于一个大容量电容器，在发电机转速和负载变化较大时，能够保持汽车电源电压的相对稳定。同时，还可吸收电路中产生的瞬间过电压，保护汽车电子元件不被损坏。

汽车上蓄电池的工作主要是起动起动机，所以通常称为起动型蓄电池。起动型蓄电池在短时间内可提供强大的起动电流（一般为 200～600A，最大可达 1000A），根据电解液的不同，蓄电池有酸性蓄电池和碱性蓄电池之分。铅酸蓄电池结构简单、起动性能好、价格低廉，所以在汽车上被广泛采用。本项目主要介绍铅酸蓄电池。

二、铅酸蓄电池的结构与分类

1. 铅酸蓄电池的结构

普通铅酸蓄电池主要由极板、隔板、电解液、壳体、联条和极桩等部分组成，如图 2-1 所示。12V 蓄电池由 6 个单体蓄电池串联而成，每个单体蓄电池的电压为 2.1V。

（1）正、负极板　极板分为正极板和负极板两种，均由栅架和填充在其上的活性物质构成，如图 2-2 所示。蓄电池充、放电过程中，电能和化学能的相互转换是依靠极板上活性物质和电解液中硫酸的化学反应来实现的。正极板上的活性物质是二氧化铅（PbO_2），呈深棕色。负极板上的活性物质是海绵状纯铅（Pb），呈青灰色。栅架采用铅钙合金，耐过充电性好，可减小电解液的消耗，并可减少对蓄电池的维护工作量。负极板的纯铅中加入抗氧化剂，使其表面形成一层保护膜，防止新蓄电池负极板在没有加入电解液前被空气氧化，这样，新蓄电池在使用前加上电解液即可使用。

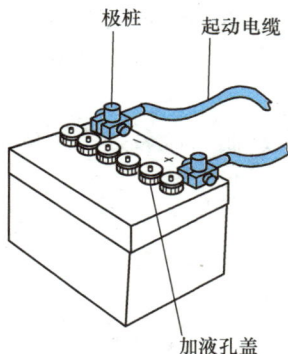

图 2-1　铅酸蓄电池的结构

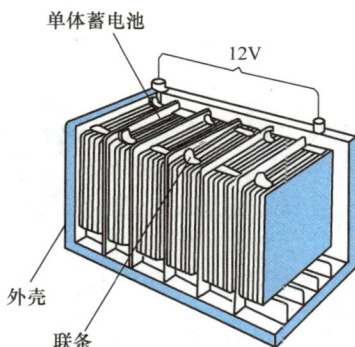

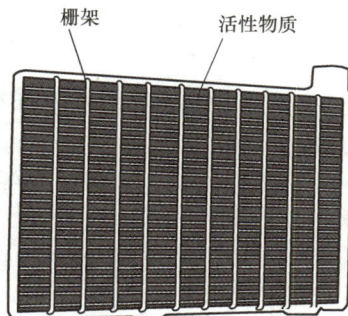

图 2-2　极板

为增大蓄电池的容量，将多片正、负极板分别并联，组成正、负极板组，装在单格内，如图 2-3 所示。

（2）隔板　为了避免蓄电池内部正、负极板彼此接触而短路，正、负极板之间要用隔板隔开。隔板材料应具有多孔性和渗透性，且化学性能稳定，即具有良好的耐酸性和抗氧化性。

隔板采用袋式微孔聚氯乙烯隔板，将正极板包住，用来保护正极板上的活性物质不致脱落，防止极板短路，使极板上部容积增大，提高了电解液的储存量，可减少对蓄电池的维护工作量。

（3）电解液　电解液由专用硫酸和蒸馏水按一定比例配制而成，密度一般为 1.24 ~ 1.30g/cm³（25℃）。配制电解液必须使用耐酸的器皿。切记：只能将硫酸慢慢地倒入蒸馏水中，并不断地进行搅拌。

（4）壳体　蓄电池的壳体用来盛放电解液和极板组，应由耐酸、耐热、耐振、绝缘性好并且有一定机械强度的材料制成，一般采用橡胶或塑料制成。壳体为整体式结构，壳体内部由 6 个互不相通的单体蓄电池组成。

（5）加液孔盖　每个单体蓄电池的顶部有一个加液孔，用于添加电解液。加液孔盖上设有通气装置和气体收集器，可阻止水蒸气和硫酸气体通过，而蓄电池化学反应中产生的气体（H_2 和 O_2 等）能随时逸出。

（6）联条　联条的作用是将单体蓄电池串联起来，提高整个蓄电池的端电压。联条的串联方式是穿壁式的，如图 2-4 所示。

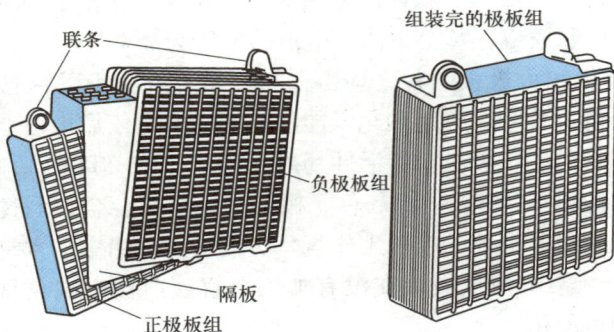

图 2-3　单格电池极板组　　　　图 2-4　联条的串联方式

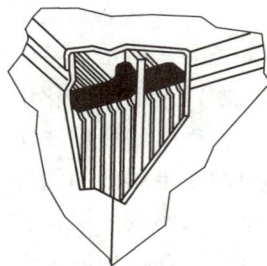

2. 铅酸蓄电池的型号

铅酸蓄电池的型号按 JB/T 2599—2012《铅酸蓄电池名称、型号编制与命名方法》的规定由三部分组成。

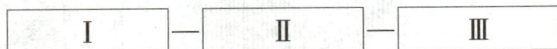

$$\boxed{\text{I}}-\boxed{\text{II}}-\boxed{\text{III}}$$

第 I 部分为串联的单体蓄电池数。

第 II 部分为蓄电池的用途、结构特征代号，具体如下：

A—干式荷电；W—免维护；J—胶体式；Q—起动型。

第 III 部分为蓄电池的额定容量，用 20h 放电率时的额定容量（简称为 20h 率额定容量）来表示，单位为 A·h。

如 6 - QAW - 100 表示由 6 个单体蓄电池组成，额定电压为 12V，额定容量为 100A·h 的起动型干式荷电免维护蓄电池。

3. 铅酸蓄电池的分类

（1）全密封型蓄电池 无加液孔盖，新蓄电池已经加好电解液。

（2）干式荷电蓄电池 它的主要特点是负极板有较高的储电能力，在完全干燥状态下，能在两年内保存所得到的电量，新蓄电池不需要初充电便可直接使用。

（3）免维护蓄电池 免维护蓄电池由于自身结构的优势，电解液的消耗量非常小，在使用寿命内不需要补充蒸馏水。它还具有耐振、耐高温、体积小、自放电小的特点，使用寿命一般为普通蓄电池的两倍，最长可达 5 年。

目前，汽车上使用的起动型铅酸蓄电池同时具有全密封、干式荷电和免维护的特点。

三、蓄电池的工作原理

1. 蓄电池的放电

当蓄电池接上负载后，在电动势的作用下，电流 I_f 从正极经过负载流往负极（即电子从负极到正极）。铅酸蓄电池的放电过程如图 2-5 所示。

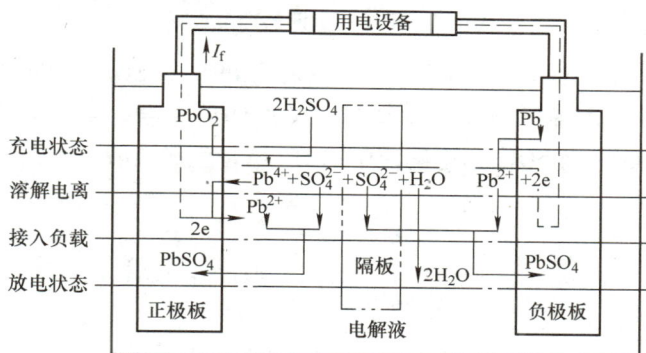

图 2-5 铅酸蓄电池的放电过程

在正极板处，Pb^{4+} 和电子结合，变成二价铅离子 Pb^{2+}，Pb^{2+} 与电解液中的 SO_4^{2-} 结合生成 $PbSO_4$ 沉附于极板上，即

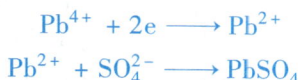

$$Pb^{4+} + 2e \longrightarrow Pb^{2+}$$

$$Pb^{2+} + SO_4^{2-} \longrightarrow PbSO_4$$

在负极板处，失去两个电子的 Pb 变为 Pb^{2+}，与电解液中的 SO_4^{2-} 结合生成 $PbSO_4$ 沉附在负极板上，即

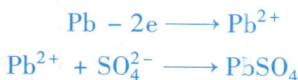

$$Pb - 2e \longrightarrow Pb^{2+}$$

$$Pb^{2+} + SO_4^{2-} \longrightarrow PbSO_4$$

在电解液中，H_2SO_4 电离为 SO_4^{2-} 和 H^+，而 H^+ 与溶液中的 OH^- 结合生成水，即

$$H^+ + OH^- \longrightarrow H_2O$$

结论：在放电过程中，正、负极板上的活性物质转化为 $PbSO_4$，同时，电解液中的 H_2SO_4 转化为水，电解液的密度不断下降。

2. 蓄电池的充电

充电时，应将蓄电池接直流电源（充电机或发电机）。当电源电压高于蓄电池电动势时，在电源电压作用下，电流从蓄电池正极流入、负极流出（外电路是电子从正极流向负极），其化学反应过程如图 2-6 所示。

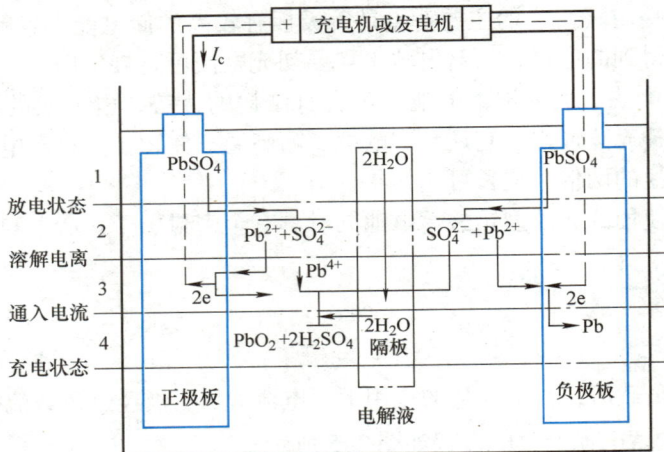

图 2-6　铅酸蓄电池的充电过程

正极板处，有少量 $PbSO_4$ 进入电解液中，离解为 Pb^{2+} 和 SO_4^{2-}，Pb^{2+} 在电源作用下失去两个电子变为 Pb^{4+}，Pb^{4+} 和电解液中水离解出来的 OH^- 结合，生成 $Pb(OH)_4$，$Pb(OH)_4$ 又分解为 PbO_2 和 H_2O，而 SO_4^{2-} 与电解液中的 H^+ 结合生成硫酸。

其反应式如下：

$$PbSO_4 \longrightarrow Pb^{2+} + SO_4^{2-}$$
$$4H_2O \longrightarrow 4H^+ + 4OH^-$$
$$Pb^{2+} - 2e \longrightarrow Pb^{4+}$$
$$Pb^{4+} + 4OH^- \longrightarrow Pb(OH)_4$$
$$Pb(OH)_4 \longrightarrow PbO_2 + 2H_2O$$

在负极板处，有少量的 $PbSO_4$ 进入电解液中，离解为 Pb^{2+} 和 SO_4^{2-}，Pb^{2+} 在电源的作用下获得两个电子变为金属铅 Pb，沉附在极板上，即

$$PbSO_4 \longrightarrow Pb^{2+} + SO_4^{2-}$$
$$Pb^{2+} + 2e \longrightarrow Pb$$

在电解液中，SO_4^{2-} 与电解液中的 H^+ 结合，生成硫酸，即

$$SO_4^{2-} + 2H^+ \longrightarrow H_2SO_4$$

结论：在充电过程中，正、负极板上的 $PbSO_4$ 分别转化为 PbO_2 和 Pb，电解液中硫酸成分逐渐增多，电解液的密度逐渐上升。

当充电接近终了时，正、负极板上的 $PbSO_4$ 分别转化为 PbO_2 和 Pb，这时，如果继续充电，将引起电解水，即

$$2H_2O \longrightarrow 2H_2 \uparrow + O_2 \uparrow$$

蓄电池在充、放电时总的化学反应过程可表示为

$$PbO_2 + Pb + 2H_2SO_4 \underset{充电}{\overset{放电}{\rightleftharpoons}} 2PbSO_4 + 2H_2O$$

四、蓄电池的工作特性

1. 内阻

蓄电池的内阻由极板电阻、电解液电阻、隔板电阻和联条电阻组成。

放电越多,极板电阻越大。电解液电阻与密度和温度有关,温度越低,电解液电阻越大。

电解液的密度为 $1.2g/cm^3$ 时($15℃$),电解液的电阻最小。

一般来说,起动型铅酸蓄电池的内电阻是很小的(单体蓄电池的内电阻约为 0.011Ω),这有利于提高蓄电池的起动性能;若内阻过大,在大电流放电时,会引起端电压大幅度下降,从而影响起动性能。

2. 放电特性

蓄电池的放电特性指在恒流放电过程中,蓄电池的端电压 U_f 和电解液密度随时间变化的规律。图2-7所示为 $6-QA-60$ 型干式荷电蓄电池以20h放电率进行恒流放电的特性曲线。

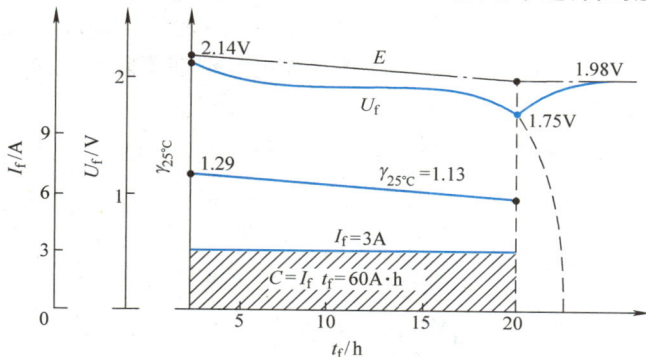

图2-7　$6-QA-60$ 型干式荷电蓄电池以20h放电率进行恒流放电的特性曲线

由于放电过程中电流是恒定的,单位时间内消耗的硫酸量相同,因此,电解液的密度随时间呈直线下降。密度每下降0.04,蓄电池放电约25%。

蓄电池放电终了的特征是:

1)电解液密度下降到最小许可值。

2)单体蓄电池的端电压下降至放电终止电压。

允许的放电终止电压与放电电流有关,放电电流越大,放电的时间越短,则允许的放电终止电压越低,见表2-1。

表2-1　放电电流与终止电压的关系

放电电流/A	$0.05C_{20}$	$0.1C_{20}$	$0.25C_{20}$	C_{20}	$3C_{20}$
连续放电时间	20h	10h	3h	30min	5.5min
单体蓄电池终止电压/V	1.75	1.70	1.65	1.55	1.50

注:C_{20} 为蓄电池的额定容量。

3. 充电特性

蓄电池的充电特性指在恒流充电过程中,蓄电池的端电压 U_c 和电解液密度随充电时间变化的规律。图 2-8 所示为 6 – QA – 60 型蓄电池以 3A 的充电电流进行充电的特性曲线。

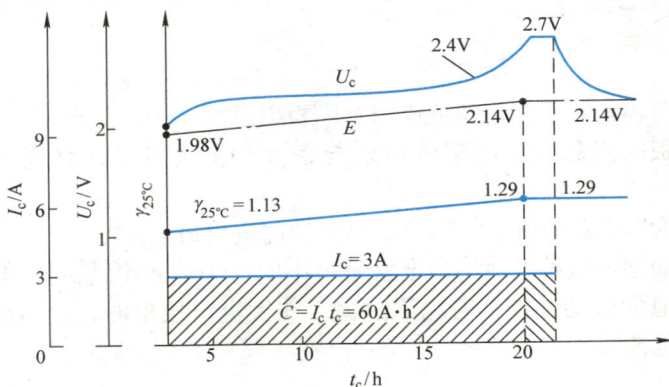

图 2-8 6 – QA – 60 型蓄电池以 3A 的充电电流进行充电的特性曲线

从理论上讲，单体蓄电池的充电电压升至 2.7V 时应停止充电，否则，将造成蓄电池的过充电。过充电时，由于剧烈地产生气泡，会在极板内部产生压力，加速活性物质的脱落，使极板过早损坏。所以，应尽量避免长时间的过充电。但在实际充电过程中，为了保证给蓄电池充足电，往往需要 2 ~ 3h 的过充电。

充电停止后，蓄电池的端电压降至 2.1V 左右。

蓄电池充电终了的特征：

1）蓄电池电解液内产生大量气泡，呈"沸腾"状。

2）端电压和电解液密度均上升至最大值，且 2 ~ 3h 内不再增加。

五、蓄电池的容量及影响因素

1. 蓄电池的容量

蓄电池的容量是标志蓄电池对外放电能力、衡量蓄电池性能的优劣以及选用蓄电池的最重要指标。

蓄电池的容量指在规定的放电条件下，完全充足电的蓄电池能输出的电量，用 C 表示，单位为 A·h。即容量等于放电电流与持续放电时间的乘积：

$$C = I_f t_f$$

式中 C——蓄电池容量（A·h）；

I_f——放电电流（A）；

t_f——放电持续时间（h）。

蓄电池的容量分为 20h 放电率额定容量、起动容量及储备容量等。这里只介绍常用的 20h 放电率额定容量，简称额定容量。

完全充足电的蓄电池，在电解液温度为 25℃ 时，以 20h 放电率（放电电流为 $0.05C_{20}$）连续放电，直至单体蓄电池电压降到 1.75V 时为止，蓄电池所输出的电量称为额定容量，用 C_{20} 表示。额定容量是设计容量，是蓄电池性能的重要标志之一。例如，6 – Q – 100 型蓄电池，其"100"就是额定容量，是在电解液平均温度为 25℃ 时，以 5A 的电流连续放电 20h 后，单体端电压降至 1.75V 时得到的。

2. 影响蓄电池容量的使用因素

同一个蓄电池，不同的使用方法将会得到不同的容量。影响蓄电池容量的使用因素有以下几个方面：

（1）放电电流　放电电流越大，蓄电池的容量越小。

图 2-9 所示为 6－Q－135 型蓄电池在不同放电电流情况下的放电特性。从图中可以看出，放电电流越大，端电压下降越快，放电时间越短，故蓄电池的容量越小。

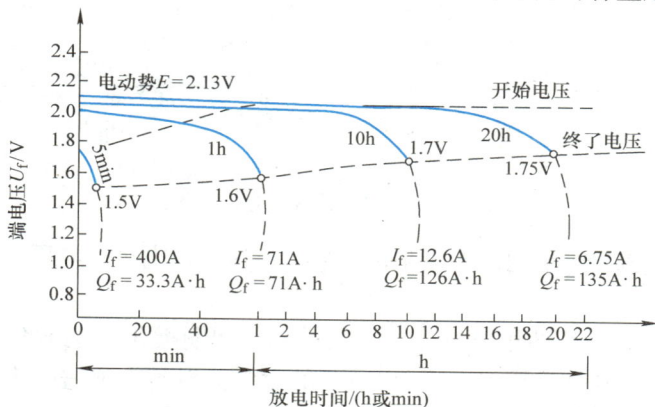

2-9　6－Q－135 型蓄电池在不同放电电流情况下的放电特性

（2）电解液温度　电解液温度降低，容量减小。由于温度对蓄电池的容量影响较大，因此，冬季在寒冷地区使用蓄电池时，应特别注意蓄电池的保温。

（3）电解液密度　电解液密度为 $1.23g/cm^3$ 时容量最大。

六、蓄电池的充电

1. 充电方法

（1）定流充电　在充电过程中，充电电流保持恒定的充电方法，称为定流充电。采用定流充电时，被充电的多个蓄电池可串联在一起充电，如图 2-10a 所示。

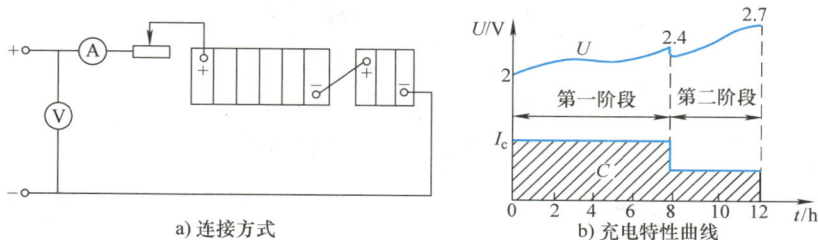

图 2-10　定流充电

从图 2-10 中的定流充电特性曲线可以看出，一般定流充电过程分为两个阶段：第一阶段，以规定的电流进行充电，在这一阶段中，正、负极板上的硫酸铅基本上还原成活性物质；第二阶段，充电电流减半，一直到充电终了。充电电流减半，是为了防止电解水。

定流充电具有较大的适应性，可以任意选择和调整充电电流，如蓄电池的初充电、补充充电及去硫化充电等均可采用这种方法；它的缺点是充电时间长，并且需要经常调节充电电压。

（2）定压充电　在充电过程中，电源电压始终保持不变的充电方法，称为定压充电，如图2-11所示。

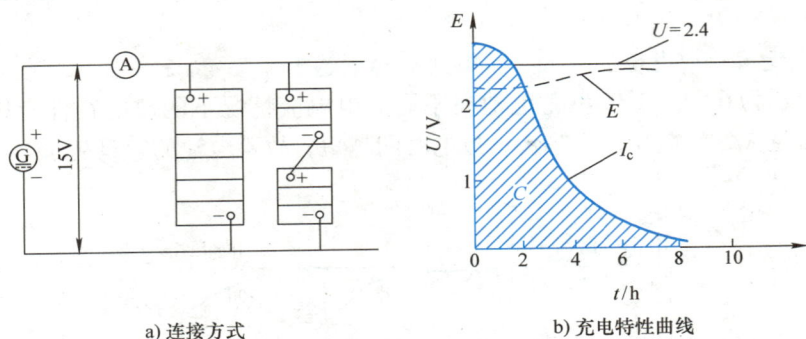

a）连接方式　　　　　　　　b）充电特性曲线

图2-11　定压充电

在汽车上，发电机给蓄电池的充电是定压充电，这样发电机的电压要选择适当，过高或过低都对蓄电池不利。

（3）脉冲快速充电　脉冲快速充电首先利用充电初期极化现象不明显、蓄电池可以接受大电流充电的特点，初期采用（0.8～1）C_{20}的大电流对蓄电池进行定流充电，使蓄电池的容量在短时间内达到60%左右的额定容量。当单体蓄电池电压达2.4V、电解液开始冒气泡时，控制电路使充电转入脉冲充电阶段：先停止充电25ms左右，再反向脉冲充电［反向充电电流的脉宽一般为150～1000μs、脉幅为（1.5～3）C_{20}］，接着停止充电25ms，然后用正脉冲进行充电，周而复始，直到充满电为止。其充电电流波形如图2-12所示。

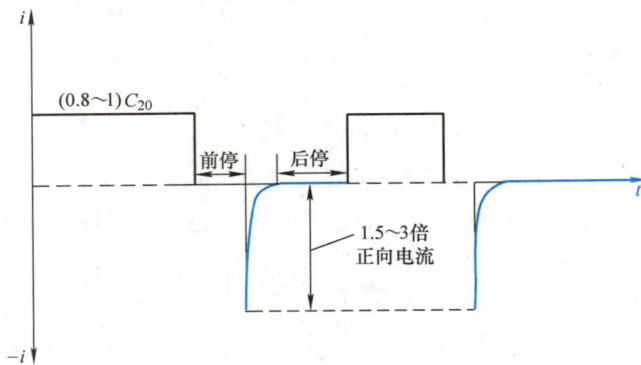

图2-12　脉冲快速充电电流波形

脉冲快速充电的优点如下：

1）充电时间大大缩短，补充充电仅需要1～2h（采用定电压进行补充充电需要5～8h）。

2）可以增加蓄电池的容量。由于脉冲快速充电能够消除极化现象，因此，充电时化学反应充分，加深了反应深度，使蓄电池容量有所增大。

3）去硫化作用显著。

2. 充电种类

（1）初充电　新蓄电池或修复后的蓄电池在使用之前的首次充电称为初充电。新蓄电池是否需要初充电及初充电的时间参考说明书的要求。

（2）补充充电　当车辆起动困难（起动时发动机转速明显低）时，说明蓄电池电量不足，这时蓄电池需要进行补充充电。

（3）去硫化充电　当蓄电池极板轻微硫化时，可进行去硫化充电，方法如下：

1）倒出蓄电池内的电解液，用蒸馏水反复冲洗蓄电池极板数次，然后加入蒸馏水至高出极板 10～15mm。

2）用初充电电流进行充电，当电解液密度升到 1.15g/cm³ 以上时，倒出电解液，加入蒸馏水，继续充电，如此反复多次，直到密度不再上升为止。

3）用 10h 放电率放电检查容量。如果容量达到额定容量的 80%，说明硫化已基本消除，即可使用。否则，蓄电池应报废。

七、蓄电池的使用注意事项

1. 蓄电池的选择

选择蓄电池的主要依据是蓄电池的外形尺寸和额定容量。外形尺寸及极桩位置应与蓄电池的安装位置相符，容量不能大也不能小。若小了，易导致起动困难，若大了，易导致蓄电池长期充电不足。

2. 电解液的选择

需要加注电解液时，一般是购买配制好的标准电解液，无需自己配制电解液。在给蓄电池加注电解液时，要选择电解液的密度，一般情况下应该选择密度偏低的电解液。寒冷地区选择电解液的前提是保证电解液不结冰。电解液密度与冰点的关系见表 2-2。

表 2-2　电解液密度与冰点的关系

电解液密度/（g/cm³）	1.10	1.15	1.20	1.25	1.30	1.35
冰点/℃	−7	−14	−25	−50	−66	−70

3. 冬季使用蓄电池的注意事项

冬季使用蓄电池，应保持蓄电池处于充足电状态，因为放电后的蓄电池电解液密度会降低，增大了结冰的危险。

由于冬季蓄电池容量减小，因此，在北方使用车辆要注意对蓄电池进行保暖（把车辆放入带有暖气的车库），以便使发动机容易起动。

4. 新蓄电池的使用

一般情况下，新蓄电池的使用应参考说明书，以说明书的要求为准。

八、蓄电池的常见故障与排除

1. 极板硫化

蓄电池长期充电不足或放电后长时间未充电，极板上会逐渐生成一层白色大晶粒的硫酸铅。在正常充电时，这些大晶粒的硫酸铅不能转化为二氧化铅和海绵状铅，这种现象称为硫酸铅硬化，简称硫化。

硫化后的蓄电池最明显的现象是充完电使用几天后，发动机出现起动无力的现象。

产生硫化的主要原因如下：

1）蓄电池长期充电不足，或放电后没有及时充电。

2）蓄电池内液面过低，使极板上部与空气接触而发生氧化（主要是负极板）。

3）电解液密度过大、电解液不纯、环境温度温差较大等。

对于已经硫化的蓄电池，轻者可用去硫化充电法消除硫化，重者应报废。

2. 自行放电

充足电的蓄电池放置不用时会逐渐失去电量，这种现象称为蓄电池的自行放电。如果每昼夜自行放电不超过 $2\%C_{20}$，属于正常现象的自行放电。若每昼夜自行放电量超过 $2\%C_{20}$，则属于故障性自行放电。造成故障性自行放电的原因有以下几个方面：

1）电解液中有杂质，这些杂质在极板周围形成局部电池而产生自行放电。例如，电解液中含铁量达1%时，一昼夜会将蓄电池的电量全部放完。

2）蓄电池内部短路引起的自行放电，如隔板破裂或极板活性物质大量脱落而沉于极板下部等原因都将使正、负极板发生短路，引起自行放电。

3）蓄电池盖表面不清洁（如有电解液等）会造成自行放电，还会使极桩腐蚀。

3. 极板活性物质大量脱落

活性物质脱落一般多发生在正极板上，其特征为充电时电解液有褐色物质自底部上升，端电压上升快，电解液过早出现"沸腾"现象，而电解液密度不能达到规定的最大值；放电时容量明显下降。

活性物质大量脱落的原因：充电电流过大、过充电时间过长、低温长时间大电流放电等。另外，蓄电池受到剧烈振动时，也会引起活性物质脱落。

4. 极板短路

极板短路的故障现象：充电过程中，电解液温度迅速上升，电压与电解液密度上升缓慢；放电时，蓄电池的容量明显不足。

极板短路的主要原因：隔板损坏，活性物质在蓄电池底部沉积过多，极板拱曲及金属杂质落入正、负极板之间等。对于短路的蓄电池必须将其拆开，查明原因，排除故障。

【知识拓展】

蓄电池监控控制单元

世界各国为了节能减排都在汽车油耗方面制定了相应的标准，要求平均油耗进一步降低。我国汽车油耗的国家标准是到2025年传统汽车平均百公里油耗不高于4L/100km，而同期美国汽车油耗的国家标准是4.8L/100km，欧盟汽车油耗的标准是3.4L/100km。

为了达到节能减排的效果，现在很多车辆都配备了发动机自动起停系统。发动机频繁地起动，对蓄电池的使用寿命和可靠性有了更高的要求。为了满足发动机自动起停系统的要求，蓄电池除提高制造工艺外，还需要对车载电源进行管理，也称为能量管理。

1. 蓄电池监控控制单元的作用

蓄电池监控控制单元也称为蓄电池传感器，安装在蓄电池负极上。图2-13所示为大众迈腾汽车蓄电池监控控制单元（J367）。蓄电池监控控制单元的主要作用是通过监测蓄电池的充电和放电电流、蓄电池电解液的温度及蓄电池电压，准确评估蓄电池的起动性能，预知蓄电池能否支持发动机熄火后的再次起动。

蓄电池监控控制单元将蓄电池的状态信息通过 LIN 总线传递给数据总线诊断接口（J533），由数据总线诊断接口（网关）进行车载电源管理。当蓄电池的技术状态变差时，数据总线诊断接口（J533）通过总线将信息传递给发动机及发电机等系统。当发动机运行时，可通过提高发电机的充电电压与充电电流、发动机的转速等方法改善蓄电池的技术状态；当发动机停转后，可通过逐次关闭娱乐、舒适等系统的电源来减小蓄电池电量的损耗，以满足再次起动发动机时电量所需。

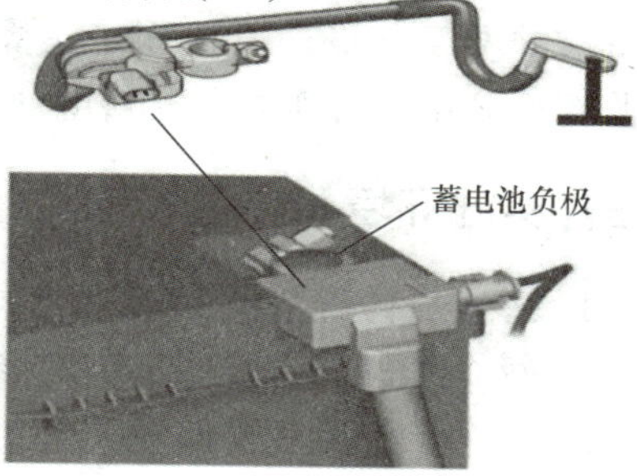

图 2-13　大众迈腾汽车蓄电池监控控制单元

2. 蓄电池监控控制单元的工作原理

图 2-14 所示为大众迈腾汽车蓄电池监控控制单元工作原理图。蓄电池监控控制单元（J367）的核心部分是一个 CPU（中央处理器），该处理器用于测量蓄电池的充电和放电电流、蓄电池电解液的温度及蓄电池电压，准确评估蓄电池的起动性能，并通过 LIN 总线与数据总线诊断接口（J533）进行通信。

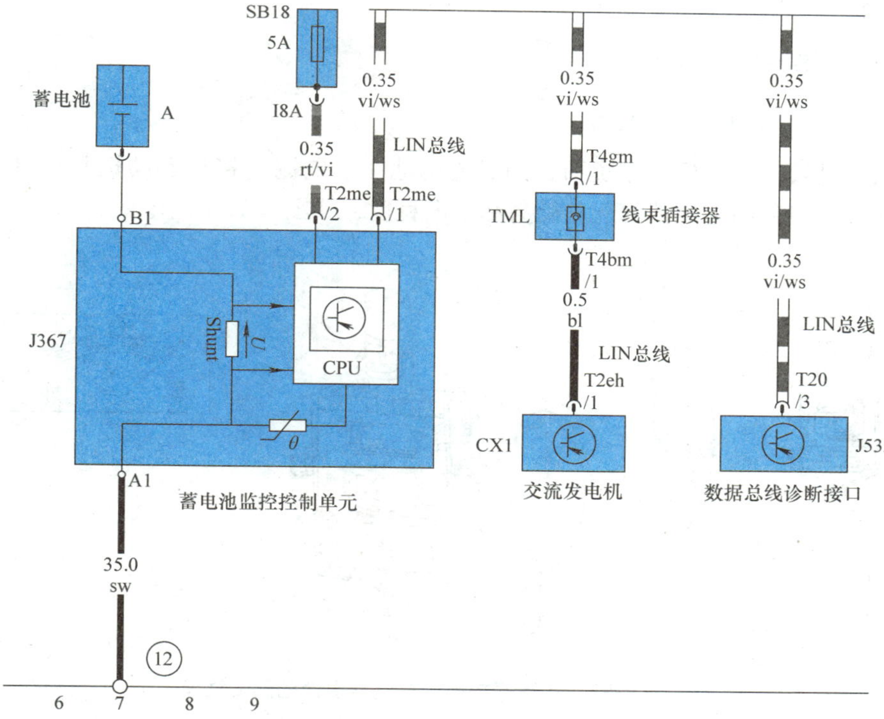

图 2-14　大众迈腾汽车蓄电池监控控制单元工作原理图

蓄电池监控控制单元（J367）内部有一个分流电阻及温度传感器。流经蓄电池负极电缆的电流流过分流电阻时，蓄电池监控控制单元可以测量分流电阻上的电压降，进而可计算出流经蓄电池负极电缆中蓄电池的充电和放电电流。该分流电阻阻值非常小（mΩ 级），可以保证功率损耗及所产生的热量尽可能小。

蓄电池监控控制单元（J367）通过温度传感器测得负极桩的温度，然后估算出蓄电池电解液的温度（J367 直接固定在蓄电池的负极桩上）。由于熔丝 SB18 接电源线，因此蓄电池监控控制单元可实时监测蓄电池的电压。

【任务实施环境】

1. 理实一体教室授课，每个学习小组配备 1 个标准工位。
2. 每个工位配备常用汽车维修工具 1 套。
3. 每个工位配备蓄电池、密度计、万用表、温度计和高率放电计各 1 个。

【任务实施步骤】

一、蓄电池极桩的检查

1）检查蓄电池在车上安装是否牢靠，起动电缆线与极桩的连接是否牢固，检查电缆线的线夹与极桩上是否有氧化物。若有，则应及时清除。

2）检查蓄电池盖表面是否清洁，应及时清除盖上的灰尘、电解液等脏物，保持加液孔盖上的气孔畅通。

二、放电程度的检测

1. 用高率放电计确定放电程度

高率放电计模拟起动机工作负荷，测量蓄电池在大电流（接近起动机起动电流）放电时的端电压，用以判断蓄电池的起动能力和放电程度，如图 2-15 所示。

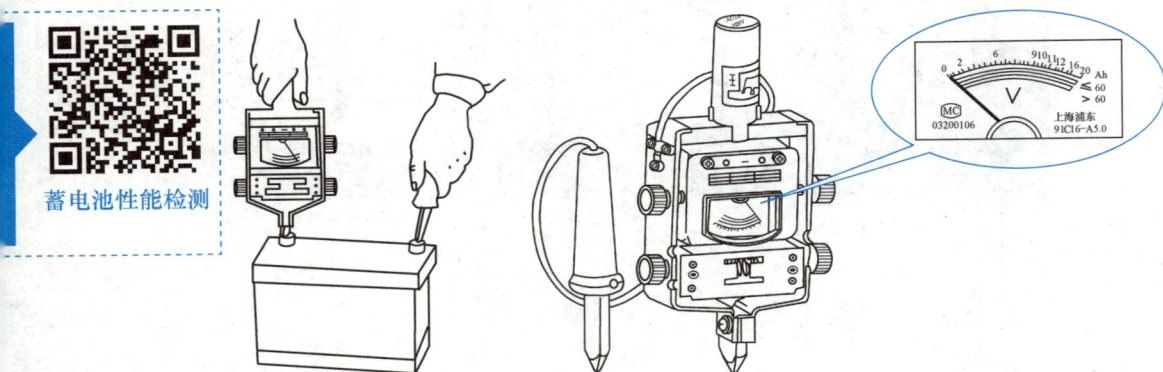

蓄电池性能检测

图 2-15　用高率放电计测试蓄电池的起动性能

测试时，用力将放电计触针压紧正、负极，保持 5s。若蓄电池端电压能保持在 9.6V 以上，说明该蓄电池性能良好，但容量不足。若稳定在 10.6 ~ 11.6V，说明蓄电池是充满电状态。若蓄电池端电压迅速下降，则说明蓄电池已损坏。

2. 全密封型免维护蓄电池放电的确定

对于无加液孔的全密封型免维护蓄电池，由于不能采用传统的密度计来测量电解液密

度，为此，在这种免维护蓄电池内部一般装有一只小型密度计，如图 2-16 所示，通过顶端的检查孔观察其颜色可判断蓄电池的技术状况。

绿色：良好
黑色：需充电
无色：需更换

状态指示灯

图 2-16　全密封型免维护蓄电池

1）绿色，表示蓄电池的技术状况良好。
2）黑色，表示电解液密度偏低，应对蓄电池进行补充充电。
3）无色，表示蓄电池已不能继续使用。

任务 2　蓄电池充电　◀◀◀

【任务导入】

　　每次驾车出行前，若起动发动机时觉得起动无力，多数情况是因为蓄电池电量不足，这时需要到汽车修理厂进行蓄电池充电。

【任务实施环境】

1. 理实一体教室授课，每个学习小组配备 1 个标准工位。
2. 每小组配备汽车起动用蓄电池 1 个、万用表 1 个、充电机 1 台。

【任务实施步骤】

充电步骤：

1）充电前检查电解液液面高度，保证液面高度正常。
2）充电前旋开加液孔盖，使产生的气体能顺利逸出，以免发生事故。
3）充电室要安装通风和防火设备，在充电过程中，严禁烟火。
4）先将右侧的"电流旋钮"逆时针旋到"0"，箭头指向"0"位。然后连接蓄电池的充电电路。充电连接方式如图 2-17 所示。
5）充电电流的大小调整为蓄电池额定容量的 1/10（单位为 A），如图 2-18 所示。

蓄电池充电（1）

蓄电池充电（2）

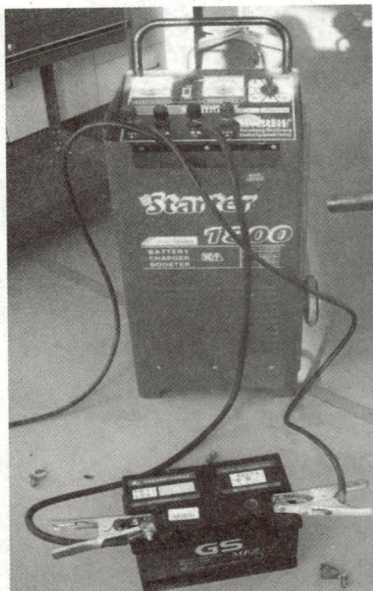

图 2-17　蓄电池充电的连接方式

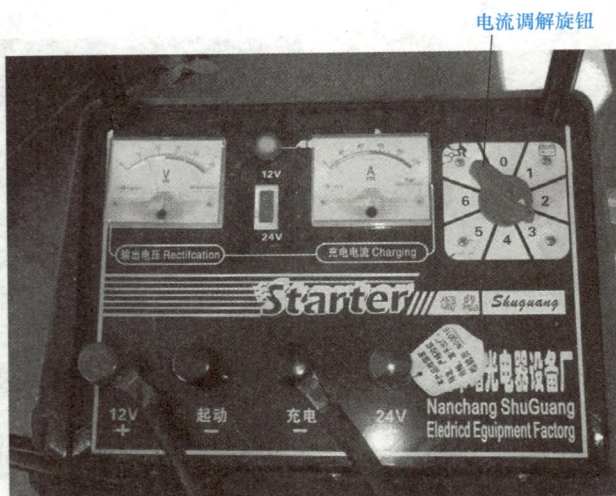

电流调解旋钮

图 2-18　充电电流调整

小　　结

　　汽车电源系统有蓄电池和发电机，两者是并联的。当发动机起动后，全车用电由发电机供电，此时蓄电池被充电。

　　汽车上使用的低压蓄电池都是起动型的铅酸蓄电池，现阶段使用的蓄电池都是具有免维护及干式荷电性能的蓄电池。蓄电池在使用过程中，若起动机起动无力（发动机不转动或转速很低），则需要对蓄电池进行补充充电。维修企业一般采用起动充电机对蓄电池进行快速充电，经 5～8h 就可以给蓄电池充满电。若经过充电后，蓄电池还不能正常使用，即可认定蓄电池已经硫化，应更换蓄电池。

复习思考题

1. 目前在维修企业中用什么方法给蓄电池充电？
2. 目前广泛使用的蓄电池有哪些特点？
3. 蓄电池在使用中应注意什么问题？

项目3

发电机的检测与维修

【项目导读】

知识目标

1）掌握交流发电机的结构及工作原理。
2）了解调节器的作用和工作原理。

技能目标

1）能正确拆装、检测发电机。
2）能正确诊断充电系统常见故障并排除故障。

任务1　　发电机拆装与检修

【任务导入】

　　发电机与蓄电池构成了汽车电源系统。当汽车发动机工作后，发电机负责全车用电设备的供电，同时发电机还要为蓄电池充电。因此，发电机的技术状况直接影响汽车全车用电设备的工作状况。当发动机正常工作时，若充电指示灯突然发亮，则表示充电系统出现了故障，当确定故障部位在发电机时，要将发电机从车上拆下，对发电机进行分解与检修。

【相关知识】

一、交流发电机的构造

　　交流发电机在汽车上的安装位置如图3-1所示。汽车交流发电机主要由转子、定子、整流器、电刷系统及调节器、前端盖、后端盖、风扇和带轮等组成。图3-2为丰田卡罗拉汽车发电机的解体图。

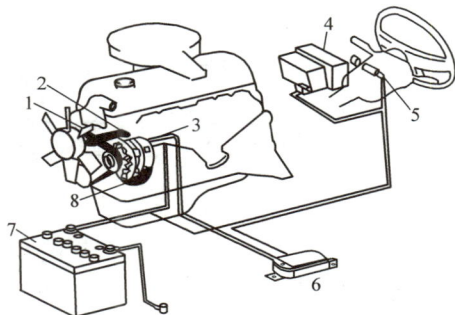

图3-1　交流发电机在汽车上的安装位置
1—V带　2—调整臂　3—发电机　4—仪表盘
5—点火开关　6—调节器　7—蓄电池　8—支架

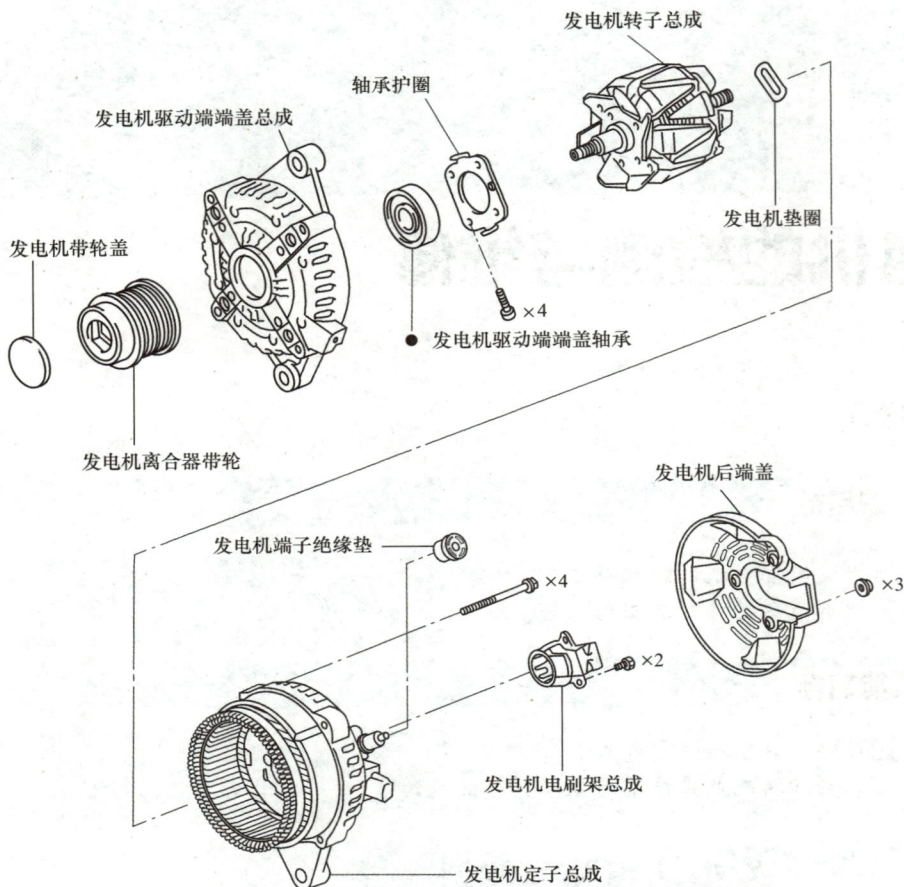

发电机转子总成

轴承护圈

发电机驱动端端盖总成

发电机垫圈

发电机带轮盖

发电机驱动端端盖轴承 ×4

发电机离合器带轮

发电机后端盖

发电机端子绝缘垫

×4

×3

×2

发电机电刷架总成

发电机定子总成

图3-2 丰田卡罗拉汽车发电机的解体图

1. 转子

交流发电机的转子是用来建立磁场的，它主要由爪极、励磁绕组、轴和集电环等组成，如图3-3所示。两块爪极压装在转子轴上，在两块爪极的内腔装有导磁用的铁心，其上绕有励磁绕组。

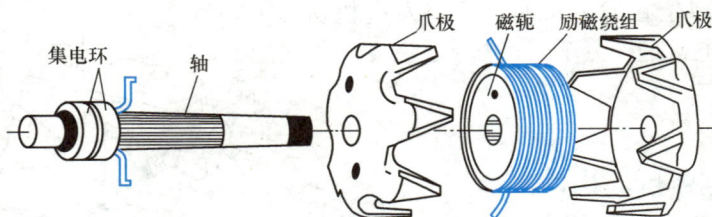

集电环　轴　　爪极　磁轭　励磁绕组　爪极

图3-3 交流发电机的转子

2. 定子

定子又称为电枢，是用来产生交流电动势的，由铁心和三相绕组组成。定子铁心由相互绝缘的内圆带槽的环状硅钢片叠成，定子槽内置有三相对称绕组。三相绕组的连接方法有星形联结和三角形联结两种。定子和定子绕组的连接方式如图3-4所示。

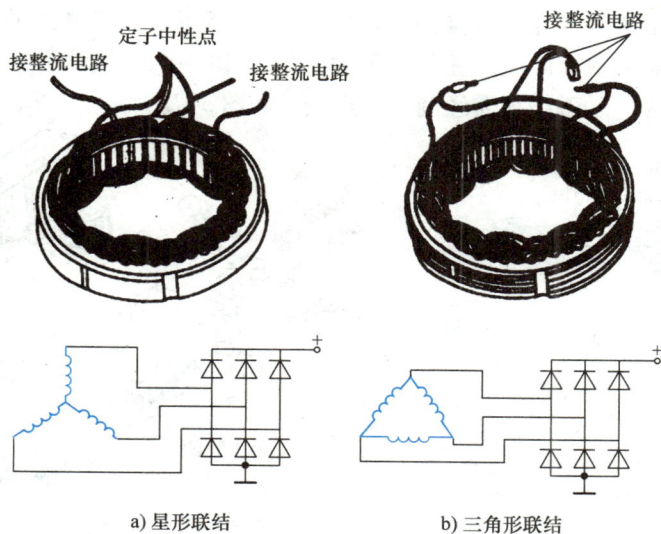

a) 星形联结　　　　　　b) 三角形联结

图 3-4　定子和定子绕组的连接方式

在三相对称绕组中产生的电动势是对称电动势，即电动势的大小相等、电位差互差120°电角度。这样为了保证三相绕组中产生的电动势是对称电动势，三相绕组在定子槽中的绕法必须满足：

1）每相绕组线圈的个数、每个线圈的匝数、每个线圈的大小都必须相等，这样可保证每相绕组产生的电动势大小相等。

2）三相绕组的首端在定子槽内的排列必须间隔120°电角度。

3. 整流器

交流发电机的整流器是由 6 只硅整流二极管组成的三相桥式整流电路，其作用是将三相绕组中产生的三相交流电转换为直流电。有些发电机还有 3 只小功率励磁二极管和两只中性点二极管。

如图 3-5 所示，硅整流二极管分为正极管和负极管。压装在元件板上的 3 只二极管，引线为二极管的正极，外壳为二极管的负极，俗称"正极管子"，管底涂有红色标记。压装在后端盖上的二极管，其引线为二极管的负极，外壳为二极管的正极，俗称"负极管子"，管底涂有黑色标记。3 只正二极管的外壳与元件板接在一起成为发电机的正极，用螺栓引至后端盖外部作为发电机的相线接线柱，标记为"B"（"A"、"＋"或"电枢"）；3 只负二极管的外壳与发电机的后端盖接在一起成为发电机的负极。元件板必须与后端盖绝缘，并固定在后端盖上。为维修方便，有些车型的发电机将 3 只负二极管压装在另一个元件板上。

4. 前、后端盖

前、后端盖是由非导磁材料铝合金制成的，漏磁少，并具有轻便、散热性能好等优点。在后端盖上装有电刷与调节器总成（普通发电机只装有电刷架和电刷）。

普通发电机的两个电刷分别装在电刷架的孔内，借弹簧压力与集电环保持接触。普通交流发电机的电刷架的结构如图 3-6 所示。根据两个电刷的接线方法，交流发电机的搭铁形式分为内搭铁和外搭铁两种。内搭铁式的交流发电机，其励磁绕组的两端通过电刷分别引至发电机后端盖上的接线柱，分别称为"F"（或"磁场"）和"E"（或"搭铁"）接线柱，即励磁绕组的一端在发电机的外壳上直接搭铁，如图3-7a所示。外搭铁式的交流发电机，其励磁绕组的两端引至后端盖上的接线柱分别称为"F_1"和"F_2"接线柱，且两个接线柱均与发电机的后端盖绝缘，励磁绕组需经调节器搭铁，如图3-7b所示。

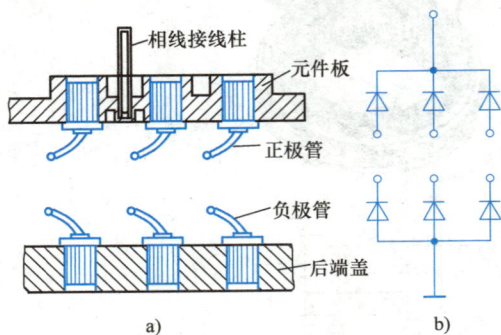

a)

b)

图3-5　硅整流二极管的安装

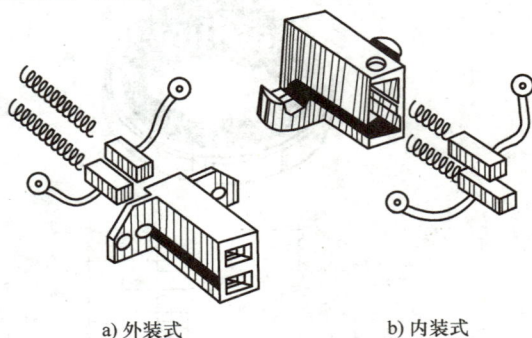

a) 外装式

b) 内装式

图3-6　电刷架的结构

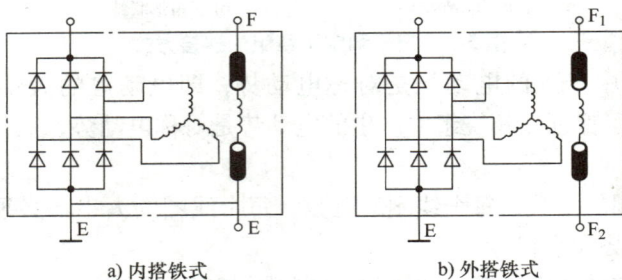

a) 内搭铁式

b) 外搭铁式

图3-7　交流发电机的搭铁方式

5. 带轮及风扇

交流发电机的前端装有带轮，由发动机通过风扇传动带驱动发电机旋转。在带轮的后面装有叶片式风扇，前、后端盖上分别有出风口和进风口。当发动机带动发电机高速旋转时，可使空气流经发电机内部，对发电机进行冷却，例如图3-8a所示的奥迪汽车所用的发电机。对于一些高档汽车，其发电机的功率大、体积小，为了提高散热强度，装有两个风扇，且将

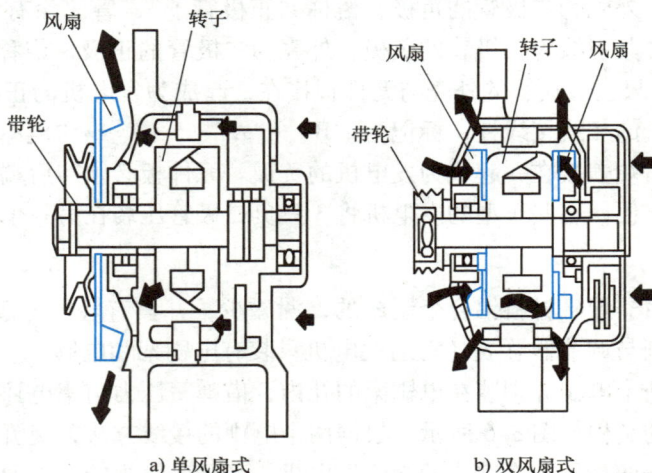

a) 单风扇式

b) 双风扇式

图3-8　交流发电机的通风

风扇叶直接焊在转子上，例如图 3-8b 所示的丰田汽车所用的发电机。

二、交流发电机的工作原理

1. 发电原理

交流发电机产生交流电的基本原理是电磁感应原理，具体地说，交流发电机是利用产生磁场的转子旋转，使穿过定子绕组的磁通量发生变化，在定子绕组内产生交流电动势。图 3-9 所示为交流发电机的工作原理图。

在交流发电机中，由于转子磁极呈鸟嘴形，其磁场的分布近似符合正弦规律，所以在发电机定子绕组中产生的交流电动势近似符合正弦规律。由于三相绕组在定子槽中是对称绕制的，因此在三相绕组中产生的三相电动势是对称电动势。

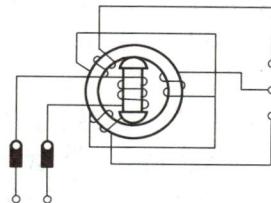

图 3-9　交流发电机的工作原理图

2. 整流原理

硅二极管具有单向导电性：当给二极管加上正向电压（正极电位高于负极电位）时导通，二极管呈现低电阻状态；当给二极管加反向电压（正极电位低于负极电位）时截止，二极管呈现高电阻状态。利用二极管的这种单向导电性，制成了整流器，使交流电变为直流电。此处使用的整流器是一个由 6 只硅整流二极管组成的三相桥式整流电路，如图 3-10 所示。

三相桥式整流电路的整流原理如下（图 3-10a）：

1）由于 3 个正极管（VD_1、VD_3、VD_5）的正极分别接在发电机三相绕组的首端（U1、V1、W1），而它们的负极同接在元件板上，因此这 3 个正极管导通的条件是在某一瞬间，哪一相的电压最高（相对其他两相来说正值最大），则该相的正极管导通。

2）由于 3 个负极管（VD_2、VD_4、VD_6）的负极分别接在三相绕组的首端，而它们的正极同接在后端盖上，所以这 3 个负极管的导通条件是：在某一瞬间，哪一相的电压最低（相对其他两相负值最大），则该相的负极管就导通。

3）在每一瞬间，同时导通的二极管只有两个，即正、负极管各一个。

根据上述原则，基整流过程如下：

在 $t_1 \sim t_2$ 时间内，U 相的电压最高，而 V 相的电压最低，故 VD_1、VD_4 处于正向电压下而导通，R 两端得到的电压为 u_{UV}（为线电压的瞬时值，不计二极管导通时的压降）。

在 $t_2 \sim t_3$ 时间内，U 相的电压最高，而 W 相的电压最低，于是 VD_1、VD_6 导通，R 两端的电压为 u_{UW}。

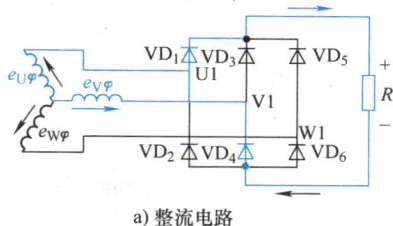

a) 整流电路

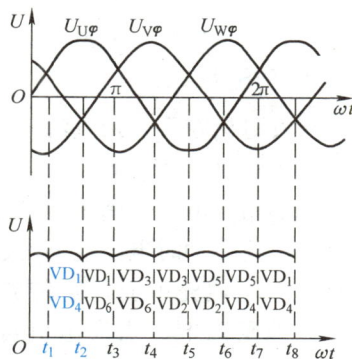

b) 三相交流电动势和整流后发电机输出的平稳脉冲电压

图 3-10　三相桥式整流电路

在 $t_3 \sim t_4$ 时间内，VD_3、VD_6 导通，R 两端的电压为 u_{VW}。

依此类推，循环反复，就在负载 R 两端得到一个比较平稳的脉动直流电压 U，一个周期内有 6 个波形，如图 3-10b 所示。

有的发电机具有中性点接线柱，如图 3-11 所示。中性点接线柱是从三相绕组的末端引出来的，标记为"N"，输出电压为 $U_N\left(U_N = \frac{1}{2}U\right)$。由于 U_N 是通过 3 个搭铁的负极管整流后得到的直流电压（即三相半波整流），所以，中性点电压 U_N 一般用来控制各种用途的继电器，如磁场继电器、充电指示灯继电器等。

实际上，在三相绕组的中性点处接上两只中性点二极管（称为功率二极管），并通过两只中性点二极

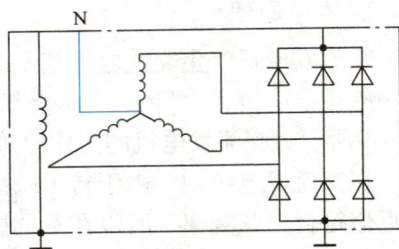

图 3-11　带有中心抽头的交流发电机

管与桥式整流器的正、负输出端相连（图 3-12，图中 VD_7、VD_8 为中性点二极管），当发动机高速运转时，可有效地利用中性点电压来增加发电机的输出功率。实践证明，在交流发电机上采用中性点二极管后，输出功率可增加 10% ~ 15%。

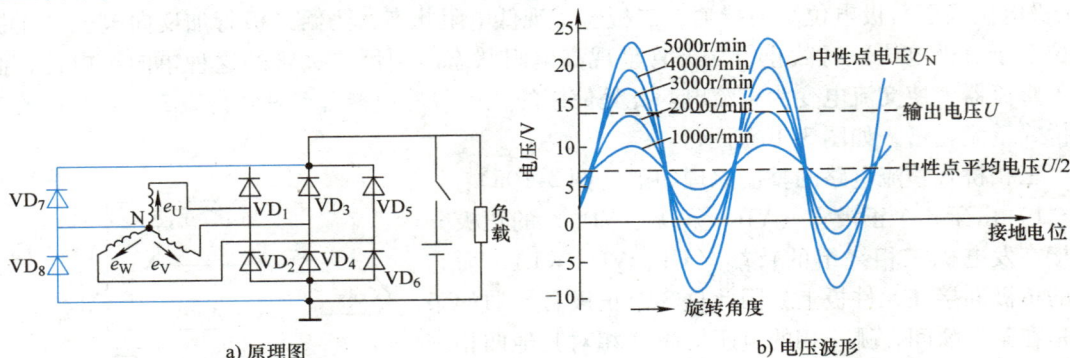

a) 原理图　　　　　b) 电压波形

图 3-12　具有中性点二极管的整流电路

3. 励磁方法

交流发电机在无外接直流电源时，由于转子保留的剩磁很弱，因此在低速时，仅靠剩磁产生的电动势（小于 0.6V）并不能使二极管导通，发电机不能发电。为了克服这一缺点，在发电机开始发电时采用了他励方式，即由蓄电池为励磁绕组提供励磁电流以增强磁场，使发电机在低速转动时电压能够迅速上升，从而实现发动机怠速时发电机便可向蓄电池充电。

发电机向蓄电池充电时，励磁方式由他励变为自励，即励磁电流由发电机自己提供。简单地说，交流发电机的励磁方法是先他励、后自励。

图 3-13 所示为交流发电机的励磁电路。当点火开关 S 接通时，蓄电池便通过调节器向发电机的励磁绕组提供励磁电流（他励）。

励磁电路为蓄电池正极→点火开关 S→调

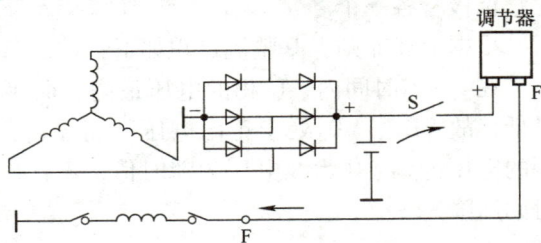

图 3-13　交流发电机的励磁电路

节器相线接线柱→调节器→调节器的"F"接线柱→发电机的"F"接线柱→发电机励磁绕组→搭铁。

当发动机起动后，发电机的输出电压略高于蓄电池电压时，发电机自己给励磁绕组提供励磁电流（自励）。

励磁电路为：发电机"+"接线柱→点火开关S→调节器相线接线柱→调节器→调节器的"F"接线柱→发电机的"F"接线柱→发电机励磁绕组→搭铁，发电机自励发电。

三、交流发电机的调节器

1. 电压调节器的工作原理

交流发电机每相绕组电动势的有效值可写成

$$E_\phi = Cn\Phi$$

式中，C 为发电机的结构常数；n 为转子转速；Φ 为转子的磁极磁通。当转速升高时，要想使发电机的输出电压保持恒定，只能通过减小磁通 Φ 来实现。磁极磁通 Φ 与励磁电流 I_j 成正比，要想减小磁通 Φ 可以通过减小励磁电流 I_j 来实现。

交流发电机调节器的工作原理是：当交流发电机的转速升高时，调节器通过减小发电机的励磁电流来减小磁通 Φ，使发电机的输出电压保持不变。

2. 晶体管调节器

图3-14所示为晶体管调节器的基本电路。

VT_2 是大功率管，起开关作用，用来接通与切断发电机的励磁电路。VT_1 是小功率管，用来放大控制信号。稳压管 VS 是感受元件，串联在 VT_1 的基极电路中，并通过 VT_1 的发射结并联于分压电阻 R_1 的两端，以感受发电机的输出电压。

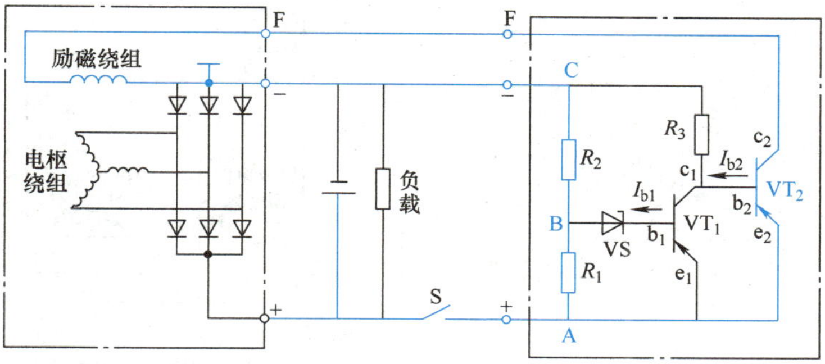

图3-14 晶体管调节器的基本电路

电阻 R_1 和 R_2 组成一个分压器，分压器两端的电压 U_{AC} 为发电机的输出电压，则

$$U_{AB} = \frac{R_1}{R_1 + R_2} U_{AC}$$

U_{AB} 反向加在稳压管 VS 上，通常把 B 点称为检测点。R_1 的阻值是这样确定的：当发电机输出电压 U_{AC} 达到规定的调整值时（如桑塔纳汽车的为13.5～14.5V），U_{AB} 正好等于稳压管 VS 的反向击穿电压，R_3 为 VT_1 的集电极负载电阻。

晶体管调节器的工作原理如下：

点火开关 S 闭合后，蓄电池的电压加到分压器的 A、C 两端，由于蓄电池电压小于发电机输出电压的调整值，故 U_{AB} 电压值小于稳压管 VS 的反向击穿电压，稳压管 VS 处于截止状态，VT_1 的基极电流 I_{b1} 等于零，VT_1 截止，而 VT_2 由于发射结处于较高的正向电压下而导通饱和，产生励磁电流（他励）。

励磁电路为蓄电池正极→点火开关 S→调节器 "+" 接线柱→VT_2→调节器 "F" 接线柱→发电机 "F" 接线柱→励磁绕组→蓄电池负极（搭铁）。

发动机起动后，发电机的输出电压将高于蓄电池的电压，发电机的励磁电流由他励转变为自励。

励磁电路为发电机正极→点火开关 S→调节器 "+" 接线柱→VT_2→调节器 "F" 接线柱→发电机 "F" 接线柱→励磁绕组→蓄电池负极（搭铁）。

随着转速的升高，当发电机输出电压稍高于调整值时，U_{AB} 达到了稳压管 VS 的反向击穿电压，稳压管 VS 导通，使 VT_1 产生基极电流而导通；同时，把 VT_2 的发射结短路，使其由导通状态变为截止状态，切断发电机的励磁电路，使发电机的输出电压急剧下降；当发电机的输出电压下降到稍低于调整值时，稳压管 VS 由击穿状态恢复到截止状态。随之，VT_1 由导通状态变为截止状态，使 VT_2 导通。如此反复，就使发电机的端电压维持在规定的调整值上。

3. 集成电路调节器

集成电路调节器也称为 IC 调节器，它根据使用要求，将电路中的若干元件集成在同一基片上，制成一个独立的电子芯片。集成电路调节器装于发电机内部，构成整体式交流发电机。

集成电路调节器的电压检测方法有发电机电压检测法和蓄电池电压检测法两种，如图 3-15 所示。

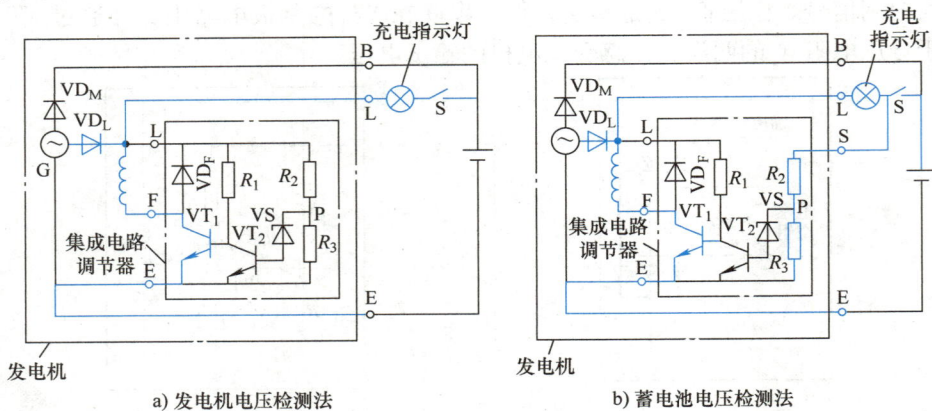

a) 发电机电压检测法   b) 蓄电池电压检测法

图 3-15　集成电路调节器的基本电路

（1）发电机电压检测法　如图 3-15a 所示，分压器 R_2 和 R_3 的端电压 U_{LE} 等于发电机的端电压 U_{BE}。由检测点 P 加到稳压管 VS 两端的反向电压 U_{PE}（经 VT_2 的发射结）正比于发电机的输出电压 U_{BE}，因此，这种方法称为发电机电压检测法。其工作原理如下：

点火开关 S 接通后，蓄电池电压加到充电指示灯和分压器 R_2、R_3 上。这时由于 U_{PE} 小于稳压管 VS 的击穿电压，晶体管 VT_2 截止。VT_1 则由于发射结（经 R_1）承受正向电压而导通，励磁电路（他励）为蓄电池正极→点火开关→充电指示灯→励磁绕组→VT_1→蓄电池负极（搭铁）。

这时由蓄电池提供励磁电流，充电指示灯亮。发动机起动后，随着发动机转速升高，当发电机的输出电压超过蓄电池电动势时，发电机开始向蓄电池充电，同时，励磁方法由他励变为自励，励磁电路为发电机→VD_L→励磁绕组→VT_1→蓄电池负极（搭铁）。

同时，充电指示灯由于两端的电位相等而熄灭，表示发电机正常发电。当发电机的输出电压达到调整值时，U_{PE} 值大于稳压管 VS 的击穿电压，使稳压管 VS 导通，VT_2 导通，VT_2 导通的同时将 VT_1 的发射结短路，使 VT_1 截止，励磁电流迅速减小，发电机输出电压 U_{BE}（即 U_{LE}）随之下降；接着稳压管 VS 和 VT_2 重新截止，VT_1 导通，产生励磁电流。如此循环，VT_1 反复导通与截止，控制励磁电流，使发电机的输出电压保持恒定。

VT_1 截止瞬间，在励磁绕组中产生的自感电动势经续流二极管 VD_F 自成回路，迅速消失，从而保护了 VT_1，防止被反向击穿。

（2）蓄电池电压检测法 如图 3-15b 所示，蓄电池电压检测法的原理与发电机电压检测法基本相同。所不同的是发电机电压检测法的控制信号直接来自于发电机的输出电压，而蓄电池电压检测法的控制信号来自于蓄电池的正极。

相比而言，采用发电机电压检测法可省去信号输入线，缺点是当发电机至蓄电池电路上的电压降较大时，可导致蓄电池充电不足。因此，一般大功率发电机多采用蓄电池电压检测法，使蓄电池的端电压得以保证。若采用蓄电池电压检测法，当发电机的电压输出线或信号输入线断路时，由于无法检测发电机的工作情况，可能造成发电机失控现象。故多数车型在应用中，都对具体电路作了相应改进。

四、交流发电机的工作特性

1. 输出特性

输出特性指在发电机端电压 U 不变（对 12V 系列的交流发电机规定为 14V，对 24V 系列的交流发电机规定为 28V）时，其输出电流与转速之间的关系，即 $U =$ 常数时，$I = f(n)$ 的函数关系。图 3-16 所示为交流发电机的输出特性曲线。

由特性曲线 $I = f(n)$ 可以看出：

1）发电机达到额定电压时的转速为空载转速 n_1。空载转速常用作选择发电机与发动机速比的主要依据。

2）发电机达到额定电流时的转速为满载转速 n_2。额定电流一般定为最大输出电流的 2/3。

空载转速与满载转速是测试交流发电机性能的重要依据。发电机出厂时，通过试验确定了空载转速与满载转速，并列入产品说明书。在使用过程中，可通过检测这两个数据来判断发电机性能的好坏。如桑塔纳汽车的空载转速为 1050r/min，满载转速为 6000r/min，额定电流为 90A。

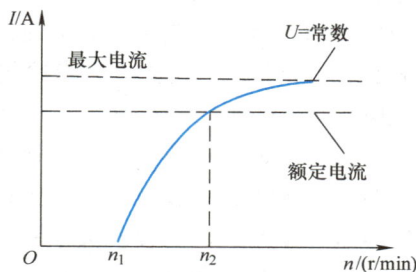

图 3-16   交流发电机的输出特性曲线

3）当转速 n 达到一定值后，发电机的输出电流不再随转速升高而增加，此时的电流称为发电机的最大输出电流或限流值。由此可见，交流发电机自身具有限制输出电流防止过载的能力，又称为交流发电机的自我保护能力。

2. 空载特性

空载特性是发电机在空载运行时其端电压随转速变化的关系，即 $I = 0$ 时，$U = f(n)$ 的函数关系。交流发电机的空载特性曲线如图 3-17 所示。

3. 外特性

外特性是发电机转速一定时其端电压与输出电流的关系，即 $n =$ 常数时，$U = f(I)$ 的函数关系。交流发电机的外特性曲线如图 3-18 所示。

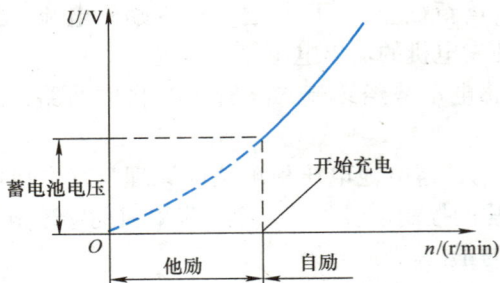

图 3-17　交流发电机的空载特性曲线

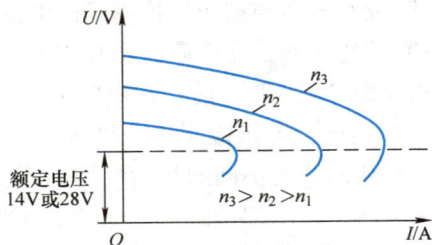

图 3-18　交流发电机的外特性曲线

从外特性曲线可以看出发电机电压受负载影响的程度：如果发电机在高速运转时突然失去负载，发电机电压会突然升高，致使发电机及调节器等内部电子元件有被击穿的危险。

五、汽车交流发电机实例

1. 大众速腾汽车所用的交流发电机

大众速腾汽车发电机的工作原理如图 3-19 所示，参与发电管理的控制单元如下：

J533 为数据总线诊断接口，即网关，同时用来存储故障信息。

J519 为车载电网控制单元，管理全车电源系统，参与多数车身电控系统的工作。J519 通过 L 线（连接发电机 L 接线柱的导线）触发发电机的励磁电路并监测发电机是否发电。当检测到 L 接线柱电压为 12V 时，J519 将通过 CAN 总线发布信息，由 J533 指令 J285 使仪表盘充电指示灯亮；同理，当检测到 L 接线柱电压为发电机的输出电压（14V）时，仪表盘充电指示灯熄灭。

J623 为发动机电控单元，管理发动机的电控系统。J623 通过 DFM 线（连接发电机 DFM 接线柱的导线）接收发电机的负荷信号，适时提高发动机怠速，并将发电机负荷信号通过 CAN 总线实现共享，使相关控制单元协助发电管理工作。

J285 为仪表控制单元，负责控制充电指示灯的工作。

J527 为转向柱控制单元，接收转向盘上所有的操作开关信号及转向盘转角信号，负责接收点火开关信号。

发电机的工作原理如下：

1）当点火开关置于 ON 位置时，J527 接收并通过 CAN 总线共享点火开关信号，由 J519 通过 L 线向发电机调节器提供 12V 的电压（15 号电源线），电压调节器导通，蓄电池向发电机提供励磁电流（他励），励磁电路为：蓄电池正极→熔丝 SA→发电机 B +→调节器→励磁绕组→调节器→搭铁。

2）发动机起动后，发电机的输出电压高于蓄电池的电动势，励磁电流由他励变为自

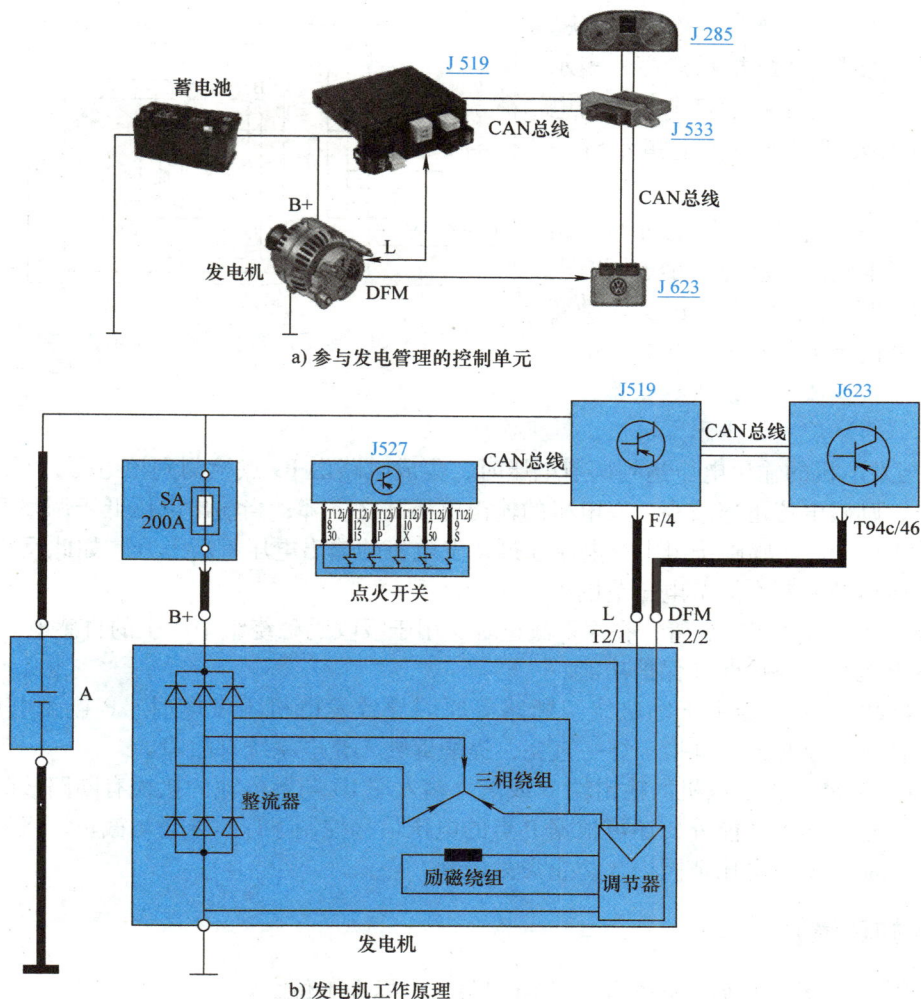

a) 参与发电管理的控制单元

b) 发电机工作原理

图 3-19   大众速腾汽车发电机的工作原理

励,励磁电路为:发电机 B + →调节器→励磁绕组→调节器→搭铁。

3) 当发电机的输出电压达到调整值时,调节器中起开关作用的晶体管截止,励磁电流迅速减小,发电机的输出电压迅速减小。当发电机的输出电压小于调整值时,起开关作用的晶体管立刻导通,发电机的输出电压随之增大,就这样循环反复,使发电机的输出电压稳定在调整值范围内。

2. 丰田汽车所用的交流发电机

图 3-20 所示为丰田汽车所用交流发电机的电路。该发电机属于小型高速发电机,采用两个风扇,风扇在发电机内部并直接焊在转子轴上,分别位于转子爪极的两侧;采用了两个中性点二极管。发电机的外部有 3 个接线柱:相线接线柱"B"、点火接线柱"IG"、充电指示灯接线柱"L",其工作原理如下:

1) 接通点火开关 S,蓄电池电压经接线柱"IG"到集成电路调节器,使晶体管 VT_1、VT_2 中均有基极电流流过,于是 VT_1、VT_2 同时导通,励磁电路(他励)为蓄电池正极→发电机接线柱 B→励磁绕组→VT_1→搭铁。

VT_2 导通时，充电指示灯亮，表示发电机不发电。充电指示灯电路为蓄电池正极→点火开关 S→充电指示灯→VT_2→搭铁。

2）发动机起动后，发电机的输出电压高于蓄电池的电动势而小于调节电压时，VT_1 仍导通，但发电机由他励变为自励，并向蓄电池充电。同时，由于 P 点电压输入集成电路使 VT_2 截止，故充电指示灯自动熄灭，表示发电机正常工作。

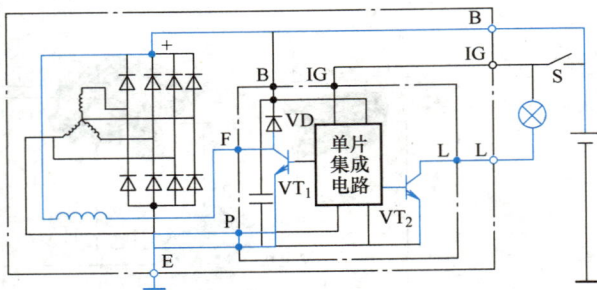

图 3-20　丰田汽车所用交流发电机的电路

3）当发电机的输出电压达到调节电压时，集成电路由 IG 点检测到该电压，VT_1 由导通变为截止，励磁电流迅速减小，发电机的输出电压随之下降；当输出电压低于调整值时，集成电路使 VT_1 导通，励磁绕组中有电流通过，发电机的输出电压重新上升。如此反复，发电机的输出电压被控制在调节电压范围内。

二极管 VD 为续流二极管，在 VT_1 截止时，用于吸收励磁绕组中产生的自感电动势。

该发电机具有自诊断和保护功能。

① 自诊断功能：当由于励磁绕组断路等原因导致发电机不发电时，P 点无电压输出，集成电路使 VT_2 导通，充电指示灯一直亮，提醒驾驶人充电系统有故障。

② 保护功能：当发电机的输出端 B 或信号输入端 IG 与蓄电池的接线有断路故障时，集成电路除上述自诊断功能外，还可根据 P 点的电压信号控制 VT_1 的导通与截止，将发电机的输出电压控制在调节电压范围内，防止失去控制。

【任务实施环境】

1. 理实一体教室授课，每个学习小组配备 1 个标准工位。

2. 每个工位配备常用汽车维修工具 1 套。

3. 每个工位配备汽车发电机 1 台、万用表 1 个、专用维修工具等。

【任务实施步骤】

1. 发电机拆解作业

（1）拆卸发电机离合器带轮

1）如图 3-21 所示，用螺钉旋具拆下发电机带轮盖。

2）如图 3-22 所示，使用专用工具 SST（A）、SST（B）及台虎钳将带轮从转子轴上拆下。

（2）拆卸发电机后端盖　如图 3-23 所示，拆下 3 个螺母和发电机后端盖。

（3）拆卸发电机端子绝缘垫　如图 3-24 所示，从发电机线圈上拆下端子绝缘垫。

（4）拆卸发电机电刷架总成　如图 3-25 所示，从发电机线圈上拆下 2 个螺钉和电刷架。

（5）拆卸发电机绕组总成　如图 3-26 所示，拆下 4 个螺栓，然后用专用工具拆下发电机定子绕组。

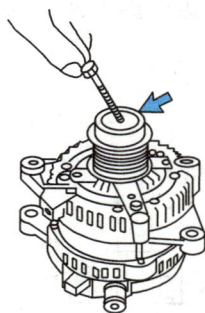

图 3-21 拆下发电机带轮盖

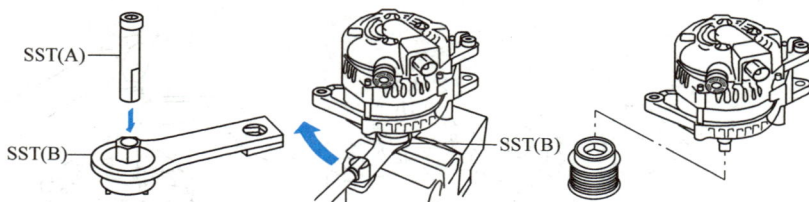

图 3-22 拆下带轮

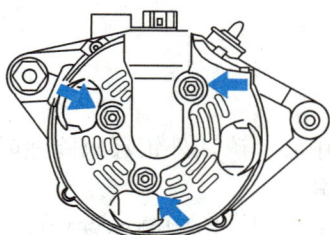

图 3-23 拆下发电机后端盖

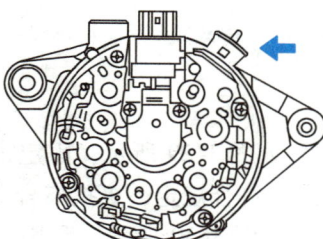

图 3-24 拆下端子绝缘垫

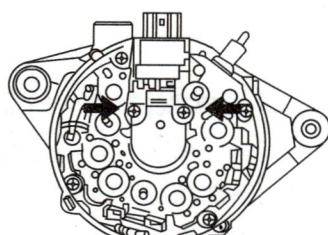

图 3-25 拆下电刷架

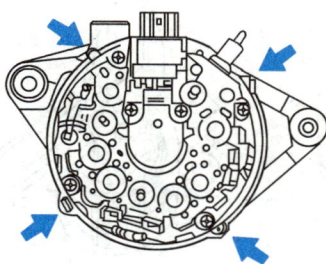

图 3-26 拆下发电机定子绕组

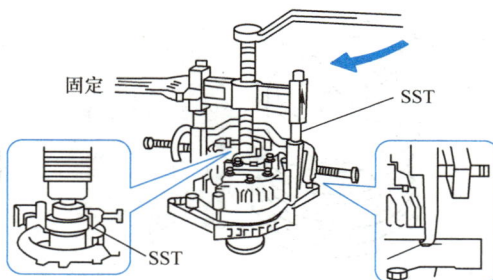

（6）拆卸发电机转子总成 如图 3-27 所示，先拆下发电机轴承垫圈，再拆下发电机转子总成。

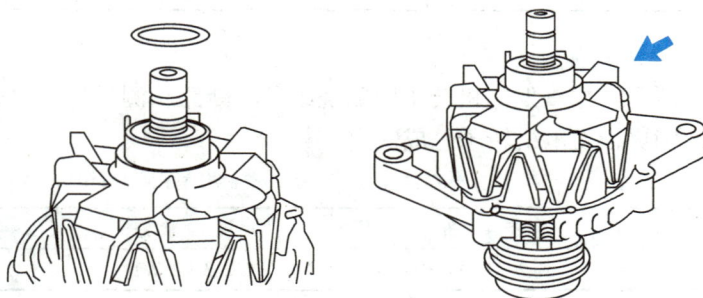

图 3-27 拆下发电机转子总成

（7）拆卸发电机驱动端端盖轴承　如图 3-28 所示，先从驱动端端盖上拆下 4 个螺钉和挡片，然后用专用工具和锤子从驱动端端盖中敲出驱动端端盖轴承。

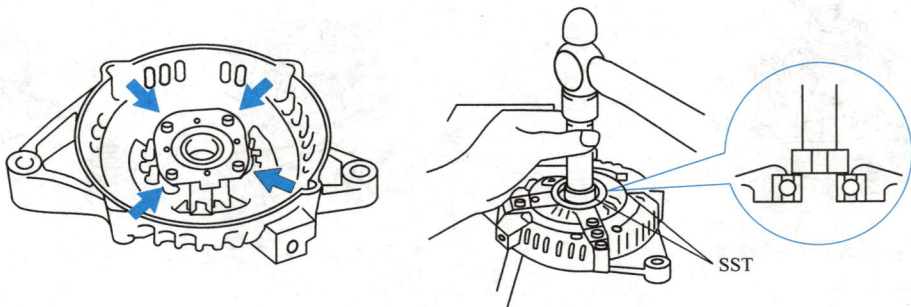

图 3-28　拆卸发电机驱动端端盖轴承

2. 发电机主要部件的检测

（1）检查发电机离合器带轮　如图 3-29 所示，固定带轮中心，确认外锁环只能逆时针转动而不能顺时针转动。如果结果不符合规定，更换离合器带轮。

（2）检查发电机电刷架总成　如图 3-30 所示，利用游标卡尺测量电刷的外露长度，测量标准见表 3-1。如果外露长度小于最小值，更换电刷架总成。

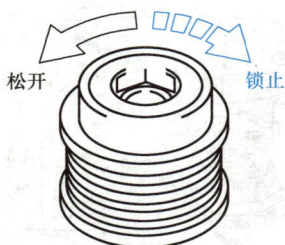

图 3-29　检查发电机离合器带轮

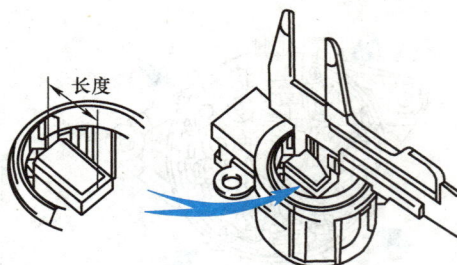

图 3-30　检查发电机电刷架总成

表 3-1　丰田卡罗拉汽车发电机电刷测量标准

标准外露长度	最小外露长度	实测结果
9.5 ~ 11.5mm	4.5mm	

（3）检查发电机转子总成

1）如图 3-31 所示，检查发电机转子励磁绕组是否断路，测量标准见表 3-2。如果测量结果不符合规定，则更换发电机转子总成。

表 3-2　丰田卡罗拉汽车发电机励磁绕组断路测量标准

检测仪连接	条　　件	规定状态	实 测 结 果
集电环 – 集电环	约20℃（68℉）	2.3 ~ 2.7Ω	

2）如图 3-32 所示，检查转子励磁绕组是否对搭铁短路，测量标准见表 3-3。如果测量结果不符合规定，则更换发电机转子总成。

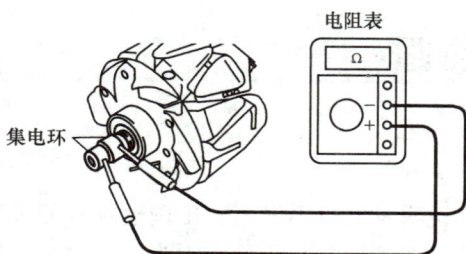

图 3-31   检查发电机转子励磁绕组是否断路　　　图 3-32   检查发电机转子励磁绕组是否对搭铁短路

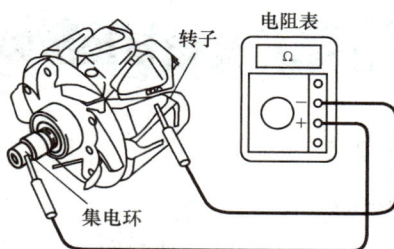

表 3-3   丰田卡罗拉汽车发电机励磁绕组对搭铁短路测量标准

检测仪连接	条　件	规定状态	实测结果
集电环－转子	—	1MΩ 或更大	

3）如图 3-33 所示，检查发电机转子轴承表面是否变得粗糙或磨损。如有必要，更换发电机转子总成。

4）如图 3-34 所示，测量转子集电环直径，尺寸标准见表 3-4。如果直径小于最小值，应更换发电机转子总成。

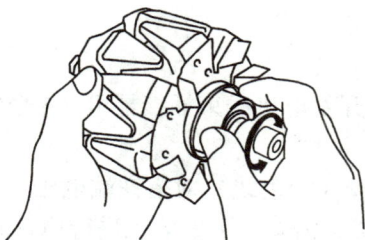

图 3-33   检查发电机转子轴承　　　　　图 3-34   测量转子集电环直径

表 3-4   丰田卡罗拉汽车发电机转子集电环直径测量标准

标准直径	最小直径	实测结果
14.2～14.4mm	14.0mm	

5）如图 3-35 所示，检查发电机驱动端端盖轴承，检查轴承表面是否变得粗糙或磨损。如有必要，更换发电机驱动端端盖轴承。

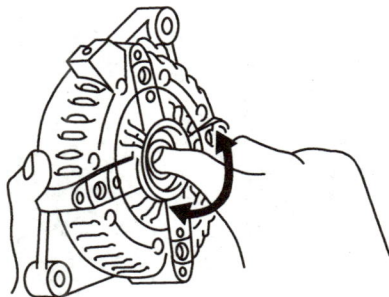

图 3-35   检查发电机驱动端端盖轴承

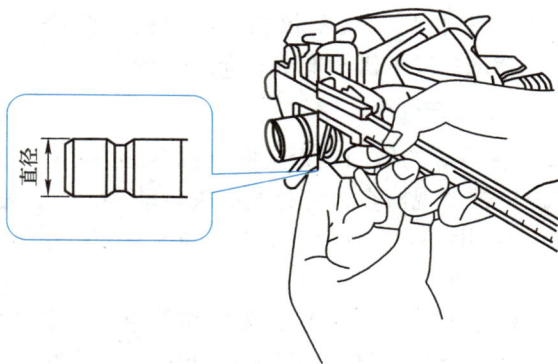

任务2　充电系统故障诊断与排除 ⟪⟪⟪

【任务导入】

在汽车发动机运行状态下，当充电指示灯亮时，说明发电机不发电。出现这种故障现象后，应立刻与汽车维修技师沟通，对车辆充电系统进行故障诊断与排除。因为，此时全车用电设备由蓄电池供电，蓄电池的供电能力有限，无法长时间维持车辆的正常运行。

【任务实施环境】

1. 理实一体教室授课，每个学习小组配备 1 个标准工位。

2. 每个工位配备汽车（丰田卡罗拉汽车）1 辆，万用表 1 个及各种导线，电工常用的各种钳子、螺钉旋具等。

3. 由实验教师在充电系统设置故障，故障现象为发动机正常工作时充电指示灯亮。

【任务实施步骤】

1. 确认故障现象

起动发动机后，观察仪表，充电指示灯亮。此时，测量蓄电池的端电压，电压低于12.6V。结论：发电机不发电，充电系统有故障。关闭发动机，准备进行故障诊断。

2. 确认故障部位

要确认故障的原因是否是发电机本身。

1）进行外观检查，检查发电机传动带、带轮是否正常。

2）参照图 3-36 所示丰田卡罗拉汽车充电系统电路，断开发电机线束插接器 B（4 个针脚）。

3）如图 3-37 所示，测量发电机线束插接器 B 中的端子 2（绿色线）对搭铁端电压，测量标准见表 3-5。如果电压为蓄电池电压，说明发电机有故障，需要拆下发电机进行检查。

充电系统故障
诊断与排除

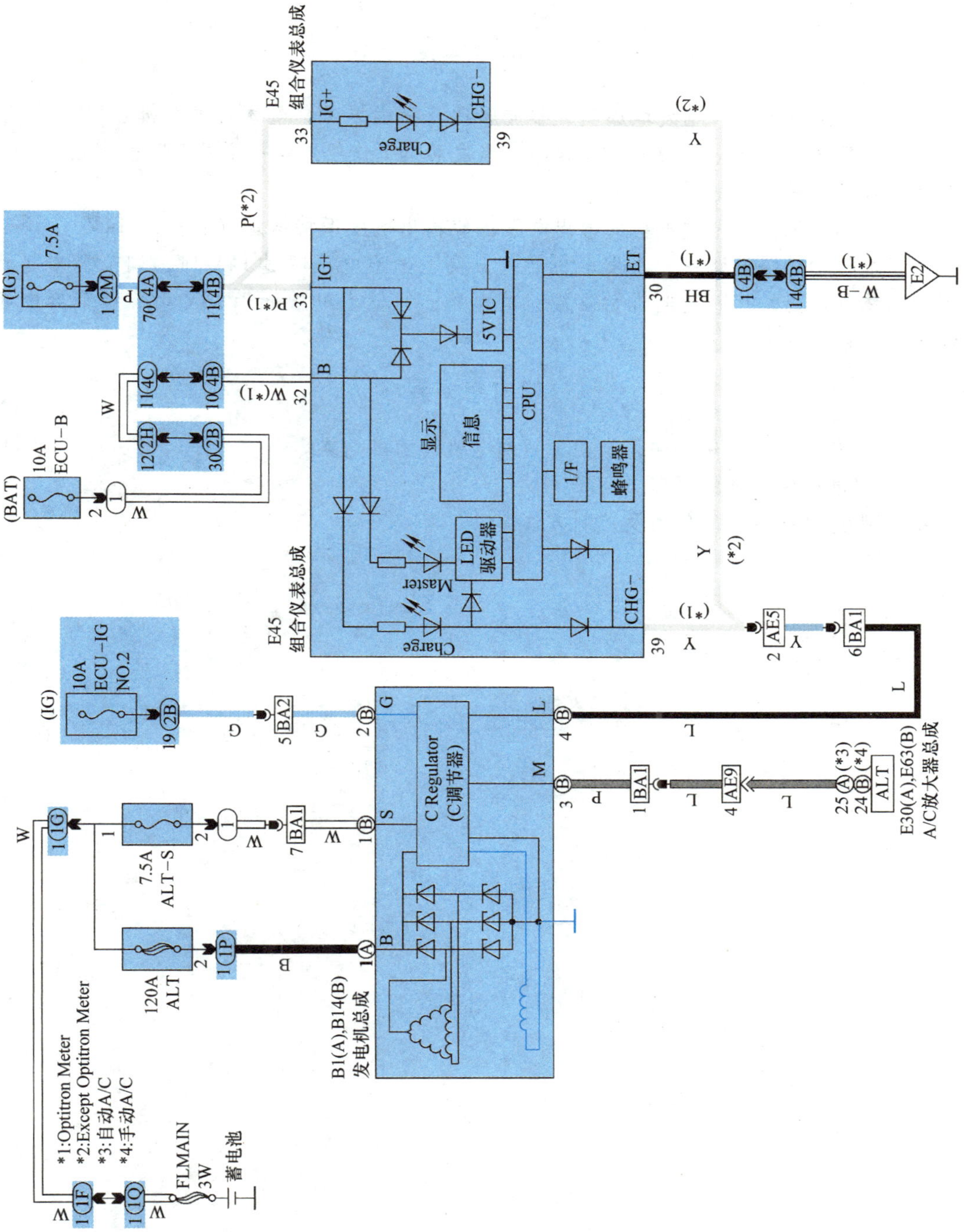

图 3-36 丰田卡罗拉汽车充电系统电路

55

图3-37　丰田卡罗拉汽车发电机线束插接器 B 的端子

表3-5　丰田卡罗拉汽车发电机线束插接器 B 的端子测量标准

检测仪连接	条　　件	规 定 状 态	实测结果
B（2）– 车身搭铁	点火开关置于 ON（IG）位置	11～14V	

小　　结

　　发电机的基本原理包括发电原理、整流原理及励磁方法。整体式发电机应用非常广泛。充电指示灯用来监视充电系统的工作状态。当发动机工作但发电机不发电时，充电指示灯亮起，用来提醒驾驶人充电系统有故障。

　　调节器的作用是调节发电机的输出电压，使输出电压保持恒定（一般为14V）。调节器串联在发电机的励磁电路中，当发电机转速升高、输出电压超过14V时，调节器中起开关作用的晶体管截止，切断发电机励磁绕组的电路；当输出电压低于14V时，调节器中起开关作用的晶体管导通。

复习思考题

1. 说明发电机的励磁方法，画图说明发电机的励磁电路。
2. 说明电压调节器的原理。
3. 说明充电指示灯的作用及控制方法。

项目4 >>

起动系统的检测与维修

【项目导读】

>>> **知识目标**

1）掌握起动机的结构与工作原理。
2）掌握起动系统的组成及工作过程。
3）了解起动无力或起动机不工作的原因。

>>> **技能目标**

1）能正确拆装、检测起动机。
2）能正确诊断起动系统的常见故障并排除故障。

任务1　起动机拆装与检测　<<<

【任务导入】

起动机的技术状况决定着发动机能否顺利起动，当发动机出现起动无力时，起动机技术状况变差可能是其原因之一。因此，对起动机进行分解、检测等是起动系统诊断与维修的基础。

【相关知识】

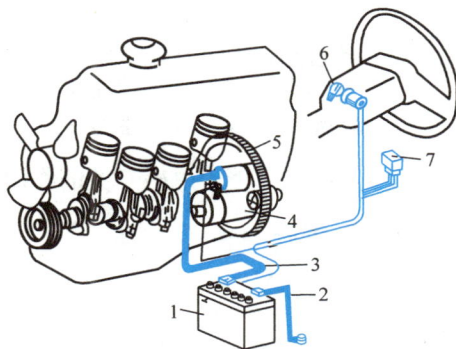

一、概述

1. 起动系统的组成

起动系统由蓄电池、起动机、起动继电器、点火开关等组成，如图4-1所示。起动机在点火开关和起动继电器的控制下，将蓄电池的电能转化为机械能，带动发动机飞轮齿圈使曲轴转动，完成发动

图4-1　起动系统的组成
1—蓄电池　2—搭铁电缆　3—起动机电缆
4—起动机　5—飞轮　6—点火开关　7—起动继电器

机的起动。

2. 起动机的组成

起动机是起动系统的主要组成部分，由串励直流电动机、传动机构和电磁开关3部分组成。图4-2所示为起动机的结构。

（1）串励直流电动机　串励直流电动机的作用是产生电磁转矩。

（2）传动机构　传动机构的作用是在起动发动机时使起动机小齿轮与飞轮齿圈啮合，将起动机的转矩传递给发动机曲轴；在发动机起动后使起动机小齿轮自动空转或与飞轮齿圈脱离啮合。

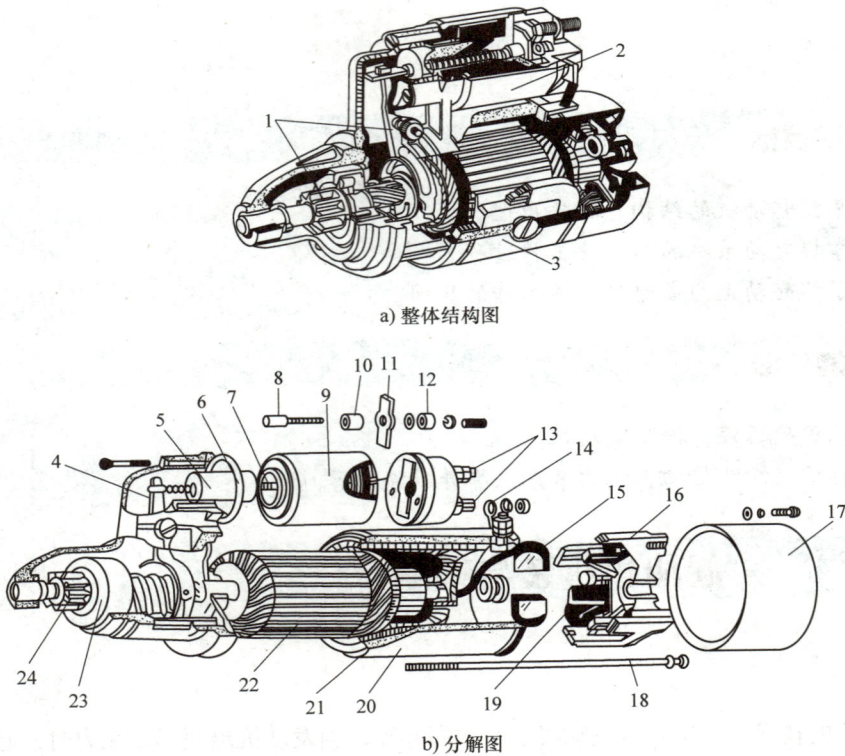

a) 整体结构图

b) 分解图

图4-2　起动机的结构

1—传动机构　2—电磁开关　3—串励直流电动机　4—拨叉　5—活动铁心　6—垫圈　7—弹簧　8—顶杆
9—线圈体　10、12—绝缘垫　11—接触盘　13—接线柱　14—连接铜片　15—电刷　16—端盖
17—防护罩　18—穿钉　19—搭铁电刷　20—外壳　21—定子绕组　22—电枢　23—单向离合器　24—驱动齿轮

（3）电磁开关　电磁开关的作用是接通和切断串励直流电动机与蓄电池之间的电路。

二、串励直流电动机

1. 工作原理

直流电动机是将电能转变为机械能的装置，是以通电导体在磁场中受磁场力作用这一原理为基础制成的，其工作原理如图4-3所示。

当电路接通时，如图4-3a所示，线圈 abcd 中的电流方向是：蓄电池正极→励磁绕组→

电刷→换向片 A→线圈（a→d）→换向片 B→电刷→搭铁，此时励磁绕组中产生电磁场，磁场磁极如图中所示。根据左手定则可知，线圈中的有效边 ab 与 cd 所受磁场力 F 的方向如图中所示。此时线圈产生的转矩方向为逆时针。当线圈转过半周后，如图 4-3b 所示，线圈 abcd 中的电流方向发生改变，电流方向是：蓄电池正极→励磁绕组→电刷→换向片 B→线圈（d→a）→换向片 A→电刷→搭铁，此时线圈中的电流方向虽改变为 d→a，但线圈中的有效边 ab 与 cd 所受的磁场力 F 的方向同时改变，故线圈产生的转矩方向不变，仍为逆时针方向。

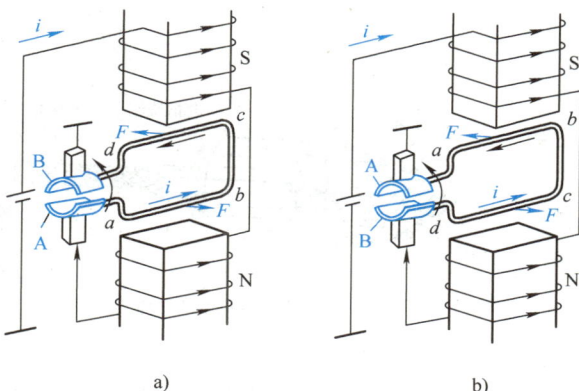

图 4-3　直流电动机的工作原理

由于一个线圈所产生的转矩太小、转速不稳定，所以电动机的电枢绕组都是由很多线圈组成的，换向器的片数也随线圈的增多而增加。

2. 结构

直流电动机由电枢、磁极、换向器和电刷等组成，其结构如图 4-4 所示。

（1）电枢　电枢由电枢轴、电枢绕组、换向器和铁心等组成，如图 4-5a 所示，其作用是产生电磁转矩。电枢铁心由硅钢片叠成后固定在轴上，铁心外围均开有线槽，用以放置电枢绕组。为了得到较大的转矩，可尽可能地提高电枢电流（一般为 200～600A），因此，电枢绕组都是用较粗的矩形裸铜线绕制而成，在铜线与铁心之间、铜线与铜线之间用绝缘纸隔开。电枢绕组的两端均匀地焊在换向器上，电枢绕组一般常用波绕法，如图 4-5b 所示，与每一绕组两端相连接的换向器片相隔 90°。此种绕法的电阻值较小，有利于增大转矩。

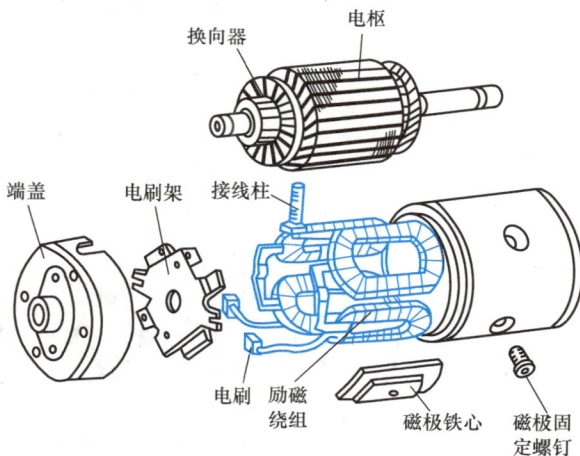

图 4-4　串励直流电动机的结构

由电动机的工作原理可知，换向器的作用是将电源提供的直流电转换成电枢绕组所需要的交流电，以保证电枢绕组产生的转矩方向不变。换向器由铜片和云母片相间叠压而成，铜片之间用云母片绝缘。

（2）磁极　磁极的作用是产生磁场，由铁心和励磁绕组构成。为增大磁场强度，大多数起动机采用 4 个磁极。磁极铁心通过螺钉固定在电动机的外壳上。磁极的结构与磁路如图 4-6 所示。励磁绕组是采用矩形粗铜线绕制而成的（电流可高达 600A）。励磁绕组与电枢绕组常见的接法如图 4-7 所示。由于励磁绕组与电枢绕组串联，故称为串励直流电动机。

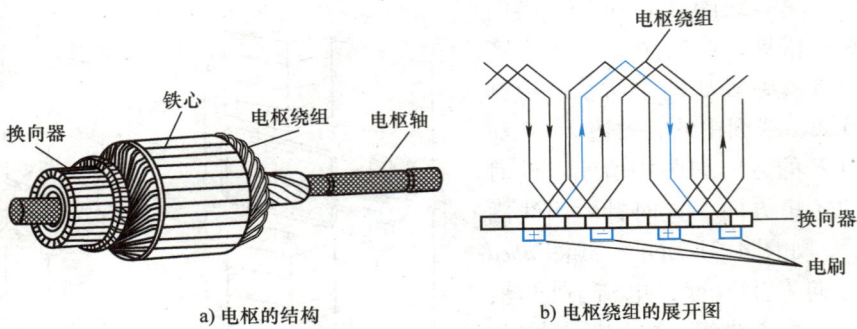

a) 电枢的结构　　　　　　　　　b) 电枢绕组的展开图

图 4-5　电枢

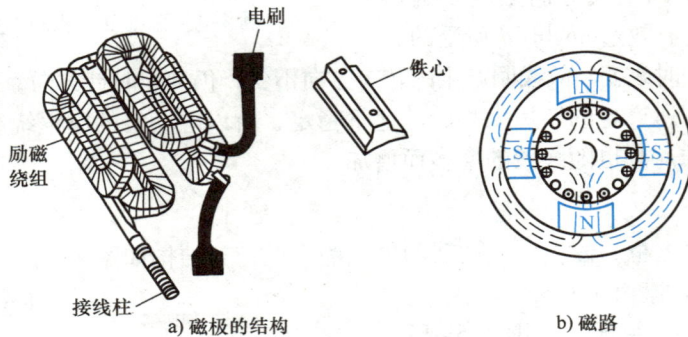

a) 磁极的结构　　　　　　　　　b) 磁路

图 4-6　磁极

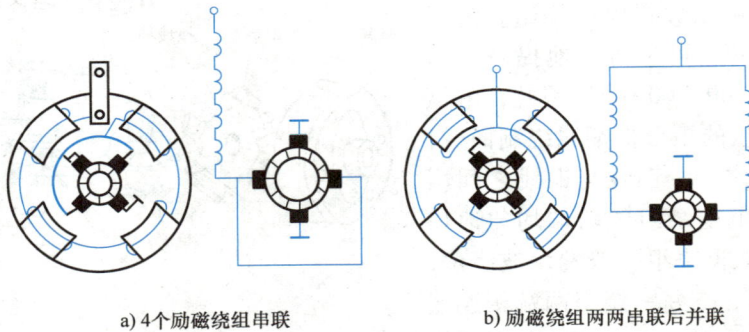

a) 4个励磁绕组串联　　　　　　　b) 励磁绕组两两串联后并联

图 4-7　励磁绕组与电枢绕组常见的接法

（3）电刷与电刷架　电刷与电刷架的作用是将电流引入电动机，使电枢产生定向转矩。电刷一般用铜和石墨粉压制而成，有利于减小电阻及增加耐磨性。电刷装在电刷架中，借弹簧压力压在换向器上。一般电动机内装有 4 个电刷，其中 2 个电刷直接搭铁，称为搭铁电刷。

（4）轴承　因起动机每次工作时间很短，且承受的是冲击载荷，所以起动机轴承一般都采用青铜石墨轴承或铁基含油轴承。减速起动机由于电枢轴转速很高，电枢轴承采用滚柱轴承或滚珠轴承。

三、传动机构

起动机的传动机构主要指单向离合器。

滚柱式单向离合器是通过改变滚柱在楔形槽中的位置来实现分离和结合的，其结构如图4-8所示。

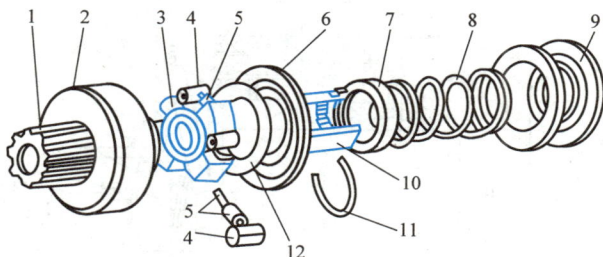

图4-8　滚柱式单向离合器的结构

1—驱动齿轮　2—单向离合器外壳　3—十字块　4—滚柱　5—弹簧与压帽　6—护盖
7—弹簧座　8—弹簧　9—移动衬套　10—传动套筒　11—卡簧　12—垫圈

单向离合器外壳与驱动齿轮一体，外壳与十字块之间形成 4 个楔形槽，每个槽中有一个滚柱。十字块与传动套筒一体，传动套筒内侧带键槽，套在电枢轴的花键部位上。

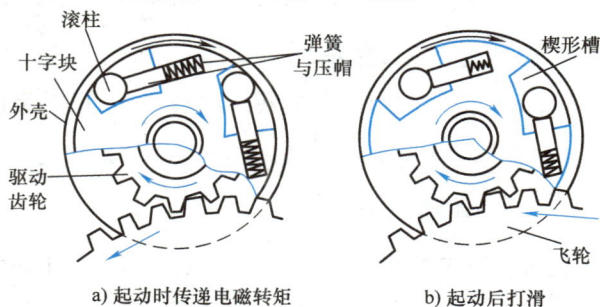

图4-9　滚柱式单向离合器的工作原理

其工作过程如下：当起动机开始工作时，拨叉拨动移动衬套，使驱动齿轮与发动机飞轮齿圈啮合，电磁转矩由电枢轴传到传动套筒与十字块，使十字块与电枢轴一起旋转。此时，加上飞轮齿圈给驱动齿轮的反作用力，滚柱在摩擦力矩的作用下滚入楔形槽的窄端而卡死（图4-9a），于是驱动齿轮和传动套筒为一个整体，带动飞轮，起动发动机。当发动机起动后，发动机飞轮带动驱动齿轮旋转，单向离合器外壳的转速高于十字块的转速，此时，滚柱滚向楔形槽的宽端而打滑（图4-9b）。这样发动机的转矩不能通过驱动齿轮传递给电枢，防止了电枢因高速飞转而造成电枢绕组"飞散"的事故。

滚柱式单向离合器结构简单，在中小功率的起动机上被广泛应用，但在传递较大转矩时，滚柱易变形卡死，因此功率较大的起动机上采用的是摩擦片式单向离合器及弹簧式单向离合器。

四、电磁开关

1. 电磁开关的结构

图4-10所示为电磁开关的结构与工作原理。电磁开关主要由吸拉线圈、保持线圈、活动铁心和接触盘等组成。其中吸拉线圈与电动机串联，保持线圈与电动机并联，直接搭铁。活动铁心一端通过接触盘控制主电路的导通，另一端通过拨叉控制驱动齿轮的啮合。在起动机电磁开关上有两个接线柱：主接线柱（接蓄电池的起动电缆线）和起动接线柱（接点火

开关起动档或起动继电器）。

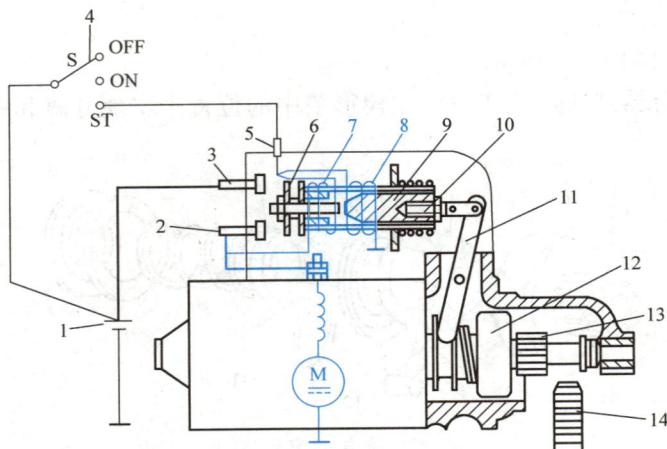

图4-10　电磁开关的结构与工作原理
1—蓄电池　2、3—主接线柱　4—点火开关　5—起动接线柱　6—接触盘　7—吸拉线圈
8—保持线圈　9—活动铁心　10—调节螺钉　11—拨叉　12—单向离合器　13—驱动齿轮　14—飞轮

2. 起动机的工作过程

1）起动时，将点火开关转到起动档（ST），电磁开关通电，其电路如下：

蓄电池正极 → 点火开关 → 起动接线柱 ⟨保持线圈→搭铁／吸拉线圈→主接线柱2→

串励直流电动机 → 搭铁

此时，吸拉线圈与保持线圈的电流绕向相同，磁场方向相同，活动铁心在两个线圈磁场力的共同作用下克服回位弹簧的作用向左移动，通过拨叉使驱动齿轮与发动机飞轮啮合。当驱动齿轮与飞轮啮合后，接触盘将主接线柱2、3内侧触点接通，于是起动机的主电路接通，电路如下：

蓄电池正极→主接线柱3→接触盘→主接线柱2→励磁绕组→电刷→电枢绕组→电刷→搭铁。

这时直流电动机产生电磁转矩，通过单向离合器带动曲轴旋转，起动发动机。

主电路接通后，吸拉线圈被短路，活动铁心的位置由保持线圈产生的磁吸力来保持。

2）发动机起动后，单向离合器打滑。

3）松开点火开关，点火开关从起动档（ST）回到点火档（IG），这时从点火开关到起动接线柱之间已没有电流，吸拉线圈与保持线圈的电路变为：

蓄电池正极→主接线柱3→接触盘→主接线柱2→吸拉线圈→保持线圈→搭铁

此时，由于吸拉线圈与保持线圈的电流绕向相反，磁场方向相反，磁吸力相互抵消。因此，活动铁心在回位弹簧的作用下迅速右移，使主电路断开，驱动齿轮与飞轮脱离啮合，起动机停止工作。

五、起动机的工作特性

在直流电动机中，励磁绕组与电枢绕组的连接方式可分为串励式、并励式和复励式3种形式，如图4-11所示。汽车起动机所用的电动机为串励式直流电动机，其工作特性有以下几点：

（1）转矩特性 如图 4-11a 所示，由于励磁绕组与电枢绕组是串联的，因此其励磁电流 I_J 与电枢电流 I_S 相等，在磁路未饱和时，磁通 Φ 与励磁电流 I_J 成正比，即 $\Phi = C_1 I_J = C_1 I_S$（C_1 为常数），故电动机产生的电磁转矩为

$$M = C_m \Phi I_S = C_m C_1 I_S I_S = C I_S^2$$

式中　C_m——电动机的结构常数；

　　C——常数。

在磁路未饱和时，串励直流电动机的电磁转矩 M 与电枢电流 I_S 的二次方成正比。但在磁路饱和时，磁极磁通 Φ 为常数，电磁转矩与电枢电流成直线关系，如图 4-12 中的 M 曲线所示。

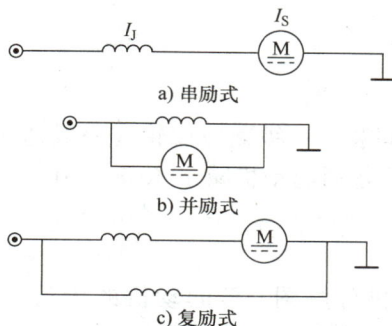

图 4-11　直流电动机的励磁方法

a) 串励式
b) 并励式
c) 复励式

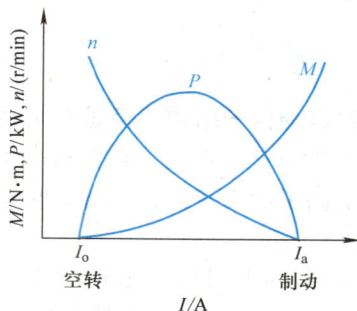

图 4-12　起动机的特性

由此可知：当电枢电流相同时，串励式直流电动机产生的电磁转矩比并励式直流电动机产生的电磁转矩（$M = C I_S$）要大得多，这是汽车起动机采用串励式直流电动机的原因之一。

当电枢在电磁力矩的作用下转动时，电枢绕组在转动的同时切割磁力线而产生感应电动势，根据右手定则可判定其方向与电枢电流 I_S 的方向相反，称为反电动势 E_f，且 $E_f = C_m \Phi n$（C_m 为电动机的结构常数）。这样，外加电压 U 除一部分降落在电枢绕组的电阻 R_S 和励磁绕组的电阻 R_J 上外，另一部分用来平衡反电动势 E_f，即

$$U = E_f + I_S R_S + I_S R_J$$

$$I_S = \frac{U - E_f}{R_S + R_J} = \frac{U - C_m \Phi n}{R_S + R_J}$$

在起动瞬间，由于发动机的阻力矩很大，起动机处于完全制动的情况下，$n = 0$，所以 $E_f = 0$。

此时电枢电流 I_S 将达到最大值（称为制动电流），产生最大转矩（称为制动转矩），从而使起动机易于起动，这是汽车上采用串励式直流电动机的另一个主要原因。

（2）转速特性 由电动机的电压平衡方程式可知，起动机的转速

$$n = \frac{U - I_S (R_S + R_J)}{C_m \Phi}$$

由此可知：串励式直流电动机在轻载时 I_S 小，转速高；在重载时 I_S 大，转速低，如图 4-12 中曲线 n 所示。

串励式直流电动机在重载时转速低而转矩大的特性，可以保证起动安全可靠，但是在轻载和空载时转速很高，容易造成电枢绕组飞散。因此，串励式直流电动机不可在轻载或空载

下运行。

（3）**功率特性** 起动机的输出功率 P 可以通过测量电枢轴上的输出转矩 M 和电枢的转速 n 来确定，即

$$P = Mn/9550$$

式中 M——起动机输出转矩（N·m）；

n——起动机的转速（r/min）。

由此可以看出，在完全制动（$n=0$）和空载（$M=0$）两种情况下，起动机的功率都等于零。如图 4-12 中 P 曲线所示，在 I_S 接近全制动电流一半时，起动机的输出功率最大。因为起动机工作时间很短，所以允许在最大功率状态下工作。通常把起动机的最大输出功率称为起动机的额定功率。

六、减速起动机

减速起动机的结构特点是在电枢和驱动齿轮之间装有一级减速齿轮（一般速比为 3 ~ 5），它的优点是：在同样输出功率下，体积和质量比普通起动机减小 30% ~ 50%，并便于安装，提高了起动转矩，有利于低温起动。起动机的减速机构常见的有外啮合式、内啮合式和行星齿轮式 3 种。

图 4-13 为丰田汽车采用的外啮合式减速起动机分解图。该起动机的传动中心距为 30mm 左右，在电枢轴与驱动齿轮之间利用惰轮作中间传动，且电磁开关铁心与驱动齿轮同轴心，电磁开关直接推动驱动齿轮与飞轮啮合，无需拨叉，起动机的减速传动效率高，成本适中，广泛应用于小功率的起动机上。

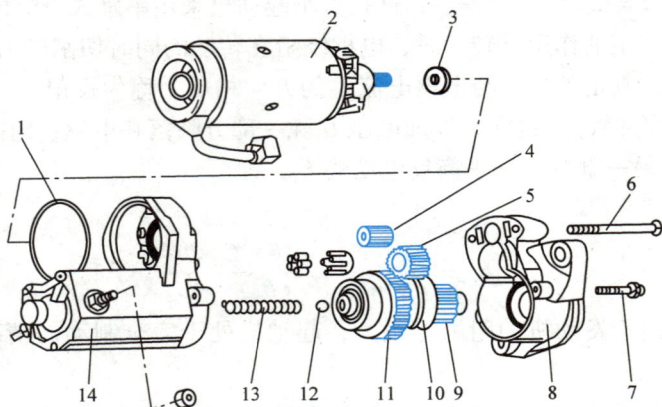

图 4-13 丰田汽车采用的外啮合式减速起动机分解图

1—橡胶圈 2—电动机 3—毡垫圈 4—主动齿轮 5—惰轮 6—穿钉 7—螺栓 8—外壳
9—驱动齿轮 10—单向离合器 11—从动齿轮 12—钢球 13—回位弹簧 14—电磁开关

七、起动系统的故障诊断

起动系统的控制电路如图 4-14 所示，起动系统的常见故障如下。

1. 起动机不工作

起动机不工作指当点火开关转到起动档时，起动机不转动且电磁开关没有动作。检查步

骤如下：

（1）检查蓄电池　应先检查蓄电池的极桩是否松脱、氧化、腐蚀，检查电缆线及搭铁端是否正常。然后，检查蓄电池是否亏电。可以按喇叭，根据喇叭声音的大小可判断蓄电池是否亏电；也可以开前照灯，根据灯光亮度的变化来判断蓄电池是否亏电。如果喇叭声音变小或前照灯灯光变暗，说明蓄电池亏电。如果以上都正常，进行下一步检查。

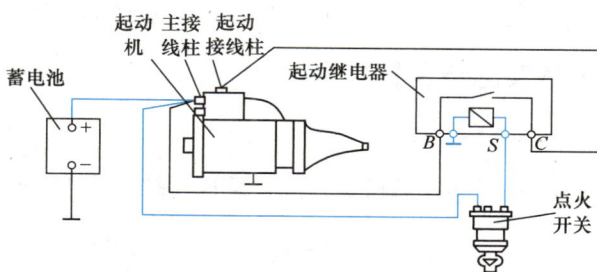

图 4-14　起动系统的控制电路

（2）检查起动机　将起动机上接电缆线的主接线柱与起动接线柱短接，若起动机不能工作，说明起动机有故障，需拆下起动机进行检修。若起动机正常工作，说明故障在继电器或电路。

2. 起动机起动无力

起动机起动无力指起动机的驱动齿轮已经与飞轮齿圈啮合，但由于起动机的转速太慢而不能使发动机起动，检查步骤如下：

（1）检查蓄电池　先检查蓄电池的极桩与电缆线的接触是否有松动、氧化或腐蚀等现象。然后，通过按喇叭、开前照灯等，检查蓄电池是否亏电。如果以上情况都正常，可初步判断起动机有故障。

（2）检查起动机　将起动机从车上拆下，将起动机解体后进行检查。

八、起动机的使用与维护

1. 起动机的使用注意事项

1）起动前应将变速器挂上空档，装备自动变速器的汽车应将变速杆置于停车档（P）或空档（N），起动的同时踩下离合器踏板。

2）每次接通起动机的时间不得超过 5s，两次之间应间歇 15s 以上。

3）当发动机起动后应立刻松开点火开关，切断起动档，使起动机停止工作。

4）经过 3 次起动，若发动机仍没有起动成功，则停止起动，进行简单的检查，如检查蓄电池的容量，极桩的连接，油、电路等；否则，蓄电池的容量将严重下降，起动发动机变得更加困难。

2. 起动系统维修的注意事项

1）在车上进行检测之前，一定要将变速器挂上空档，并拉紧驻车制动器手柄。

2）在拆卸起动机之前，应先拆下蓄电池的搭铁电缆。

3）有些起动机在起动机与法兰盘之间使用了多块薄垫片，在装配时应按原样装回。

【任务实施环境】

1. 理实一体教室授课，每个学习小组配备 1 个标准工位。

2. 每个工位配备常用汽车维修工具 1 套。

3. 每个工位配备丰田卡罗拉汽车起动机1台、万用表1个及专用测量设备等。

【任务实施步骤】

1. 起动机拆解

（1）拆卸起动机磁力开关总成　按图4-15所示拆卸起动机磁力开关总成。

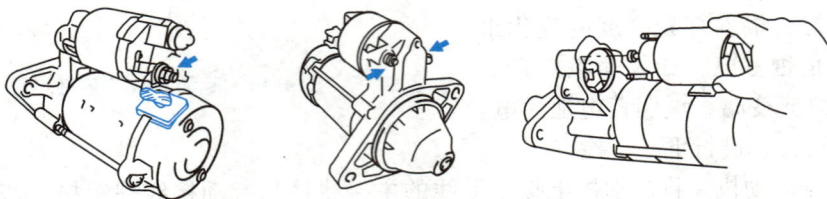

图4-15　拆卸起动机磁力开关总成

1）拆下端子C上的螺母，然后断开连接线。

2）从起动机驱动端壳总成上拆下2个固定螺母。

3）松开铁心挂钩，拉出起动机磁力开关总成。

（2）拆卸电动机及换向器　按图4-16所示拆卸电动机及换向器。

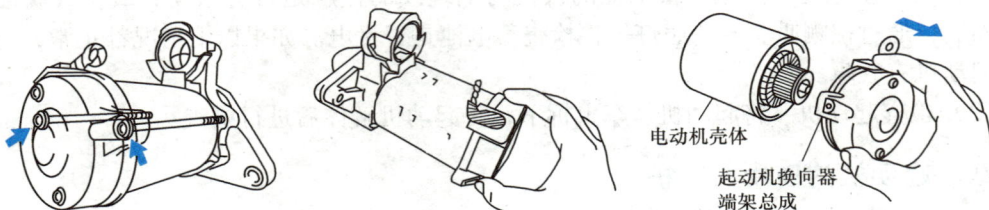

图4-16　拆卸电动机及换向器

1）拆下2个连接螺钉。

2）将电动机及换向器总成与驱动端壳分离。

3）将电动机与换向器分解。

（3）拆卸电枢总成　按图4-17所示从电动机中拆卸电枢总成。

（4）拆卸起动机电枢板　按图4-18所示从起动机驱动端壳总成上拆卸起动机电枢板。

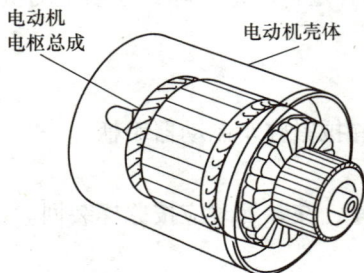

图4-17　拆卸电动机电枢总成

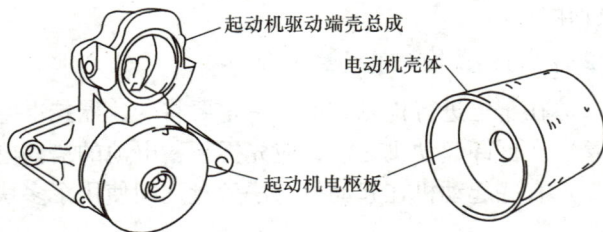

图4-18　拆卸起动机电枢板

（5）拆卸起动机电刷架总成　按图4-19所示拆卸起动机电刷架总成。

1）从起动机换向器端盖上拆下 2 个螺钉。

2）拆下卡夹卡爪，然后从起动机换向器端盖总成上拆下电刷架总成。

（6）拆卸行星齿轮　按图 4-20 所示拆卸减速机构上的 3 个行星齿轮。

（7）拆卸单向离合器总成　按图 4-21所示拆卸起动机单向离合器总成。

1）从起动机驱动端壳总成上拆下单向离合器总成。

2）拆下单向离合器上的橡胶密封件和拨叉。

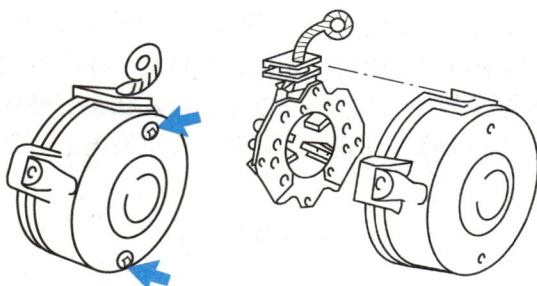

图 4-19　拆卸起动机电刷架总成

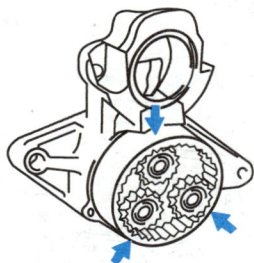

图 4-20　拆卸行星齿轮

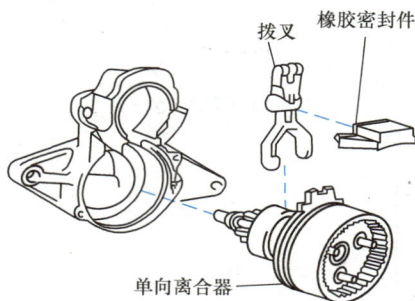

图 4-21　拆卸起动机单向离合器总成

2. 起动机主要部件的检测

（1）励磁绕组的检测　励磁绕组导线截面面积较大，通电电流非常大，易出现的故障是短路与搭铁，断路的可能性很小，所以重点检测的是短路与搭铁故障。

1）短路故障的检测。如图 4-22 所示，将蓄电池的电压加在励磁绕组的两端，注意控制电流，同时用钢片或螺钉旋具在 4 个磁极上分别感受磁吸力的大小。如果某一磁极有磁吸力明显低于其他磁极，则表明该磁极上的励磁绕组短路。

2）搭铁故障的检测。如图 4-23 所示，用万用表检测电刷与起动机外壳之间的导通情况。若导通，说明励磁绕组有搭铁故障。

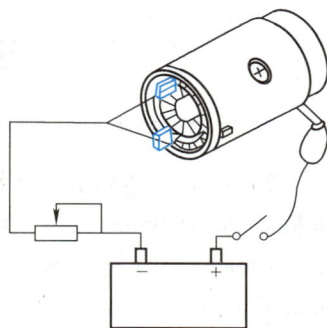

图 4-22　励磁绕组短路故障的检测

3）断路故障的检测。如图 4-24 所示，用万用表检测励磁绕组两端的导通情况。若不导通，说明励磁绕组有断路故障。

以上每种故障现象发生后，都需更换励磁绕组，或更换起动机总成。

（2）电枢的检测

1）电枢绕组的检测。

①电枢绕组搭铁故障的检测。如图 4-25 所示，用万用表检测换向器与电枢轴之间的导通情况。若导通，说明有搭铁故障，应更换电枢。

② 电枢绕组短路故障的检测。如图 4-26 所示，用电枢检验仪检测电枢绕组间的短路情况。接通电枢检验仪的电源，并将钢片放在电枢铁心上方的线槽上。若电枢中有短路现象，则在电枢绕组中产生感应电流，钢片在交变磁场的作用下在槽上振动，由此可判断电枢绕组中的短路故障。有短路故障时，应更换电枢。

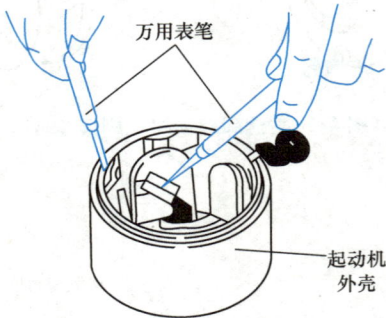

图 4-23　励磁绕组搭铁故障的检测

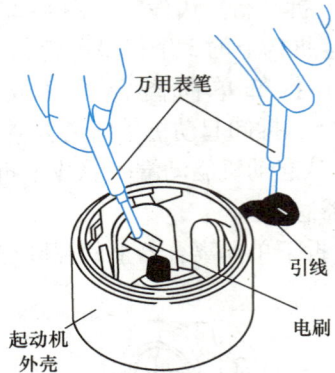

图 4-24　励磁绕组断路故障的检测

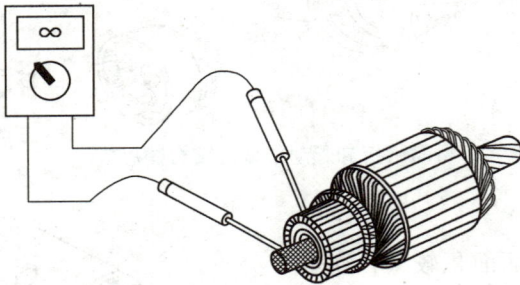

图 4-25　电枢绕组搭铁故障的检测

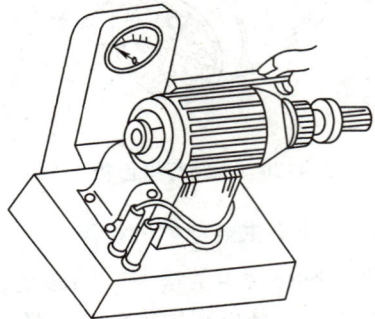

图 4-26　电枢绕组短路故障的检测

2）换向器的检测。当换向器表面有轻微烧蚀时，用细砂纸打磨即可；有严重烧蚀（径向圆跳动 >0.05mm）时，可在车床上精加工，但铜片厚度不得小于 2mm。修整后，云母片的高度应与原标准一致：国产汽车的铜片与云母片等高，进口汽车的铜片比云母片高 0.2mm 以上。

3）电枢轴的检测。电枢轴的常见故障是弯曲变形，其检测方法如图 4-27 所示。用百分表测量电枢轴的弯曲程度，径向圆跳动应不大于 0.15mm，否则应校正。

（3）电刷与电刷架的检测　电刷使用的极限高度为标准高度的 2/3，小于极限值时应更换。电刷的接触面不应小于 75%。电刷弹簧的弹力可用弹簧秤测量，弹力应大于 12N，否则应更换。电刷架的绝缘情况可用万用表检测，如图 4-28 所示。

（4）起动机磁力开关总成的检测

1）如图 4-29 所示，推入铁心，检查并确认其能是否能够迅速回位到初始位置。

2）如图 4-30 所示，检测吸拉线圈是否断路，检测标准见表 4-1。

3）如图 4-31 所示，检测保持线圈是否断路，检测标准见表 4-2。

（5）起动机单向离合器的检测　顺时针转动离合器小齿轮，检查并确认其能自由转动。

逆时针转动离合器小齿轮，检查并确认其锁止，如图 4-32 所示。

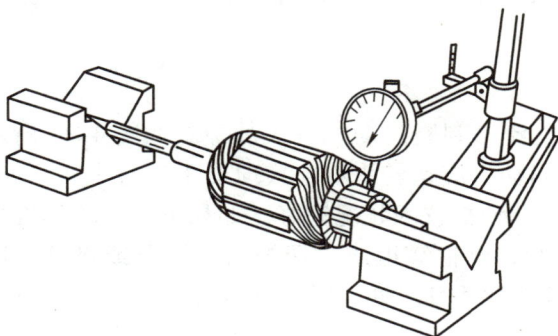

图 4-27　电枢轴的弯曲检测

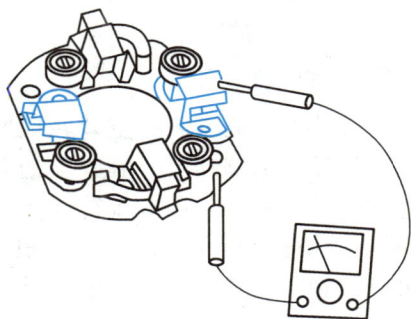

图 4-28　电刷架的绝缘检测

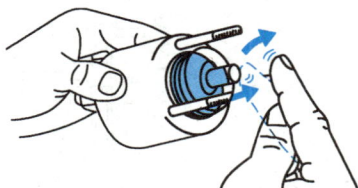

图 4-29　检查磁力起动机开关铁心

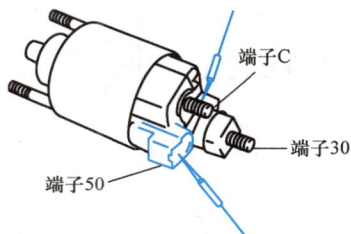

图 4-30　检测吸拉线圈是否断路

表 4-1　丰田卡罗拉汽车起动机吸拉线圈检测标准

检测仪连接	条　件	规 定 状 态	实测结果
端子 50 – 端子 C	—	小于 1Ω	

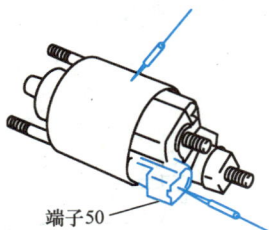

图 4-31　检测保持线圈是否断路

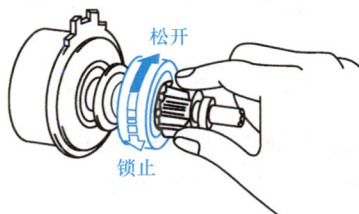

图 4-32　检查起动机单向离合器

表 4-2　丰田卡罗拉汽车起动机保持线圈检测标准

检测仪连接	条　件	规 定 状 态	实测结果
端子 50 – 车身搭铁	—	小于 2Ω	

【知识拓展】

起动机的性能是否达到标准可通过试验台进行检测，起动机的性能参数由厂家提供。

1. 检查间隙

起动机修复后重新装配时，要检查驱动齿轮与止动垫圈之间的间隙，一般为 1.5 ~

2.5mm。检查方法如图 4-33 所示，用导线分别将蓄电池的正极与起动机的起动接线柱 50、蓄电池的负极与起动机的外壳连接起来。这样使驱动齿轮到达啮合位置，即可检测驱动齿轮与止动垫圈之间的间隙 C。

2. 空载试验

空载试验是通过测量空载转速和空载电流来判断起动机有无故障。如图 4-34 所示，将起动机试验电路接好。在试验过程中，起动机应运转平稳，换向器不应有火花。如果测得的空载转速和空载电流符合标准，说明起动机技术状况完好。如果电流大于标准值、转速低于标准值，则可能是起动机装配过紧，电枢绕组或磁场绕组有短路或搭铁故障。如果电流和转速都低于标准值，说明内部有接触不良之处。每次试验时间不能超过 1min，以免起动机过热。

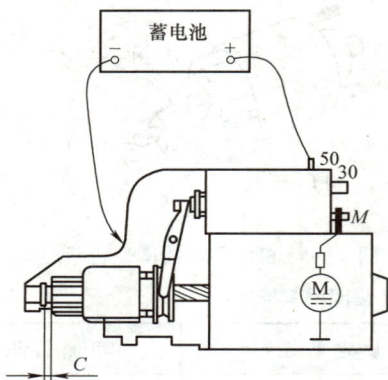

图 4-33 检查驱动齿轮与止动垫圈之间的间隙

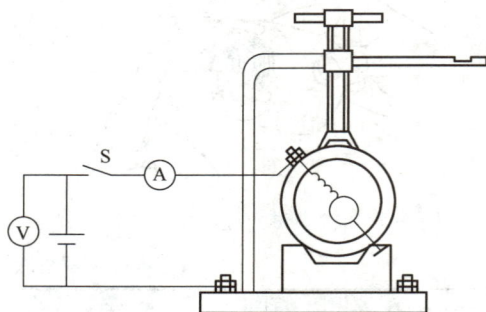

图 4-34 起动机空载试验

3. 全制动试验

全制动试验是通过测量全制动时的电流和转矩来判断起动机有无故障。如图 4-35 所示，将起动机试验电路接好，如果测得的电流和转矩符合标准值，说明起动机技术状况完好。如果电流大于标准值、转矩小于标准值，说明电枢绕组或磁场绕组有短路或搭铁故障。如果电流和转矩都小于标准值，说明起动机内部有接触不良的故障。如果驱动齿轮在锁定的情况下仍有缓慢转动，说明单向离合器有打滑现象。每次试验时间不能超过 5s，以免烧坏起动机。

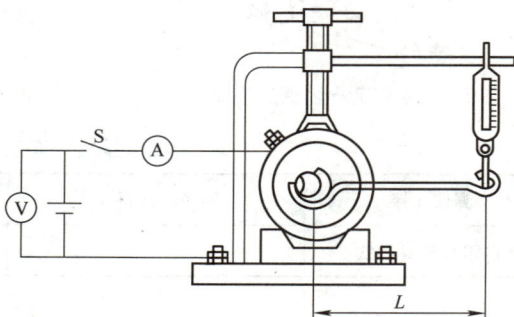

图 4-35 起动机全制动试验

任务 2　起动系统故障诊断与排除

【任务导入】

当点火开关转到起动档时，若起动机不工作，这就是典型的起动系统故障。诊断起动机不工作故障时，首先要确定故障部位，分析故障原因（蓄电池、起动机或起动电路）。

【任务实施环境】

1. 理实一体教室授课，每个学习小组配备 1 个标准工位。

2. 每个工位配备汽车（丰田卡罗拉汽车）1 辆，万用表 1 个及各种导线，电工常用的各种钳子、螺钉旋具等。

3. 由实验教师在起动系统设置故障，故障现象为起动机不工作。

【任务实施步骤】

1）确认蓄电池电源正常。可以通过按喇叭、开前照灯等方法确认蓄电池容量正常。

2）图 4-36 所示为丰田卡罗拉汽车起动系统电路（图中代号说明见表 4-3，沿用原图中的电气符号和画法），断开起动机线束 B（只有一个端子，与起动机端子 50 相接），测量标准见表 4-4。若结果不符，则需要拆下起动机进行检修。

表 4-3　丰田卡罗拉汽车起动系统电路代号说明

代　号	名　　称	代　号	名　　称
AM1	熔丝	ST Relay	起动继电器
AM2	熔丝	A5	离合器起动开关
E4	点火开关	B88	驻车档/空档位置开关总成
A45	接线插接器	A50	发动机电控单元
A46	接线插接器	B4	起动机总成
E1	搭铁点	BAT	蓄电池

表 4-4　丰田卡罗拉汽车起动机线束 B 的检测标准

检测仪连接	条　　件	规　定　状　态	实　测　结　果
B – 车身搭铁	点火开关置于 START 位置	11～14V	

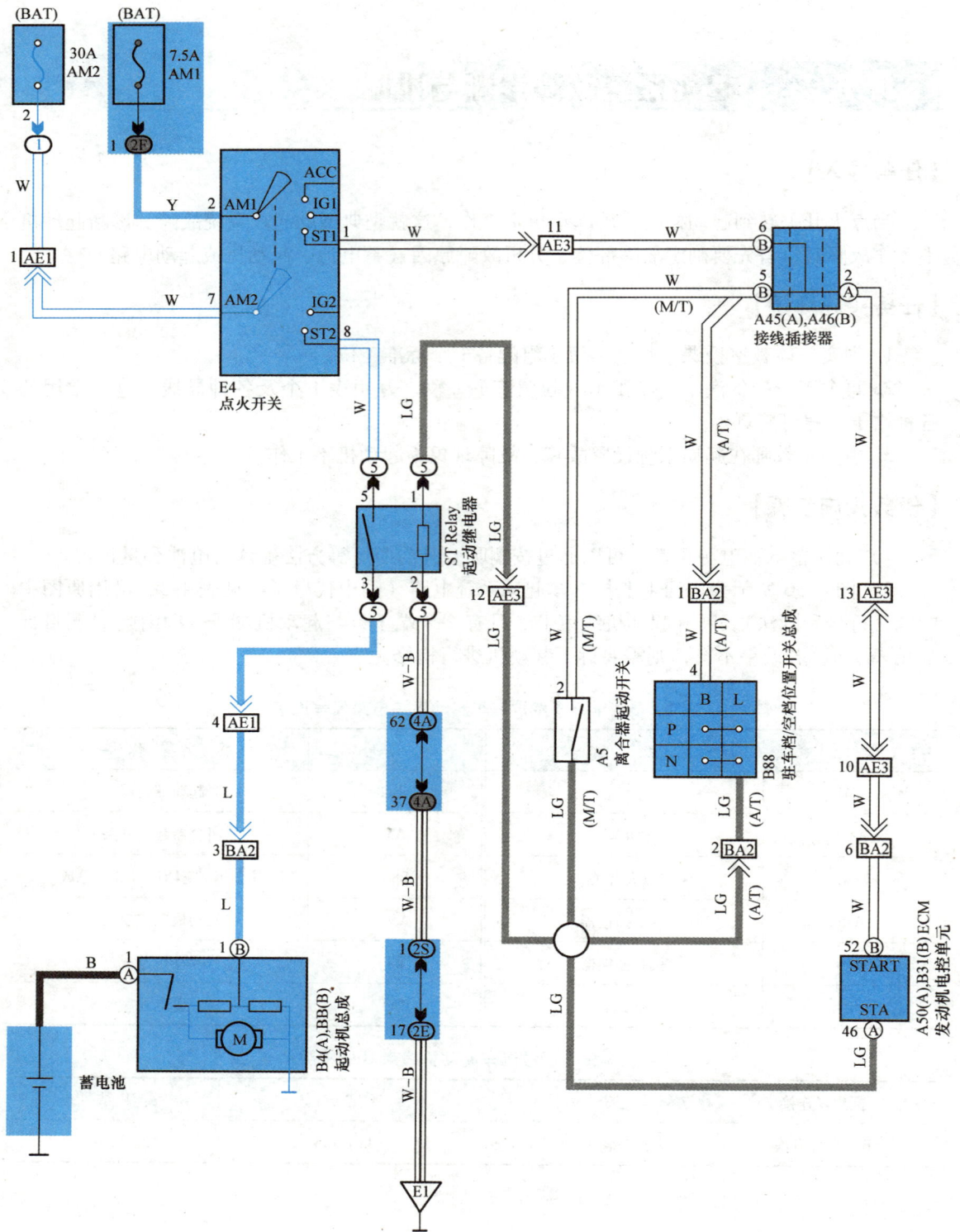

图4-36 丰田卡罗拉汽车起动系统电路

小　结

　　起动机由磁力开关、串励直流电动机和单向离合器3部分组成。磁力开关的作用：一是控制小齿轮与发动机飞轮的啮合；二是控制接触盘与主接线柱的接合，接通主电路。在起动机工作过程中，小齿轮先与发动机飞轮啮合，然后用接触盘将主电路接通。

　　串励式直流电动机产生的转矩随着电流的增大而增大。在发动机刚起动的瞬间（此时起动阻力最大）起动转矩最大，这样非常有利于发动机的起动。在车辆使用过程中，起动机主电路的工作状况对起动机的影响很大，如电刷的接触情况、磁力开关中接触盘的接触情况都会影响主电路的工作情况。

　　单向离合器的作用是在发动机起动时将起动机的动力传递给发动机。当发动机起动后而点火开关还没有离开起动档位时，单向离合器打滑，防止发动机带动起动机飞转。在车辆使用过程中，若单向离合器因磨损严重而在发动机起动过程中不能正常传递转矩，会导致发动机无法正常起动，这时需要更换单向离合器。

复习思考题

1. 起动机由哪几部分组成？每部分的作用是什么？
2. 起动机的起动转矩与什么因素有关？
3. 单向离合器有什么作用？
4. 说明起动机的工作过程。
5. 起动机工作无力的原因是什么？
6. 当点火开关置于起动档时起动机不转动，故障部位一定在起动机吗？

项目5 >>

点火系统的检测与维修

【项目导读】

>>> **知识目标**

1) 掌握点火系统的组成、作用及工作原理。
2) 了解点火系统的常见故障及原因。

>>> **技能目标**

1) 能正确对点火系统进行拆装与检测。
2) 能正确判断点火系统的故障部位并排除故障。

任务 1　　点火系统检测与维修　　<<<

【任务导入】

点火系统的功能是完成可燃混合气的正确燃烧。当点火系统出现故障时，可燃混合气无法正常燃烧，发动机的技术状况将明显下降，可能出现动力性与经济性下降、排放污染增大、运转不稳定及发动机不能工作等故障现象。

【相关知识】

一、发动机对点火系统的要求

在发动机各种不同工况和使用条件下，点火系统应保证可靠而准确地点燃可燃混合气。为此，点火装置应满足下列 3 个基本要求：

1. 能产生足以击穿火花塞间隙的电压

发动机正常工作时，击穿火花塞间隙的电压一般为 10kV 左右，而在低温起动时，由于火花塞电极温度低，气缸内的温度与压力均低，混合气雾化不良，因此，击穿火花塞间隙的电压需要大于 19kV。为了保证发动机点火的可靠性，点火系统必须有一定的二次电压储备。

一般点火系统的二次电压为 30kV。

2. 火花应具有足够的能量

要使可燃混合气可靠地点燃，火花塞产生的电火花必须具有一定的能量。发动机正常工作时，由于可燃混合气压缩终了的温度已接近其自燃温度，因此，所需的火花能量很小（1~5mJ）。但发动机在低温起动时，因为可燃混合气雾化不良，所以需较高的火花能量。为了保证发动机可靠点火，一般应保证火花塞跳火时有超过 100mJ 的火花能量。

3. 点火时刻应适应发动机的工况

首先，点火系统应按发动机的工作顺序进行点火。一般 6 缸发动机的点火顺序为 1－5－3－6－2－4，4 缸发动机的点火顺序为 1－3－4－2。其次，必须在最有利的时刻进行点火。

二、点火系统的组成及功用

发动机的动力性、经济性及尾气排放质量等指标都与可燃混合气燃烧质量有关，而决定燃烧质量的一个重要因素就是点火时刻（即最佳点火提前角）。

影响最佳点火提前角的因素除了有发动机的转速和负荷，还有发动机燃烧室形状、燃烧室温度、空燃比、燃油品种、大气压力和冷却液温度等。采用发动机 ECU 控制点火系统（ESA），在发动机各种工况下，点火系统都可提供理想的点火提前角。发动机 ECU 控制点火系统（ESA）目前主要有两种形式：一种是分组点火系统（两缸一个点火线圈）；另一种是独立点火系统（每缸一个点火线圈）。

1. 传感器

与点火系统相关的发动机 ECU 及传感器的功用见表 5-1。

表 5-1 与点火系统相关的发动机 ECU 及传感器的功用

名　称	功　能
空气流量传感器（L 型）	检测进气量（负荷）信号输入 ECU，点火系统的主控制信号
进气歧管绝对压力传感器（D 型）	
曲轴位置传感器（Ne 信号）	检测曲轴转角（转速）信号输入 ECU，点火系统的主控制信号
凸轮轴位置传感器（G1、G2 信号）	检测凸轮轴转角信号输入 ECU，点火系统的主控制信号
节气门位置传感器	检测节气门开度信号输入 ECU，点火提前角的修正信号
冷却液温度传感器	检测发动机冷却液温度信号输入 ECU，点火提前角的修正信号
起动开关	向 ECU 输入发动机正在起动中的信号，点火提前角的修正信号
空调开关 A/C	向 ECU 输入空调的工作信号，点火提前角的修正信号
进气温度传感器	检测进气温度信号输入 ECU，点火提前角的修正信号
空档位置开关	检测 P 位或 N 位信号输入 ECU，点火提前角的修正信号
爆燃传感器	检测发动机的爆燃信号输入 ECU，点火提前角的修正信号
发电机负荷信号	检测发电机负荷信号输入 ECU，点火提前角的修正信号

2. 发动机 ECU

根据传感器输入的信号，发动机 ECU 计算出最佳点火提前角，并将点火控制信号输送给点火控制器。

3. 点火控制器

根据发动机 ECU 输出的点火控制信号控制点火线圈一次电路的通断，产生二次高压。

同时，向 ECU 反馈点火确认信号。在发动机 ECU 控制的独立点火系统中，点火控制器、点火线圈及火花塞组合成一体。

4. 点火线圈

点火线圈的作用是将 12V 低压电变成 30kV 的高压电，其结构与自耦变压器相似。点火线圈由一次绕组、二次绕组和铁心等组成。

点火线圈的结构如图 5-1 所示。在口字形或曰字形铁心内绕有二次绕组，在二次绕组外面绕有一次绕组，一次绕组产生的磁通通过铁心构成闭合磁路。一次绕组约为 200 匝，二次绕组约为 2 万匝。

一次绕组通电（12V）产生的磁通量通过铁心构成闭合磁路，如图 5-2 所示，穿过一次绕组与二次绕组的磁通量相等。当点火控制器得到发动机 ECU 传送的点火信号后，点火控制器立即断开一次绕组的电路，穿过一次绕组与二次绕组的磁通量迅速减少。这时，由于二次绕组匝数多，在二次绕组中便产生约 30kV 的感应电动势，此感应电动势使火花电极跳火，点燃可燃混合气。

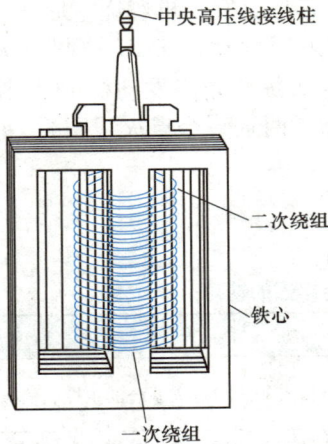

图 5-1　点火线圈的结构

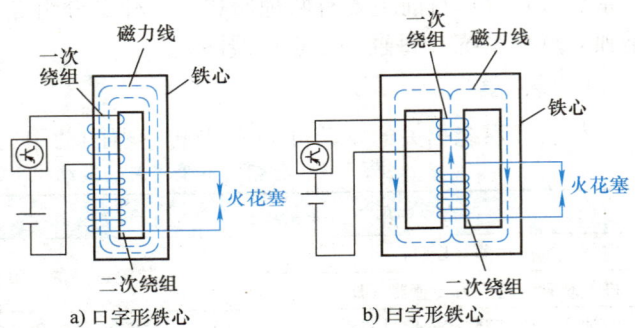

a) 口字形铁心　　b) 曰字形铁心

图 5-2　点火线圈的磁路

在点火系统中，一般将点火线圈一次绕组 N_1 所在的闭合电路称为一次电路（低压电路）。将点火线圈的二次绕组 N_2 所在的闭合电路称为二次电路（高压电路）。一般将点火线圈到火花塞的电路称为高压电路。流经一次绕组 N_1 的电流称为一次电流。一般一次电流为 7～8A，一次电路的电压为电源电压 12V，二次电路的电压为 30kV 左右的高压电。

5. 火花塞

火花塞的工作条件十分恶劣，它承受高压、高温及燃烧产物的强烈腐蚀。因此，火花塞必须具有足够的强度，能承受温度的强烈变化，应有良好的热特性，火花塞的电极应采用难熔、耐腐蚀的材料制成。

（1）火花塞的结构　火花塞的结构如图 5-3 所示。火花塞中心电极用镍铬合金制成，具有良好的耐高温、耐腐蚀性能，中心电极做成两段，中间加有导电玻璃。由于导电玻璃和瓷绝缘体的膨胀系数相近，因此，导电玻璃主要起密封作用。火花塞间隙多为 1.0～1.2mm。

（2）火花塞的热特性　火花塞的热特性指火花塞下部（裙部）的温度特性。实践证明，火花塞裙部温度保持在 500～600℃ 时，落在绝缘体上的油滴能立即烧去，通常将这个温度称为火花塞的自净温度。低于这个温度时，火花塞易产生积炭；高于这个温度时，在火花塞表面易产生炽热点，形成早燃。因此，要使火花塞能正常工作，就要保证火花塞的裙部温度为自净温度。

火花塞的热特性主要决定于绝缘体裙部的长度。绝缘体裙部长的火花塞，其受热面积大，传热距离长，散热困难，裙部温度高，称为"热型"火花塞；裙部短的火花塞，吸热面积小，传热距离短，散热容易，裙部温度低，称为"冷型"火花塞，如图 5-4 所示。

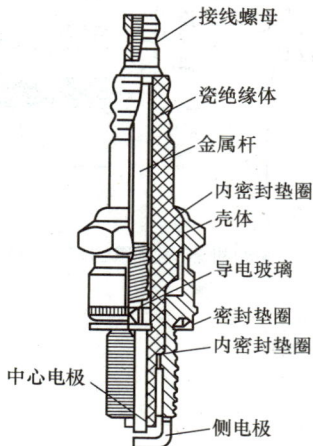

图 5-3　火花塞的结构

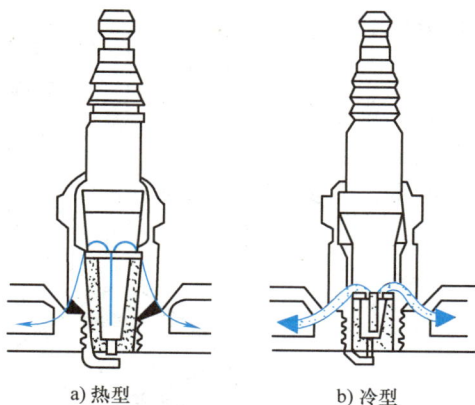

图 5-4　火花塞的热特性

三、发动机点火系统的控制内容

1. 点火提前角的控制

1）发动机起动时，转速与负荷信号都不稳定，点火只能在固定的曲轴转角时进行，即点火提前角固定，与发动机的其他信号无关。

2）发动机正常工作时，发动机 ECU 根据发动机的转速和负荷信号，在发动机 ECU 存储器中查到这一工况下对应的基本点火提前角，即先确定基本点火提前角，然后根据得到的修正信号对点火提前角进行修正，确定实际的最佳点火提前角。

2. 通电时间的控制

点火系统中，二次电压的最大值 $U_{2\max}$ 与一次断开电流成正比。发动机 ECU 能准确控制一次绕组的最佳通电时间，保证在任何车速下一次电流都能达到规定值（7A）。这样既能改善点火性能，又能防止一次电流过大而烧坏点火线圈。

3. 爆燃控制

为了获得最大的动力性和最佳的经济性，需要尽可能地增大点火提前角。但点火提前角过大，会引起爆燃。对于上述问题，发动机点火系统增加了爆燃控制。爆燃传感器安装在气缸体上，其原理是利用压电晶体的压电效应，把爆燃时传到气缸体上的机械振动转换成电压信号输入发动机 ECU，发动机 ECU 根据爆燃传感器输出的信号判断有无爆燃及爆燃的强度。若爆燃强，则推迟点火的角度大；若爆燃弱，则推迟点火的角度小。每次调整都以一个固定的角度递减，直到爆燃消失为止。而后以一个固定的角度提前，当发动机再次出现爆燃时，

ECU 使点火提前角再次推迟，调整过程如此反复。

4. 发动机点火系统的实例

这里以奥迪汽车 V6 发动机无分电器点火系统为例进行介绍。奥迪汽车 V6 发动机点火系统的控制原理如图 5-5 所示。点火控制器还具备电子配电功能，即可控制点火线圈组中点火线圈导通与截止的时序，以此控制火花塞依次跳火，完成点火控制过程。该点火系统的组成如图 5-6 所示，主要传感器的位置如图5-7所示。

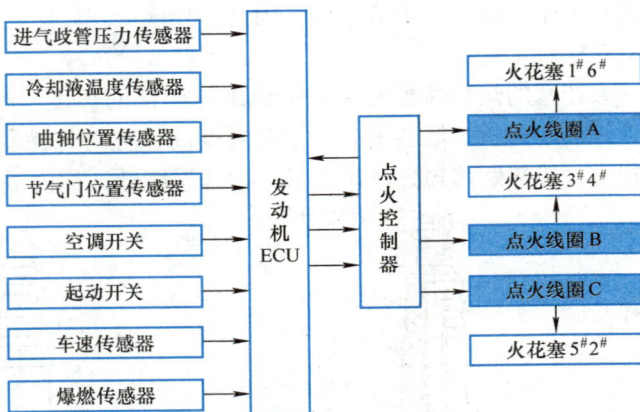

图 5-5 奥迪汽车 V6 发动机点火系统的控制原理

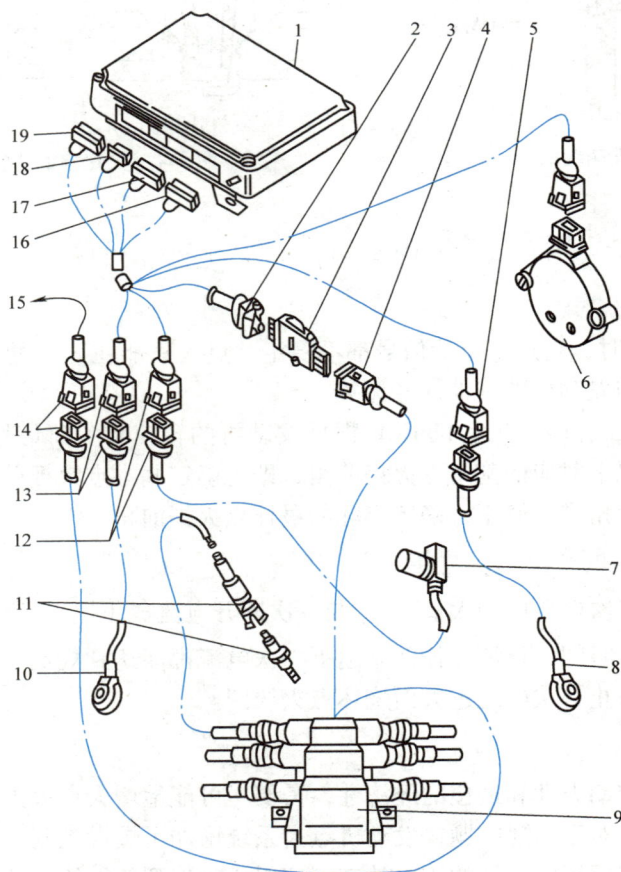

图 5-6 奥迪汽车 V6 发动机点火系统的组成

1—发动机 ECU 2—发动机 ECU 点火信号线插接器（4 孔） 3—点火控制器 N122 4—点火线圈端插接器（3 孔）
5、12、13、14、16、17、18、19—插接器 6—凸轮轴位置传感器 G40 7—曲轴位置传感器 G4 8—爆燃传感器Ⅱ
9—双点火线圈 N、N128 和 N158 10—爆燃传感器Ⅰ 11—火花塞及插接器 15—点火开关控制的电源线

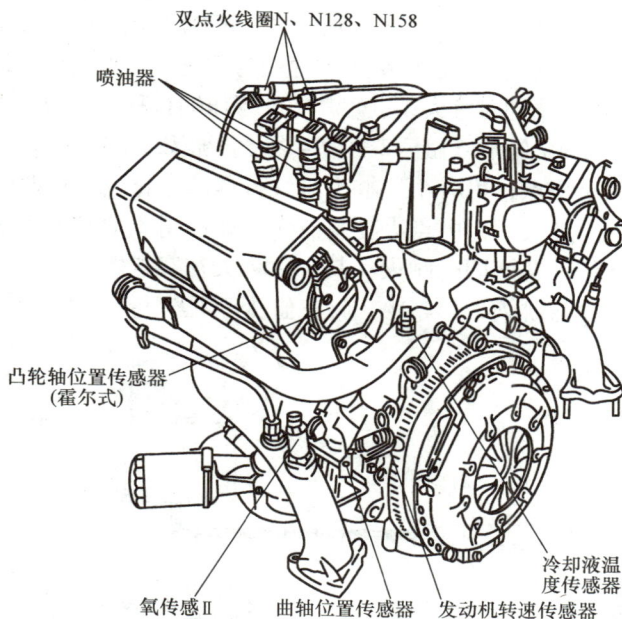

图 5-7　奥迪汽车 V6 发动机点火系统主要传感器的位置

奥迪汽车 V6 发动机点火系统的工作原理如下：

如图 5-8 所示，蓄电池经点火开关向 3 个双点火线圈 N、N128、N158 提供一次电流，3 个点火线圈的一次电路分别经点火控制器 N122 搭铁。

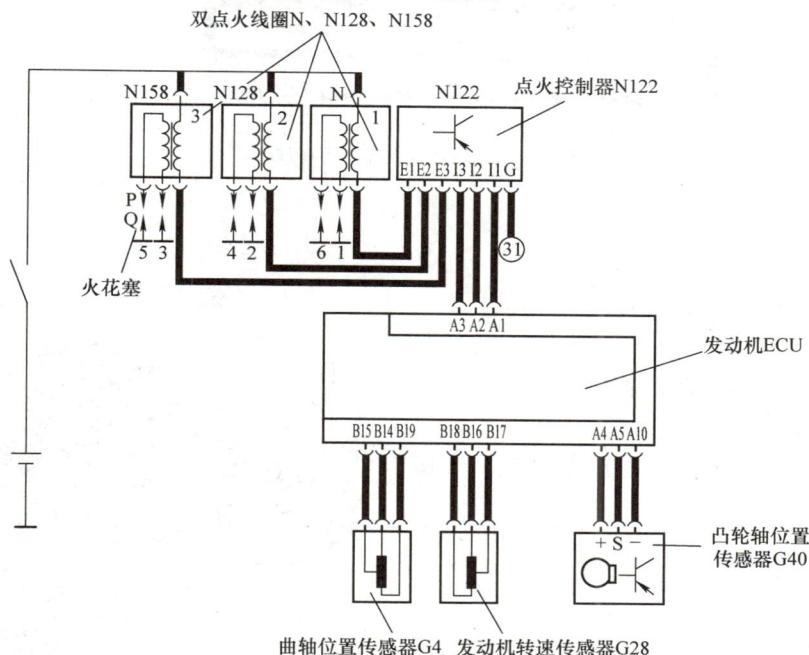

图 5-8　奥迪汽车 V6 发动机点火系统的工作原理

发动机 ECU 根据发动机的转速信号、曲轴位置信号、凸轮轴位置信号、进气压力传感器（安装在发动机 ECU 中）信号、冷却液温度信号等计算出最佳点火提前角，并判断缸位，向点火控制器发出点火信号（IGT）和气缸缸序判别信号（IGD），点火控制器由此可判断发动机气缸的点火次序，依次使各点火线圈一次电路由导通变为截止，各点火线圈的二次绕组依次产生高压电，使对应的两个火花塞同时跳火，点燃其中处于压缩行程气缸内的可燃混合气。

奥迪汽车 V6 发动机的 1 缸和 6 缸、2 缸和 4 缸、3 缸和 5 缸同时处于上止点，并且总是一个气缸为压缩行程的上止点，另一个气缸为排气行程的上止点，每两个气缸共用一个双点火线圈，如图 5-9 所示。点火时，由点火控制器交替地控制 3 个点火线圈，每个点火线圈产生高压电时，两个气缸的火花塞同时跳火：其中一个火花塞点燃处于压缩行程气缸内的可燃混合气，另一个火花塞虽然跳火，但是由于该气缸处于排气行程，因而不起作用。

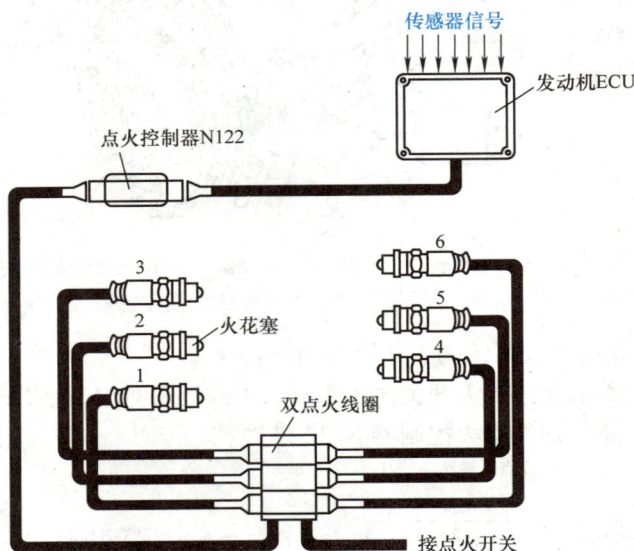

图 5-9　双点火线圈两缸同时跳火

【任务实施环境】

1. 理实一体教室授课，每个学习小组配备 1 个标准工位。

2. 每个工位配备常用汽车维修工具 1 套、万用表 1 块。

3. 每组配备丰田卡罗拉汽车 1 辆、丰田卡罗拉汽车维修手册 1 套。

【任务实施步骤】

1. 拆卸 2 号气缸盖罩

图 5-10 所示为丰田卡罗拉汽车点火系统零件位置，图 5-11 所示为零件拆装顺序。

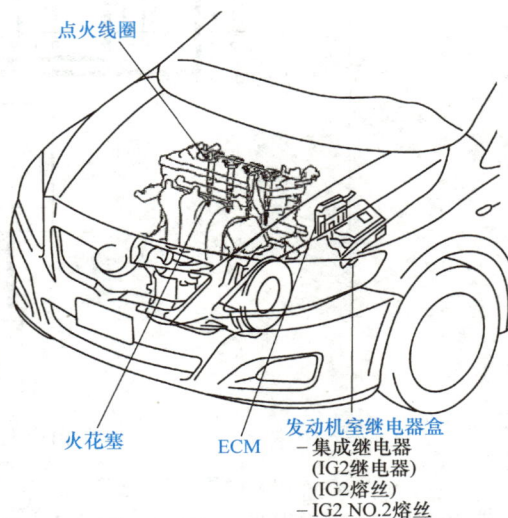

图 5-10　丰田卡罗拉汽车点火系统零件位置

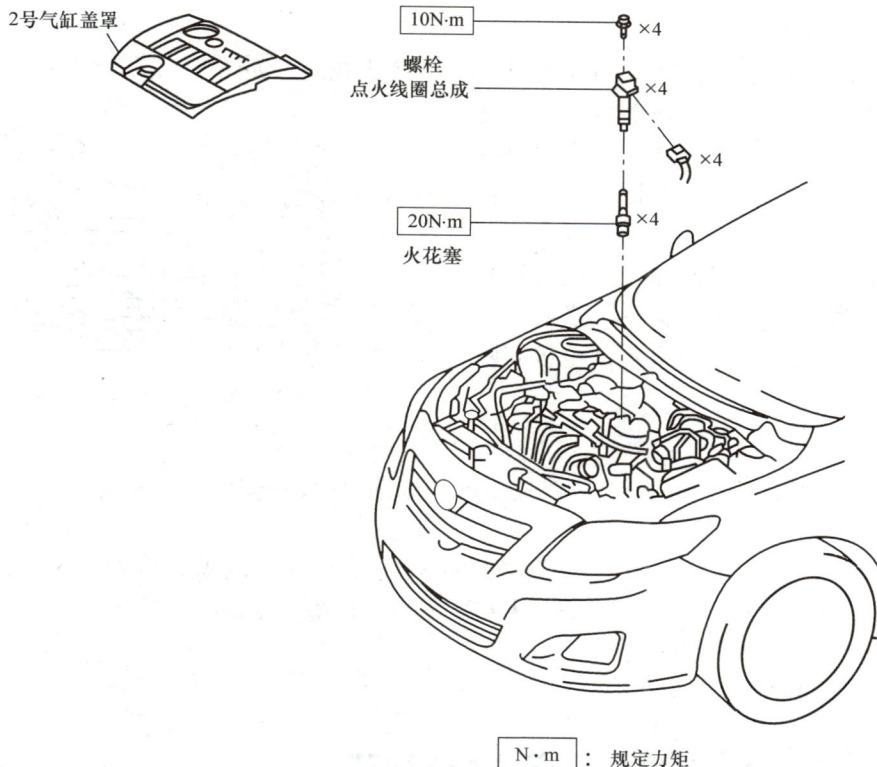

2号气缸盖罩

10N·m ×4
螺栓
点火线圈总成 ×4
×4

20N·m ×4
火花塞

N·m ：规定力矩

图5-11 零件拆装顺序

2. 拆卸点火线圈总成

1）断开 4 个点火线圈插接器，如图5-12所示。

2）拆下 4 个螺栓和 4 个点火线圈，如图5-13 所示。拆下点火线圈时，不要损坏发动机气缸盖罩开口上的火花塞盖或火花塞套管顶部边缘。

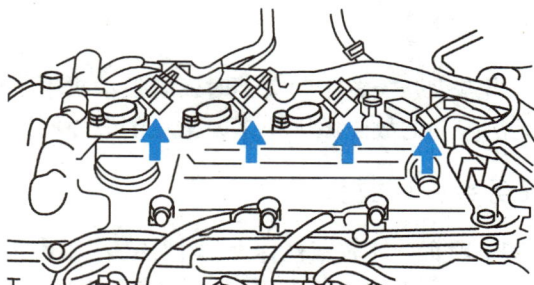

图5-12 断开4个点火线圈插接器

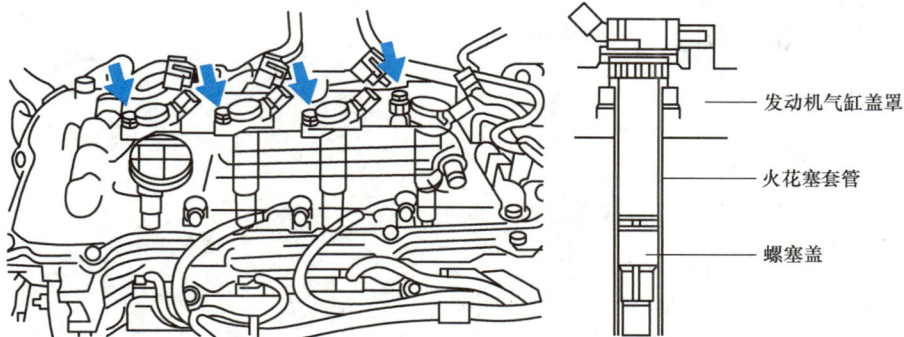

发动机气缸盖罩

火花塞套管

螺塞盖

图5-13 拆下4个螺栓和4个点火线圈

3. 拆卸火花塞

用 14mm 火花塞扳手和 100mm 加长杆拆下 4 个火花塞，如图 5-14 所示。

1）目视检查火花塞。若电极干燥，则火花塞正常工作。如果电极潮湿，有湿炭的痕迹，则需要用火花塞清洁器清洁并进行干燥。

2）检测火花塞电极间隙。旧火花塞的最大电极间隙为 1.3mm。如果间隙大于最大值，则更换火花塞。新火花塞的电极间隙为 1.0～1.1mm。

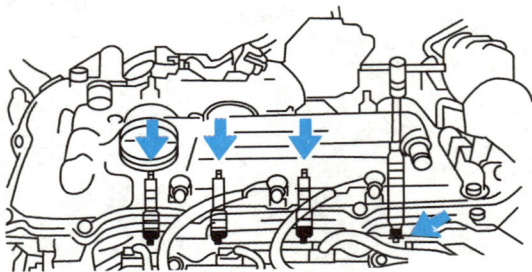

图 5-14 拆卸火花塞

4. 安装

1）安装火花塞。用 14mm 火花塞扳手和 100mm 加长杆安装 4 个火花塞，紧固力矩为 20N·m。

2）安装点火线圈总成。用 4 个螺栓安装 4 个点火线圈，紧固力矩为 10N·m。安装点火线圈时，不要损坏发动机气缸盖罩、火花塞盖或火花塞套管顶部边缘。

3）连接 4 个点火线圈插接器。

4）安装 2 号气缸盖罩。

任务 2　点火系统故障诊断与排除　<<<

【任务导入】

当点火开关置于起动档时，若发动机不工作，这就是典型的发动机无法起动故障。发动机无法起动的故障原因很多，常见的故障原因有燃油供给系统故障、点火系统故障等。

【任务实施环境】

1. 理实一体教室授课，每个学习小组配备 1 个标准工位。

2. 每个工位配备丰田卡罗拉汽车 1 辆，丰田卡罗拉汽车维修手册 1 套，解码器 1 台，万用表 1 个及各种导线，电工常用的各种钳子、螺钉旋具等。

3. 由实验教师设计故障，故障现象为发动机不工作。

【任务实施步骤】

1. 进行读取故障码

利用解码器读取的内容进行故障诊断与排除。

2. 进行火花塞跳火试验

1）拆下 4 个点火线圈和 4 个火花塞，并确认火花塞正常。

2）断开 4 个喷油器插接器。

3）将火花塞安装到各点火线圈上，并连接点火线圈插接器。

4）将火花塞搭铁。

5）检查并确认发动机起动过程中出现火花。

3. 没有出现火花

1）检查并确认带点火器的点火线圈的线束侧插接器连接牢固。

2）换上新的能正常工作的带点火器的点火线圈，再次进行火花测试。

4. 仍然没有出现火花

1）进行点火线圈线束端子测量。图 5-15 所示为丰田卡罗拉汽车点火系统电路，点火线圈线束端子如图 5-16 所示。将点火开关置于 ON 位置，测量标准见表 5-2。

拆卸点火线圈
和火花塞

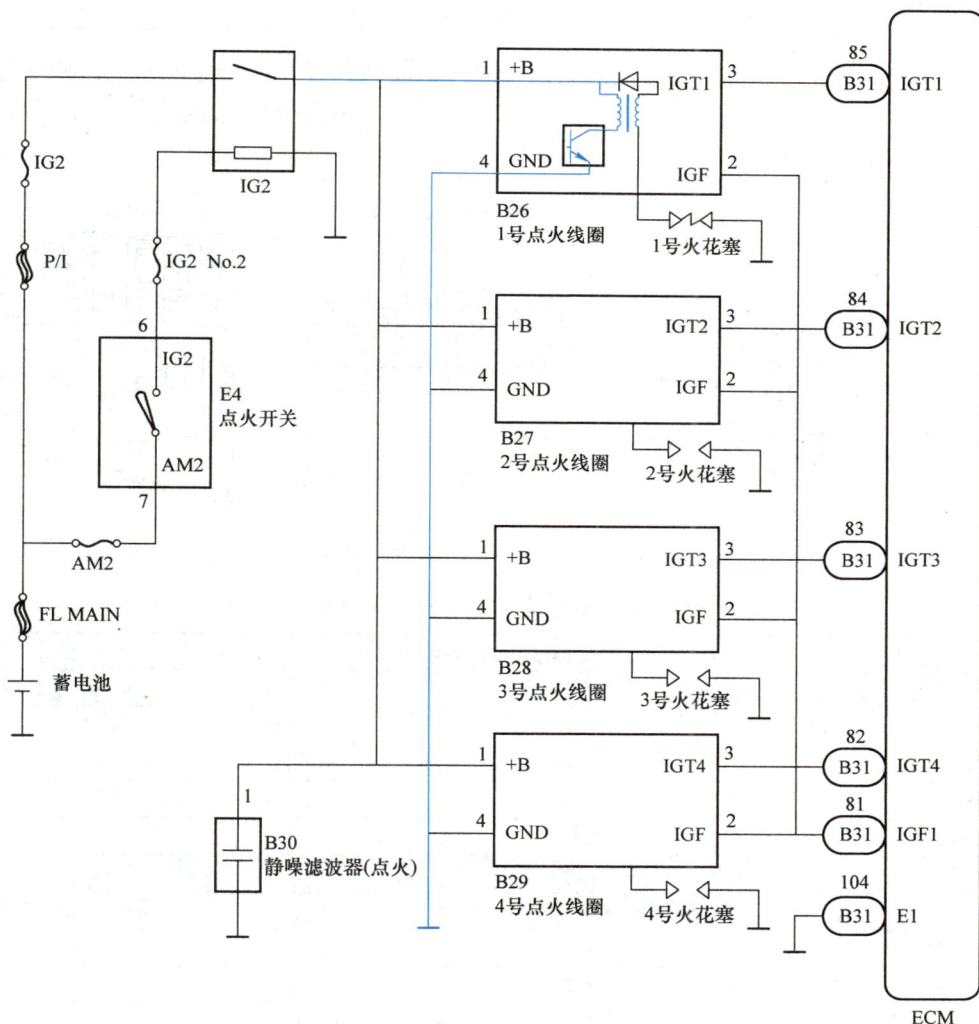

图 5-15　丰田卡罗拉汽车点火系统电路

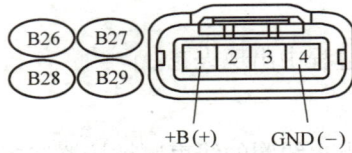

图 5-16　丰田卡罗拉汽车点火线圈线束端子

表 5-2　点火线圈线束端子测量标准

检测仪连接	开关状态	规定状态	实测结果
B26 – 1（+B）—B26 – 4（GND）	点火开关置于 ON 位置	9~14V	
B27 – 1（+B）—B27 – 4（GND）	点火开关置于 ON 位置	9~14V	
B28 – 1（+B）—B28 – 4（GND）	点火开关置于 ON 位置	9~14V	
B29 – 1（+B）—B29 – 4（GND）	点火开关置于 ON 位置	9~14V	

　　若不符，则做进一步检测，即检测点火线圈与集成继电器（IG2 继电器）之间的线束连接。检测如图 5-17 所示，检测标准见表 5-3。若不符，则需要维修或更换线束或集成继电器。

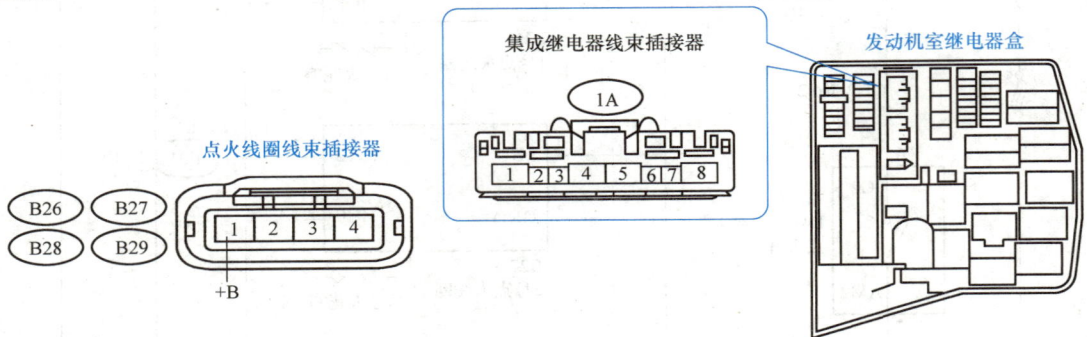

图 5-17　点火线圈与集成继电器之间线束的检测

表 5-3　点火线圈与集成继电器（IG2 继电器）之间线束的检测标准

标准电阻（断路检查）			
检测仪连接	条件	规定状态	实测结果
B26 – 1（+B）– 1A – 4	始终	小于 1Ω	
B27 – 1（+B）– 1A – 4	始终	小于 1Ω	
B28 – 1（+B）– 1A – 4	始终	小于 1Ω	
B29 – 1（+B）– 1A – 4	始终	小于 1Ω	
标准电阻（短路检查）			
检测仪连接	条件	规定状态	实测结果
B26 – 1（+B）或 1A – 4 – 车身搭铁	始终	10kΩ 或更大	
B27 – 1（+B）或 1A – 4 – 车身搭铁	始终	10kΩ 或更大	
B28 – 1（+B）或 1A – 4 – 车身搭铁	始终	10kΩ 或更大	
B29 – 1（+B）或 1A – 4 – 车身搭铁	始终	10kΩ 或更大	

　　2）检查发动机电控单元（ECU）与点火线圈之间的线束。IGF 的测量如图 5-18 所示，测量标准见表 5-4。IGT 的测量如图 5-19 所示，测量标准见表 5-5。

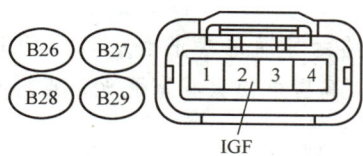

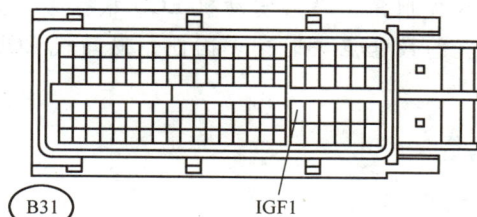

图 5-18　点火线圈与发动机电控
单元（ECU）之间 IGF 的测量

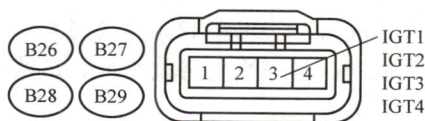

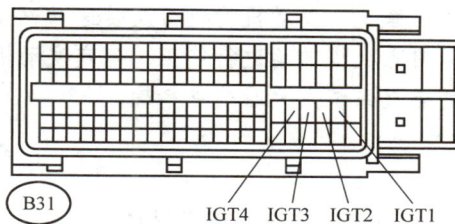

图 5-19　点火线圈与发动机电控单元（ECU）
之间 IGT 的测量

表 5-4　发动机电控单元（ECU）与点火线圈之间 IGF 的测量标准

检测仪连接	条　件	规定状态	实测结果
B26－2（IGF）－B31－81（IGF1）	始终	小于 1Ω	
B27－2（IGF）－B31－81（IGF1）	始终	小于 1Ω	
B28－2（IGF）－B31－81（IGF1）	始终	小于 1Ω	
B29－2（IGF）－B31－81（IGF1）	始终	小于 1Ω	
B26－2（IGF）或 B31－81（IGF1）－车身搭铁	始终	10kΩ 或更大	
B27－2（IGF）或 B31－81（IGF1）－车身搭铁	始终	10kΩ 或更大	
B28－2（IGF）或 B31－81（IGF1）－车身搭铁	始终	10kΩ 或更大	
B29－2（IGF）或 B31－81（IGF1）－车身搭铁	始终	10kΩ 或更大	

表 5-5　发动机电控单元（ECU）与点火线圈之间 IGT 的测量标准

检测仪连接	条　件	规定状态	实测结果
B26－3（IGT1）－B31－85（IGT1）	始终	小于 1Ω	
B27－3（IGT2）－B31－84（IGT2）	始终	小于 1Ω	
B28－3（IGT3）－B31－83（IGT3）	始终	小于 1Ω	
B29－3（IGT4）－B31－82（IGT4）	始终	小于 1Ω	
B26－3（IGT1）或 B31－85（IGT1）－车身搭铁	始终	10kΩ 或更大	
B27－3（IGT2）或 B31－84（IGT2）－车身搭铁	始终	10kΩ 或更大	
B28－3（IGT3）或 B31－83（IGT3）－车身搭铁	始终	10kΩ 或更大	
B29－3（IGT4）或 B31－82（IGT4）－车身搭铁	始终	10kΩ 或更大	

　　若异常，需要维修或更换发动机电控单元（ECU）与点火线圈之间的线束。若正常，故障在发动机电控单元（ECU），需要更换。

小　结

　　点火系统由传感器、点火模块、发动机电控单元（ECU）、点火线圈和火花塞等组成。点火系统的作用是按照发动机工况及工作顺序点燃可燃混合气。点火时刻越准确，发动机的动力性、经济性及排放性能越好。

　　点火系统由一次电路和二次电路两部分组成。一次电路的导通与截止由发动机 ECU 或点火模块控制。当一次电路截止时，二次电路产生高压电，高压电使火花塞跳火，点燃可燃混合气。

　　普通电子点火系统的点火提前角只由发动机的负荷及转速确定；对于发动机 ECU 控制的点火系统，发动机的负荷及转速只确定基本点火提前角，然后发动机 ECU 根据各传感器信号对点火提前角进行修正，确定发动机每一工况的最佳点火时刻。因此，发动机 ECU 控制的点火系统点火时刻更精确。

复习思考题

1. 简述点火系统的组成及作用。
2. 简述发动机 ECU 控制点火系统的工作过程。
3. 简述点火正时的步骤。
4. 说明发动机 ECU 控制的点火系统与普通电子点火系统的区别。
5. 什么是点火提前角？点火提前角过大和过小对发动机有什么影响？

项目6

照明与信号系统的检测与维修

【项目导读】

>>> 知识目标

1）掌握照明与信号系统的组成及各主要部件的作用及工作原理。
2）了解照明与信号系统的作用及相关的交通法规要求。

>>> 技能目标

1）能正确操作照明与信号系统的各种开关。
2）能够正确拆装、检测照明与信号系统的开关及用电设备。
3）能正确分析照明与信号系统的故障原因并排除故障。

任务1　照明电路检测与维修　<<<

【任务导入】

照明电路的主要作用是为车辆提供夜间的路况照明，直接影响着车辆的安全性。在车况及路况都有了极大的提高、汽车的道路行驶速度相应提高的情况下，汽车对前照灯的照明质量及控制技术的要求越来越严格。

【相关知识】

一、照明与信号系统的组成

为了保证汽车行驶安全，汽车上都装备了多种照明及信号设备，而且各国家对照明及信号设备在法律上都作了不同程度的规定。不同汽车的照明及信号系统是不完全相同的，除了美观、实用外，必须满足两个要求：一个是保证运行安全；另一个是符合交通法规。汽车照明与信号系统的基本组成如下：

（1）前照灯　前照灯俗称大灯、头灯，其作用是汽车在夜间行驶时照明道路，功率为

40 ~ 60W。

（2）**示廓灯**　示廓灯又称驻车灯、小灯，其作用是汽车夜间行车或停车时，标示其轮廓或存在。前示廓灯为白色，后示廓灯为红色，功率为 5 ~ 10W。

（3）**牌照灯**　牌照灯安装在汽车尾部的牌照上方，灯光为白色，其作用是夜间照亮汽车牌照，功率为 5 ~ 15W。

（4）**仪表灯**　仪表灯安装在汽车仪表上，用于夜间照亮仪表，灯光为白色，功率为 2 ~ 8W。

（5）**顶灯**　顶灯安装在驾驶室的顶部，其作用是对驾驶室内部进行照明，灯光为白色，功率为 5 ~ 8W。

（6）**雾灯**　雾灯的作用是在雨、雾天气进行照明，灯光为黄色（因为黄色有良好的透雾性），功率为 35 ~ 55W。

（7）**转向灯**　转向灯的作用是指示汽车的行驶方向，左、右转向灯同时闪亮时，表示有紧急情况，灯光为黄色，功率为 20W 以上。

（8）**制动灯**　制动灯俗称刹车灯，安装于汽车后面，其作用是在汽车制动停车或制动减速行驶时，向后车发出灯光信号，以警告尾随的车辆，防止追尾；灯光为红色，功率为 20W 以上。

（9）**倒车灯**　倒车灯的作用有两个：一个是向其他的车辆和行人发出倒车信号；另一个是夜间倒车照明，灯光为白色，功率为 20W。

（10）**指示灯**　指示灯用来指示某一系统是否处于工作状态，灯光为红色，功率为 2W。如远近光指示灯、转向指示灯、驻车制动指示灯、自动变速器档位指示灯等。

（11）**警告灯**　警告灯安装在仪表板上，其作用是监测汽车各系统的技术状况，当某一系统出现异常情况时，对应的警告灯亮，提醒驾驶人该系统出现故障；灯光为红色、绿色或黄色，功率为 2W，如发动机故障警告灯、机油警告灯和冷却液温度警告灯等。

此外，还有工作灯、门灯、踏步灯、行李舱灯、阅读灯、喇叭和蜂鸣器等。

二、前照灯

1. 汽车对前照灯的要求

前照灯的照明效果直接影响夜间的行车安全，各国都以法律的形式规定了前照灯的照明标准，以确保夜间行车时的交通安全，其基本要求如下：

1）汽车前照灯的夜间照明必须保证车前 100m 以内的路面上有明亮而均匀的光照，使驾驶人能够看清车前 100m 以内的路面情况。随着汽车行驶速度的提高，对汽车前照灯照明距离的要求也相应增加，高速汽车的照明距离应不小于 200m。

2）前照灯应具有防眩目的装置，以免夜间两车相会时，使对面汽车驾驶人眩目而发生交通事故。

2. 前照灯的结构

前照灯的光学组件由灯泡、反射镜和配光镜组成。

（1）**灯泡**　目前汽车前照灯的灯泡有两种，即充气灯泡和卤钨灯泡，其结构如图 6-1所示。

1）充气灯泡。充气灯泡采用钨丝作灯丝，灯泡内充满氩和氮的混合惰性气体。在灯泡工作时，由于惰性气体受热后膨胀会产生较大的压力，这样可减少钨的蒸发，故能提高灯丝的温度，增强发光效率，从而延长灯泡的使用寿命。

2）卤钨灯泡。卤钨灯泡在充入灯泡的气体中掺入某一卤族元素，如氟、氯、溴和碘等。在灯泡工作时，其内部可形成卤钨再生循环反应：从钨丝上蒸发出来的气态钨与卤族元素反应生成了一种挥发性的卤化钨，它扩散到灯丝附近的高温区后受热分解，使钨重新回到灯丝上。被释放出来的卤素继续参与下一次循环反应，如此周而复始地循环下去，从而防止了钨丝的蒸发和灯泡的黑化现象。卤钨灯泡的玻璃由耐高温、高强度的玻璃制成，且灯泡内的充气压力较大，工作温度高，可更有效地抑制钨的蒸发量，延长使用寿命，提高发光效率。在相同功率的情况下，卤钨灯的亮度是充气灯泡的 1.5 倍，使用寿命是其 2~3 倍。

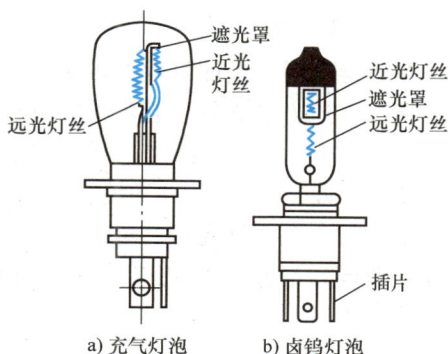

图 6-1　前照灯的灯泡

（2）反射镜　反射镜是用薄钢板冲压而成的，如图 6-2 所示。反射镜表面镀银、铬和铝等，然后抛光。反射镜的作用是尽可能多地收集灯泡发出的光线，并将这些光线聚合成很强的光束射向远方。

反射镜的表面形状大都是旋转抛物面，位于反射镜焦点上的灯泡所发出的光线，经反射镜后的情况如图 6-3 所示。无反射镜的灯泡，其光束只能照清周围 6m 左右的路面，而经反射镜反射后的平行光束可照清前方 150m 内的路面。经反射镜后，尚有少量的散射光线，其中朝上的完全无用，向侧方和下方的光线则有助于照明 5~10m 的路面和路缘。

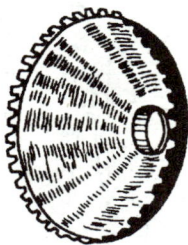

图 6-2　反射镜

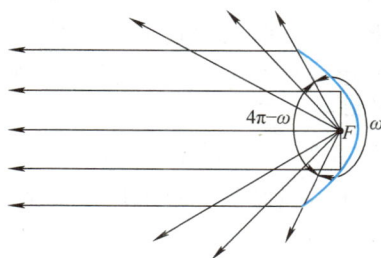

图 6-3　反射镜反射光线的情况

（3）配光镜　配光镜也称散光玻璃，是由透明玻璃压制而成的棱镜和透镜的组合体。配光镜的作用是将反射镜反射出的光束进行折射，以扩大光线的照射范围，使车前 100m 内的路面有良好而均匀的照明，如图 6-4 所示。

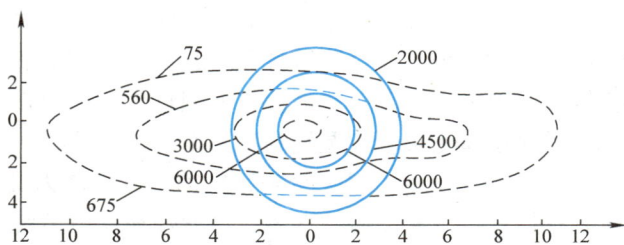

图 6-4　配光镜的光线分布

—— 无配光镜的光线分布　　---- 有配光镜的光线分布

89

3. 前照灯的防眩目

夜间会车时，前照灯发出的强光束会使迎面来的汽车驾驶人眩目，很容易发生交通事故，所以在这方面必须引起足够的重视。

（1）采用双丝灯泡　前照灯采用双丝灯泡。远光灯丝位于反射镜的焦点上，功率为45～60W；近光灯丝位于反射镜焦点的上方或前方，功率为20～50W。这样夜间行车，当对面无来车时，使用远光灯，可照亮车前方150m内的路面。当对面来车时，使用近光灯，由于光线较弱，经反射后的光线大部分射向车前的下方，所以可避免对面驾驶人眩目，如图6-5所示。

（2）采用带遮光罩的双丝灯泡　上述双丝灯泡中，近光灯丝射向反射镜下部的光线经反射后，将射向斜上方，仍会使对面的驾驶人轻微眩目。为了克服上述缺陷，在近光灯丝的下方装有遮光罩。当使用近光灯时，遮光罩能将近光灯丝射向反射镜下部的光线遮挡住，无法反射，提高防眩目效果。目前在汽车广泛使用这种双丝灯泡，如图6-6所示。

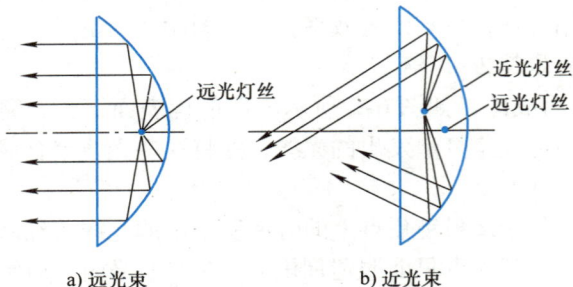

a) 远光束　　　　b) 近光束

图6-5　双丝灯泡的远、近光束

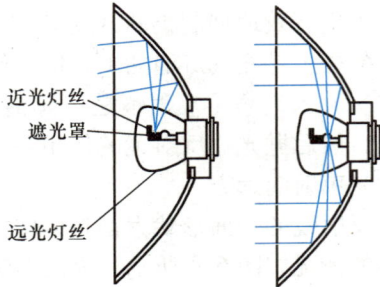

图6-6　带遮光罩的双丝灯泡

（3）采用非对称型光形前照灯　这是一种新型的防眩目前照灯，安装时将遮光罩偏转一定的角度，使其近光的光形分布不对称，将近光灯右侧光线倾斜升高15°，如图6-7b所示。

（4）采用Z形光形前照灯　为防止对面来车驾驶人与非机动车人员眩目，可采用Z形光形前照灯。它不仅可防止对面驾驶人眩目，也可防止非机动人员眩目，如图6-7c所示。

4. 前照灯的分类

（1）可拆式前照灯　这种前照灯的配光镜靠反射镜边缘上的齿簧与反射镜组合在一起，并用箍圈和螺钉将它们固定在灯壳上。可拆式前照灯由于密封性不好，反射镜易受灰尘和湿气的污染而变黑，严重影响照明效果，目前已很少采用。

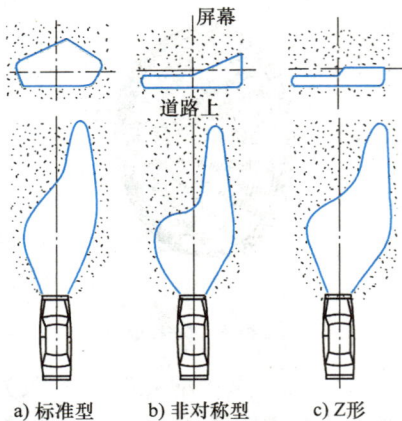

a) 标准型　　b) 非对称型　　c) Z形

图6-7　前照灯配光光形

（2）全封闭式前照灯　全封闭式前照灯又称为真空灯，它的反射镜和配光镜制成一体，里面装有灯丝，并充以惰性气体；灯丝焊在反射镜底座上，反射镜的镜片为真空镀铝，其结构如图6-8所示。这种结构的优点是可以完全避免反射镜受到污染，但是灯丝烧坏后，需要更换前照灯总成，成本较高。

　　（3）半封闭式前照灯　半封闭式前照灯如图 6-9 所示。其配光镜由反射镜边缘上的牙齿固定在反射镜上，两者之间有橡胶圈或密封胶密封。灯泡可从反射镜后端进行拆装，维修方便，因此得到普遍使用。

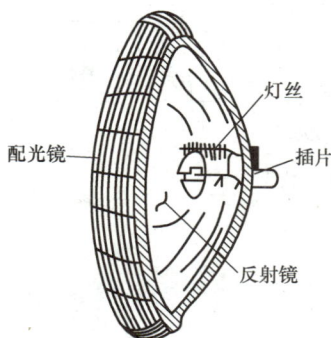

图 6-8　全封闭式前照灯

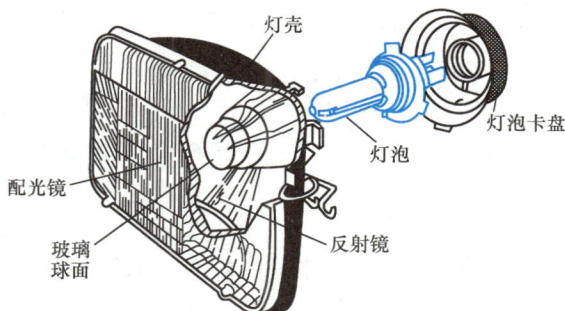

图 6-9　半封闭式前照灯

　　更换灯泡时，不能用手触摸灯泡玻璃壳部分，取灯泡的方法如图 6-10 所示。

　　（4）投射式前照灯　如图 6-11 所示，投射式前照灯的反射镜近似于椭圆形状，它具有两个焦点。第一焦点处放置灯泡，第二焦点是由光线形成的，凸形配光镜的焦点与第二焦点是一致的。来自灯泡的光利用反射镜聚成第二焦点，再通过配光镜将聚集的光投射到前方。投射式前照灯采用的灯泡为卤钨灯泡。在第二焦点附近设有遮光板，可遮挡上半部分光，形成明暗分明的配光。由于它具有这种配光特性，因此也可用于雾灯。投射式前照灯的反射镜采用扁长断面，光束横向分布效果好，结构紧凑，经济实用。

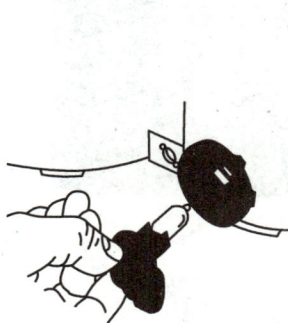

图 6-10　更换半封闭式
　　　　　前照灯灯泡

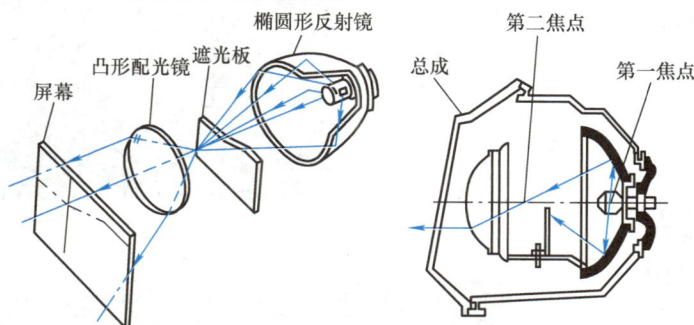

图 6-11　投射式前照灯的结构

　　（5）高亮度弧光灯（氙气前照灯）　高亮度弧光灯的结构如图 6-12 所示。这种灯的灯泡里没有灯丝，取而代之的是装在石英管内的两个电极，管内充有氙及微量金属（或金属卤化物）。在电极上加上 10～20kV 电压后，气体开始电离而导电。由气体原子激发到电极间少量的汞蒸气弧光放电，最后转入卤化物弧光灯工作，采用多种气体是为了加快起动。

　　高亮度弧光灯由弧光灯组件、电子控制器和升压器组成，其灯泡的光色和荧光灯相似，亮度是卤钨灯泡的 2.5 倍，使用寿命是卤钨灯泡的 5 倍，灯泡的功率为 35W，可节能 40%。

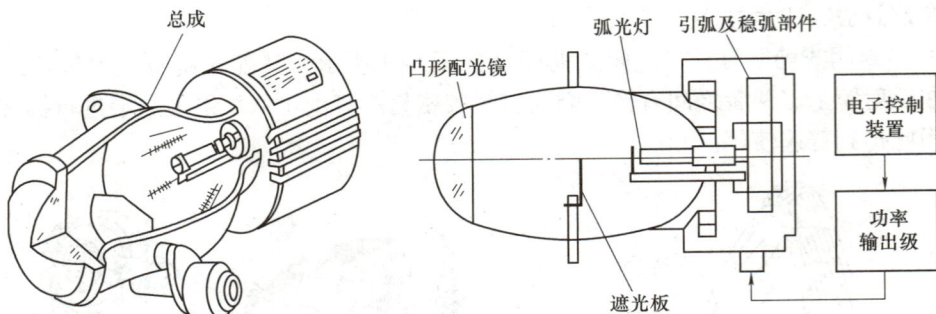

图 6-12　高亮度弧光灯的结构

三、灯光开关

照明系统的大部分电路是由灯光开关来控制的，**最常用的灯光开关一般有关闭（Off）档、小灯（Park）档和前照灯（Head）档3个档位。**

灯光开关可以装在仪表板上，也可装在转向柱上，如图 6-13 所示。灯光开关的结构如图 6-14 所示。灯光开关在关闭（Off）档时，关断所有的灯泡电路。在小灯（Park）档时，通过接线柱3接通小灯、尾灯、牌照灯和仪表灯。在前照灯（Head）档时，通过接线柱2接通前照灯电路，小灯（Park）档电路继续接通。仪表灯的亮度调节旋钮是由一个变阻器组成

大众速腾车灯
开关介绍

丰田卡罗拉
车灯开关

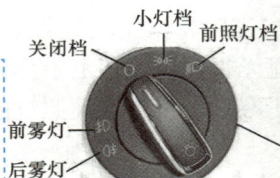

a) 灯光开关安装在仪表板上(大众速腾)

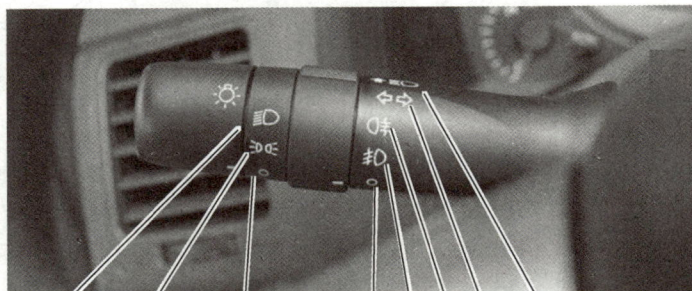

b) 灯光开关安装在转向柱上(丰田卡罗拉)

图 6-13　灯光开关的安装位置

的，可单独安装在仪表板上，也可安装在灯光开关上。在灯光开关上有两个相线接线柱 1 和 5，分别给前照灯电路和小灯电路供电，防止当一个电路出现断路故障时全车灯光没电。

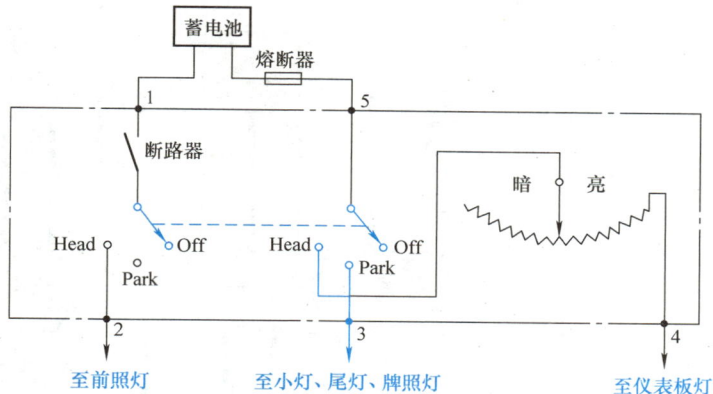

图 6-14　灯光开关的结构

四、前照灯的调整

前照灯在使用过程中，若光轴方向偏斜（或更换新前照灯总成），应进行调整。调整方法一般分外侧调整式和内侧调整式两种，如图 6-15 所示。

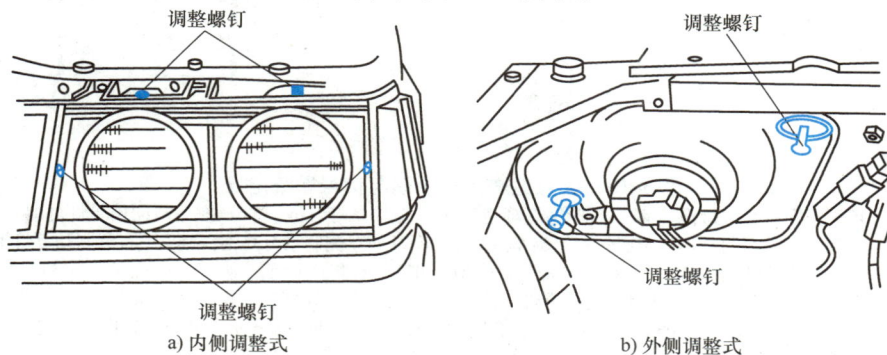

a) 内侧调整式　　　　　　　　　　b) 外侧调整式

图 6-15　前照灯的调整方法

五、照明系统电路实例

1. 大众速腾汽车照明与信号系统电路

大众速腾汽车照明与信号系统电路如图 6-16 所示。系统中所有操作开关均相当于传感器，所有灯泡均由车载电网控制单元（J519）控制，图中所示开关均为关闭状态。

车灯开关 E1 共有 4 个档位，依次为关闭档、自动档、小灯档和近光档，4 个刀闸联动。车灯开关 E1 置于每一个档位时，J519 对应的端子便得到一个 12V 的高电位信号，此时 J519 针对目标灯泡输出功率电压，驱动对应的灯泡工作，实现驾驶人的操作意图。

当车灯开关 E1 置于关闭档时，J519 的端子 E/16 得到一个 12V 的高电位信号，这个信号的作用是 J519 用来确认车灯开关 E1 已经关闭，否则，当发动机熄火拔下点火开关钥匙时，仪表盘上蜂鸣器立刻鸣响，提醒驾驶人关闭车灯开关 E1。

雾灯开关打开方式是向外拉出，拉到 Ⅰ 档位置时前雾灯亮，拉到 Ⅱ 档位置时后雾灯亮，只有车灯开关 E1 在打开状态时才能打开雾灯开关，后雾灯亮时前雾灯也亮。车前方左、右

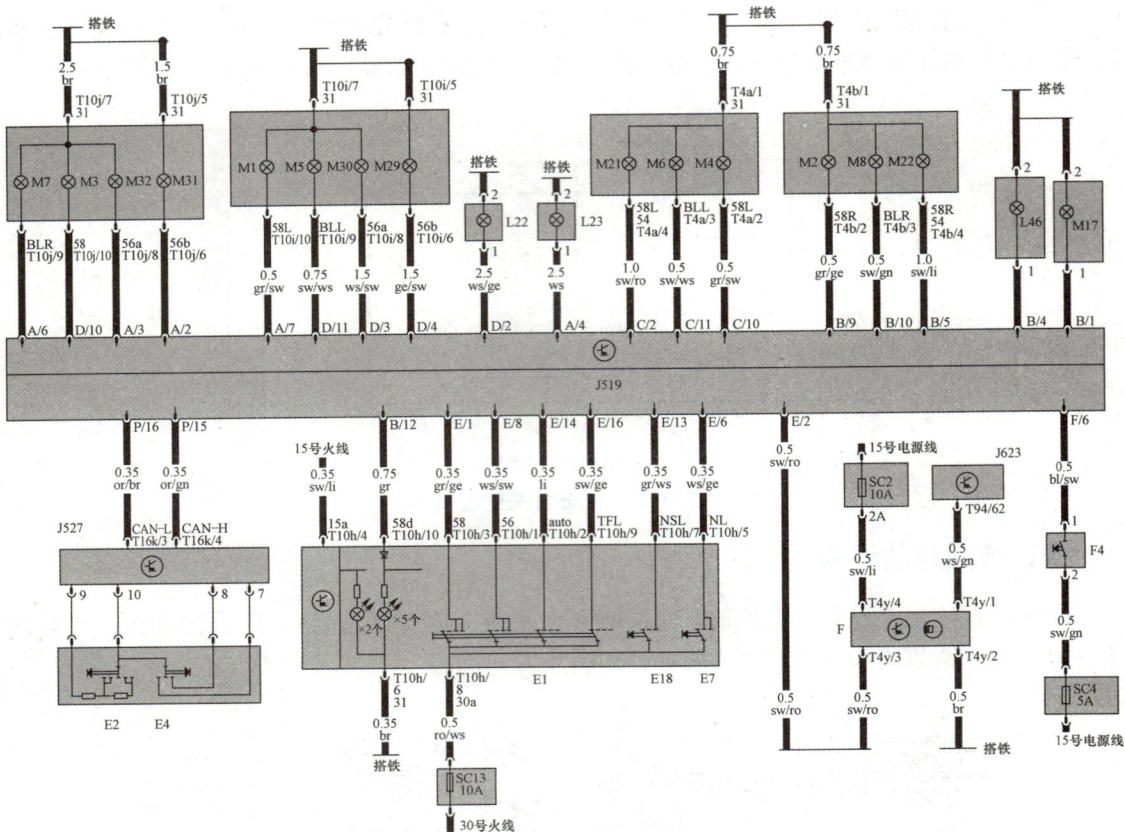

图6-16　大众速腾汽车照明与信号系统电路

L46—左侧后雾灯灯泡　M2—右侧尾灯灯泡　M4—左侧尾灯灯泡　M6—左后转向信号灯灯泡
M8—右后转向信号灯灯泡　M17—右侧倒车灯灯泡　M21—左侧制动灯灯泡　M22—右侧制动灯灯泡
M3—右前示廓灯灯泡　M7—右前转向信号灯灯泡　M31—右侧近光灯灯泡　M32—右侧远光灯灯泡
L22—左前雾灯灯泡　L23—右前雾灯灯泡　M1—左前示廓灯灯泡　M5—左前转向灯灯泡
M29—左侧近光灯灯泡　M30—左侧远光灯灯泡　J519—车载电网控制单元　J527—转向柱控制单元
J623—发动机控制单元　E1—车灯开关　E2—转向信号灯开关　E4—前照灯变光开关
E7—前雾灯开关　E18—后雾灯开关　F—制动灯开关　F4—倒车灯开关

各有1个雾灯，车后方只有左侧1个雾灯。

　　前照灯变光开关E4在车灯开关E1位于近光档时才能进行远、近光变换，远光灯亮的同时近光灯继续亮。前照灯变光开关E4具有超车功能（点动远光），且不受车灯开关E1影响。

　　车灯开关E1总成表面共有2类指示灯，一类是由端子T10h/10控制的"档位指示灯"，分别为关闭档、自动档、小灯档、近光档、前雾灯和后雾灯共5个档位指示灯，当车灯开关E1打到小灯档时，这5个档位指示灯同时亮起；另一类是由端子T10h/4控制的位于转柄上的两个"车灯开关指示灯"，当点火开关置于ON位置时，这两个车灯开关指示灯亮起。

2. HONDA Accord（本田雅阁）汽车灯光照明系统电路

　　HONDA Accord（本田雅阁）汽车灯光照明系统电路如图6-17所示。

　　灯光组合开关在Ⅰ档时，可控制仪表灯、前驻车灯、尾灯、牌照灯和后标示灯。灯光开关在Ⅱ档时，上述灯继续亮的同时，灯光开关使前照灯继电器接通，前照灯近光灯工作。灯光开关中的前照灯变光开关可通过前照灯变光继电器控制远光灯的工作：灯光开关向上，前照灯变光继电器的磁化线圈通电，触点闭合，远光灯电路接通，灯光开关向下，远光灯电路

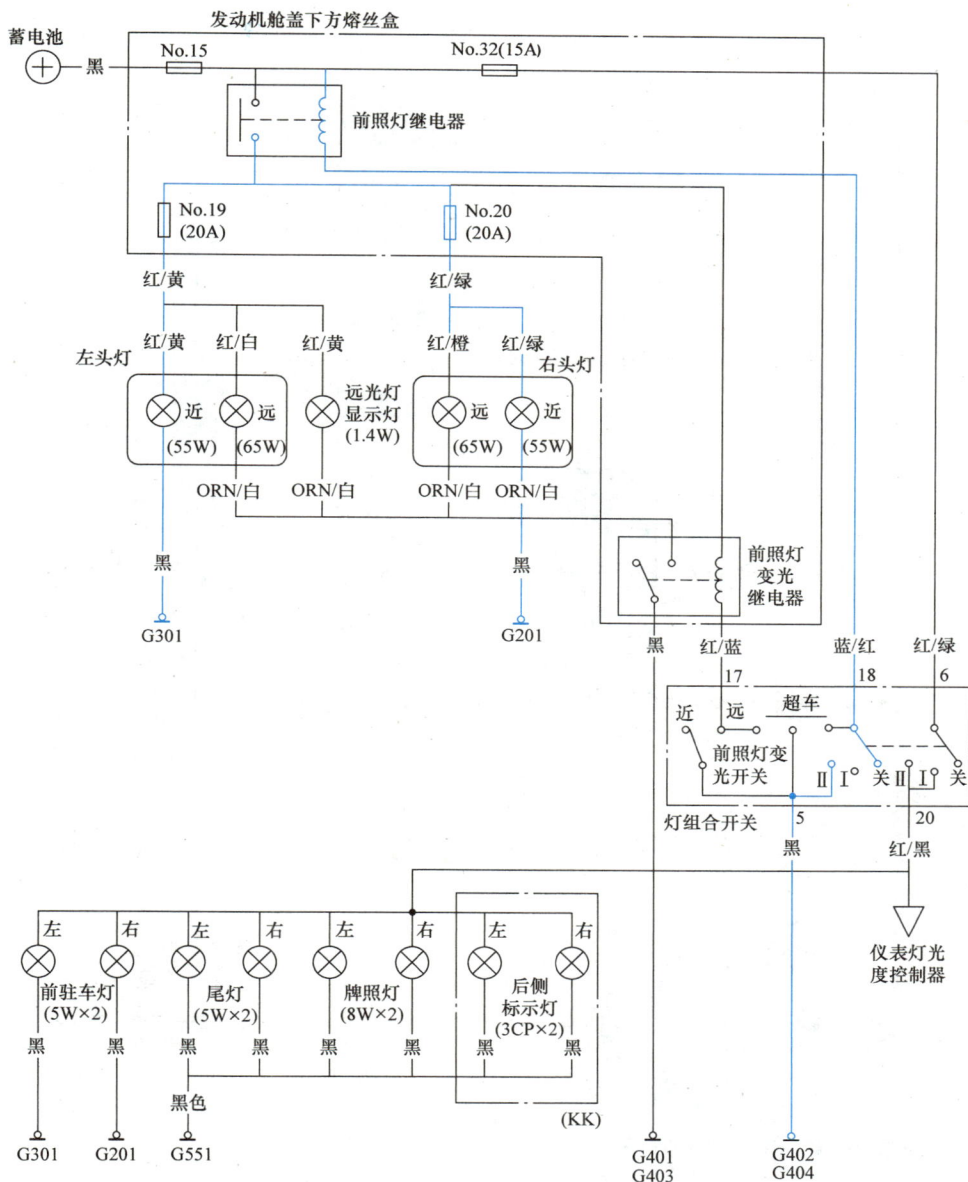

图 6-17 HONDA Accord（丰田雅阁）汽车灯光照明系统电路

断开。此外，远光灯还可通过灯光开关中的超车档直接控制，在超车时使用。

3. 丰田卡罗拉汽车照明电路

1）丰田卡罗拉汽车小灯电路如图6-18所示，电路元件明细见表6-1。小灯的工作原理如下：

当车灯开关置于小灯档（Tail 档）时，车灯开关内的端子 B1 与 T1 导通，小灯继电器磁化线圈通过车灯开关端子 B1、T1 而搭铁，继电器触点闭合。此时，车辆的小灯、牌照灯、仪表灯及开关指示灯等均亮。

2）丰田卡罗拉汽车前照灯电路如图6-19所示，电路元件明细见表6-2。前照灯的工作原理如下：

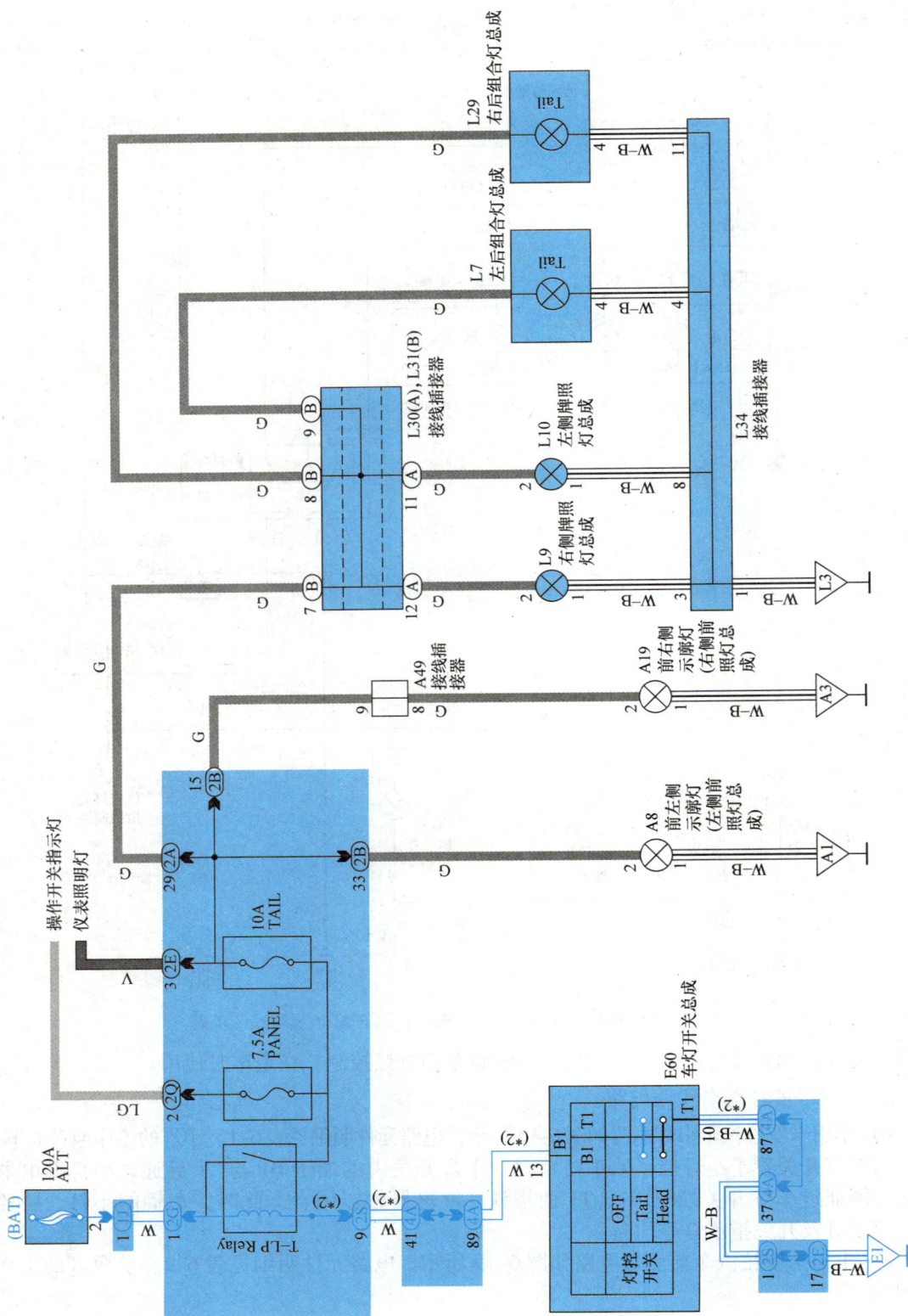

图6-18 丰田卡罗拉汽车小灯电路

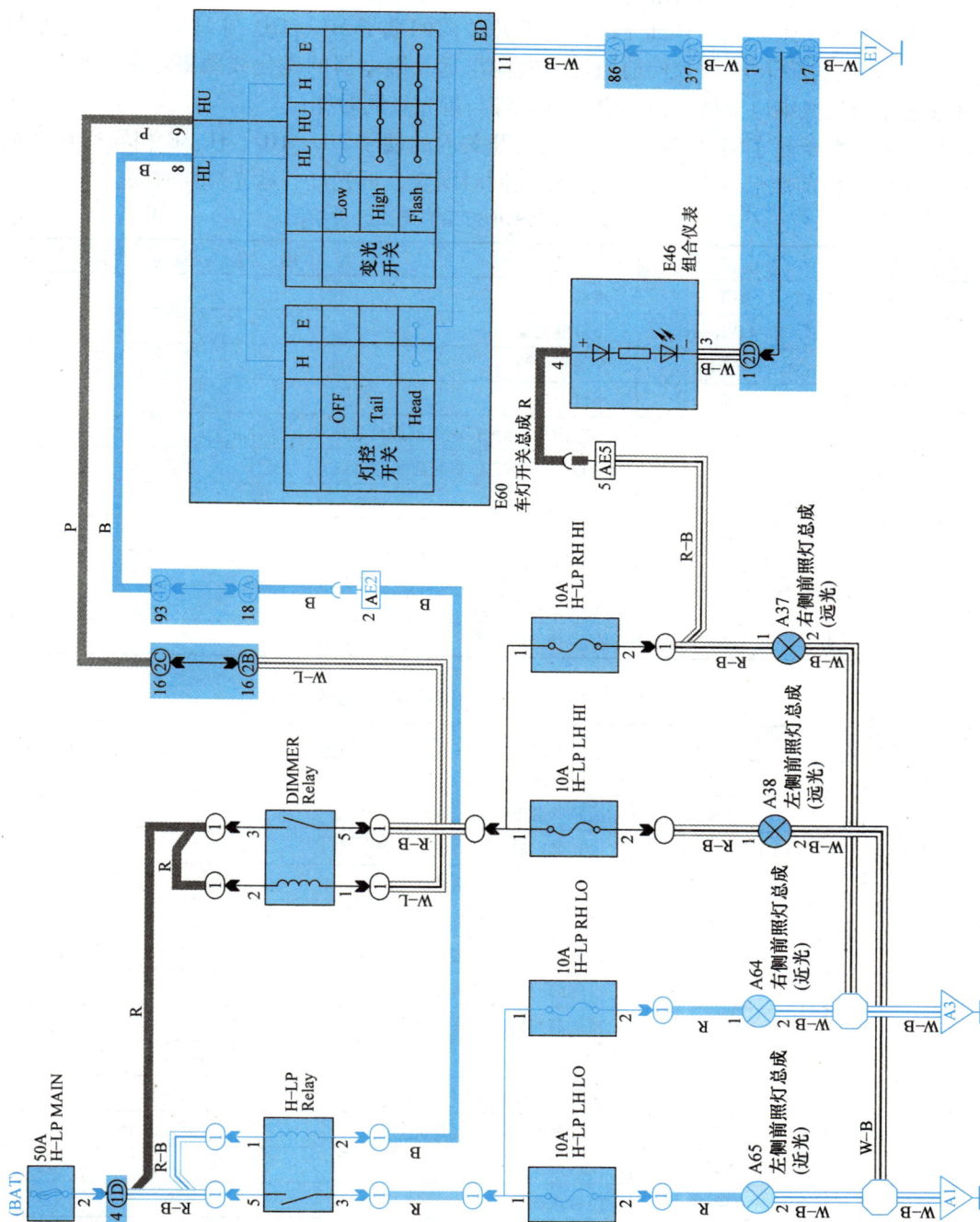

图 6-19 丰田卡罗拉汽车前照灯电路

当车灯开关（E60）置于前照灯档（Head 档）时，若变光开关在近光档（Low 档），变光开关内的端子 HL 与 H 导通，通过车灯开关中 Head 档位的端子 H 与 E 使前照灯继电器磁化线圈搭铁而产生磁场，前照灯继电器的触点闭合，近光灯亮。

若变光开关置于远光档（High 档），变光开关内的端子 HL、HU 与 H 导通，通过车灯开关中 Head 档位的端子 H 与 E 使前照灯继电器与远光继电器的磁化线圈搭铁而产生磁场，前照灯继电器与远光继电器的触点闭合，远光灯与近光灯同时亮。

若变光开关置于超车档（Flash 档），变光开关内的端子 HL、HU、H、E 相导通且由端子 E 直接搭铁，使前照灯继电器、远光继电器同时闭合，近光灯、远光灯同时亮。

表 6-1　丰田卡罗拉汽车小灯系统电路元件明细

序　号	代　号	名　称
1	ALT	熔丝
2	T－LP Relay	小灯继电器
3	PANEL	开关指示灯
4	Tail	小灯
5	A8	前左侧示廓灯（左侧前照灯总成）
6	A19	前右侧示廓灯（右侧前照灯总成）
7	E60	车灯开关总成
8	L9	右侧牌照灯总成
9	L10	左侧牌照灯总成
10	L7	左后组合灯总成
11	L29	右后组合灯总成

表 6-2　丰田卡罗拉汽车前照灯系统电路元件明细

序　号	代　号	名　称
1	H－LP MAIN	前照灯主熔丝
2	H－LP Relay	前照灯继电器
3	DIMMER Relay	远光继电器
4	H－LP LH LO	左侧前照灯近光熔丝
5	H－LP RH LO	右侧前照灯近光熔丝
6	H－LP LH HI	左侧前照灯远光熔丝
7	H－LP RH HI	右侧前照灯远光熔丝
8	A65	左侧前照灯总成（近光）
9	A64	右侧前照灯总成（近光）
10	A38	左侧前照灯总成（远光）
11	A37	右侧前照灯总成（远光）
12	E60	车灯开关总成
13	E46	组合仪表

【任务实施环境】

1. 理实一体教室授课，每个学习小组配备 1 个标准工位。

2. 每个工位配备汽车（丰田卡罗拉汽车）1 辆，万用表 1 个及各种导线，电工常用的各种钳子、螺钉旋具等。

3. 每组配备丰田卡罗拉汽车维修手册 1 套，车灯开关总成 1 个，前照灯继电器及远光继电器各 1 个，各种熔丝若干。

【任务实施步骤】

照明系统的常见故障现象是灯不亮。丰田卡罗拉汽车前照灯典型故障现象及可能的故障部位见表 6-3，小灯典型故障现象及可能的故障部位见表 6-4。照明系统出现故障后，就要根据电路的控制关系，由简单到复杂，针对电路中的熔丝、继电器、线束、灯泡及车灯开关等进行检查或测试，依据测试结果便可确定故障部位，更换有故障的零件即可排除故障。

表 6-3　丰田卡罗拉汽车前照灯典型故障现象及可能的故障部位

现　　象	可能的故障部位
一侧近光前照灯没有亮起	H - LP LH LO 熔丝或 H - LP RH LO 熔丝
	灯泡
	线束或插接器
	灯控 ECU（HID 前照灯）
左右两侧近光前照灯均没有亮起	H - LP MAIN 熔丝
	前照灯继电器
	前照灯变光开关总成
	线束或插接器
一侧远光前照灯没有亮起	H - LP LH HI 熔丝或 H - LP RH HI 熔丝
	灯泡
	线束或插接器
左右两侧远光前照灯均没有亮起（近光前照灯正常）	前照灯变光继电器
	前照灯变光开关总成
	线束或插接器
"远光闪光" 前照灯没有亮起（会车灯功能）	前照灯变光开关总成
近光前照灯或远光前照灯不熄灭	前照灯变光开关总成
	线束或插接器

表 6-4　丰田卡罗拉汽车小灯典型故障现象及可能的故障部位

现　　象	可能的故障部位
前驻车灯没有亮起	灯泡
	线束或插接器
后尾灯没有亮起	灯泡
	线束或插接器
牌照灯没有亮起	灯泡
	线束或插接器
所有灯均不亮	TAIL 熔丝
	灯光开关总成
	线束或插接器

1. 前照灯电路的检测

如果只有一侧的一个近光灯或远光灯泡没有亮起，检查此灯泡和与其连接的熔丝或线束。

如果左、右两侧的近光灯或远光灯都没有亮起，则故障存在于车灯开关或继电器。熔丝与继电器的车上位置如图 6-20 所示。继电器的端子如图 6-21 所示，继电器的检测标准见表 6-5。

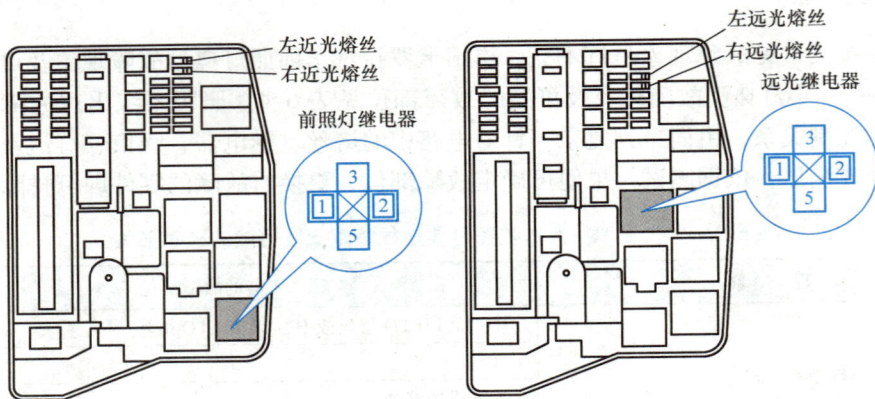

图 6-20　熔丝与继电器的车上位置

表 6-5　继电器的检测标准

检 测 仪 连 接	条　件	规 定 状 态	实 测 结 果
3 – 5	在端子 1 和 2 间未施加电压	10kΩ 或更大	
3 – 5	在端子 1 和 2 间施加电压	小于 1Ω	

车灯开关的端子如图 6-22 所示，车灯开关的检测标准见表 6-6。

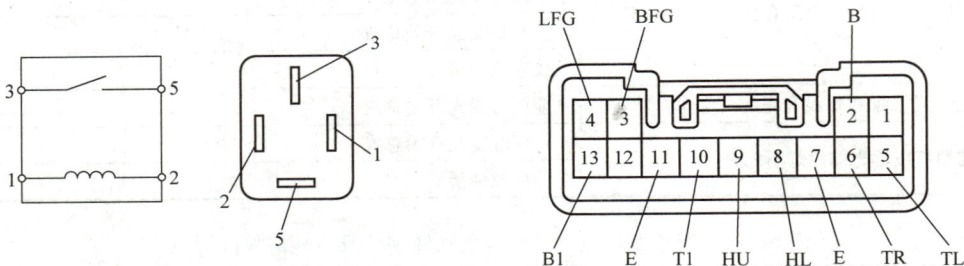

图 6-21　继电器的端子

图 6-22　车灯开关的端子

表 6-6　车灯开关的检测标准

检 测 仪 连 接	开 关 状 态	规 定 状 态	实 测 结 果
10(T1) – 13(B1)	OFF	10kΩ 或更大	
10(T1) – 13(B1)	TAIL	小于 1Ω	
10(T1) – 13(B1)	HEAD	小于 1Ω	
11(E) – 13(B1)			
9(HU) – 11(E)	HIGH FLASH	小于 1Ω	

（续）

检测仪连接	开关状态	规定状态	实测结果
8（HL）–11（E）	LOW	小于1Ω	
9（HU）–11（E）	HIGH	小于1Ω	
8（HL）–11（E）	HIGH 或 HIGH FLASH	10kΩ 或更大（变光开关置于 HIGH 位置时，近光前照灯熄灭）	
		小于1Ω（变光开关置于 HIGH 位置时，近光前照灯和远光前照灯同时亮起）	

2. 小灯电路的检测

单个灯泡不亮，故障在灯泡或与之相关的线束。若多个灯泡不亮，应检测熔丝。若所有小灯（包括仪表照明灯与开关指示灯）都不亮，应检查小灯继电器或车灯开关。检测方法同上。

任务2　转向信号电路检测与维修　<<<

【任务导入】

转向信号灯的作用是指示车辆的行驶方向，直接影响着车辆行驶的安全性。尤其是在目前的道路条件下，车辆的增多而导致很多路段通行不畅，正确使用转向信号灯可以有效地减少道路交通事故。

【相关知识】

一、汽车转向信号灯

汽车转向信号灯主要用来指示车辆行驶方向，其灯光信号采用闪烁的方式，用来指示车辆左转或右转，以引起其他车辆和行人的注意，提高车辆的安全性。我国交通法规对转向信号灯的使用有明确的规定，并且规定汽车在行驶中，如遇危险情况，可使前、后、左、右4个转向灯同时闪烁，作为危险警告信号，请求其他车辆避让。转向信号灯电路系统由转向电路和警告电路两部分组成（一般都是共用一个闪光器），用转向开关和危险警告开关分别进行控制。

二、翼片式闪光器

翼片式闪光器是利用电流的热效应，使热胀条通电时热胀、断电时冷缩，通过翼片产生变形动作来控制触点的开、闭。

翼片式闪光器的结构如图6-23所示。热胀条由绕在其上的电热丝通电后产生的热量加热。

接通转向灯开关时，转向信号灯的电路为：蓄电池正极→接线柱 B→电热丝→接线柱 L→转向灯开关→转向信号灯→搭铁→蓄电池负极。由于电热丝的电阻值较大，电路中的电流较小，故转向信号灯是暗的。电热丝通电产生的热量使热胀条受热伸长，翼片便在自身弹力的作用下伸直而使动合触点闭合。这时转向信号灯电路为：蓄电池正极→接线柱 B→翼片→触点→接线柱 L→转向灯开关→转向信号灯→搭铁→蓄电池负极。电热丝被触点短路，电流增大，转

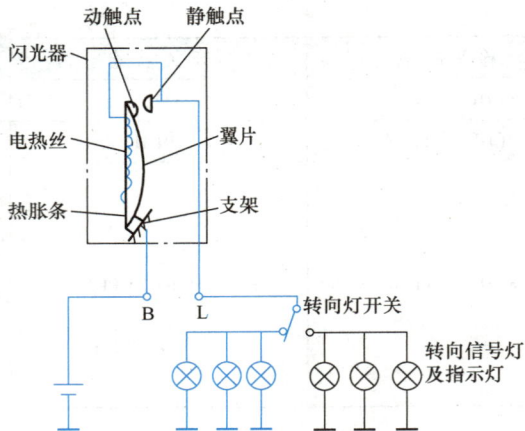

图 6-23　翼片式闪光器的结构

向信号灯变亮。同时，由于电热丝被短路，热胀条逐渐冷却收缩，拉紧翼片，使触点再次打开，灯变暗，周而复始，使转向信号灯闪烁。

三、电子闪光器

图 6-24 所示是一种较为简单的电子闪光器，其工作原理如下：

接通转向灯开关时，电流由蓄电池正极→点火开关→R_1→闪光器动断触点→转向灯开关→转向信号灯及指示灯→搭铁→蓄电池负极。由于 R_1 的电阻值较小，电路电流较大，故转向灯亮。同时，因电阻 R_1 上的电压降使晶体管 VT 的发射结由于正向偏置而导通，继电器线圈有电流通过，使动断触点张开，转向灯迅速变暗。

触点打开后，电容 C 被充电，充电电流从蓄电池正极→点火开关→R_1→R_2→C→R_3→转向灯开关→转向信号灯及指示灯→搭铁→蓄电池负极。由于充电电流很小，故转向灯仍较暗。随着电容器充电的进行，晶体管 VT 的基极电位逐渐提高，当晶体管 VT 发射结两端电压小于晶体管 VT 导通所需的正向偏置电压时，晶体管 VT 截止，通过继电器线圈的电流截止，触点闭合，转向灯重新变亮。

触点闭合后，电容 C 通过 R_2、R_3 及继电器的触点放电，随着电容 C 放电的进行，晶体管 VT 的基极电位不断下降。当达到晶体管 VT 导通所需要的正向偏置电压时，晶体管 VT 导通，继电器线圈有电流通过，触点打开，转向灯变暗。

随着电容 C 的充电、放电，晶体管 VT 不断地导通、截止，周而复始，使转向灯闪烁。

四、危险警告信号电路

危险警告信号电路一般由左转向灯、右转向灯、闪光器和危险警告开关等组成。当危险警告开关闭合时，左、右转向灯同时闪烁。如图 6-25 所示，当危险警告开关闭合时，危险警告信号电路为：蓄电池正极→危险警告开关→闪光器→危险警告开关→左、右转向信号灯及指示灯→搭铁，这样左、右转向灯及仪表板上的转向指示灯同时闪烁。

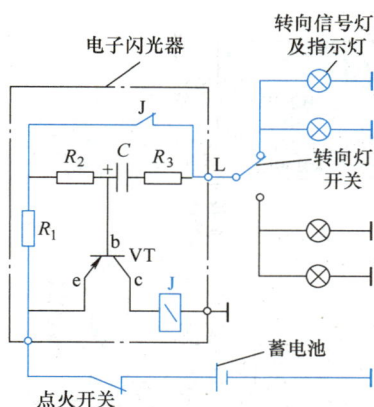

图 6-24　电子闪光器

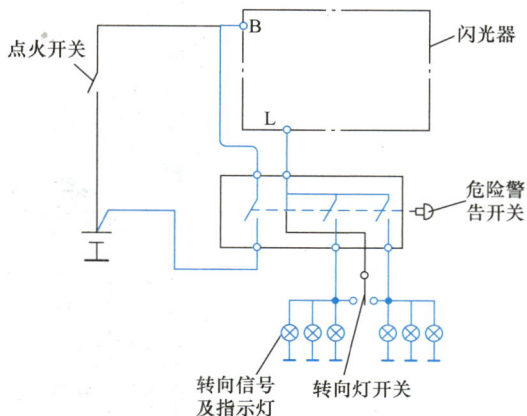

图 6-25　危险警告信号电路

五、转向信号电路实例

图 6-26 所示为丰田卡罗拉汽车转向信号灯电路，表 6-7 中为丰田卡罗拉汽车转向信号系统电路元件明细。转向信号电路工作原理如下：

表 6-7　丰田卡罗拉汽车转向信号系统电路元件明细

序　号	代　号	名　　称
1	FLASHER Relay	闪光继电器
2	E8、E60	转向灯开关
3	E41	危险警告开关总成
4	A6	左侧转向信号灯
5	A7	左前转向信号灯
6	A18	右前转向信号灯
7	A26	右侧转向信号灯
8	L29	右后转向信号灯
9	L7	左后转向信号灯
10	E46	组合仪表
11	A48、A49	接线插接器
12	L34	接线插接器

1. 左转向

当转向灯开关置于 LH 时，转向灯开关的端子 TL 与端子 E 导通，这时，闪光继电器端子 5 通过转向灯开关到搭铁点 E1 搭铁，得到一个低电位信号。此时，闪光继电器通过端子 3 输出电压，使得左前、左侧及左后转向信号灯闪亮，指示车辆处于左转向状态。同时，组合仪表板上左转向信号指示灯闪亮，提示驾驶人左转向灯正常工作。

2. 右转向

当转向灯开关置于 RH 时，转向灯开关的端子 TR 与端子 E 导通，这时，闪光继电器端子 6 通过转向灯开关到搭铁点 E1 搭铁，得到一个低电位信号。此时，闪光继电器通过端子 2 输出电压，使得右前、右侧及右后转向信号灯闪亮，指示车辆处于右转向状态。同时，组合仪表板上右转向信号指示灯闪亮，提示驾驶人右转向灯正常工作。

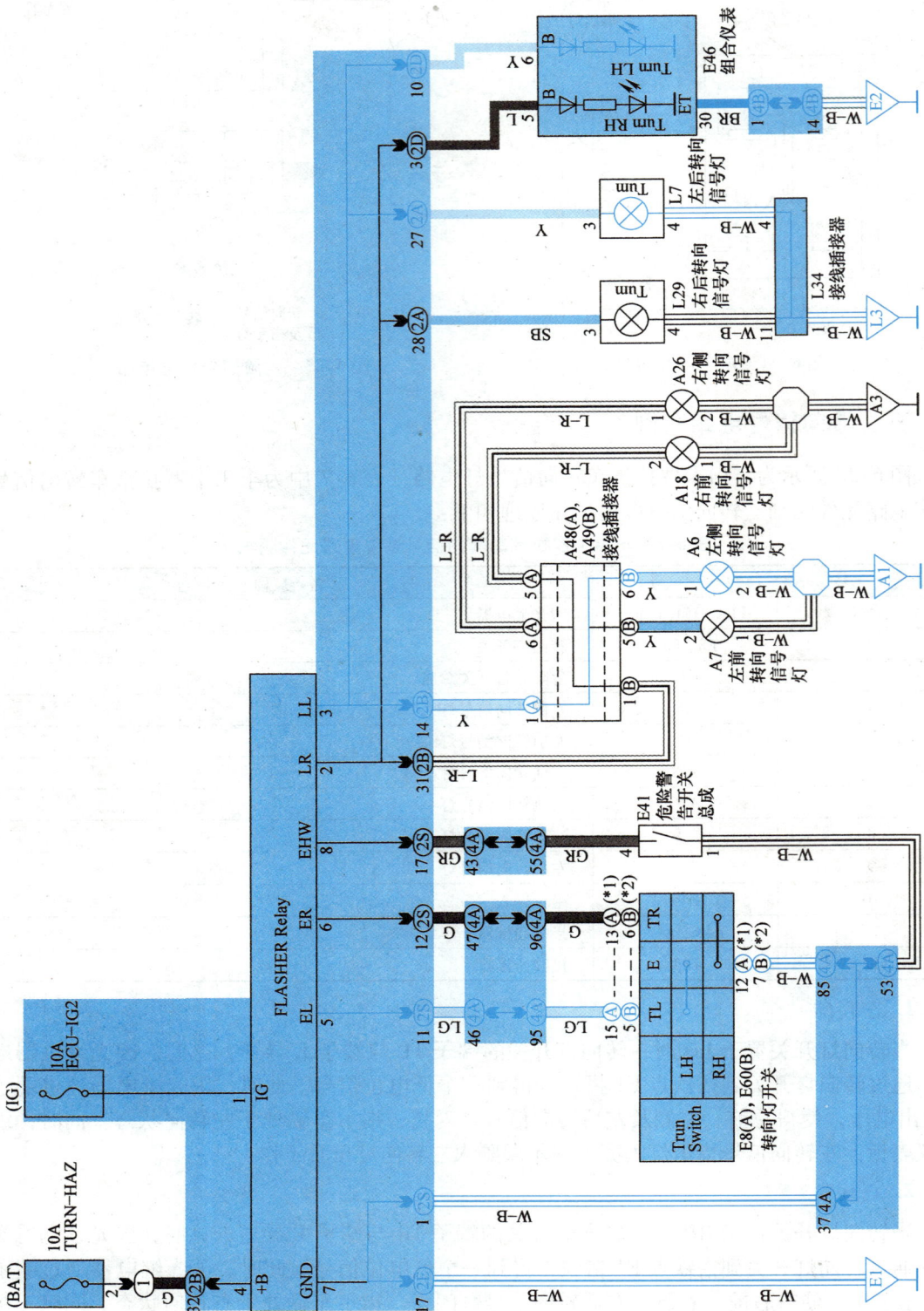

图6-26　丰田卡罗拉汽车转向信号灯电路

3. 危险警告

当按下危险警告开关时，闪光继电器端子 8 通过搭铁点 E1 搭铁，得到一个低电位信号。此时，闪光继电器通过端子 2、3 同时输出电压，使得左、右两个方向的转向信号灯同时闪亮，指示车辆处于危险状态。同时，组合仪表板上左、右转向信号指示灯同时闪亮，提示驾驶人危险警告指示灯正常工作。

【任务实施环境】

1. 理实一体教室授课，每个学习小组配备一个标准工位。

2. 每个工位配备汽车（丰田卡罗拉汽车）1 辆，万用表 1 个及各种导线，电工常用的各种钳子、螺钉旋具等。

3. 每组配备丰田卡罗拉汽车维修手册 1 套，车灯开关总成 1 个，闪光继电器 1 个，各种熔丝若干。

【任务实施步骤】

丰田卡罗拉汽车转向信号系统典型故障现象及可能的故障部位见表 6-8。转向信号系统出现故障后，就要根据电路的控制关系，由简单到复杂，针对电路中的熔丝（位于发动机舱继电器盒内）、灯泡、线束或插接器、闪光继电器、转向开关及危险警告开关等进行检查或测试，依据测试结果便可确定故障部位，更换有故障的零件即可排除故障。

表 6-8　丰田卡罗拉汽车转向信号系统典型故障现象及可能的故障部位

现　　象	可能的故障部位
危险警告灯不工作（转向信号灯正常）	TURN – HAZ 熔丝
	危险警告开关
	闪光继电器
	线束或插接器
转向信号灯不工作（危险警告灯正常）	ECU – IG2 熔丝
	转向信号开关
	闪光继电器
	线束或插接器
危险警告灯和转向信号灯不工作	TURN – HAZ 熔丝和 ECU – IG2 熔丝
	闪光继电器
	线束或插接器
向某个方向转向时，转向信号灯不工作	转向信号开关
	闪光继电器
	线束或插接器
只有一个灯泡不工作	灯泡
	线束或插接器

1. 闪光继电器线束的检测

闪光继电器位于仪表板继电器盒内，具体的位置如图 6-27 所示。仪表板继电器盒线束说明如图 6-28 所示。检测闪光继电器线束时，先将闪光继电器拆下。闪光继电器线束端子如图 6-29 所示，其线束端子的检测主要是电压与电阻的检测，若有一项检测结果与表 6-9 中所示内容不符，说明闪光继电器线束有故障。

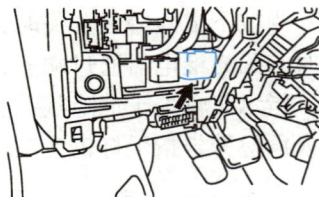

图 6-27　闪光继电器的位置

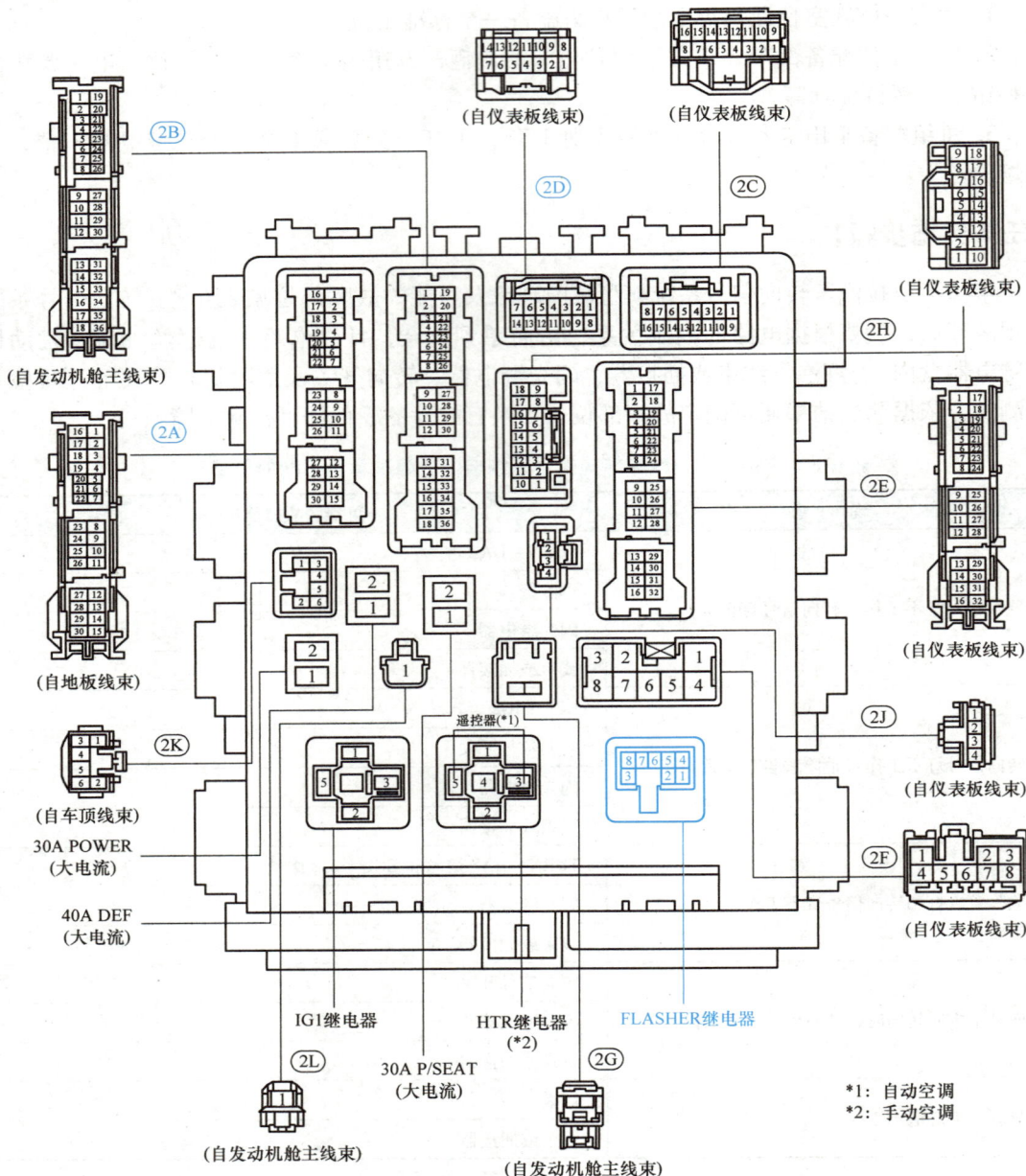

(自仪表板线束)

(自仪表板线束)

(2B)

(2D)

(2C)

(自仪表板线束)

(2H)

(自发动机舱主线束)

(2A)

(2E)

(自地板线束)

(自仪表板线束)

(2J)

(自仪表板线束)

遥控器(*1)

FLASHER继电器

(2F)

(2K)

(自车顶线束)

(自仪表板线束)

30A POWER
(大电流)

40A DEF
(大电流)

IG1继电器

HTR继电器
(*2)

(2G)

*1：自动空调
*2：手动空调

(2L)

30A P/SEAT
(大电流)

(自发动机舱主线束)

(自发动机舱主线束)

图 6-28　仪表板继电器盒线束说明

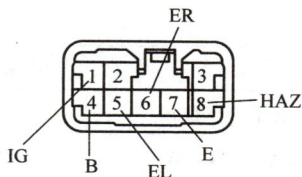

图 6-29 闪光继电器线束端子

表 6-9 闪光继电器线束端子检测标准

标准电压			
检测仪连接	条件	规定状态	实测结果
4（B）– 车身搭铁	始终	11 ~ 14V	
1（IG）– 车身搭铁	点火开关置于 OFF 位置	低于 1V	
	点火开关置于 ON（IG）位置	11 ~ 14V	
标准电阻			
检测仪连接	条件	规定状态	实测结果
5（EL）– 车身搭铁	转向信号开关置于 OFF 位置	10kΩ 或更大	
	转向信号开关置于 LH 位置	小于 1Ω	
6（ER）– 车身搭铁	转向信号开关置于 OFF 位置	10kΩ 或更大	
	转向信号开关置于 RH 位置	小于 1Ω	
7（E）– 车身搭铁	始终	小于 1Ω	
8（HAZ）– 车身搭铁	危险警告开关置于 OFF 位置	10kΩ 或更大	
	危险警告开关置于 ON 位置	小于 1Ω	

2. 闪光继电器的检测

将闪光继电器安装到仪表板继电器盒上，参照表 6-10 对闪光继电器输出端子进行电压测试。闪光继电器输出测试端子如图 6-30 所示。若检测结果与标准不符，则说明闪光继电器损坏，需更换闪光继电器总成。

表 6-10 闪光继电器输出端子电压检测标准

检测仪连接	开关状态	规定状态	实测结果
2A – 27（LL）– 车身搭铁	转向信号开关置于 OFF 位置	低于 1V	
	转向信号开关置于 LH 位置	11 ~ 14V（60 ~ 120 次/min）	
	危险警告开关置于 OFF 位置	低于 1V	
	危险警告开关置于 ON 位置	11 ~ 14V（60 ~ 120 次/min）	
2A – 28（LR）– 车身搭铁	转向信号开关置于 OFF 位置	低于 1V	
	转向信号开关置于 RH 位置	11 ~ 14V（60 ~ 120 次/min）	
	危险警告开关置于 OFF 位置	低于 1V	
	危险警告开关置于 ON 位置	11 ~ 14V（60 ~ 120 次/min）	

(续)

检测仪连接	开关状态	规定状态	实测结果
2B－14(LL)－车身搭铁	转向信号开关置于 OFF 位置	低于1V	
	转向信号开关置于 LH 位置	11～14V（60～120 次/min）	
	危险警告开关置于 OFF 位置	低于1V	
	危险警告开关置于 ON 位置	11～14V（60～120 次/min）	
2B－31(LR)－车身搭铁	转向信号开关置于 OFF 位置	低于1V	
	转向信号开关置于 RH 位置	11～14V（60～120 次/min）	
	危险警告开关置于 OFF 位置	低于1V	
	危险警告开关置于 ON 位置	11～14V（60～120 次/min）	
2D－10(LL)－车身搭铁	转向信号开关置于 OFF 位置	低于1V	
	转向信号开关置于 LH 位置	11～14V（60～120 次/min）	
	危险警告开关置于 OFF 位置	低于1V	
	危险警告开关置于 ON 位置	11～14V（60～120 次/min）	
2D－3(LR)－车身搭铁	转向信号开关置于 OFF 位置	低于1V	
	转向信号开关置于 RH 位置	11～14V（60～120 次/min）	
	危险警告开关置于 OFF 位置	低于1V	
	危险警告开关置于 ON 位置	11～14V（60～120 次/min）	

有线束连接的零部件(仪表板接线盒)

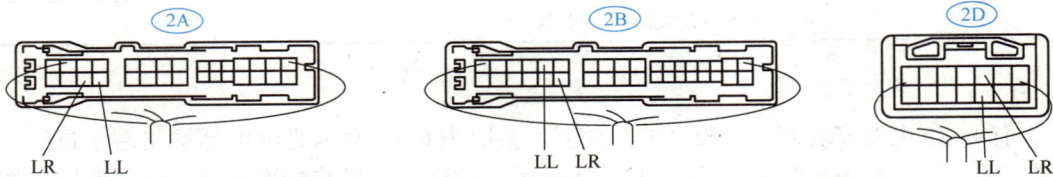

图6-30　闪光继电器输出测试端子

3. 转向灯开关的检测

转向灯开关位于车灯开关总成内，转向灯开关端子如图6-31所示，转向灯开关的检测标准见表6-11。若检测结果与标准不符，则说明转向开关故障，需更换车灯开关总成。

4. 危险警告开关的检测

危险警告开关的端子如图6-32所示，危险警告开关的检测标准见表6-12。若检测结果与标准不符，则说明危险警告开关有故障，需更换危险警告开关总成。

表6-11　转向灯开关的检测标准

检测仪连接	开关状态	规定状态	实测结果
6(TR)－7(E)	OFF	10kΩ 或更大	
5(TL)－7(E)			
6(TR)－7(E)	RH	小于1Ω	
5(TL)－7(E)	LH	小于1Ω	

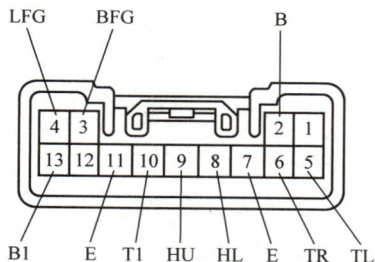

图 6-31　转向灯开关端子

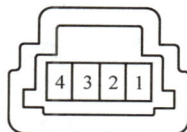

图 6-32　危险警告开关的端子

表 6-12　危险警告开关的检测标准

检测仪连接	开关状态	规定状态	实测结果
1 – 4	ON	小于 1Ω	
	OFF	10kΩ 或更大	

任务 3　雾灯电路检测与维修 ◀◀◀

【任务导入】

雾灯不是用来照明的，它是一种信号灯。雾灯的作用是在雾、雪、雨或阴霾等能见度较低的环境中，为迎面来车及尾随车辆提供信号。正确使用雾灯信号可以有效地减少道路交通事故。

【相关知识】

雾灯有前雾灯与后雾灯两种。前雾灯装于汽车前部比前照灯稍低的位置，前雾灯的光色一般为黄色，即采用黄色配光镜或黄色灯泡。因为黄色的光波较长，具有良好的透雾性能，可视性好，使迎面车辆驾驶人及早地注意避让车辆，提高车辆行驶的安全性能。后雾灯的光色一般为红色，有些车后面只安装一个雾灯，一般安装在左侧，后雾灯灯泡的功率与制动灯灯泡功率相当，一般为 21W。

由于雾灯的特性，在驾驶车辆时要正确使用雾灯，否则将会带来害处。在正常的天气环境下，如果打开前雾灯，易导致迎面驾驶人炫目，发生交通事故。正常天气环境下，打开后雾灯，容易发生被追尾的交通事故。这是因为制动灯与雾灯的光色都为红色，制动灯的光线是散射光，而后雾灯的光线有一部分是平行光，对于正后方的驾驶人来说，后雾灯的亮度比制动灯还亮。正常环境下，若前车开着后雾灯，当前车制动时，后车驾驶人就不能及时判断前车制动的动作。

1. 前雾灯工作原理

丰田卡罗拉汽车前雾灯电路如图 6-33 所示，电路元件明细见表 6-13。将车灯开关 E60 置于小灯档或前照灯档，小灯继电器触点闭合。此时将车灯开关 E60 置于前雾灯档，前雾灯继电器触点闭合，前雾灯亮。

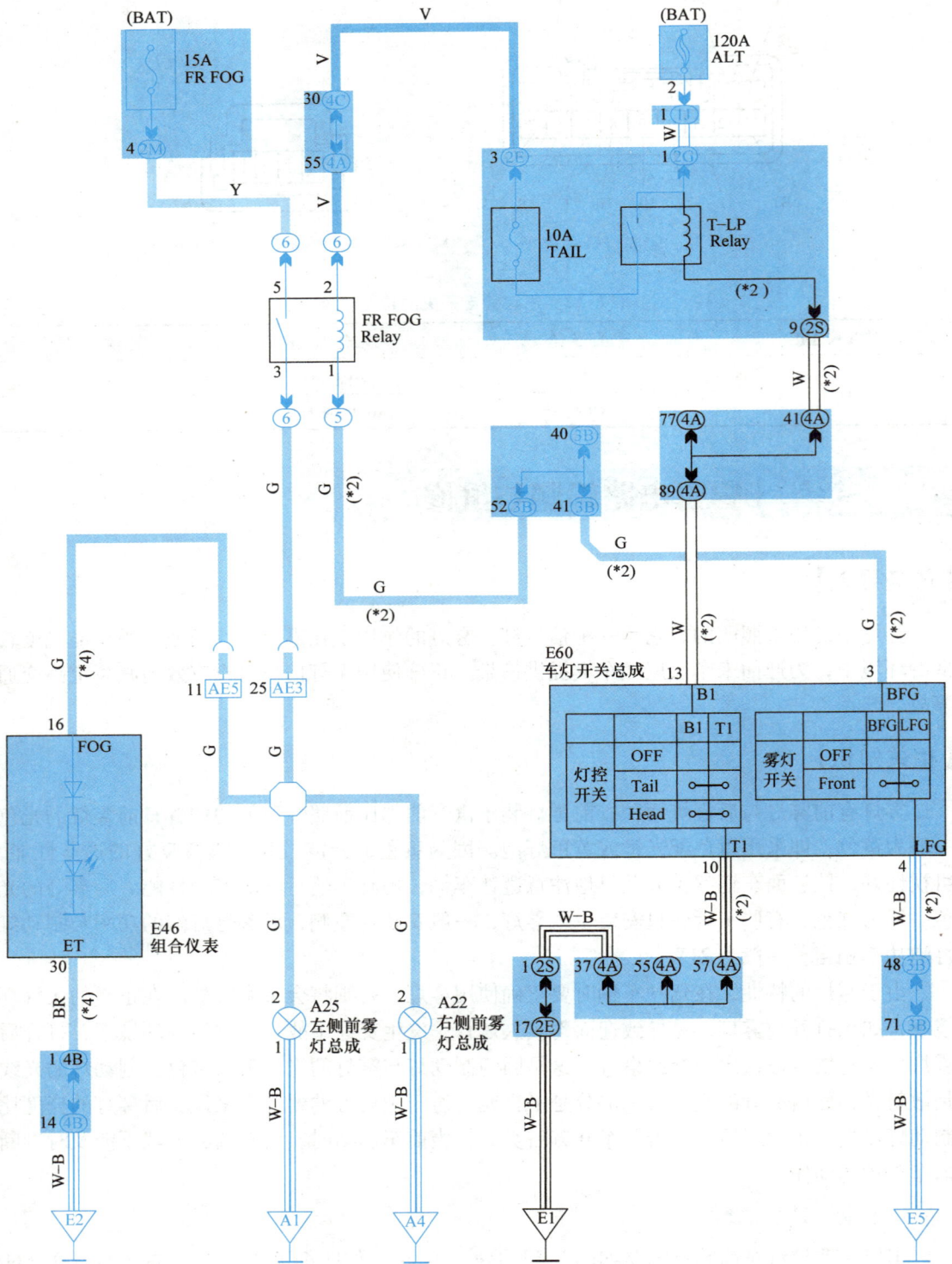

图 6-33　丰田卡罗拉汽车前雾灯电路

2. 后雾灯工作原理

丰田卡罗拉汽车后雾灯电路如图6-34所示，电路元件明细见表6-14。当前雾灯亮时，把车灯开关E60置于后雾灯档，后雾灯继电器（RR FOG Relay）触点闭合，此时，前后雾灯同时亮。

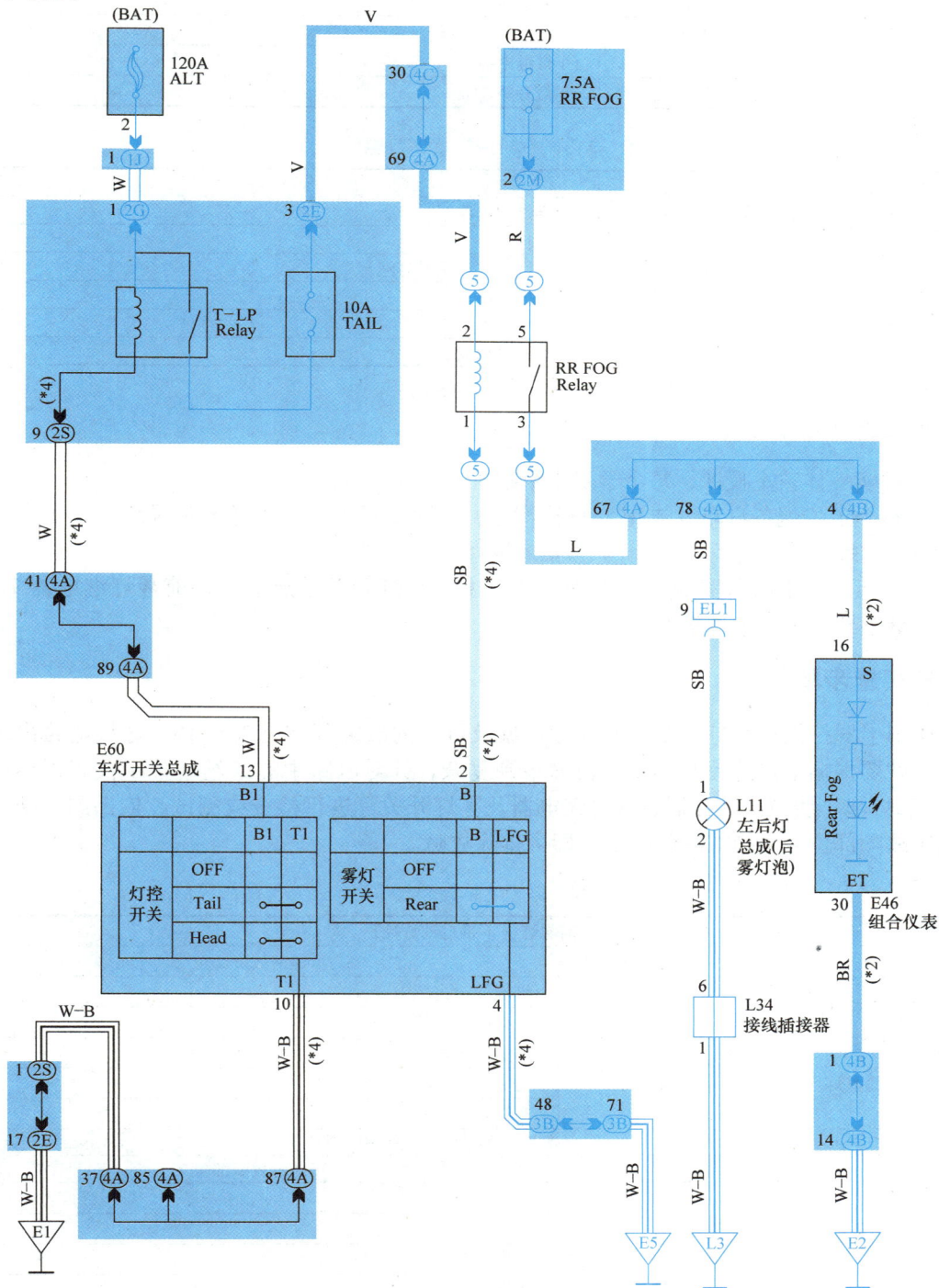

图6-34　丰田卡罗拉汽车后雾灯电路

表6-13　丰田卡罗拉汽车前雾灯电路元件明细

序　号	代　号	名　称
1	FR FOG Relay	前雾灯继电器
2	E46	组合仪表
3	A22	右侧前雾灯总成
4	A25	左侧前雾灯总成
5	T－LP Relay	小灯继电器
6	E60	车灯开关总成

表6-14　丰田卡罗拉汽车后雾灯电路元件明细

序　号	代　号	名　称
1	RR FOG Relay	后雾灯继电器
2	E46	组合仪表
3	L11	左后灯总成（后雾灯泡）
4	L34	接线插接器
5	T－LP Relay	小灯继电器
6	E60	车灯开关总成

【任务实施环境】

1. 理实一体教室授课，每个学习小组配备1个标准工位。

2. 每个工位配备汽车（丰田卡罗拉汽车）1辆，万用表1个及各种导线，电工常用的各种钳子、螺钉旋具等。

3. 每组配备丰田卡罗拉汽车维修手册1套，车灯开关总成1个，前雾灯继电器1个，后雾灯继电器1个，各种熔丝若干。

【任务实施步骤】

丰田卡罗拉汽车雾灯电路典型故障现象及可能的故障部位见表6-15。雾灯电路出现故障后，就要根据电路的控制关系，由简单到复杂，针对电路中的熔丝（位于仪表板继电器盒内）、灯泡、线束或插接器、雾灯继电器及雾灯开关等进行检查或测试，依据测试结果便可确定故障部位，更换有故障的零件即可排除故障。

表6-15　丰田卡罗拉汽车雾灯电路典型故障现象及可能的故障部位

前雾灯（不带自动灯控）	
现　象	可能的故障部位
一侧雾灯没有亮起	灯泡
	线束或插接器
左、右两侧雾灯均没有亮起（尾灯正常）	前雾灯熔丝
	前雾灯继电器
	车灯开关总成
后雾灯（不带自动灯控）	
现　象	可能的故障部位
后雾灯没有亮起（尾灯正常）	灯泡
	后雾灯熔丝
	后雾灯继电器
	车灯开关总成

1. 雾灯继电器的检测

前雾灯继电器位于 6 号继电器盒内，后雾灯继电器位于 5 号继电器盒内。5 号继电器盒与 6 号继电器盒在车上的位置如图 6-35 所示，前雾灯继电器与后雾灯继电器的位置如图 6-36 所示。

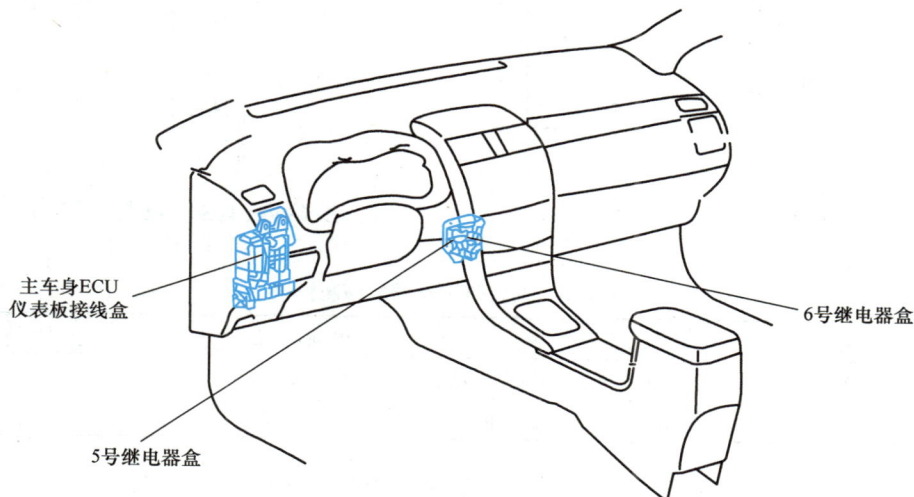

图 6-35　丰田卡罗拉汽车 5 号继电器盒与 6 号继电器盒在车上的位置

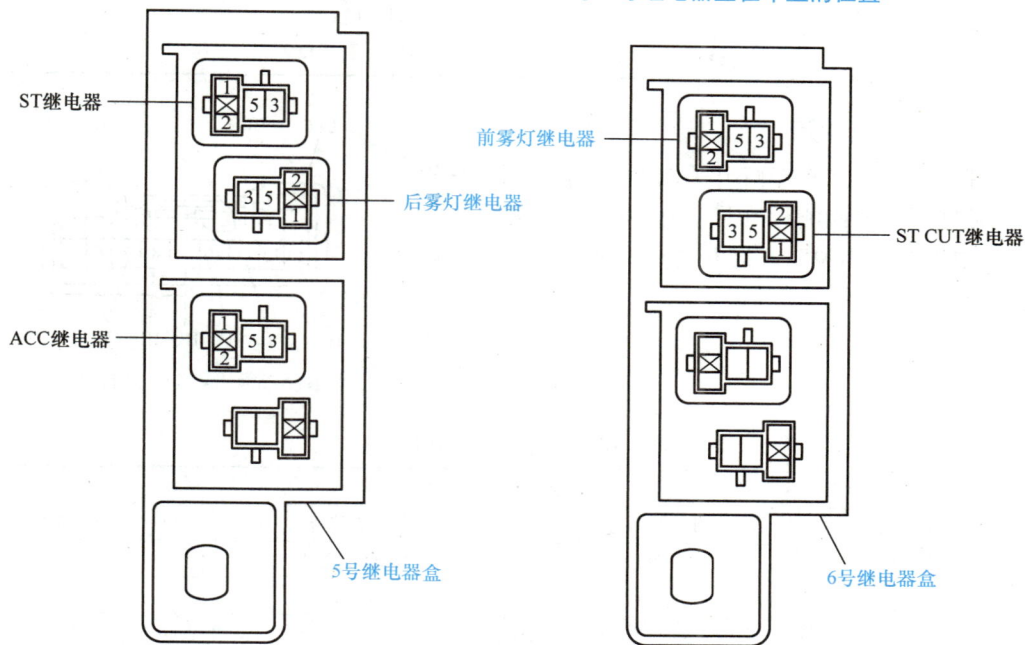

图 6-36　前雾灯继电器与后雾灯继电器的位置

前雾灯继电器的端子如图 6-37 所示，检测标准见表 6-16。若实测结果与表 6-16 中不符，说明前雾灯继电器损坏，需要更换新的前雾灯继电器。前雾灯线束端子的检测如图 6-38 所示。

首先从 6 号继电器盒上拆下前雾灯继电器，然后对其线束端子进行检测，检测标准见表6-17。若实测结果与表 6-17 中不符，说明继电器线束端子损坏，需要维修或更换线束（或插接器）。

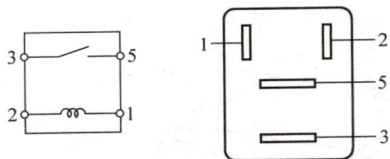

图6-37　前雾灯继电器的端子

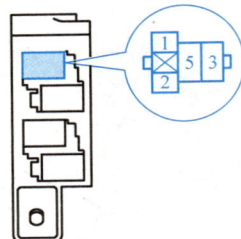

图6-38　前雾灯继电器线束端子的检测

表6-16　前雾灯继电器的检测标准

检 测 仪 连 接	条 件	规 定 状 态	实 测 结 果
3 – 5	在端子1和2间未施加电压	10kΩ 或更大	
3 – 5	在端子1和2间施加电压	小于1Ω	

表6-17　前雾灯继电器线束端子的检测标准

检 测 仪 连 接	条 件	规 定 状 态	实 测 结 果
前雾灯继电器端子5 – 车身搭铁	始终	11 ~ 14V	
前雾灯继电器端子2 – 车身搭铁	灯控开关 OFF→TAIL	低于1V→11 ~ 14V	

2. 雾灯开关的检测

雾灯开关（集成在车灯开关内）的端子如图6-39所示，雾灯开关的检测标准见表6-18。若实测结果与表 6-18 中不符，则说明雾灯开关有故障，需更换车灯开关总成。

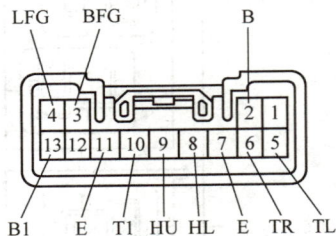

图6-39　雾灯开关的端子

表6-18　雾灯开关的检测标准

前雾灯开关			
检 测 仪 连 接	开 关 状 态	规 定 状 态	实 测 结 果
3（BFG）–4（LFG）	OFF	10kΩ 或更大	
	ON	小于1Ω	
后雾灯开关			
检 测 仪 连 接	开 关 状 态	规 定 状 态	实 测 结 果
2（B）–4（LFG）	OFF	10kΩ 或更大	
	ON	小于1Ω	

【知识拓展】

一、电喇叭

汽车电喇叭按外形分有螺旋形、筒形和盆形等多种，按声音分有高音和低音两种，按接线方式分有单线和双线两种。

1. 电喇叭的结构与原理

电喇叭的原理基本相同。图6-40所示为盆形电喇叭的结构，其工作原理如下：按下喇叭按钮，喇叭内部电路接通，电路为：蓄电池正极→线圈→触点→喇叭按钮→搭铁→蓄电池负极。线圈通电后产生磁力，吸引上铁心及衔铁下移，使膜片下拱。衔铁下移将触点顶开，线圈电路被切断，其磁力消失，上铁心、衔铁及膜片在触点臂和膜片自身弹力的作用下复位，触点闭合。触点闭合后，线圈通电产生磁力吸引上铁心和衔铁下移，再次将触点顶开。如此循环，使上铁心与下铁心不断碰撞，产生一个较低的基本振频，并激励膜片与共鸣板产生共鸣，从而发出比基本频率强且分布又比较集中的谐音。

为了得到较为和谐悦耳的声音，在汽车上一般装有高、低音两个电喇叭。由于喇叭工作电流较大，为保护喇叭开关，一般在喇叭电路中设有喇叭继电器。电喇叭的应用电路如图6-41所示。

当按下喇叭按钮时，喇叭继电器线圈通电，产生的电磁力使触点闭合，接通喇叭电路而使电喇叭发声。喇叭电路为：蓄电池正极→熔丝→接线柱"B"→触点臂→触点→接线柱"H"→喇叭→搭铁→蓄电池负极。喇叭工作电流不经过喇叭开关，从而保护了喇叭开关。

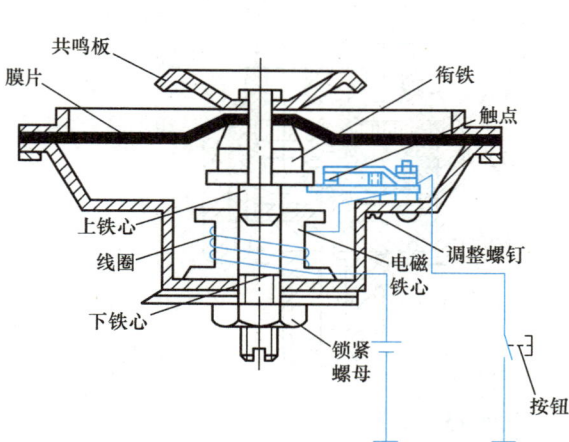

图6-40　盆形电喇叭的结构

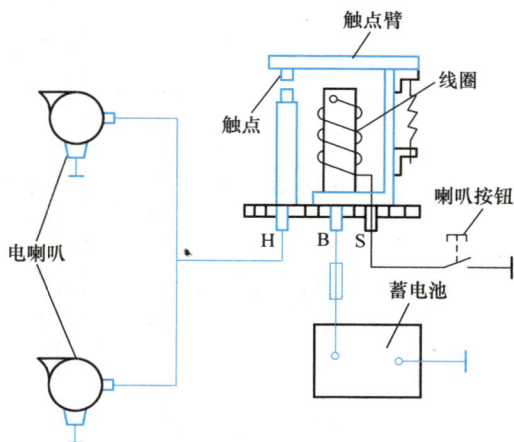

图6-41　电喇叭的应用电路

2. 电喇叭的调整

电喇叭的调整包括音调调整和音量调整两部分。盆形电喇叭的调整如图6-42所示。

（1）音调的调整　音调的高低取决于膜片的振动频率。盆形电喇叭通过改变上、下铁心之间的间隙就可改变膜片的振动频率。将上、下铁心之间间隙调小，可提高电喇叭的音调。调整方法：松开锁紧螺母，旋转铁心，调至合适的音调时，旋紧锁紧螺母即可。

（2）**音量的调整** 电喇叭的音量与通过喇叭线圈的电流大小有关，电喇叭的工作电流大，电喇叭发出的音量就大。线圈电流可以通过改变喇叭触点的接触压力来调整。压力增大，流过喇叭线圈的电流增大，电喇叭音量增大；反之，音量减小。调整时不要过急，每次调整1/10圈。

二、制动信号装置

制动信号灯安装在汽车的尾部。当汽车制动时，红色信号灯亮，给尾随其后的车辆发出制动信号，以避免造成追尾事故。目前在一些发达国家规定汽车必须安装高位制动信号灯，它装在后窗中心线、靠近窗底部附近。当前、后两辆汽车靠得太近时，后面汽车驾驶人能通过高位制动信号灯的工作情况判断前面汽车的行驶状况。安装高位制动信号灯对于防止发生追尾事故有很好的效果。

1. 制动信号灯开关

制动信号灯由制动信号开关控制。常见的制动信号灯开关有以下几种：

（1）**液压式制动信号灯开关** 图6-43所示为液压式制动信号灯开关，用于采用液压制动系统的汽车，装在液压制动主缸的前端，或制动管路中。当踩下制动踏板时，由于制动系统的压力增大，薄膜片向上拱曲，接触桥同时接通两个接线柱，使制动信号灯通电发亮。松开制动踏板时，制动系统压力降低，接触桥在回位弹簧的作用下复位，制动信号灯电路被切断。

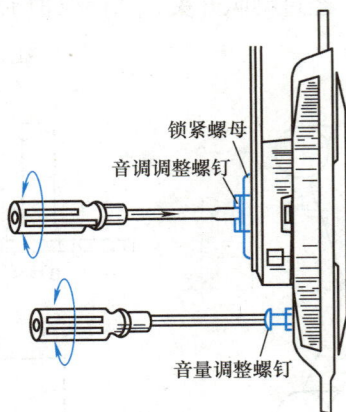

图6-42 盆形电喇叭的调整

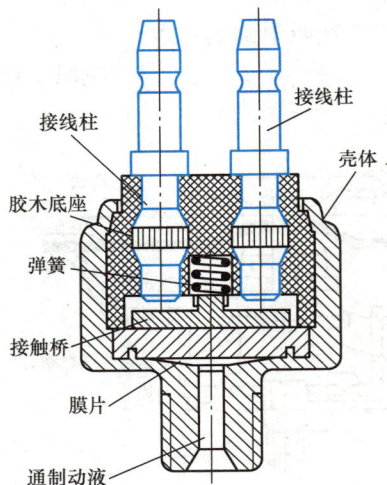

图6-43 液压式制动信号灯开关

（2）**气压式制动信号灯开关** 图6-44所示为气压式制动信号灯开关，用于采用气压制动系统的汽车，通常被安装在制动系统的气压管路中。制动时，制动压缩空气推动橡胶膜片上拱，使触点闭合，接通制动灯电路。

（3）**弹簧式制动信号灯开关** 弹簧式制动信号灯开关是一种较为常用的制动开关，装在制动踏板的后面，如图6-45所示。当踏下制动踏板时，开关闭合，制动灯亮。

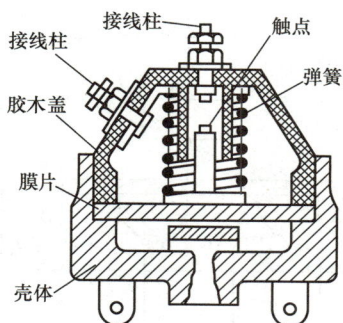

图 6-44　气压式制动信号灯开关

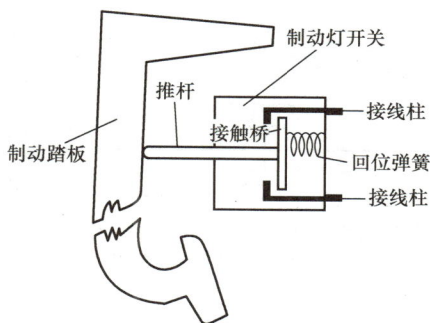

图 6-45　弹簧式制动信号灯开关

2. 制动信号灯电路

制动信号灯电路一般不受点火开关控制，电流直接由电源、熔丝到制动信号灯开关。制动信号灯电路根据尾灯的组合形式有以下几种情况。

（1）采用三灯泡的组合式尾灯　在这种组合式尾灯中，采用单丝灯泡，每个灯泡只有一个功能，随着功能的增加，尾灯灯泡的数量增加，如图 6-46 所示。

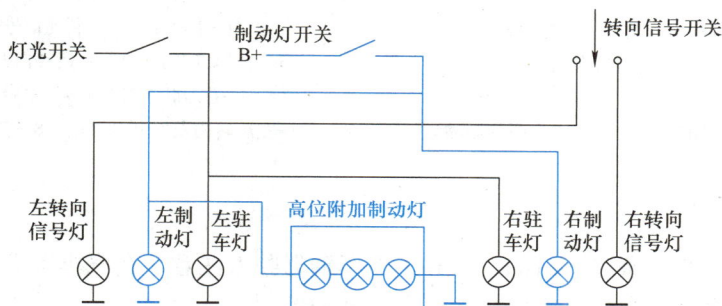

图 6-46　三灯泡组合式尾灯

（2）采用双丝灯泡的尾灯　在此双丝灯泡中，大功率的灯丝既用于制动信号，也用于转向信号。图 6-47 所示为美国福特汽车公司采用的双丝灯泡的尾灯电路，其工作原理如下：

当转向灯开关不工作时，转向灯开关内的所有电刷都处于中间位置，踏下制动踏板，制动信号灯开关闭合，电流经制动信号灯开关进入转向灯开关，经转向灯开关内的两个电刷 A、D 分别到后面两个尾灯的大功率灯丝上，这时两个尾灯内的大功率灯丝的功能都是制动信号。当打转向灯开关时，例如转向灯开关在左转向档，这时所有电刷都打到左侧，如图 6-48 所示，电流经闪光器进入转向灯开关，经转向灯开关内的两个电刷 B、C 分别到达左前转向信号灯和左后尾灯（大功率灯丝），这时左侧尾灯大功率灯丝的功能是转向信号。如果在打左转向灯开关的同时踏下制动踏板，这时只有右侧尾灯内的大功率灯丝起制动信号作用，电流经制动信号灯开关到转向灯开关，经转向开关内的电刷 D 到右侧尾灯内的灯丝，灯丝起制动信号的作用。

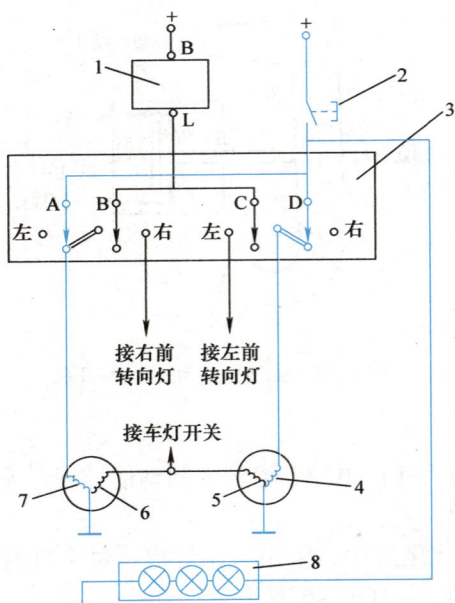

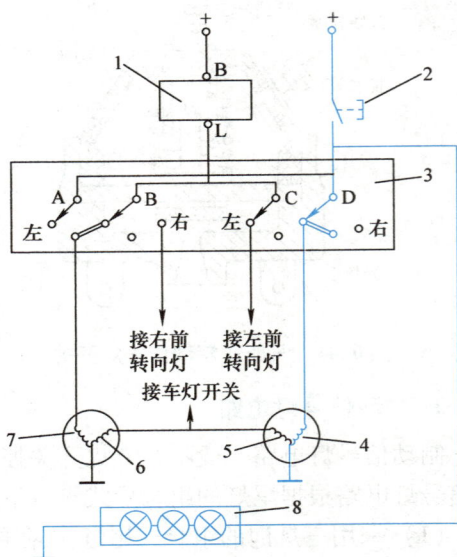

图 6-47　转向灯开关不工作时，踏制动踏板的尾灯电路　图 6-48　在打转向信号时，踏制动踏板的尾灯电路

1—闪光器　2—制动信号灯开关　　　　　　　1—闪光器　2—制动信号灯开关

3—转向灯开关　4—右后转向及右制动灯丝　　3—转向灯开关　4—右后转向及右制动灯丝

5—右后驻车灯丝　6—左后驻车灯丝　　　　　5—右后驻车灯丝　6—左后驻车灯丝

7—左后转向及左制动灯丝　8—高位附加制动灯　7—左后转向及左制动灯丝　8—高位附加制动灯

三、倒车信号装置

汽车倒车时，为了警告车后的行人和后面车辆驾驶人注意，在汽车尾部装有倒车灯，有些汽车上还装有倒车蜂鸣器，它们均由倒车灯开关控制。

1. 倒车灯开关

倒车灯开关的结构如图 6-49 所示。倒车灯开关一般安装在变速器上，钢球平时被倒档叉轴顶起，而当变速杆拨至倒车档时，倒档叉轴上的凹槽对准钢球，钢球被松开，在弹簧的作用下触点闭合，将倒车信号电路接通。

2. 倒车灯与倒车蜂鸣器电路

倒车信号电路如图 6-50 所示，其工作原理如下：

倒车时，安装在变速器上的倒车灯开关闭合，倒车信号灯亮。同时，电流经继电器中的动断触点到蜂鸣器，使倒车蜂鸣器发出响声。此时，线圈 L_1 和 L_2 均有电流通过，流经线圈 L_2 的电流同时向电容器充电，由于流入线圈 L_1 和 L_2 的电流大小相等、方向相反，产生的磁通互相抵消，故触点继续闭合。随着电容器两端电压逐渐升高，线圈 L_2 中的电流逐渐减小。当线圈 L_1 中磁通大于线圈 L_2 的磁通一定值时，磁吸力大于弹簧拉力，触点打开，蜂鸣器停止发声。

触点打开后，电容器经线圈 L_1 和 L_2 放电，使线圈 L_1 和 L_2 中的电流方向相同，磁吸力方向相同，触点继续打开。当电容两端的电压下降到一定值时，磁吸力小于弹簧弹力，触点重新闭合，蜂鸣器发声。电容器开始充电，重复上述过程。由此可知：蜂鸣器是利用电容的充电和放电，使线圈 L_1 和 L_2 的磁场时而相加、时而相减，使触点时开时闭，从而控制电磁振动式蜂鸣器间歇发声，以警告行人和其他车辆的驾驶人注意。

在倒车时，倒车灯不受继电器控制，一直亮。在夜间时，倒车灯兼有照明作用。

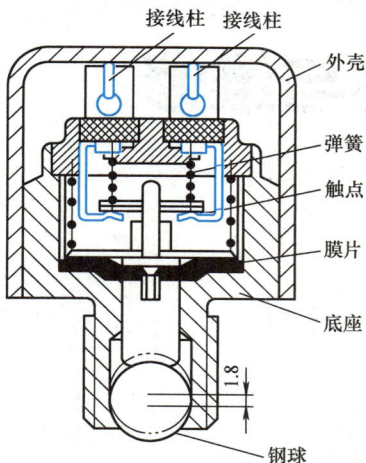

图 6-49　倒车灯开关的结构

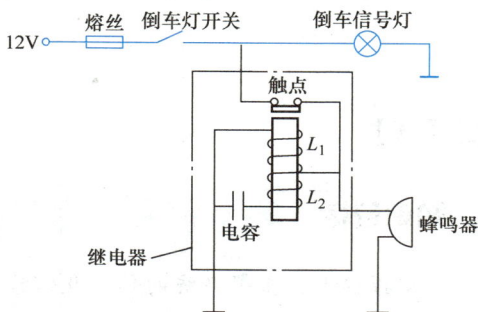

图 6-50　倒车信号电路

小　　结

照明系统主要指前照灯（大灯）、示廓灯（小灯）、开关照明灯、仪表灯及牌照灯等。前照灯分为远光灯和近光灯。照明系统由车灯开关控制，车灯开关置于小灯档时，小灯、开关照明灯、仪表灯及牌照灯亮。当车灯开关置于前照灯档时，前照灯亮，同时小灯档正常工作，此时通过变光开关控制前照灯的远光或近光。前照灯功率较大，有些车型的前照灯电路由继电器控制。

信号系统主要有转向信号灯、喇叭、雾灯、倒车灯及制动灯。转向信号电路与危险警告信号（双闪）电路共用一个继电器。电喇叭电路一般由喇叭开关控制继电器线圈的搭铁电路，然后由继电器控制电喇叭电路。

复习思考题

1. 简述前照灯电路的组成及工作过程。
2. 简述转向信号灯的工作过程。
3. 简述雾灯的工作过程。
4. 简述危险警告信号（双闪）的工作过程。

项目7 >>

仪表与报警系统的检测与维修

【项目导读】

>>> **知识目标**

1）掌握仪表、报警系统的作用及工作原理。
2）了解仪表、报警系统的报警内容及含义。

>>> **技能目标**

1）能够正确分析仪表、报警系统的电路图。
2）能正确分析仪表、报警系统的故障原因并排除故障。

任务 1. 电子仪表不工作的故障检测与维修 <<<

【任务导入】

汽车仪表用来指示汽车运行以及发动机运转的状况，以便驾驶人随时了解各系统的工作情况，保证汽车安全而可靠地行驶。警告灯的作用是当汽车或发动机的某一系统处于不良或特殊状态时，突然发亮以提醒驾驶人注意并采取适当措施，保证行车安全。由于警告灯在正常情况下不工作，对目视性要求低，所以汽车上广泛采用。

汽车仪表也称为电子仪表或组合仪表，能将汽车或发动机的各种复杂信息以数字、文字和图形显示出来，以供驾驶人进行了解。电子仪表通常作为一个独立的控制单元与车身ECU、发动机 ECU 等通过 CAN 总线进行数据交换。

当打开点火开关时，电子仪表不工作，即仪表上的指示针及各种警告灯都不显示，此种现象为电子仪表不工作。

【相关知识】

一、汽车仪表

汽车仪表大多采用组合仪表。图 7-1 所示为一汽大众汽车组合仪表，其仪表板上的主要仪表有燃油表、冷却液温度表、发动机转速表和车速里程表，仪表板上还有许多指示灯、警告灯和仪表照明灯等，组合仪表的中央有一个多功能信息显示中心。

图 7-1　一汽大众汽车组合仪表

1. 冷却液温度表

冷却液温度表用来指示发动机冷却液的工作温度。冷却液温度表的工作电路由冷却液温度表和冷却液温度传感器两部分组成，冷却液温度表安装在组合仪表内，冷却液温度传感器安装在发动机气缸盖的冷却水套上。

目前，在多数汽车上，冷却液温度表与冷却液温度警告灯同时使用。

（1）电热式冷却液温度表　图 7-2 所示为电热式冷却液温度表的工作电路。它由电热式冷却液温度表和热敏电阻式冷却液温度传感器组成。

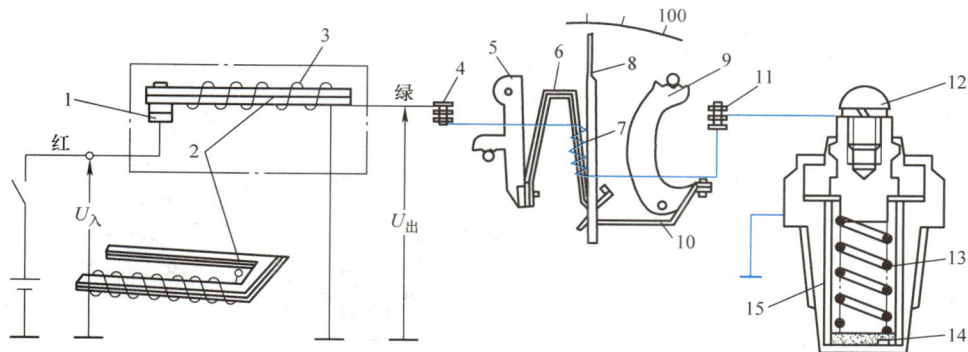

图 7-2　电热式冷却液温度表的工作电路

1—触点　2、6—双金属片　3、7—加热线圈　4、11、12—接线柱　5、9—调节齿扇
8—指针　10、13—弹簧　14—热敏电阻　15—冷却液温度传感器外壳

热敏电阻式冷却液温度传感器的主要元件是负温度系数的热敏电阻（温度升高，电阻值下降；温度下降，电阻值上升）。

闭合点火开关，冷却液温度表电路接通。当冷却液温度较低时，热敏电阻阻值大，冷却液温度表电路电流较小，冷却液温度表加热线圈的温度低，双金属片的变形量较小，指针指示低温。当冷却液温度较高时，热敏电阻阻值小，冷却液温度表电路电流增大，冷却液温度表加热线圈温度高，双金属片的变形量较大，指针指示高温。

由于电源电压变化会影响电热式冷却液温度表的指示值，因此在这种电路中需配有电源稳压器。电源稳压器的作用是在电源电压波动时稳定电路电压，以保证仪表的读数准确。

（2）电磁式冷却液温度表 电磁式冷却液温度表的工作电路如图 7-3 所示。电磁式冷却液温度表内有两个互成一定角度的铁心，铁心上分别绕有磁化线圈，其中磁化线圈 L_2 与冷却液温度传感器串联，磁化线圈 L_1 与冷却液温度传感器并联，两个铁心的下端对着带指针的偏转衔铁，其等效电路如图 7-4 所示。

电磁式冷却液温度表一般配用热敏电阻式冷却液温度传感器，而且不需要电源稳压器。其工作原理如下：当冷却液温度低时，由于热敏电阻传感器的阻值大，因此线圈 L_2 中的电流小，而线圈 L_1 中的电流大，磁场强，吸引衔铁使指针指向低温。当冷却液温度高时，由于热敏电阻传感器的阻值减小，流经线圈 L_2 的电流增大，磁场增强，吸引衔铁逐渐向高温方向偏转，使指针指向高温。

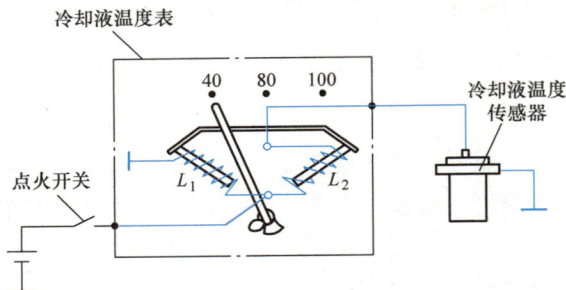

图 7-3 电磁式冷却液温度表的工作电路

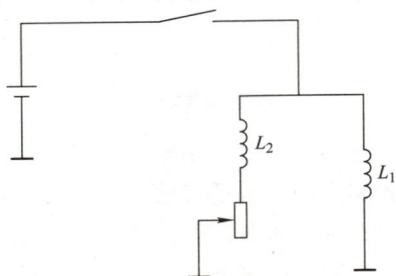

图 7-4 电磁式冷却液温度表的等效电路

（3）冷却液温度表实例 奥迪轿车冷却液温度表与冷却液温度警告灯电路如图 7-5 所示。

冷却液温度升高时，热敏电阻的阻值变小，通过加热线圈的电流增大，双金属片 5 变形增大，冷却液温度表指针指示高温。

当冷却液温度达到 120℃ 时，由双金属片 10 控制的触点闭合，冷却液温度警告灯亮起。

2. 燃油表

燃油表的作用是指示汽车燃油箱中的存油量，传感器安装在燃油箱中。燃油表有电磁式和电热式两种，传感器均使用可变电阻式的传感器。

（1）电磁式燃油表 图 7-6 所示为电磁式燃油表的工作电路。其传感器由可变电阻、滑片和浮子等组成。当燃油箱内油面位置高低变化时，浮子带动滑片移动，从而改变电阻值的大小。左线圈与可变电阻串联，右线圈与可变电阻并联，其等效电路如图 7-7 所示。

工作原理如下：

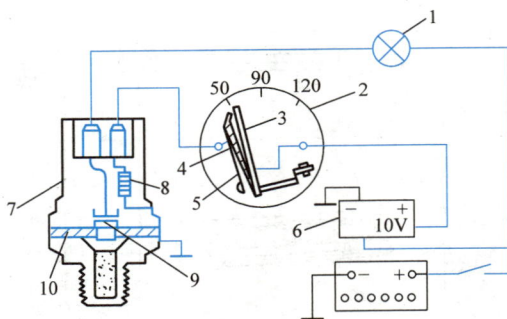

图 7-5 奥迪轿车冷却液温度表与冷却液温度警告灯电路

1—冷却液温度警告灯 2—冷却液温度表 3—指针
4—加热线圈 5、10—双金属片 6—稳压器
7—冷却液温度传感器 8—热敏电阻 9—触点

当燃油箱中无燃油时，浮子下沉，可变电阻被滑片短路，右线圈同时被短路，无电流通过。此时，左线圈中的电流达到最大，产生的电磁吸力最强，吸引转子使指针指向"0"的位置。当燃油箱中的燃油增加时，浮子上浮，带动滑片滑动，右线圈中的电流逐渐增大，在左线圈和右线圈的合成磁场作用下，转子带动指针向右偏转，指针指向高刻度位置。当燃油箱中装满燃油时，右线圈的电磁力最大，指针指向"1"的位置；当燃油箱中燃油为半箱时，指针指向"1/2"的位置。

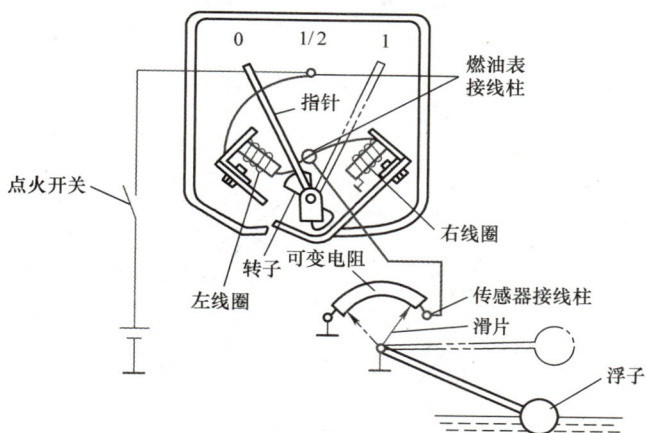

图 7-6 电磁式燃油表的工作电路

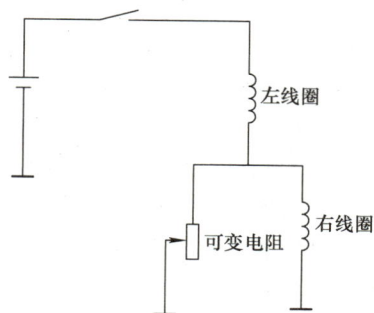

图 7-7 电磁式燃油表的等效电路

传感器的末端搭铁，可减小滑片与可变电阻接触时产生的火花。

（2）电热式燃油表 电热式燃油表的工作电路如图 7-8 所示。

当燃油箱中无燃油时，传感器浮子在最低位置，将可变电阻全部接入电路，加热线圈中的电流最小，所以双金属片没有变形，指针指示"0"的位置。当燃油箱中的油量增加时，传感器浮子上浮，带动滑片移动，可变电阻的阻值减小，加热线圈中的电流增大，双金属片受热变形，带动指针向右转动。

由于经加热线圈中的电流除与可变电阻的阻值有关外，还与电源电压有关，因此该电路中需配有稳压器。

3. 车速里程表

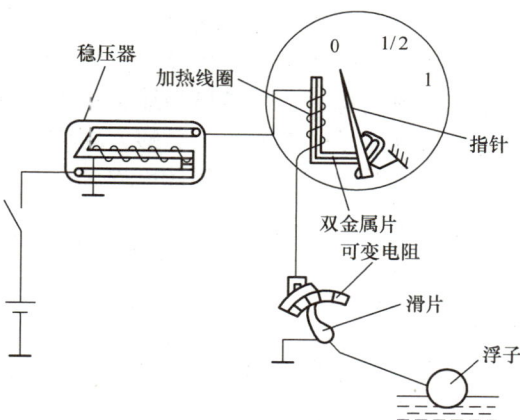

图 7-8 电热式燃油表的工作电路

车速里程表是用来指示汽车行驶速度和累计行驶里程数的仪表，由车速表和里程表两部分组成。

电子车速里程表由车速传感器、电子电路、步进电动机、车速表和里程表等组成。图 7-9 所示为电子式车速里程表的结构框图。

奥迪汽车的组合仪表中装有指针式电子车速里程表，其原理如下：

车速传感器由变速器驱动，能够产生正比于汽车行驶速度的电信号。传感器由 1 个舌簧开关和 1 个含有 8 对磁极的转子组成，如图7-10所示。转子每转 1 周，舌簧开关中的触点闭

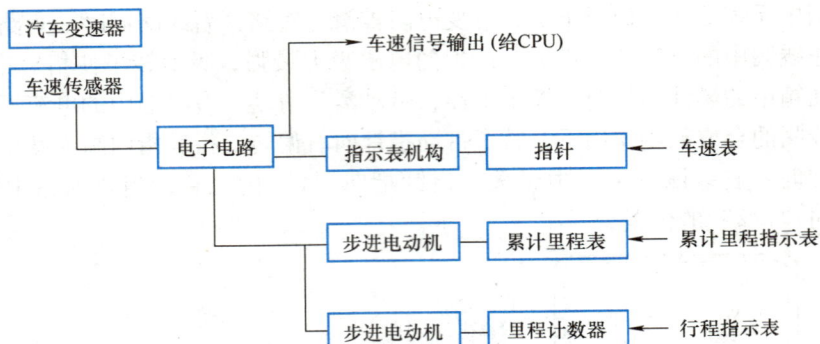

图7-9 电子式车速里程表的结构框图

合8次，产生8个脉冲信号，车速越高，传感器的信号频率越高。当车速为20km/h时，传感器的信号频率为17.5~22.9Hz；当车速为200km/h时，传感器的信号频率为213.3~225.2Hz。

电子电路的作用是将车速传感器送来的具有一定频率的电信号，经整形、触发，输出一个与车速成正比的电流信号。该电子电路主要包括稳压电路、恒流电源驱动电路、64分频电路和功率放大电路，如图7-11所示。仪表精度由电阻 R_1 调整，仪表初始工作电流由电阻 R_2 调整，电阻 R_3 和电容器 C_3 用于电源滤波。

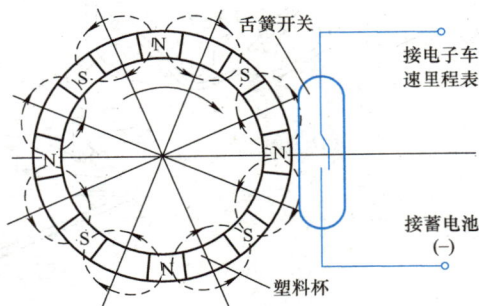

图7-10 奥迪汽车电子车速里程表传感器

当汽车以不同车速行驶时，从电子电路端子6输出与车速成正比的电流信号驱动车速表的指针偏转，从而指示相应的车速。

里程表由一个步进电动机及六位数字的十进制齿轮计数器组成，步进电动机是一种利用电磁感应原理将脉冲信号转换为线位移或角位移的电动机。车速传感器输出的信号经64分频后，再经功率放大器放大到足够大的功率，驱动步进电动机，带动6位数字的十进制齿轮计数器工作，从而精确记录累计里程数，如图7-12所示。

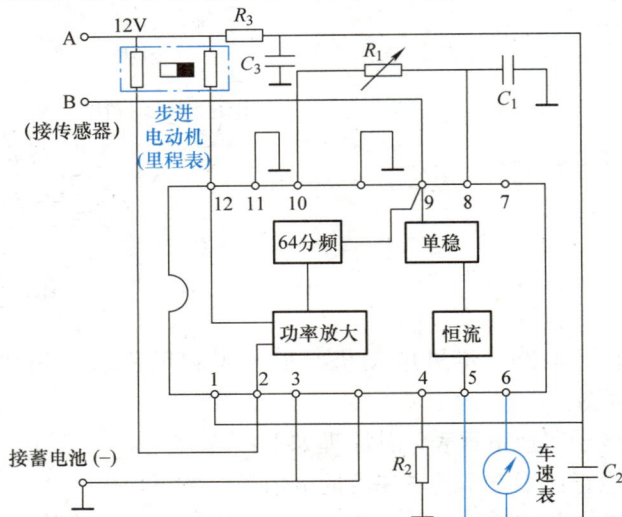

图7-11 奥迪汽车电子车速里程表电路

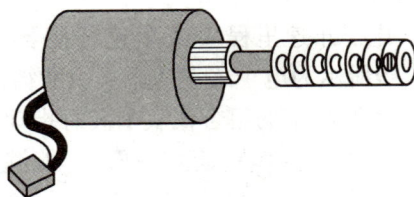

图7-12 用步进电动机转动里程表计数器

4. 发动机转速表

发动机转速表的作用是指示发动机工作时的运转速度，通过发动机运转速度与车况对比可判断发动机与汽车的技术状况。发动机转速表及其传感器的工作原理如图 7-13 所示。

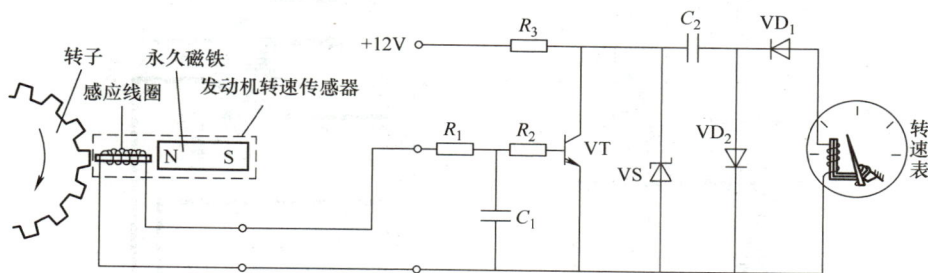

图 7-13　发动机转速表及其传感器的工作原理

（1）发动机转速传感器　发动机转速传感器由永久磁铁、感应线圈及转子组成。转子位于曲轴上，当曲轴带动转子旋转时，感应线圈中产生一个正弦信号，且信号的频率及幅值与曲轴转速有关。发动机转速传感器输出信号波形如图 7-14 所示。

（2）发动机转速表的工作原理　当传感器输出信号为负值时，晶体管 VT 处于截止状态，电容 C_2 被充电。其充电电路为：电源正极→R_3→C_2→VD_2→电源负极。

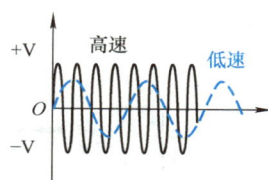

图 7-14　发动机转速传感器
输出信号波形

当传感器输出信号为正值时，晶体管 VT 由于基极得到正电位而导通，此时充满电的电容器 C_2 便通过晶体管 VT、转速表中双金属片上的加热线圈和 VD_1 构成放电回路，由于加热线圈中有电流通过，因此转速表中双金属片变形，从而驱动发动机转速表指针偏转。

电容 C_2 平均放电电流与发动机转速成正比，发动机运行时，电容 C_2 不断地进行充放电，车速越高，C_2 的平均放电电流越大（双金属片变形越大），转速表指针指示发动机转速越高。

5. 典型汽车仪表电路

图 7-15 所示为丰田卡罗拉汽车仪表电路。所有需要在仪表盘上显示的信息主要是仪表控制单元通过 CAN 总线与全车各系统控制单元共享信息所得，有少部分信息是直线连接到仪表控制单元的。例如发动机转速信号、车速信号、发动机冷却液温度信号和变速杆位置信号等都是通过 CAN 总线得到的，而充电指示灯、燃油表油位传感器和转向指示灯等的信号都是与仪表控制单元直线连接的。

丰田卡罗拉汽车仪表共有 4 个指针式仪表，由步进电动机控制指针的摆动，步进电动机由仪表控制单元中的 CPU 控制。

发动机转速信号及发动机冷却液温度信号来自发动机控制单元（ECM）；车速信号来自防滑控制 ECU，防滑控制 ECU 接收 4 个轮速传感器信号后计算出车速信号并通过 CAN 总线将车速信号传送给仪表控制单元；燃油表传感器与汽油泵合为一个总成置于汽车燃油箱中，与仪表控制单元直线连接，将燃油油位信号传送给仪表控制单元。

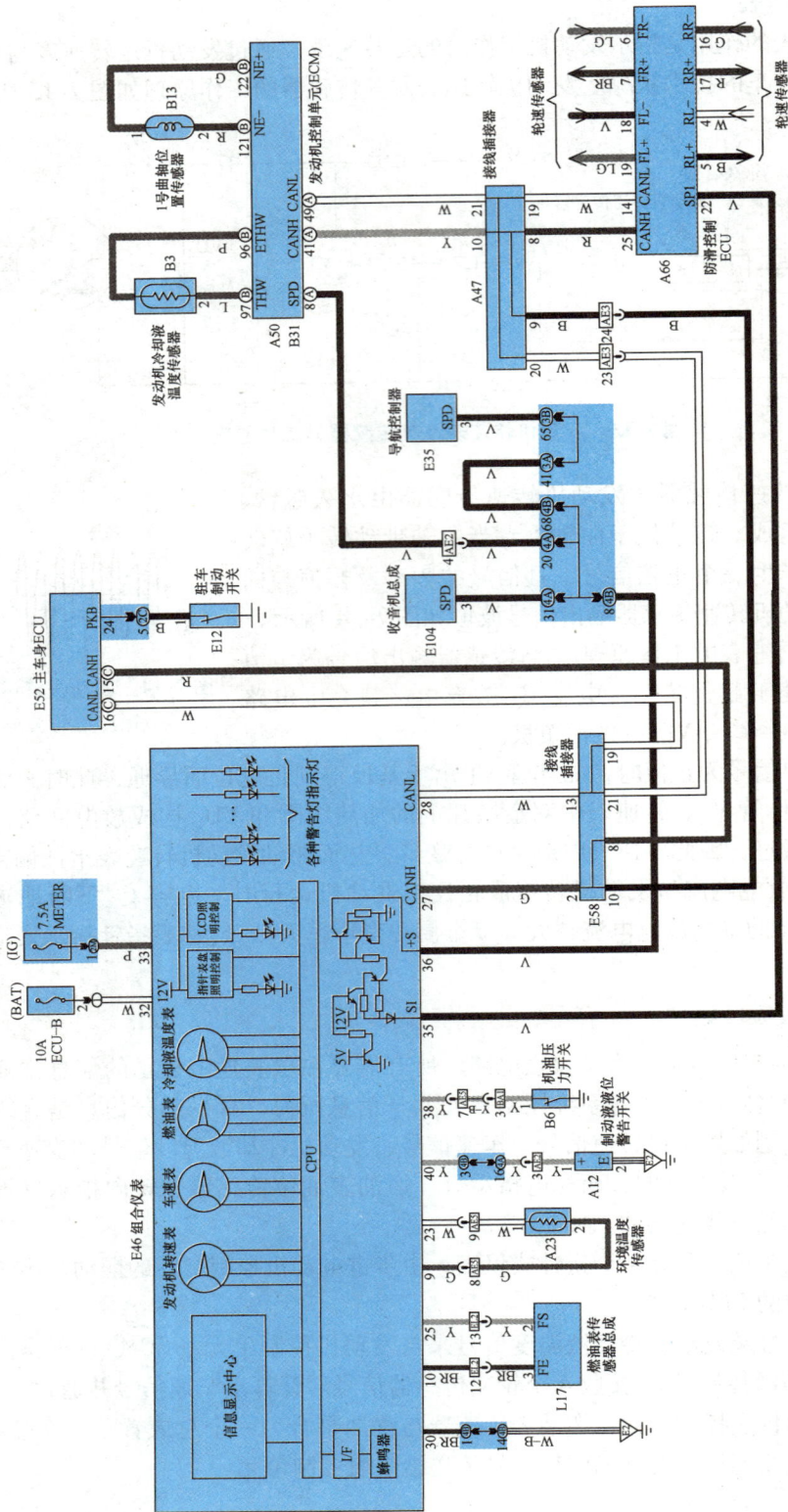

图7-15 丰田卡罗拉汽车仪表电路

二、汽车警告灯

为了保证行车安全、提高车辆的可靠性，在汽车仪表板上安装了许多警告灯，如机油压力警告灯、冷却液温度警告灯、燃油不足警告灯和制动系统故障警告灯等。

警告灯由报警开关控制，当被监测的系统或总成工作不正常时，对应的报警开关闭合，使该系统的警告灯亮，以提醒驾驶人注意，从而采取相应的措施，确保行车安全。

警告灯通常安装在仪表上，灯泡功率一般为 1～4W，在灯泡前设有滤光片，使警告灯发出红光或黄光，滤光片上通常有标准图形符号。

汽车上多数采用发光二极管作为警告灯光源，其优点是结构简单、使用寿命长、耗电少、易于识别等。

(1) 机油压力警告灯　机油压力警告灯监测润滑系统的工作情况，当润滑系统机油压力低于允许值时，警告灯亮，以引起驾驶人注意。

1) 弹簧管式机油压力报警开关。如图 7-16 所示，机油压力警告灯电路由安装在发动机主油道的弹簧管式报警开关和安装在仪表板上的红色警告灯组成。警告灯开关内有一个管形弹簧，管形弹簧的一端与主油道相通，另一端有一对触点，固定触点经连接片与接线柱相接，活动触点经外壳搭铁。当机油压力低于标准值时，管形弹簧向内弯曲，触点闭合，警告灯亮；当机油压力正常时，管形弹簧产生的弹性变形增大，使触点分开，警告灯熄灭。

2) 膜片式机油压力报警开关。图 7-17 所示为膜片式机油压力报警开关控制电路。当机油压力正常时，机油压力推动膜片向上拱曲，推杆将触点打开，警告灯熄灭；当机油压力低于标准值时，膜片在弹簧压力作用下向下移动，从而使触点闭合，警告灯亮，提醒驾驶人机油压力不足。

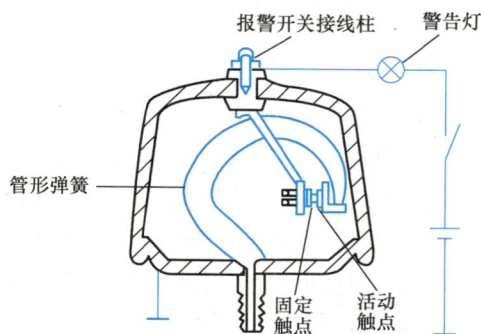

图 7-16　弹簧管式机油压力报警开关控制电路　　图 7-17　膜片式机油压力报警开关控制电路

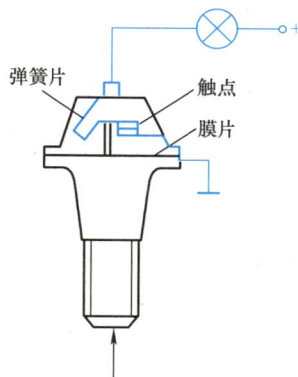

(2) 冷却液温度警告灯　在汽车上除了装有冷却液温度表外，还装有冷却液温度警告灯。当冷却液温度过高超过标准值时，红色警告灯亮。

图 7-18 所示为冷却液温度警告灯控制电路，其报警开关为双金属片式温度开关。当冷却液温度在正常范围时，双金属片几乎不变形，触点分开，警告灯不亮。当冷却液温度超过标准值时，双金属片由于温度升高而弯曲变形，使触点闭合，警告灯亮。

(3) 燃油不足警告灯　在汽车上除了装有燃油表外，还装有燃油不足警告灯，当燃油少于规定值时，警告灯亮，以提醒驾驶人添加燃油。

图 7-19 所示为热敏电阻式燃油警告灯控制电路。其报警开关为热敏电阻式，装在燃油箱内。当燃油箱内燃油量多时，负温度系数的热敏电阻浸在汽油中，温度低，电阻值大，因此电路中几乎没有电流，警告灯暗。当燃油减少到规定值以下时，热敏电阻元件从燃油中露出，此时，热敏电阻温度升高，电阻值减小，电路中电流增大，警告灯亮。

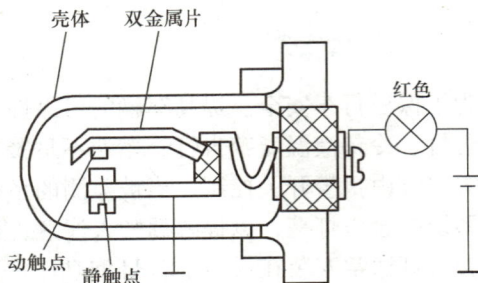

图 7-18　冷却液温度警告灯控制电路

（4）**制动液不足警告灯**　图 7-20 所示为制动液不足警告灯控制电路。当制动液充足时，浮子的位置较高，此时永久磁铁高于舌簧开关的位置，舌簧开关处于断开状态，警告灯不亮。当浮子随着制动液液面下降到规定值时，永久磁铁便接近了舌簧开关，使舌簧开关触点闭合，警告灯电路导通，警告灯亮。

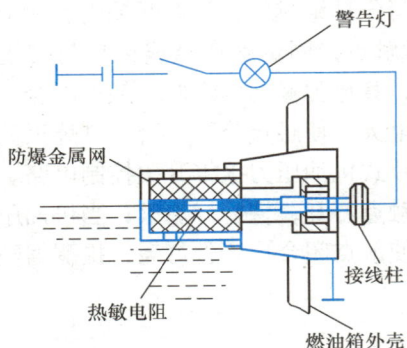

图 7-19　热敏电阻式燃油警告灯控制电路

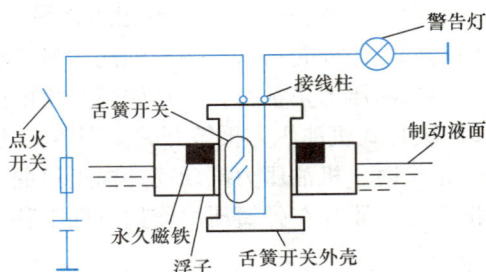

图 7-20　制动液不足警告灯控制电路

（5）**制动器摩擦片使用极限警告灯**　制动器摩擦片使用极限警告灯的作用是当制动器摩擦片磨损到使用极限厚度时，发出报警信号，提醒驾驶人制动器摩擦片需要更换。

图 7-21 所示为制动器摩擦片使用极限警告灯控制电路。将一段导线埋在摩擦片内部，该导线与组合仪表中的电子控制器相连。当摩擦片没有到使用极限时，电子控制器中的晶体管基极电位为低电位，晶体管截止，警告灯不亮；当摩擦片到使用极限时，埋设在摩擦片中的导线被磨断，电子控制器中的晶体管基极电位为高电位，晶体管导通，警告灯亮。

（6）**制动灯电路故障警告灯**　由于制动灯对于行车安全极为重要，而驾驶人在开车过程中很难发现制动灯有故障，因此在一些车辆中，常常设置制动灯电路故障警告灯。

图 7-22 所示为美国 GM 公司采用的制动灯电路故障警告灯控制电路。在正常情况下，踩下制动踏板，制动灯开关接通，电流经左、右两电磁线圈到制动信号灯。此时两线圈产生的磁场相互抵消，舌簧开关的触点继续处于常开状态，警告灯不亮；当左、右两个制动信号灯有一个灯泡坏了，或者电路有断路时，则有故障一侧的电磁线圈将不产生磁场，而另一侧的电磁线圈产生磁场，舌簧开关中的触点将闭合，警告灯亮，提醒驾驶人制动灯电路有故障。

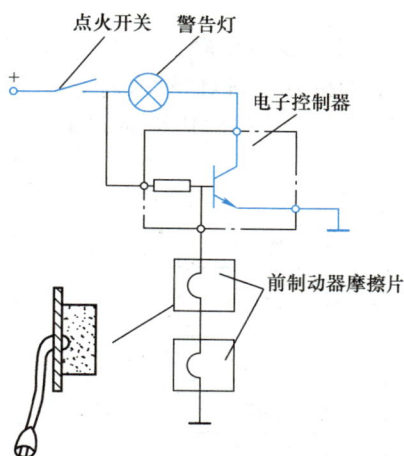

图 7-21　制动器摩擦片使用极限
警告灯控制电路

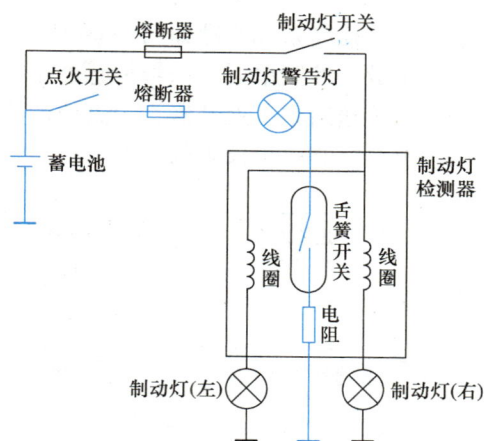

图 7-22　美国 GM 公司采用的制动灯
电路故障警告灯控制电路

（7）制动系统故障警告灯　图 7-23 所示为制动系统故障警告灯控制电路。其原理是在双管路制动总泵的两个管路之间并联一个差动阀。当两管路制动正常时，差动阀柱塞处于中间位置，报警开关的触发杆处于柱塞凹槽内，警告灯不亮；当制动系统任何一侧管路压力降低时，差动阀柱塞将受液压强迫移动。差动阀移动时，报警开关的触发杆被顶起，报警开关触点闭合，警告灯亮。

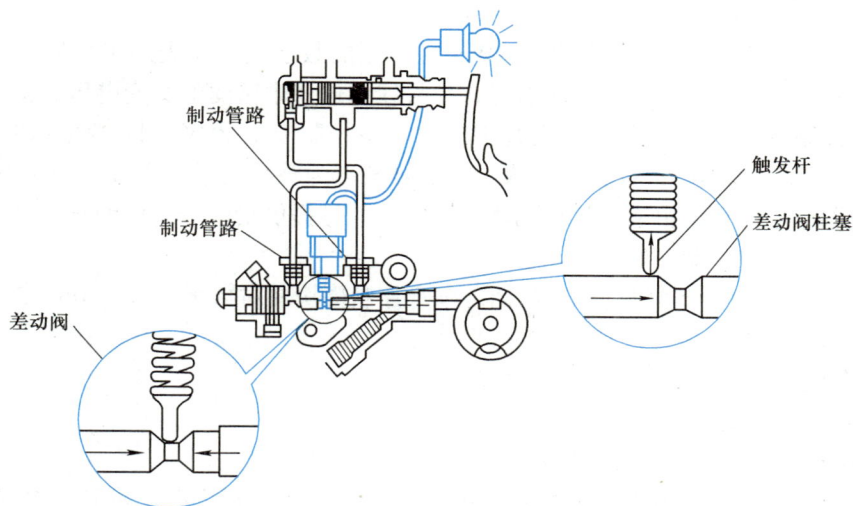

图 7-23　制动系统故障警告灯控制电路

三、汽车电子仪表

电子仪表板以数字或光条图形式显示信息，配以国际标准（ISO）符号，用来监测汽车或发动机各系统的工作情况。

1. 电子仪表的控制系统

电子仪表的控制系统原理如图 7-24 所示。控制单元内部由接口电路、中央处理器及显示驱动电路组成。控制单元与信号传感器相连，来自不同传感器的模拟信号或数字信号经接口电路处理后传送给中央处理器，中央处理器将接收的信号进行处理后传给显示驱动电路，由显示驱动电路控制每个仪表的工作。

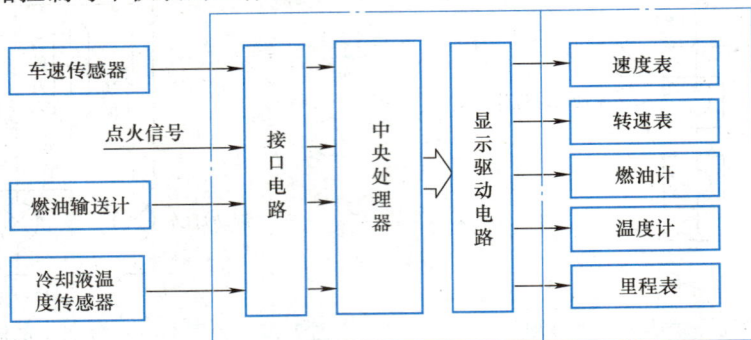

图 7-24　电子仪表的控制系统原理

2. 电子仪表板的组成

电子仪表板的显示系统一般有 3 种显示方式：数字显示（包括曲线图显示）、模拟显示和指示灯亮暗显示。车速表和转速表常用数字显示和曲线图显示，燃油表可用数字显示，也可用模拟显示。为更准确地显示信息，控制单元对数字显示信号每秒修正 2 次，对曲线图显示信号每秒修正 16 次，对驾驶人信息中心显示的各种信号每秒修正 1 次。

3. 汽车电子仪表

（1）车速表　图 7-25 所示为美国 GM 公司采用的数字式车速表的工作原理。车速传感器为磁脉冲式车速传感器，当转子旋转时，信号线圈便产生微弱的交变电压。交变电压信号送至发动机控制模块 ECM（即发动机 ECU）与车身控制模块 BCM（即车身 ECU）。交变电压信号经发动机控制模块 ECM 先被放大，然后被整形为数字信号；再经车身控制模块 BCM 的中央处理器进行计算，由输出接口的驱动电路将信号提供给电子仪表的车速显示器，组合仪表板 IPC 的车速显示器开始显示车速。

每次将点火开关置于 ACC 或 RUN 档，车身控制模块便对数字仪表板 IPC 自检一次，每次自检大约 3s，自检顺序是：

1）所有显示字符段都发亮，如图 7-26a 所示。

2）所有显示字符段都熄灭。

3）显示 0km/h，如图 7-26b 所示。

（2）里程表　和数字式车速表配合使用的里程表有步进电动机式和 IC（集成电路）芯片式两种。

1）步进电动机。机电式里程表使用的步进电动机如图 7-27 所示。步进电动机的电枢内部有一个永久磁铁，定子部分由两个或 4 个磁场绕组组成。车身控制模块的电压脉冲信号加至步进电动机的磁场绕组，电枢便步进到规定的度数。当车身控制模块将同样的电压脉冲信号以相反的方向加至步进电动机的磁场绕组时，电动机便以相反的方向步进相同的度数。

来自车速表的数字信号脉冲经二分频电路处理，步进电动机接收的信号脉冲频率是车速

组合仪表板 (IPC)

数据线

800

车身控制模块(BCM)

点火开关

数据线

车速输入
8060

车速传感器(VSS)

2B3

0.8BN
437

L6　C216

0.8BN
437

B　　A

P103

0.8PL
401

0.8YL
400

800

2B11

2B9　2B10

数据线

车速传感器输出

车速传感器
输入 ED12

搭铁

发动机控制模块(ECM)

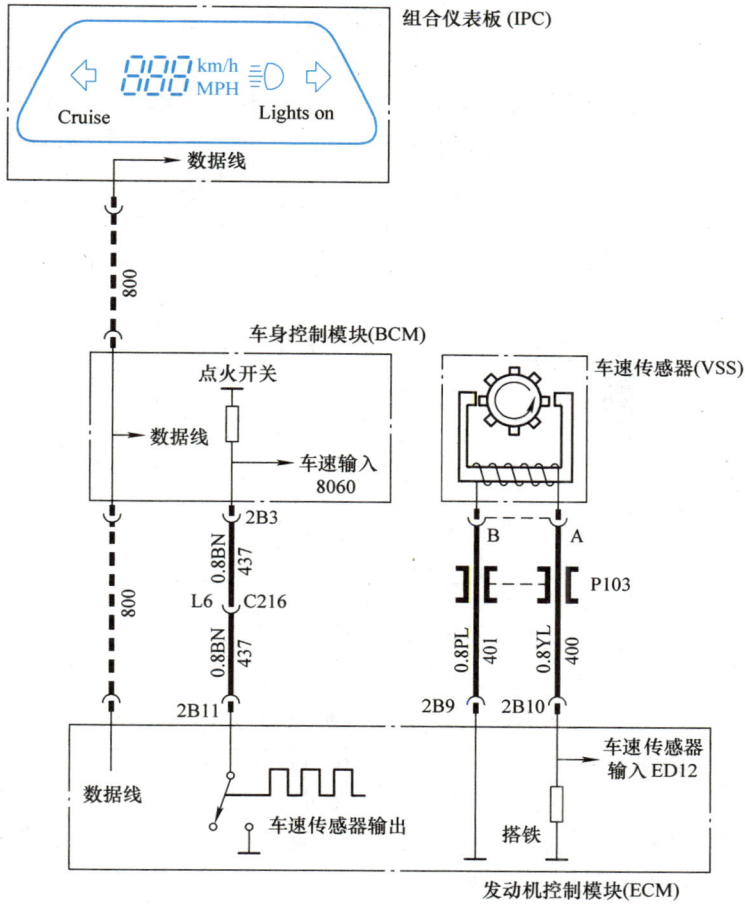

图 7-25　美国 GM 公司采用的数字式车速表的工作原理

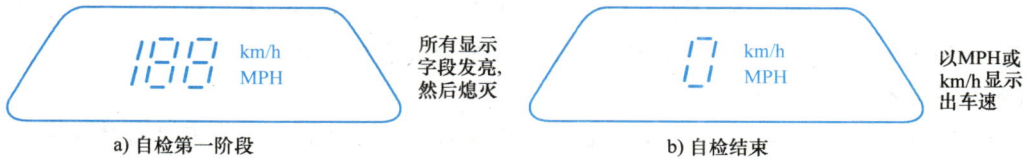

km/h
MPH

所有显示
字段发亮，
然后熄灭

km/h
MPH

以MPH或
km/h显示
出车速

a) 自检第一阶段

b) 自检结束

图 7-26　数字式车速表自检过程

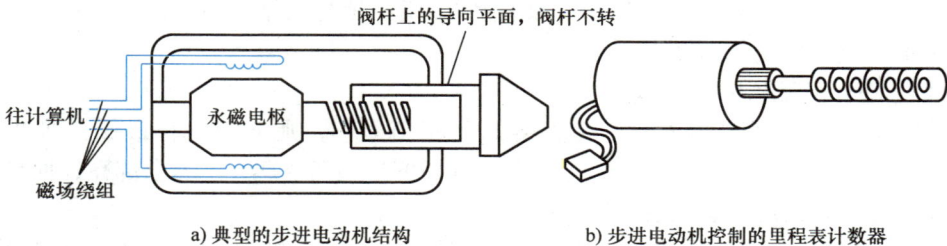

阀杆上的导向平面，阀杆不转

往计算机

永磁电枢

磁场绕组

a) 典型的步进电动机结构

b) 步进电动机控制的里程表计数器

图 7-27　步进电动机

传感器信号脉冲频率的一半。当步进电动机的磁场绕组接到车身控制模块的控制信号后，定子产生磁场，步进电动机的转子旋转，里程表的计数器便开始工作。

美国 GM 公司汽车的步进电动机与车速表共用同一个信号脉冲，脉冲信号送至"里程表驱动 IC"，如图 7-28 所示。里程表驱动 IC 中由多个晶体管组成的"H 门"，"H 门"轮流激励步进电动机的一对线圈，并不断地变换系统的极性，使永久磁铁电枢以同一方向旋转。

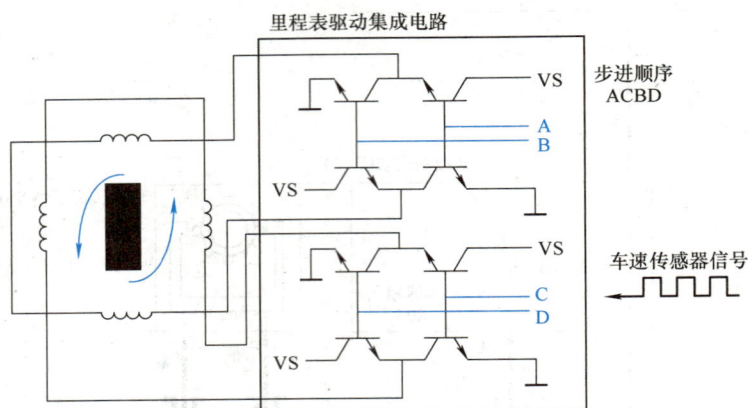

图 7-28　里程表的驱动集成电路

2）IC 芯片。IC 芯片式里程表采用一片非易失 RAM 芯片。非易失 RAM 芯片接收来自车速表或车身控制模块的行驶里程信息。车身控制模块每 0.5s 刷新一次里程表显示值。

许多组合仪表板能同时显示短程行驶里程数和累计里程数，驾驶人必须作出选择。如图 7-29所示，当驾驶人按下"行程里程复零"按钮时，给车身控制模块一个搭铁信号，车身控制模块便清除存储器里的行程里程表读数而恢复显示为零，开始计数短程行驶里程。这时，行程里程表继续储存累计行程里程数。

（3）转速表　图 7-30 为 GM 汽车数字式转速表的工作原理图。转速信号取自直接点火模块（DIS）传至发动机控制模块（ECM）的点火信号。此信号沿串行数据口，从发动机控制模块（ECM）传输到车身控制模块（BCM）。组合仪表板（IPC）用此基准信号计算出发动机转速并显示计算结果。

（4）电子燃油表　图 7-31 所示为电子燃油表电路。该燃油表电路主要由燃油量传感器 R_x、集成电路 LM324（两块）、LED 数字显示器等组成。传感器采用传统的浮筒式可变电阻式传感器。电阻 R_{15} 和二极管 VD 组成稳压电路，将标准电压通过 $R_8 \sim R_{13}$ 接到 IC_1 和 IC_2 所组成的电压比较器反向输入端。电容 C 和电阻 R_{16} 组成延时电路，使燃油表显示器的光标不随燃油箱中的燃油量变化而发生变化。

燃油表 LED 显示器的工作情况如下：

1）当燃油箱中的燃油满箱时，传感器 R_x 的阻值最小，则 A 点电位最低，即 IC_1 和 IC_2 电压比较器的输出电压为低电压，6 只绿色 LED 发光二极管 $VD_2 \sim VD_7$ 全部亮，而红色发光二极管 VD_1 处于熄灭的状态，表示燃油为满油状态。

2）随着燃油箱中燃油量的逐渐减少，显示器中的发光二极管 VD_7、VD_6……依次熄灭。燃油量越少，绿色 LED 发光二极管亮的个数越少。

3）当燃油箱中无燃油时，R_x 的阻值最大，则 A 点电位最高，集成块 IC_2 第 5 脚电位高于第 6 脚的基准电位，6 只绿色 LED 发光二极管全部熄灭，红色发光二极管 VD_1 自动亮，提

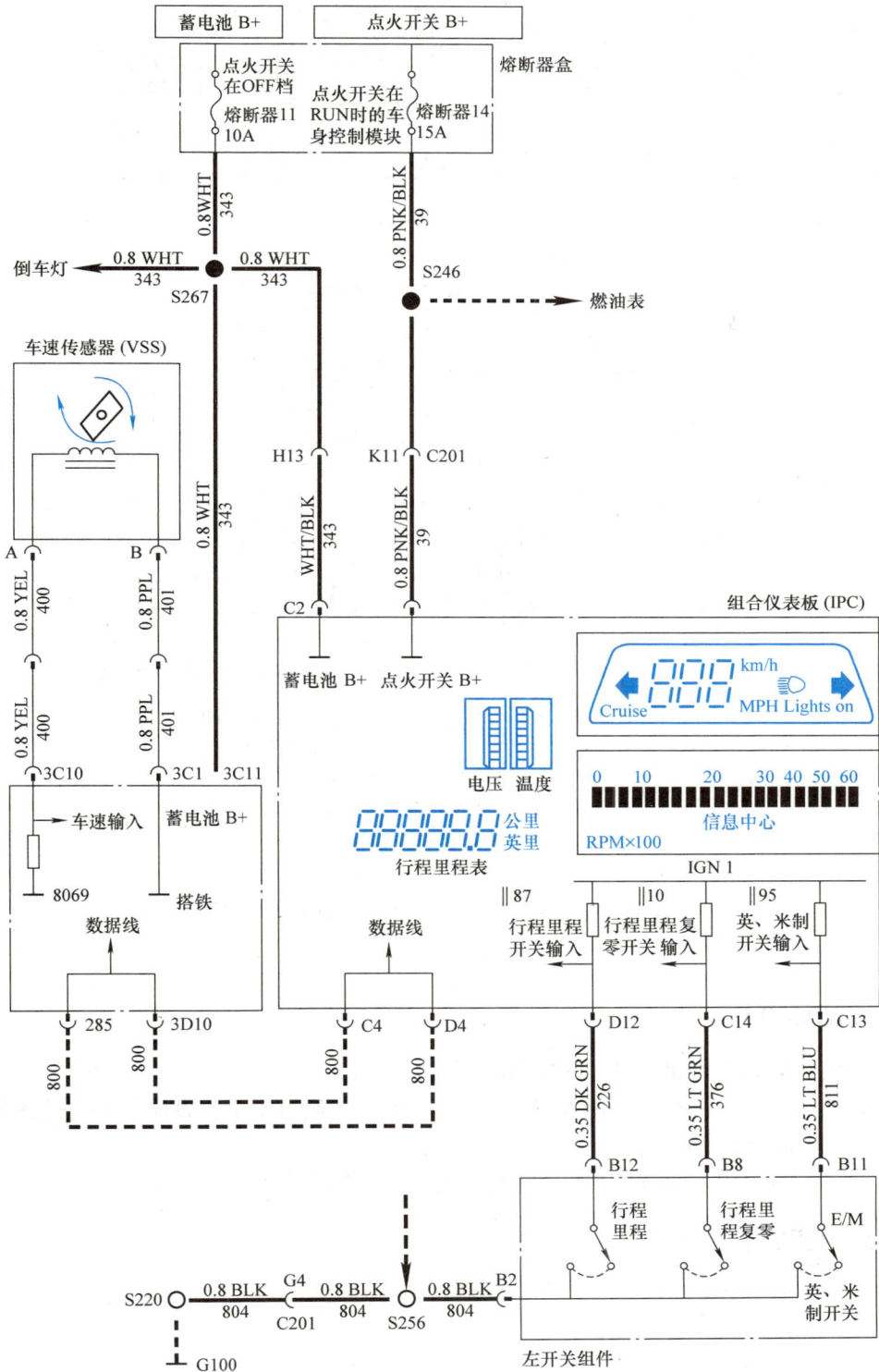

图 7-29 "行程里程"与"行程里程复零"按钮

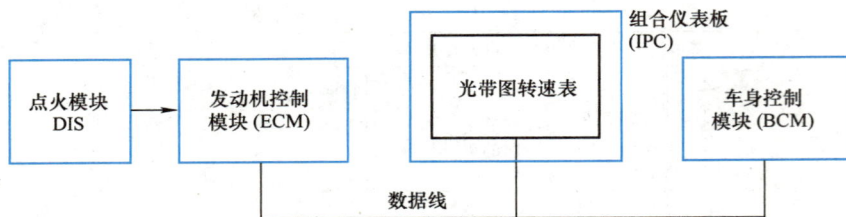

图 7-30　GM 汽车数字式转速表的工作原理图

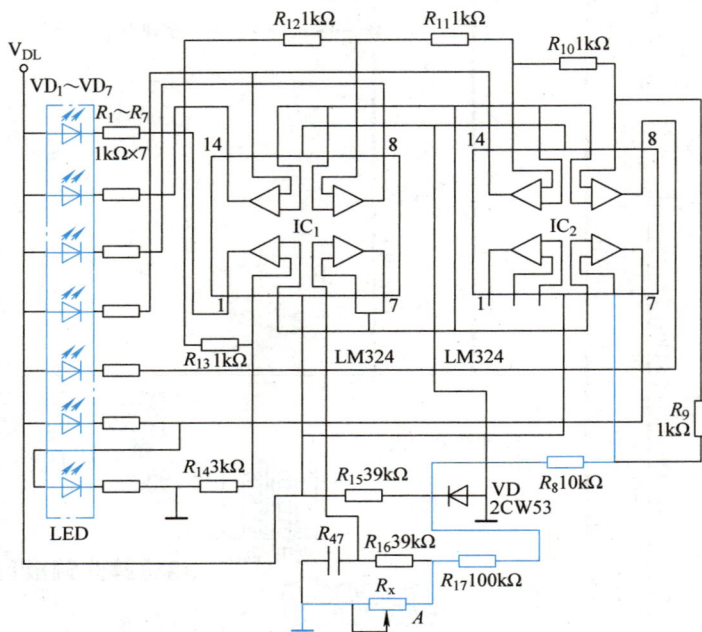

图 7-31　电子燃油表电路

R_x—燃油量传感器　V_{DL}—电源正极　$VD_1 \sim VD_7$—发光二极管，顺序为自下而上

醒驾驶人添加燃油。

【任务实施环境】

1. 理实一体教室授课，每个学习小组配备 1 个标准工位。

2. 每个工位配备汽车（丰田卡罗拉汽车）1 辆，解码器 1 个，万用表 1 个及各种导线、电工常用的各种钳子、螺钉旋具等。

3. 每组配备丰田卡罗拉汽车维修手册 1 套、卡罗拉汽车仪表总成 1 个。

【任务实施步骤】

1. 确认故障现象

打开点火开关，仪表不工作。

2. 电路控制特点

丰田卡罗拉汽车电子仪表的结构如图 7-32 所示，仪表所在的 CAN 总线图如图 7-33 所示，仪表系统控制原理图如图 7-34 所示。

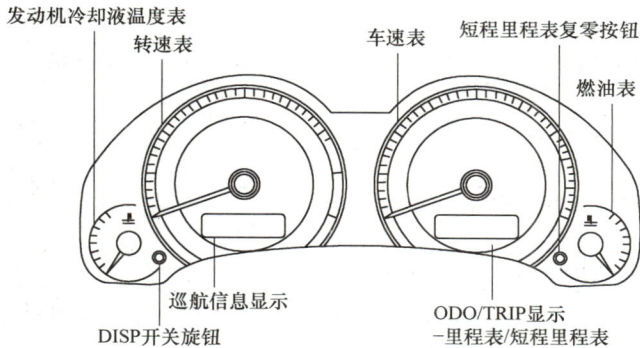

图 7-32　丰田卡罗拉汽车电子仪表结构

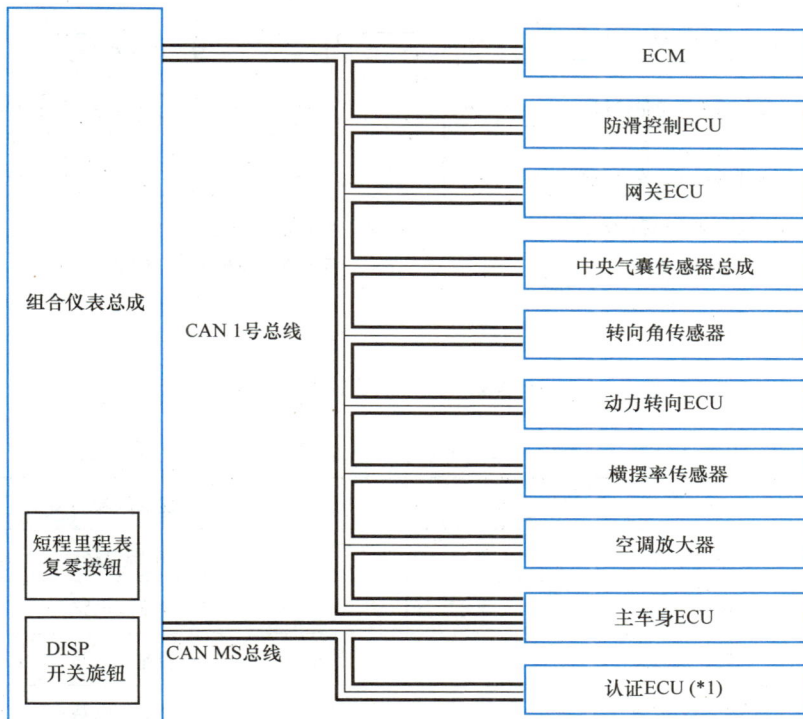

*1：带智能上车和起动系统

———— ：CAN

图 7-33　丰田卡罗拉汽车电子仪表所在的 CAN 总线图

3. 故障检测

丰田卡罗拉汽车电子仪表常见故障现象及可能的故障部位见表 7-1。由电路控制可以初步确认故障部位在仪表电源电路。仪表电源电路如图 7-35 所示。

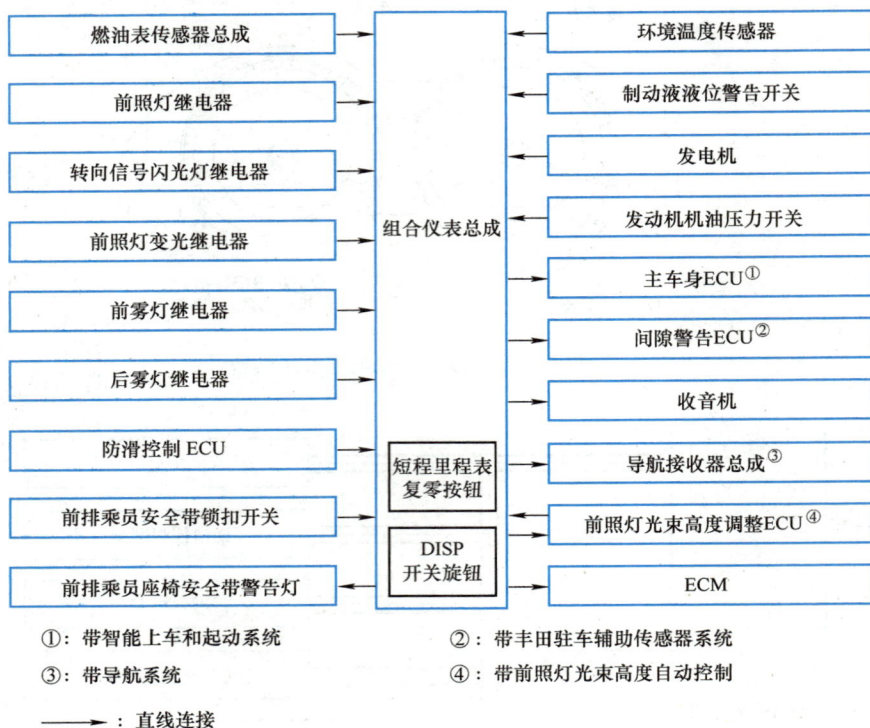

图7-34 丰田卡罗拉汽车电子仪表系统控制原理图

表7-1 丰田卡罗拉汽车电子仪表常见故障现象及可能的故障部位

现 象	可能的故障部位
整个组合仪表不工作	电源电路
速度表故障	速度表电路
转速表故障	转速表电路
燃油表故障	燃油表电路
发动机冷却液温度表故障	发动机冷却液温度表电路

1）检测熔丝是否正常。若不正常，更换熔丝。检查 ECU-B 熔丝是否在发动机室熔丝继电器盒中，检查 METER 熔丝是否在仪表板熔丝继电器盒中。

2）断开仪表线束插接器，测试线束插接器端子 30、32、33，如图 7-36 所示，检测标准见表 7-2。

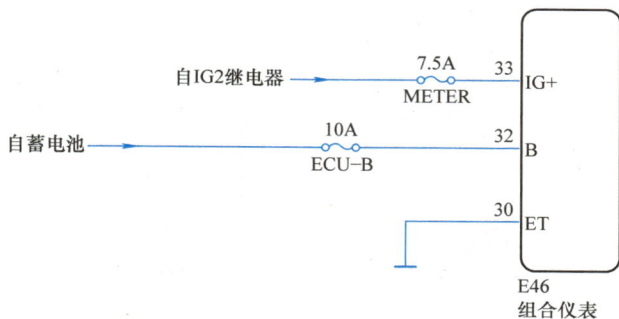

图 7-35 卡罗拉汽车仪表电源电路

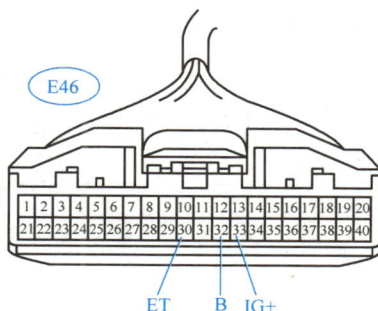

图 7-36 卡罗拉汽车仪表线束插接器端子图

表 7-2 卡罗拉汽车仪表线束插接器测试标准

检测仪连接	条 件	规 定 状 态	实 测 结 果
E46－30（ET）－车身搭铁	始终	小于 1Ω	
E46－32（B）－车身搭铁	始终	11～14V	
E46－33（IG＋）－车身搭铁	点火开关置于 ON（IG）位置	11～14V	

测试线束插接器

若检测结果正常，则更换仪表总成。若实测结果与标准不符，则检测线束。

任务 2　车速表故障检测与维修

【任务导入】

当汽车运行时，车速表不显示或显示的车速与实际车速不符，则说明车速表有故障。

【任务实施环境】

1. 理实一体教室授课，每个学习小组配备 1 个标准工位。

2. 每个工位配备汽车（丰田卡罗拉汽车）1 辆，解码器 1 个，万用表 1 个及各种导线，电工常用的各种钳子、螺钉旋具等。

3. 每组配备丰田卡罗拉汽车维修手册 1 套，配有卡罗拉汽车仪表总成 1 个。

【任务实施步骤】

用解码器进行主动测试

1. 确认故障现象

通过路试进行故障现象确认。

2. 故障检测

丰田卡罗拉汽车车速表的工作原理如图 7-37 所示，4 个轮速传感器将车轮转速信号传给防滑控制 ECU，防滑控制 ECU 根据 4 个车轮转速信号计算出车辆的行驶速度，然后通过 CAN 总线将车速信号传送给组合仪表 ECU，组合仪表 ECU 输出相应的脉冲信号，控制步进电动机驱动指针指示相应的速度。故障诊断的步骤如下：

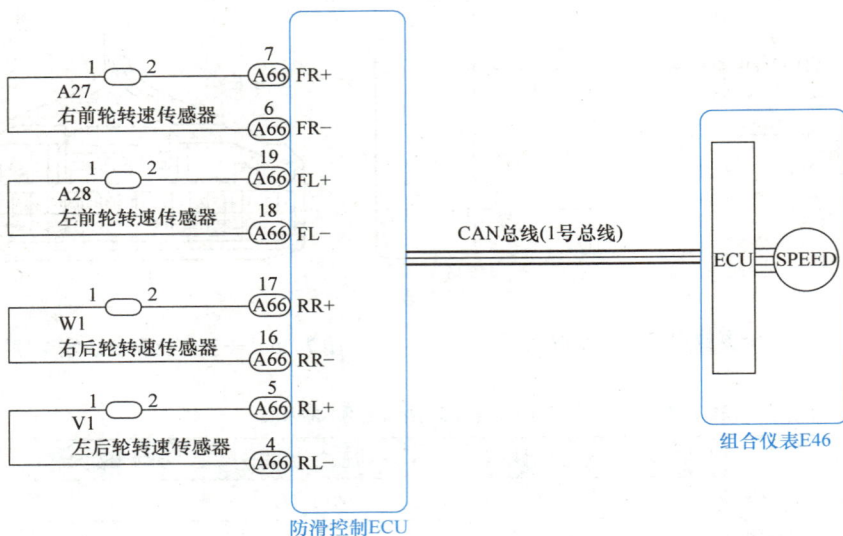

图7-37　丰田卡罗拉汽车车速表的工作原理

（1）检测 CAN 总线系统　确认 CAN 总线通信无故障。

（2）用解码器进行主动测试　主动测试的步骤如下：

1）将解码器连接到 DLC3。

2）将点火开关置于 ON（IG）位置。

3）打开解码器。

4）进入以下菜单项：Diagnosis/OBD/MOBD/Combination Meter/Active Test。

主动测试标准见表7-3。若指针异常，更换仪表总成；否则，进入下一步。

表7-3　丰田卡罗拉汽车数字式车速表主动测试标准

检测仪显示	测试部位	控制范围	实测结果
Speed Meter Operation	车速表	0, 40, 80, 120, 160, 200km/h	

（3）读仪表数据流　步骤如下：

1）将解码器连接到 DLC3。

2）将点火开关置于 ON（IG）位置。

3）打开解码器。

4）进入以下菜单项：Diagnosis/OBD/MOBD/Combination Meter/Data List。

5）将车置于底盘测功机上。

检测标准见表7-4。若检测结果正常，更换仪表总成；否则，进入下一步。

表7-4　丰田卡罗拉汽车数字式车速表的数据流检测标准（一）

检测仪显示	测量项目/范围	正常状态	实测结果
Vehicle Speed Meter	车速/（最低0km/h，最高255km/h）	几乎与实际车速一致（驾驶时）	

6）进入以下菜单项：Diagnosis/Chassis/ABS/VSC/TRC/Data List，再次读取数据流。检

读取数据流

测标准见表7-5。若检测结果正常，更换仪表总成；否则，故障不在仪表，需要检测制动控制系统。

表 7-5　丰田卡罗拉汽车数字式车速表的数据流检测标准（二）

检测仪显示	测量项目/范围	正常状态	实测结果
FR/FL/RR/RL Wheel Speed	车速/（最低 0km/h，最高 326km/h）	几乎与实际车速一致（驾驶时）	

任务 3　发动机转速表故障检测与维修

【任务导入】

当汽车发动机运行时，发动机转速表不显示或显示的转速与实际转速不符，则说明转速表有故障。

【任务实施环境】

1. 理实一体教室授课，每个学习小组配备 1 个标准工位。
2. 每个工位配备汽车（丰田卡罗拉汽车）1 辆，解码器 1 个，万用表 1 个及各种导线，电工常用的各种钳子、螺钉旋具等。
3. 每组配备丰田卡罗拉汽车维修手册 1 套，卡罗拉汽车仪表总成 1 个。

【任务实施步骤】

1. 确认故障现象

通过起动发动机进行故障现象确认。

2. 故障检测

丰田卡罗拉汽车发动机转速表的工作原理如图 7-38 所示。发动机控制单元 ECU 接收曲轴位置传感器信号并计算出发动机转速后，通过 CAN 总线将发动机转速信号传给组合仪表 ECU，组合仪表 ECU 输出相应的脉冲信号，控制步进电动机驱动指针指示相应的发动机转速。故障诊断的步骤如下：

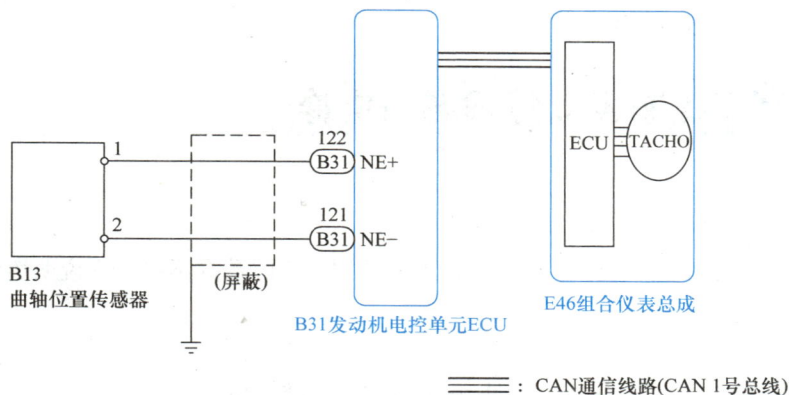

≡≡≡：CAN通信线路(CAN 1号总线)

图 7-38　丰田卡罗拉汽车发动机转速表的工作原理

（1）检测 CAN 总线系统　确认 CAN 总线通信无故障。

（2）用解码器进行主动测试　主动测试的步骤如下：

1）将解码器连接到 DLC3。

2）将点火开关置于 ON（IG）位置。

3）打开解码器。

4）进入以下菜单项：Diagnosis/OBD/MOBD/Combination Meter/Active Test。

主动测试的结果见表 7-6。若指针异常，更换仪表总成；否则，进入下一步。

表7-6　丰田卡罗拉汽车电子仪表转速表主动测试标准

检测仪显示	测试部位	控制范围/（r/min）	实测结果
Tacho Meter Operation	转速表	0, 1000, 2000, 3000, 4000, 5000, 6000, 7000	

（3）读仪表数据流　步骤如下：

1）将解码器连接到 DLC3。

2）将点火开关置于 ON（IG）位置。

3）打开解码器。

4）进入以下菜单项：Diagnosis/OBD/MOBD/Combination Meter/Data List。

数据流检测标准见表 7-7。若检测结果正常，更换仪表总成；否则，进入下一步。

表7-7　丰田卡罗拉汽车数字式转速表数据流检测标准

检测仪显示	测量项目/范围	正常状态	实测结果
Engine Rpm	发动机转速/（最低 0r/min，最高 12750r/min）	几乎与实际发动机转速一致（当发动机运转时）	

（4）读故障码　步骤如下：

1）将解码器连接到 DLC3。

2）将点火开关置于 ON（IG）位置。

3）打开解码器。

4）进入以下菜单项：Diagnosis/Powertrain/Engine and ECT/DTC Info/Clear Codes。

5）使车辆以高于 5km/h 的速度行驶至少 60s。

如果没有故障码，更换仪表总成。否则，说明仪表正常，应按故障码提示进行诊断，一般可疑部位为发动机控制系统。

任务4　燃油表故障检测与维修

【任务导入】

当打开点火开关时，燃油表不显示或显示的数据与实际数据不符，则说明燃油表有故障。

【任务实施环境】

1. 理实一体教室授课，每个学习小组配备 1 个标准工位。

2. 每个工位配备汽车（丰田卡罗拉汽车）1 辆，解码器 1 个，万用表 1 个及各种导线，电工常用的各种钳子、螺钉旋具等。

3. 每组配备丰田卡罗拉汽车维修手册 1 套、卡罗拉汽车仪表总成 1 个。

【任务实施步骤】

1. 确认故障现象

通过打开点火开关进行故障现象确认。

2. 故障检测

燃油箱内的燃油表传感器与仪表 CPU 的连接如图 7-39 所示。燃油表传感器的电阻在 15Ω（浮子处于满位置时）和 410Ω（浮子处于空位置时）之间变化。当燃油油位发生变化时，燃油表传感器浮子随之移动，燃油表传感器的电阻将发生变化。此时，仪表 CPU 根据仪表端子 10、25 之间的电压变化来控制燃油表显示相应的燃油量（当燃油油位低于 9.2L 时，燃油油位警告灯将亮起）。

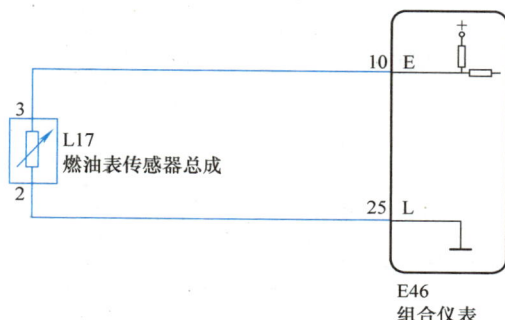

图 7-39 卡罗拉汽车燃油表原理图

（1）用解码器进行主动测试 主动测试的步骤如下：

1）将解码器连接到 DLC3。

2）将点火开关置于 ON（IG）位置。

3）打开解码器。

4）进入以下菜单项：Diagnosis/OBD/MOBD/Combination Meter/Active Test。

主动测试标准见表 7-8。若指针异常，更换仪表总成；否则，进入下一步。

表 7-8 丰田卡罗拉汽车数字式燃油表主动测试标准

检测仪显示	测试部位	控制范围	实测结果
Fuel Meter Operation	燃油表	EMPTY，1/2，FULL	

（2）读仪表数据流 步骤如下：

1）将解码器连接到 DLC3。

2）将点火开关置于 ON（IG）位置。

3）打开解码器。

4）进入以下菜单项：Diagnosis/OBD/MOBD/Combination Meter/Data List。

数据流检测标准见表 7-9。若检测结果异常，更换仪表；否则，进行下一步检测。

（3）检测线束与插接器 断开仪表总成线束插接器（E46）及燃油泵总成线束插接器（L17），如图 7-40 所示。测试标准见表 7-10。若测试结果异常，则更换线束；否则，进行下一步。

表7-9　丰田卡罗拉汽车数字式燃油表数据流检测标准

检测仪显示	测量项目/范围	正常状态	实测结果
Fuel Input	燃油输入信号最小为0，最大为127.5	燃油表指示（F）：49.0（L） 燃油表指示（3/4）：38.2（L） 燃油表指示（1/2）：27.5（L） 燃油表指示（1/4）：16.5（L） 燃油表指示（E）：5.5（L）	

表7-10　卡罗拉汽车仪表总成与燃油泵总成线束测试标准

检测仪连接	条　件	规 定 状 态	实 测 结 果
E46－10（E）－L17－3（FE）	始终	小于1Ω	
E46－25（L）－L17－2（FS）	始终	小于1Ω	
L17－2（FS）－车身搭铁	始终	10kΩ 或更大	
E46－25（L）－车身搭铁	始终	10kΩ 或更大	

（4）检测燃油表传感器总成　首先断开燃油表传感器总成线束插接器，如图7-41所示，测试标准见表7-11。若测试结果正常，则更换仪表总成；否则，更换燃油表传感器总成。

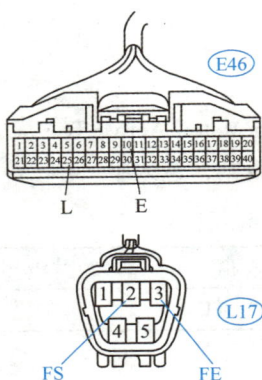

图7-40　卡罗拉汽车仪表总成与燃油泵总成线束插接器

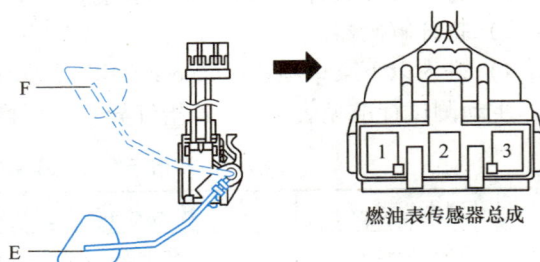

图7-41　卡罗拉汽车燃油表传感器总成线束插接器

表7-11　卡罗拉汽车燃油表传感器总成测试标准

浮子室液位高度	测量端子2和3之间的电阻/Ω	实测结果
F	13.5～16.5	
在 E 和 F 之间	13.5～414.5（渐变）	
E	405.5～414.5	

任务 5　冷却液温度表故障检测与维修 ◀◀◀

【任务导入】

当汽车发动机运行时（确认冷却液温度接近正常工作温度），冷却液温度表不显示或显示的数据与实际不符，则说明冷却液温度表有故障。

【任务实施环境】

1. 理实一体教室授课，每个学习小组配备 1 个标准工位。
2. 每个工位配备汽车（丰田卡罗拉汽车）1 辆，解码器 1 个，万用表 1 个及各种导线，电工常用的各种钳子、螺钉旋具等。
3. 每组配备丰田卡罗拉汽车维修手册 1 套、卡罗拉汽车仪表总成 1 个。

【任务实施步骤】

1. 确认故障现象

通过起动发动机进行故障现象确认。

2. 故障检测

仪表 CPU 通过 CAN 通信电路（CAN 1 号总线）接收来自 ECM 的发动机冷却液温度信号。仪表 CPU 根据从 ECM 接收到的数据计算并显示发动机冷却液温度。丰田卡罗拉汽车冷却液温度表原理图如图 7-42 所示。具体检测步骤如下：

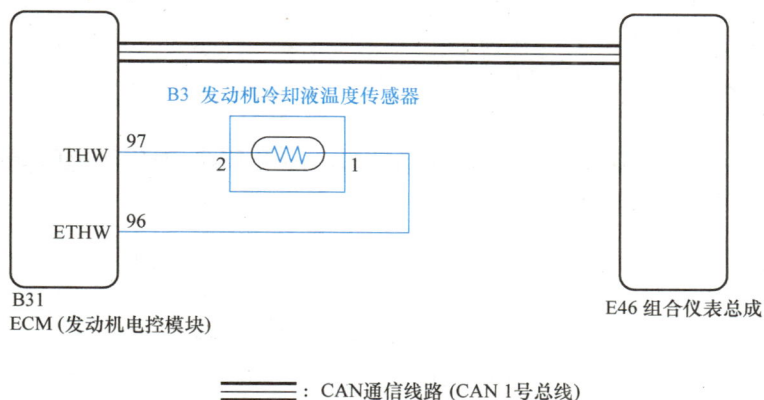

图 7-42　丰田卡罗拉汽车冷却液温度表原理图

1）确认 CAN 通信系统正常。
2）用解码器读故障码，若有故障码，按故障码提示进行检测。
3）用解码器进行主动测试。主动测试的步骤如下：
① 将解码器连接到 DLC3。
② 将点火开关置于 ON（IG）位置。

③ 打开解码器。

④ 进入以下菜单项：Diagnosis/OBD/MOBD/Combination Meter/Active Test。

主动测试标准见表7-12。若指针正常，更换仪表总成；否则，进入下一步。

表7-12　丰田卡罗拉汽车电子仪表冷却液温度表主动测试标准

检测仪显示	测试部位	控 制 范 围	实 测 结 果
Water Temperature Meter Operation	发动机冷却液温度表	Low，Normal，High	

4）读仪表数据流。步骤如下：

① 将解码器连接到 DLC3。

② 将点火开关置于 ON（IG）位置。

③ 打开解码器。

④ 进入以下菜单项：Diagnosis/OBD/MOBD/Combination Meter/Data List。

数据流检测标准见表7-13。若检测结果正常，更换仪表；否则，进行下一步检测。

表7-13　丰田卡罗拉汽车电子仪表冷却液温度表数据流检测标准

检测仪显示	测量项目/范围	正常状态	诊断备注	实 测 结 果
Coolant Temperature	发动机冷却液温度：0（32℉）～127.5℃（261.5℉）	暖机后：80～95℃（176～203℉）	如果为 -40℃（-40℉），则传感器电路断路　如果为140℃（284℉）或更高，则传感器电路短路	

5）再次读取故障码。步骤如下：

① 将解码器连接到 DLC3。

② 将点火开关置于 ON（IG）位置。

③ 打开解码器。

④ 进入以下菜单项：Diagnosis/Powertrain/Engine and ECT/DTC Info/Clear Codes。

⑤ 使车辆以高于 5km/h 的速度行驶至少 60s。

⑥ 使车辆停止。

⑦ 读取故障码。

若正常，更换仪表总成；否则，检测发动机控制系统。

小　　结

汽车仪表与警告灯用来监测发动机与汽车的工作状态。目前，常用的仪表有冷却液温度表、燃油表、车速里程表及发动机转速表。常用的警告灯有机油压力警告灯、冷却液温度警告灯、燃油不足警告灯和制动器摩擦片使用极限警告灯等。

随着电子技术的发展，汽车仪表及电子显示系统所提供的信息越来越多，包括发动机及汽车的工况信息、汽车的保养信息、空气调节方式的信息、故障诊断信息、通信信息和交通信息等内容。

复习思考题

1. 简述冷却液温度表电路的组成及工作过程。
2. 简述燃油表电路的组成及工作过程。
3. 简述车速里程表电路的组成及工作过程。
4. 简述发动机转速表电路的组成及工作过程。
5. 简述机油压力警告灯的工作过程。
6. 简述燃油不足警告灯的工作过程。
7. 简述制动液不足警告灯的工作过程。
8. 简述制动器摩擦片使用极限警告灯的工作过程。

项目8 >>

安全与舒适系统的检测与维修

【项目导读】

>>> 知识目标

掌握电控安全系统的基本组成与工作原理。

>>> 技能目标

1) 能正确识读电控安全系统的电路图。
2) 能正确诊断电控安全系统的故障原因并排除故障。

任务1 安全气囊系统检测与维修 <<<

【任务导入】

安全气囊系统（SRS）是辅助安全系统，主要由传感器、气囊组件、安全气囊 ECU、安全气囊线束及安全气囊指示灯等组成。SRS 指示灯位于仪表板上，用来监测安全气囊系统是否正常。当接通点火开关时，安全气囊 ECU 对系统进行自检，若指示灯闪烁约 6s 后熄灭，表示安全气囊系统正常；否则，安全气囊系统有故障。

现有丰田卡罗拉汽车 1 辆，故障现象是打开点火开关时 SRS 指示灯一直亮。请对安全气囊系统进行故障诊断，以确定故障部位，进而排除故障。

【相关知识】

一、安全气囊的类型

1. 按碰撞类型分

根据碰撞类型的不同，安全气囊可分为正面碰撞安全气囊、侧面碰撞安全气囊和顶部碰撞安全气囊。正面碰撞安全气囊是目前应用最广泛的一种，侧面碰撞安全气囊和顶部碰撞安全气囊现已逐渐普及。

2. 按安全气囊数目分

按照安全气囊安装数目不同，安全气囊可分为双气囊系统（驾驶人侧和前排乘员侧各有一个安全气囊）和多气囊系统两种。安全气囊的安装位置如图8-1所示。

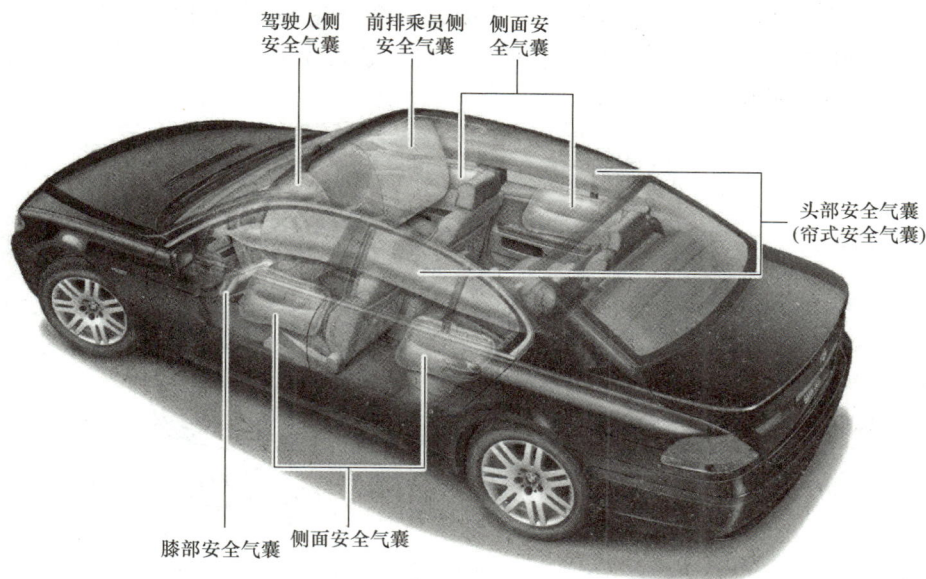

驾驶人侧安全气囊
前排乘员侧安全气囊
侧面安全气囊
头部安全气囊（帘式安全气囊）
膝部安全气囊
侧面安全气囊

图 8-1 安全气囊的安装位置

安全气囊类型（1）

安全气囊类型（2）

安全气囊类型（3）

二、汽车对安全气囊的要求

1. 可靠性高

在汽车未发生碰撞事故的情况下，安全气囊的使用年限为 7～15 年。若在碰撞事故中安全气囊引爆，则安全气囊系统需要全套更换。

2. 安全可靠

安全气囊系统要能正确区分制动减速度和碰撞减速度。

3. 灵敏度高

当汽车发生碰撞时，安全气囊系统要在二次碰撞（指驾驶人或前排乘员与转向盘、仪表板或风窗玻璃碰撞）前，正确、快速地打开气囊，并能正确泄气，起到缓冲作用。

4. 有防误爆功能

安全气囊系统一般采用二级门限控制，汽车减速度的控制门限要合理。若减速度过低，汽车发生轻微碰撞，安全气囊就会引爆；若减速度过高，汽车发生碰撞时，安全气囊会打不开，或者打开过晚。

5. 有自动诊断功能

安全气囊系统能及时发现故障，并以警告灯闪亮的形式提示驾驶人。

三、安全气囊的结构及工作原理

安全气囊系统主要由传感器、气囊组件和安全气囊 ECU 等组成。图 8-2 所示为大众汽车 SRS 的零件位置。当汽车发生碰撞时，传感器将电信号传送给安全气囊 ECU，安全气囊 ECU 将信号进行处理，当确定需要打开安全气囊时，安全气囊 ECU 立即发出点火信号，气体发生器在 30ms 内将大量气体充满气囊，从而实现对驾驶人和乘员的安全保护。安全气囊系统的工作原理如图 8-3 所示。

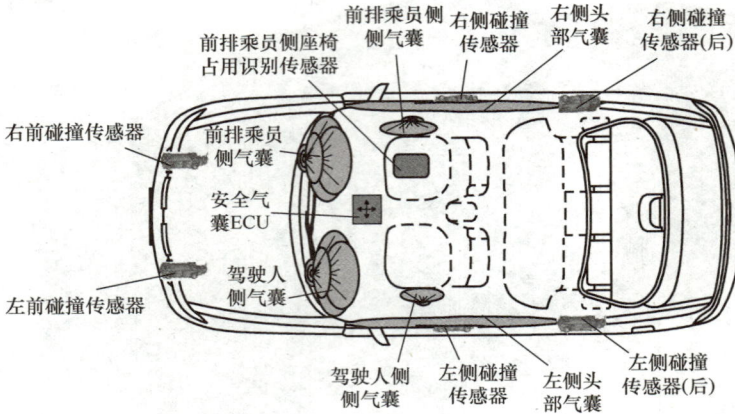

图 8-2　大众汽车 SRS 的零件位置

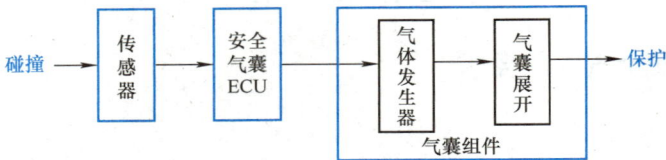

图 8-3　安全气囊系统的工作原理

1. 传感器

在汽车安全气囊系统中，传感器分为前碰撞传感器、侧碰撞传感器和中央碰撞传感器 3 种。安装于汽车前部（前保险杠后及前叶子板下）的碰撞传感器称为前碰撞传感器；安装于左、右两侧 B 柱与 C 柱的碰撞传感器称为侧碰撞传感器；安装于安全气囊 ECU 内部的碰撞传感器称为中央碰撞传感器，也称为安全传感器。

1）滚球式传感器的结构与工作原理。图 8-4 所示为奥迪轿车使用的滚球式碰撞传感器的结构，传感器主要由铁质滚球、永久磁铁、导缸、固定触点和壳体组成。两个触点分别与传感器引线端子连接，滚球用来检测减速度大小，在导缸内可移动或滚动。壳体上印制有箭头标记，方向与传感器的结构有关，有的规定指向汽车的前方，有的规定指向汽车的后方，因此安装传感器时，箭头方向必须符合该车型使用说明书的规定。

滚球式碰撞传感器的工作原理如图 8-5 所示。当传感器处于静止状态时，在永久磁铁磁吸力的作用下，导缸内的滚球被吸向磁铁，两个触点与滚球分离，传感器电路处于断开状态，如图 8-5a 所示。当汽车发生碰撞且减速度达到设定值时，滚球所产生的惯性力将大于永久磁铁的磁吸力。滚球在惯性力作用下克服磁力沿导缸向两个固定触点运动并将两个固定触点接通，如图8-5b所示。此时，传感器将碰撞信号传送给安全气囊ECU。

　　2）偏心锤式传感器的结构与工作原理。图8-6所示为丰田轿车采用的偏心锤式传感器的外形。图8-7所示为偏心锤式传感器的结构，该传感器由外壳、偏心转子、偏心重块、固定触点和旋转触点等部分组成。如图8-7b所示，在传感器外固定有一个电阻 R，电阻 R 的作用是对系统进行自检时，检测安全气囊ECU与碰撞传感器之间的连接导线是否断路或短路。

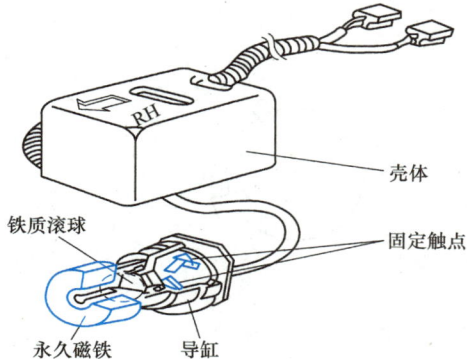

图8-4　滚球式碰撞传感器的结构

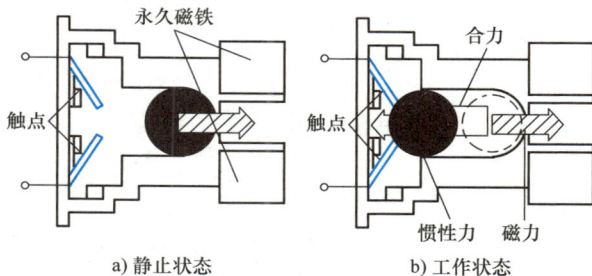

a）静止状态　　　　　　b）工作状态

图8-5　滚球式碰撞传感器的工作原理

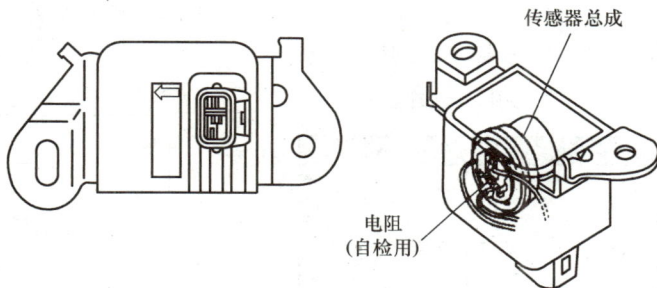

图8-6　丰田轿车采用的偏心锤式传感器的外形

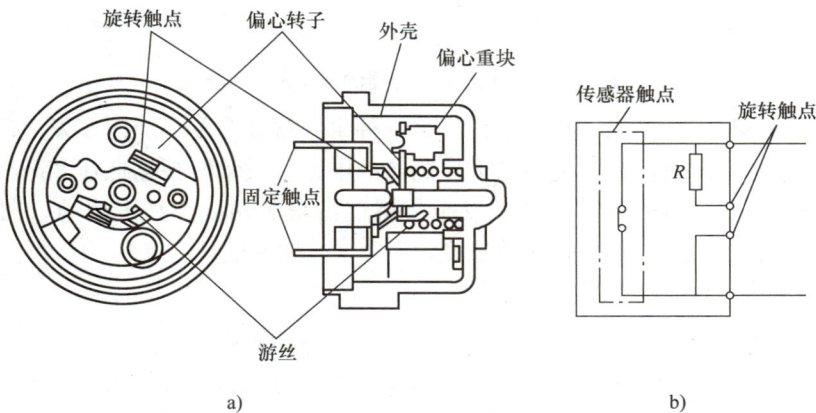

a）　　　　　　　　　　b）

图8-7　偏心锤式传感器的结构

偏心锤式传感器的工作原理如图 8-8 所示。在正常情况下，偏心转子和偏心重块在螺旋弹簧弹力的作用下顶靠在与外壳相连的止动块上，此时，旋转触点与固定触点不接触，开关处于断开状态，如图 8-8 所示。当汽车发生碰撞时，偏心重块由于惯性力将带动偏心转子克服弹簧弹力产生偏转。当碰撞强度达到设定值时，偏心转子旋转触点与固定触点接触而闭合，此时碰撞传感器向安全气囊 ECU 输入导通信号，安全气囊 ECU 只有收到碰撞传感器输入的导通信号时，才能引爆气体发生器，使气囊充气。

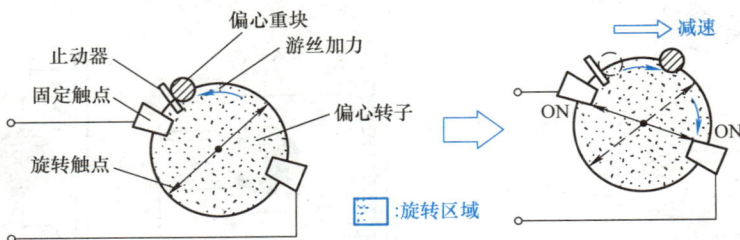

图 8-8　偏心锤式传感器的工作原理

3）电子式碰撞传感器。电子式碰撞传感器的结构及工作原理如图 8-9 所示。当汽车发生碰撞时，半导体应变片在悬臂架惯性力作用下发生弯曲应变，受压后的半导体应变片的电阻阻值发生变化，电阻的变化会引起动态应变仪输出电压 U_S 发生变化。汽车的速度越大，碰撞后产生的减速度越大，传感器输出的电压越大。

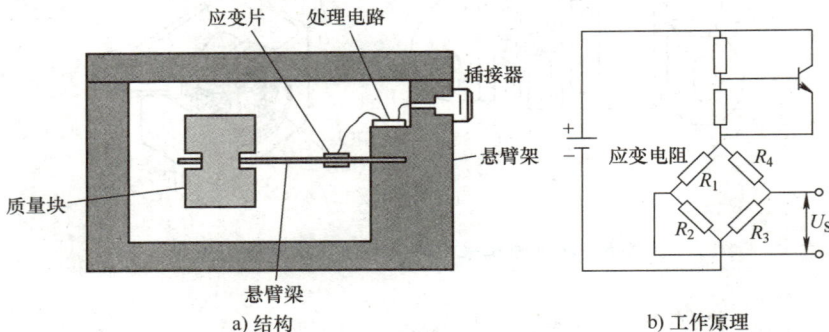

图 8-9　电子式碰撞传感器的结构及工作原理

4）水银式传感器。如图 8-10 所示，它是一种水银常开开关。当汽车发生碰撞时，足够大的减速度惯性力将水银抛起，接通点火控制器的电路。设计时根据低速和高速碰撞的临界速度计算两种减速度，然后计算出 2 个安全传感器的安装角 α（水银运动方向与水平线夹角），即 $\cos\alpha = g/a$。其中，a 为碰撞减速度，g 为重力加速度。

2. 气囊组件

气囊组件主要由气体发生器、点火器、气囊、饰盖和底板等组成。

（1）气体发生器　气体发生器又称为充气泵，其结构如图 8-11 所示。

气体发生器利用热效反应产生氮气而充入气囊。在点火器引爆点火剂瞬间，点火剂会产生大量热量，叠氮化钠药片受热立即分解产生氮气并从充气孔充入气囊。虽然氮气是无毒气体，但是叠氮化钠的副产品有少量的氢氧化钠和碳酸氢钠（白色粉末），这些物质是有害的，因此在清洁膨胀后的气囊时，应保持良好的通风并采取防护措施。

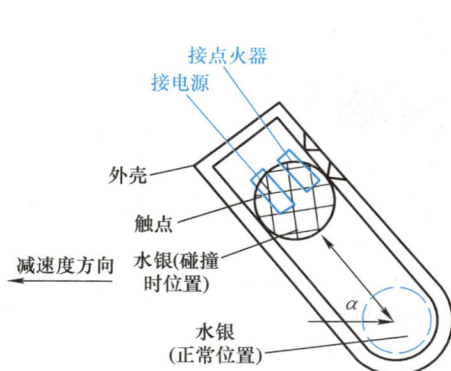

图 8-10　水银式传感器

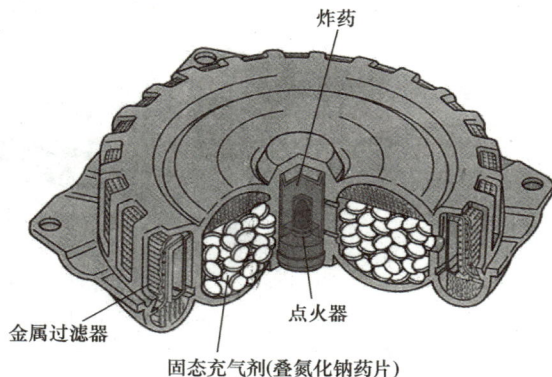

图 8-11　气体发生器的结构

为减小车辆高速行驶中正面碰撞气囊张开时对前排驾乘人员产生的冲击，正面气囊可采用两级引爆的方式。如图 8-12 所示，在气体发生器中有两个点火器，两个点火器分两次引爆炸药（即两级引爆），首先 1 号点火器引爆炸药使 1 号舱固态充气剂产生气体，然后 2 号点火器引爆炸药使 2 号舱固态充气剂产生气体，此时气囊完全张开。两次点火时间间隔为 5～50ms，碰撞强度越高间隔时间越短。

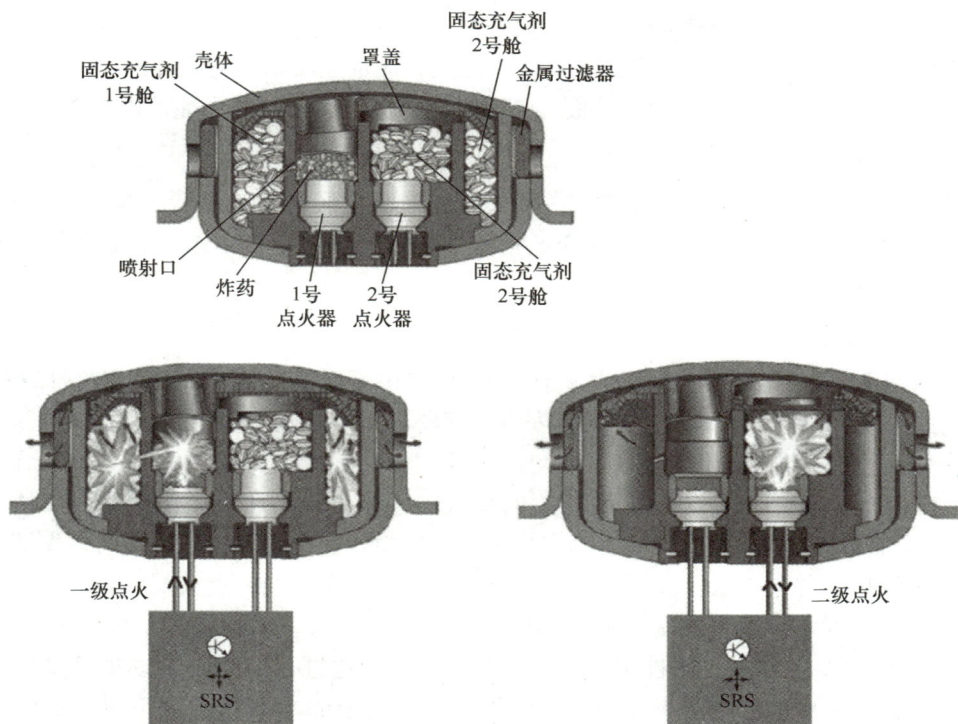

图 8-12　两级点火气体发生器的结构

（2）点火器　点火器安装在气体发生器内部中央位置，其功用是根据安全气囊 ECU 的指令引爆点火剂，产生热量使充气剂分解。点火器的结构如图 8-13 所示，主要由引爆炸药、药筒、引药、电热丝、电极和引出导线等组成。

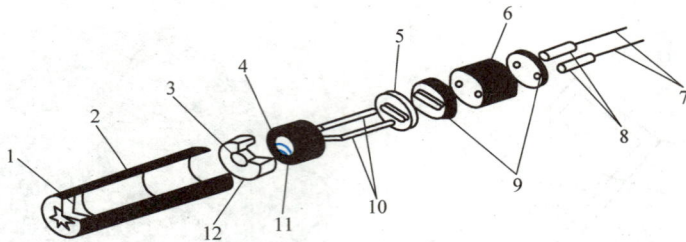

图 8-13　点火器的结构

1—引爆炸药　2—药筒　3—引药　4—电热丝　5—陶瓷片　6—永久磁铁
7—引出导线　8—绝缘套管　9—绝缘垫片　10—电极　11—电热头　12—药托

点火器的所有部件均装在药筒内。点火剂包括引爆炸药和引药。引出导线与气囊插接器插头连接，插接器（一般为黄色）中设有短路片（铜质弹簧片）。当插接器插头拔下或插头与插座未能完全接合时，短路片将两根引线短接，防止静电或误通电将电热丝电路接通，从而使点火器引爆而导致气囊误引爆。

（3）气囊　气囊按布置位置可分为驾驶人侧气囊、前排乘员气囊、后排气囊、侧面气囊和顶部气囊等；按大小可分为保护整个上身的大型气囊和主要保护面部的小型护面气囊。护面气囊成本低，但需要和座椅安全带配合使用才能有保护作用。

驾驶人侧的气囊多采用尼龙布涂氯丁橡胶或有机硅制成。橡胶涂层起密封和保护作用，气囊背面有 2 个泄气孔。前排乘员侧气囊没有涂层，靠尼龙布本身的孔隙泄气。

（4）饰盖　饰盖是气囊组件的盖板，上面模制有撕缝，以便气囊能冲破饰盖膨开。

3. SRS 指示灯

SRS 指示灯位于仪表板上，接通点火开关时，诊断单元对系统进行自检，若亮 6s 后熄灭，表示安全气囊系统正常。若 6s 后 SRS 指示灯依然闪烁或一直不熄灭，表示安全气囊系统有故障，提示驾驶人进行维修。

4. 安全气囊 ECU

安全气囊 ECU 由中央处理器 CPU、只读存储器 ROM、随机存储器 RAM、I/O 接口和驱动器等电子电路组成。安全气囊 ECU 内部还有安全传感器、备用电源、稳压电路和故障自诊断电路等。安全气囊 ECU 的内部结构如图 8-14 所示，安全气囊系统的工作原理图如图 8-15 所示。

在汽车运行过程中，安全气囊 ECU 不断接收前碰撞传感器和安全传感器传来的车速变化信号，经过数学计算和逻辑判断后确定是否发生碰撞。当确定为发生碰撞时，立即运行控制点火器的程序，并向点火器控制电路发出点火指令引爆点火剂，点火剂引爆时产生大量的热量，使充气剂受热分解释放氮气充入气囊。

安全气囊 ECU 要对控制组件中关键部件的电路不断地进行诊断测试，并通过 SRS 指示灯和储存在存储器中的故障码来显示测试结果。仪表板上的 SRS 指示灯可以直接向驾驶人提供安全气囊系统的状态信息。逻辑存储器中的状态信息和故障码可用专用仪器或通过特定方式从串行通信接口调出，供维修时参考。

安全气囊系统有两个电源：一个是汽车电源；另一个是备用电源。备用电源电路由电源控制电路和若干个电容器组成。在单安全气囊系统的控制组件中，设有一个安全气囊 ECU

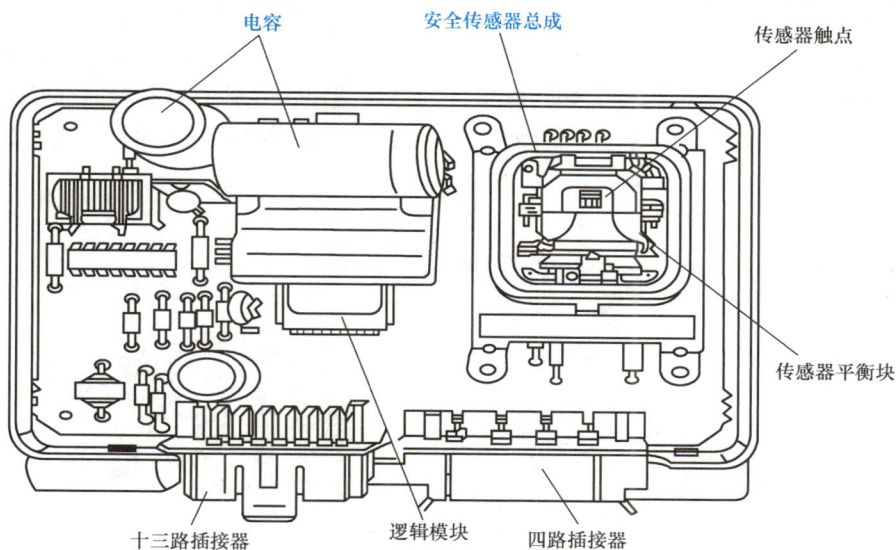

图 8-14　安全气囊 ECU 的内部结构

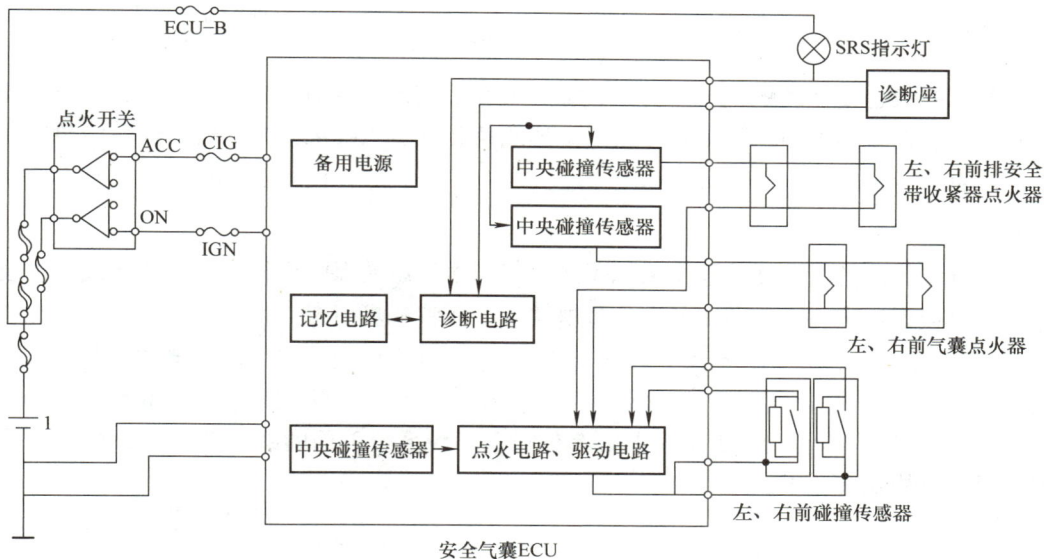

图 8-15　安全气囊系统的工作原理图

备用电源和一个点火备用电源。在双安全气囊系统的控制组件中，设有一个安全气囊 ECU 备用电源和两个点火备用电源，即两条点火电路各设一个备用电源。点火开关接通 10s 之后，如果汽车电源电压高于安全气囊 ECU 的最低工作电压，所有备用电源即可完成储能任务。备用电源的功用是：当汽车电源与安全气囊 ECU 之间的电路切断后，在一定时间（一般为 6s）内，备用电源继续向安全气囊 ECU 供电，保持安全气囊系统的正常功能。当汽车遭受碰撞而导致蓄电池或发动机与安全气囊 ECU 之间的电路切断时，备用电源能在 6s 之内向安全气囊 ECU 供电，保证安全气囊 ECU 测出碰撞、发出点火指令及引爆气囊等。若时间过长，备用电源供电能力下降，就不能确保安全气囊系统正常工作。

5. 安全气囊系统线束

安全气囊系统的所有线束都套装在黄色的波纹管内，以便于区别。为了保证转向盘具有足够的转动角度而不致损伤驾驶人侧气囊组件的连接线束，在转向盘与转向柱管之间采用了螺旋线束，即将线束安装在螺旋形弹簧内，再将螺旋弹簧放到弹簧壳体内，如图8-16所示。

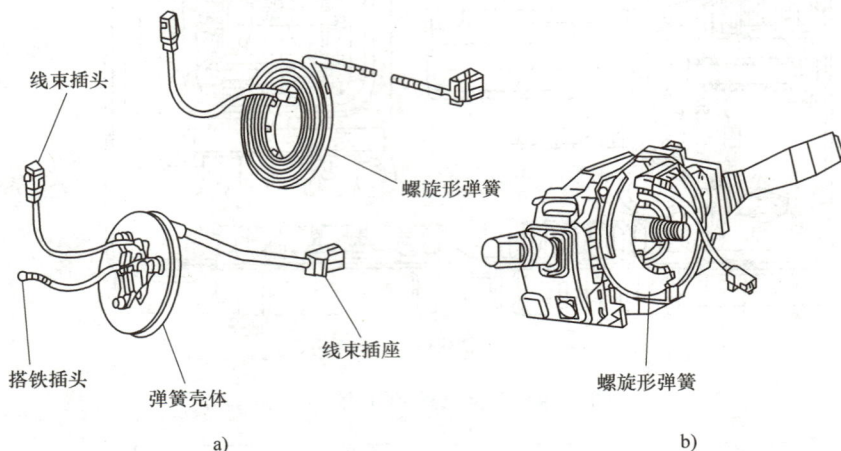

图 8-16　安全气囊系统的螺旋线束

电喇叭线束也安装在螺旋形弹簧内，螺旋形弹簧安装在转向盘与转向柱之间。安装时，应注意其安装位置和方向，否则将导致螺旋形线束和电喇叭线束折断、转向盘转向角度不足或转向沉重。

6. 保险机构

安全气囊系统的线束插接器中采用了防止气囊误引爆的保险机构，以防止在维修拆装过程中因静电或误通电将点火器中的电热丝电路接通而将气囊引爆。

为了区别其他线束，安全气囊线束做成黄色，而且线束插接器采用导电性能和耐久性能良好的镀金端子，并设计有防止气囊误爆机构、端子双重锁定机构、插接器双重锁定机构和电路连接检查机构。图8-17所示为丰田汽车安全气囊系统采用的线束插接器。插接器采用的各种保险机构见表8-1。

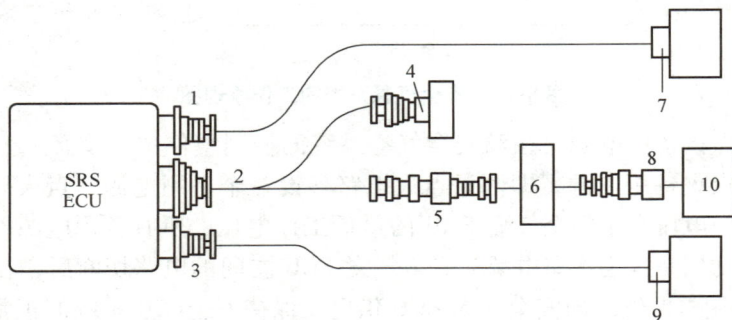

图 8-17　丰田汽车安全气囊系统采用的线束插接器

1、2、3—安全气囊 ECU 插接器　4—安全气囊系统电源插接器　5—中间线束插接器　6—螺旋线束
7—右碰撞传感器插接器　8—气囊组件插接器　9—左碰撞传感器插接器　10—点火器

表 8-1　丰田汽车安全气囊插接器保险机构

序　号	项　目	插接器代号
1	防止气囊误引爆机构	2、5、8
2	电路连接诊断机构	1、3、7、9
3	插接器双重锁定机构	5、8
4	端子双重锁定机构	1、2、3、4、5、7、8、9

（1）防止安全气囊误引爆机构　如图 8-18 所示，在这种插接器中有一个短路片。当插接器插头与插座接在一起时，插头的绝缘体将短路片顶起，如图 8-18a 所示，短路片与点火器的两个端子分开，点火器中电热丝电路处于正常连接状态。当插接器拔下时，短路片就自动将点火器的两个引线端子短接，使点火器的电热丝与短路片构成回路，如图 8-18b 所示，此时即使误将电源加到点火器上，点火器也不会引爆，从而防止了安全气囊误引爆。

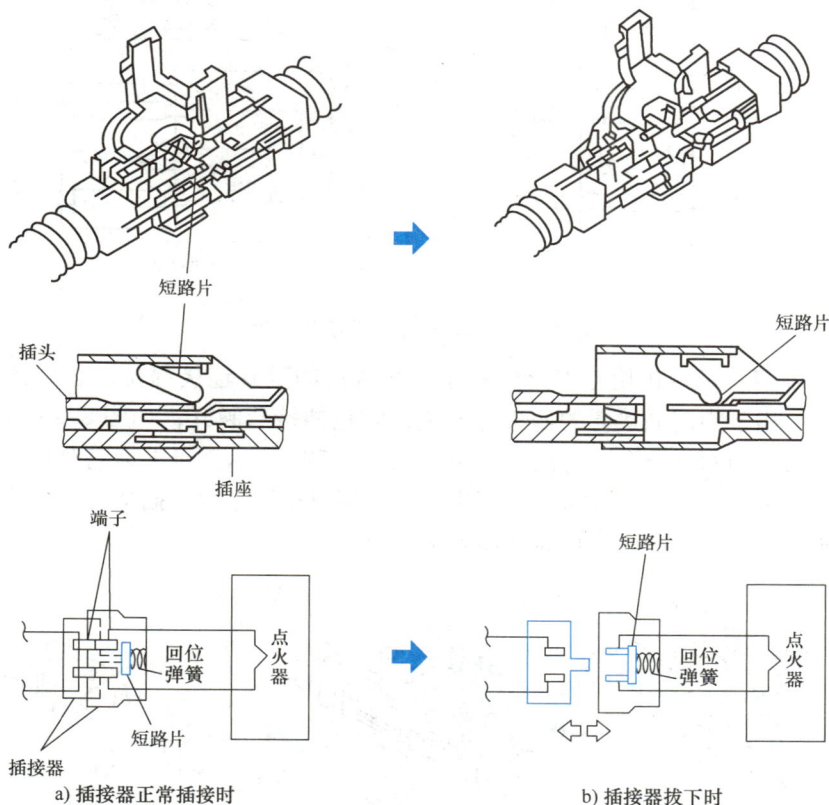

a) 插接器正常插接时　　　　　　　　　b) 插接器拔下时

图 8-18　防止安全气囊误引爆机构原理

（2）电路连接诊断机构　如图 8-19 所示，电路连接诊断机构用来监测插接器是否连接可靠，常用于前碰撞传感器。在这种插接器中，有一个诊断销和两个诊断端子，插接器正常连接时，诊断销与前碰撞传感器中的动合触点并联。

当传感器插头与插座未可靠连接（半连接）时，诊断端子与诊断销未接触，如图 8-19a 所示，此时安全气囊 ECU 监测到该碰撞传感器的电阻为无穷大，即诊断该碰撞传感器为连接不可靠，自诊断电路便控制 SRS 指示灯闪亮报警，同时将故障码储存在存储器中。当传感器插头与插座的连接为可靠连接时，诊断端子与诊断销完全接触，如图 8-19b 所示，此时电阻与碰撞传感器中的动合触点并联，安全气囊 ECU 检测到的阻值为该电阻的阻值，即可诊断为该插接器连接可靠。

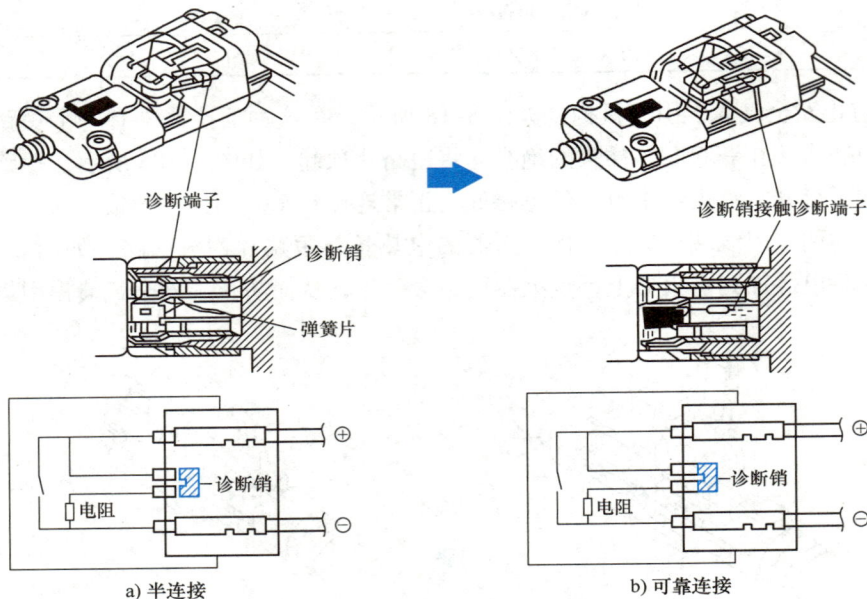

诊断端子

诊断销接触诊断端子

诊断销

弹簧片

诊断销

电阻

诊断销

电阻

a）半连接

b）可靠连接

图 8-19　电路连接诊断机构原理

（3）插接器双重锁定机构　安全气囊系统在线束的重要连接部位，其插接器都采用了双重锁定机构，用于锁定插接器的插头与插座，防止插接器脱开，如图 8-20 所示。当主锁未锁定时，插头上的两个凸台阻止副锁锁定，如图 8-20a 所示。当主锁完全锁定时，副锁锁柄才能转动并锁定，如图 8-20b 所示。当主锁与副锁双重锁定时，插接器的插头与插座的连接状态如图 8-20c 所示，从而防止插接器插头与插座分开。

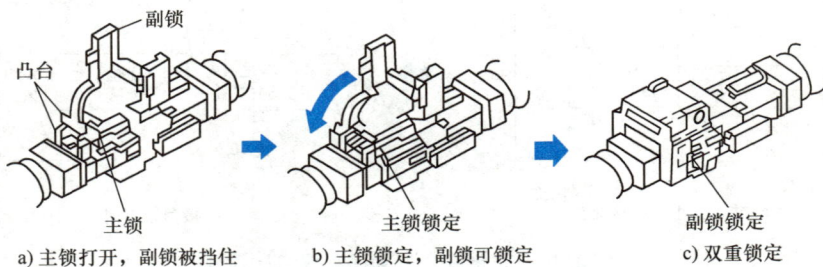

副锁

凸台

主锁

a）主锁打开，副锁被挡住

b）主锁锁定，副锁可锁定

副锁锁定

c）双重锁定

图 8-20　插接器双重锁定机构原理

（4）端子双重锁定机构　安全气囊系统的每一个插接器都设有端子双重锁定机构，用于阻止引线端子滑出，如图 8-21 所示。插接器的插头与插座都是由锁柄和分隔片两部分组成的。锁柄为一次锁定机构，可防止端子沿引线轴向方向滑动。分隔片为二次锁定机构，可防止端子沿引线径向方向移动。

四、电控安全气囊系统的控制过程

图 8-22 所示为丰田雷克萨斯 LS400 汽车安全气囊系统的工作原理。该电路的特点：前碰撞传感器与安装在安全气囊 ECU 中的中央碰撞传感器并联，驾驶人侧气囊点火器与前排乘员侧气囊点火器并联，左、右安全带收紧器并联。在安全气囊 ECU 中有两个相互并联的安全传感器，其中一个与安全带收紧

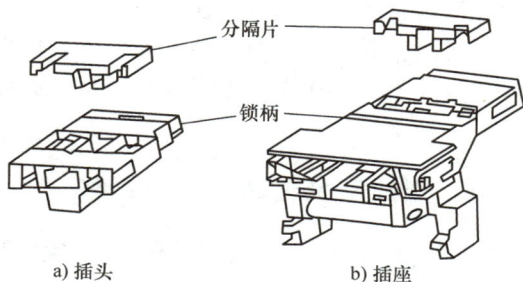

图 8-21　端子双重锁定机构

器和安全气囊 ECU 中的驱动电路构成回路，收紧器的点火器由安全气囊 ECU 控制；另一个安全传感器与气囊点火器和前碰撞传感器构成回路，气囊点火器也由安全气囊 ECU 控制。

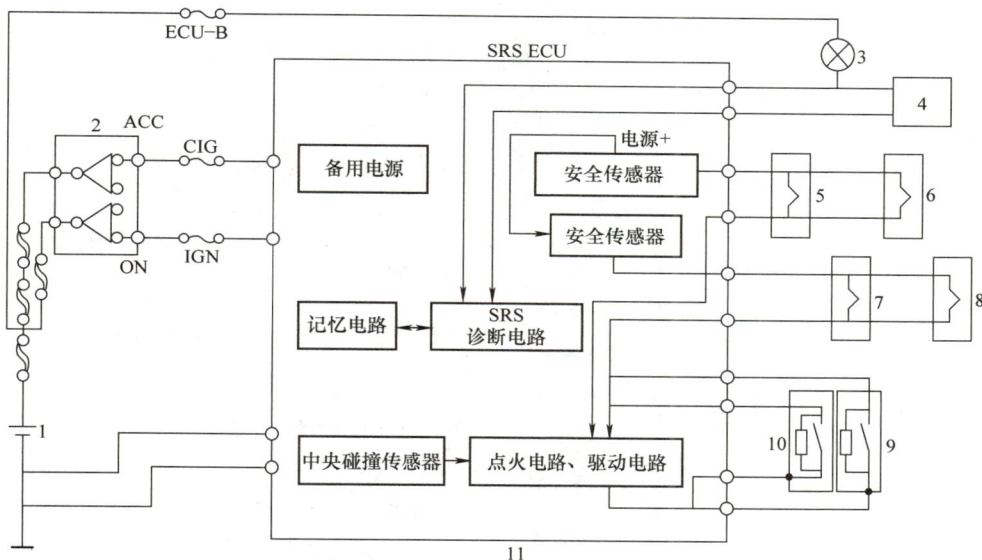

图 8-22　丰田雷克萨斯 LS400 汽车安全气囊系统的工作原理

1—蓄电池　2—点火开关　3—SRS 指示灯　4—诊断座　5—左安全带收紧器
6—右安全带收紧器　7—驾驶人侧气囊点火器　8—前排乘员侧气囊点火器
9—左前碰撞传感器　10—右前碰撞传感器　11—安全气囊 ECU

工作原理：在汽车行驶过程中，前碰撞传感器和中央碰撞传感器随时检测车速的变化信号，并将信号送到安全气囊 ECU；在安全气囊 ECU 中，CPU 经过数学计算和逻辑判断，确定是否发出点火指令，并判断是向安全带收紧器发出点火指令，还是向安全气囊点火器发出点火指令。

当汽车车速低于 30km/h 发生碰撞时，碰撞产生的减速度和惯性力较小，安全传感器和中央碰撞传感器将此信号送到安全气囊 ECU，安全气囊 ECU 判断结果为不引爆安全气囊，只引爆安全带收紧器的点火器。与此同时，向左、右安全带收紧器发出点火指令使安全带收紧，防止驾驶人和乘员受伤。

当汽车车速高于30km/h发生碰撞时，碰撞产生的减速度和惯性力较大，安全传感器和中央碰撞传感器将此信号送到安全气囊ECU，安全气囊ECU判断结果为需要引爆安全气囊和安全带收紧器共同保护驾驶人和乘员。与此同时，向左、右安全带收紧器和安全气囊点火器发出点火指令，在安全带收紧的同时，驾驶人侧气囊和前排乘员侧气囊同时引爆，达到保护驾驶人和乘员的目的。

五、电控安全气囊系统的实例

1. 丰田卡罗拉汽车安全气囊系统的组成及工作原理

丰田卡罗拉汽车安全气囊系统各部件安装位置如图8-23所示。

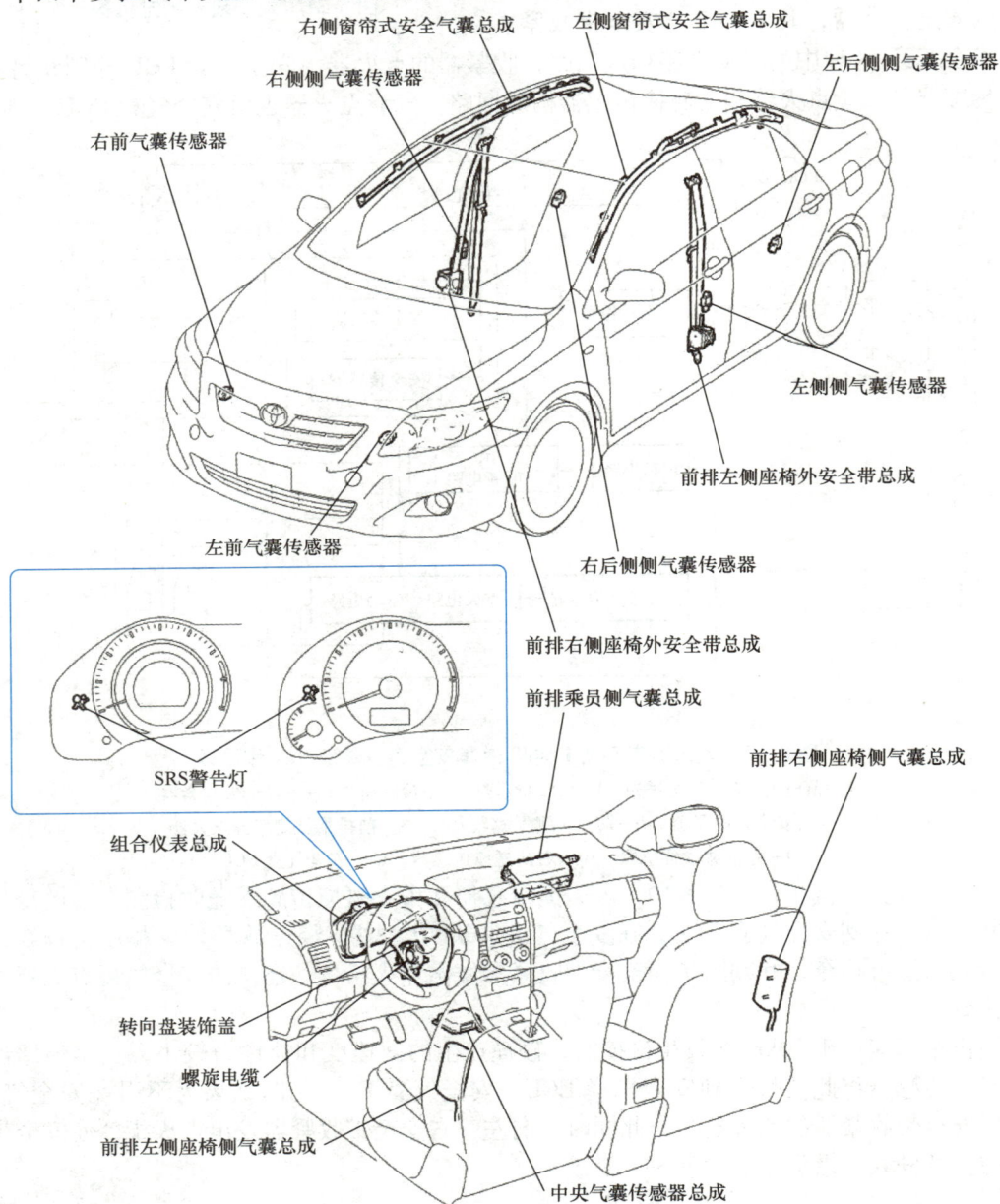

图8-23 丰田卡罗拉汽车安全气囊系统各部件安装位置

（1）气囊

1）正面碰撞防护气囊：驾驶人侧气囊和前排乘员侧气囊，正面碰撞时引爆。

2）侧面碰撞防护气囊：前排左、右侧座椅侧气囊和左、右侧窗帘式安全气囊，侧面中前部碰撞时引爆座椅侧气囊和窗帘式安全气囊，侧面后部碰撞时，仅引爆窗帘式气囊。

3）前排左、右安全带预紧器，正面碰撞时引爆，其引爆原理与安全气囊的引爆原理相同。

（2）传感器　丰田卡罗拉汽车安全气囊系统传感器安装位置如图 8-24 所示。

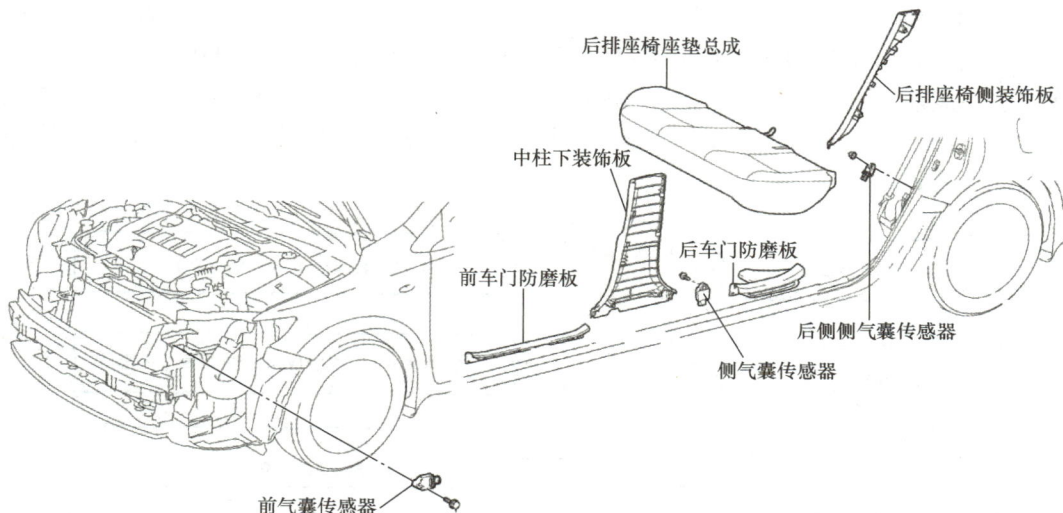

图 8-24　丰田卡罗拉汽车安全气囊系统传感器安装位置

1）前气囊传感器：左前气囊传感器与右前气囊传感器分别安装在左、右侧散热器支架上，用于监测正面碰撞强度。左、右前气囊传感器采用的是电子减速度传感器。

2）侧气囊传感器：左侧侧气囊传感器与右侧侧气囊传感器分别安装在左、右侧中柱的底部，侧气囊传感器采用的是电子减速度传感器。

3）后侧侧气囊传感器：左后侧侧气囊传感器与右后侧侧气囊传感器分别安装在左、右侧后柱上，后侧侧气囊传感器采用的是电子减速度传感器。

4）中央气囊传感器总成：中央气囊传感器总成也称为安全气囊 ECU。中央气囊传感器总成由安全传感器、点火控制电路、诊断电路和备用电源等组成。中央气囊传感器总成安装在仪表板下的中央地板上。

中央气囊传感器总成中的备用电源配备了升压电路（DC/DC 变换器），当蓄电池电压下降时，升压电路（DC/DC 变换器）工作，从而将安全气囊工作电压提升至正常电压。

（3）SRS 警告灯　安全气囊系统正常时，将点火开关从 OFF 位置转到 ON（IG）位置后，SRS 警告灯亮起约 6s 自动熄灭。

若安全气囊系统存在故障，则安全气囊 ECU 通过 CAN 总线将故障信息传送到组合仪表总成，组合仪表使 SRS 警告灯亮。

（4）引爆原理　丰田卡罗拉汽车安全气囊系统工作原理如图 8-25 所示，丰田卡罗拉汽车安全气囊系统电路如图 8-26 所示。

安全气囊 ECU 通过 CAN 总线将气囊引爆信号发送给发动机控制模块（ECM），以停止燃油泵工作。组合仪表通过 CAN 总线将车速信号发送安全气囊 ECU，当车速低于 30km/h 发生正面碰撞时，安全气囊系统不工作。

正面碰撞时安全气囊的引爆条件如图 8-27 所示。

侧面中前部碰撞时安全气囊的引爆条件如图 8-28 所示。

侧面后部碰撞时安全气囊的引爆条件如图 8-29 所示。

2. 宝马 E90 汽车（欧规）安全气囊系统

宝马汽车安全气囊系统也称为多功能乘员保护系统（MRS），宝马 E90 汽车（欧规）所采用的多功能乘员保护系统（MRS5）是 MRS 的后续开发产品。该系统由 MRS5 控制单元、传感器和执行机构组成。宝马 E90 汽车（欧规）安全气囊系统电路如图 8-30 所示，图中各元件说明见表 8-2。

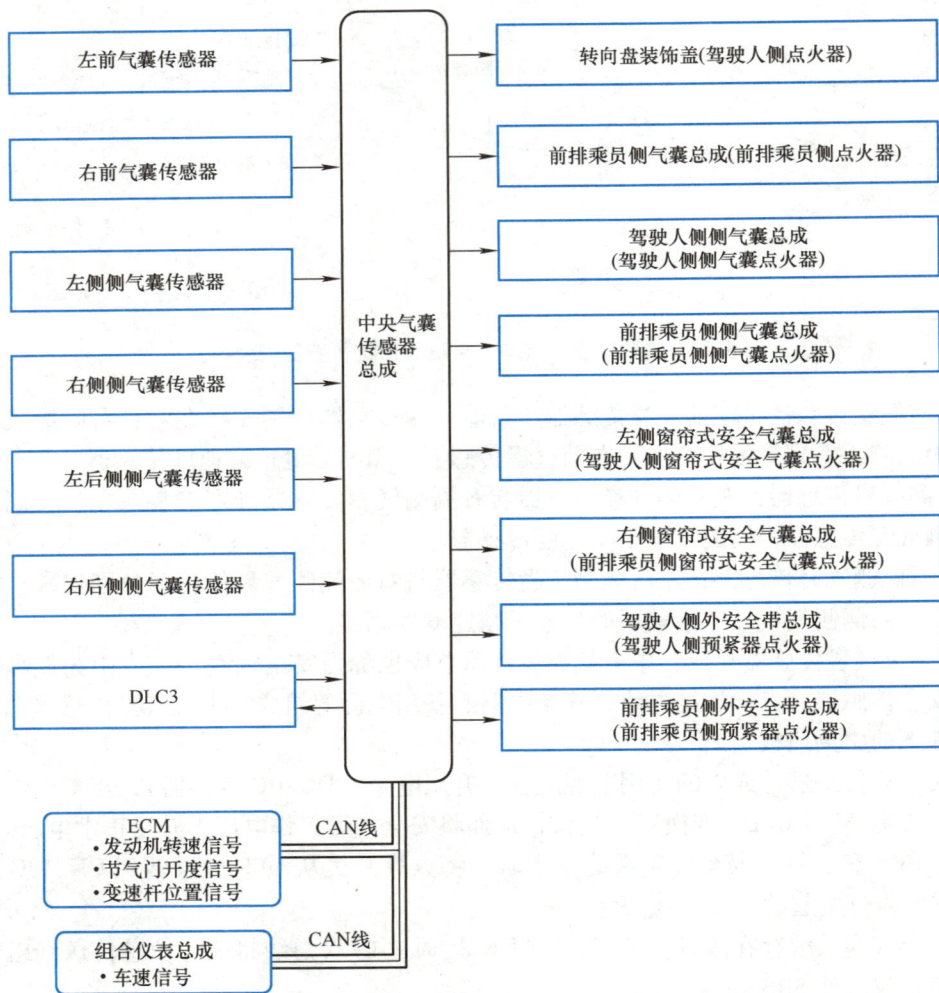

图 8-25　丰田卡罗拉汽车安全气囊系统工作原理

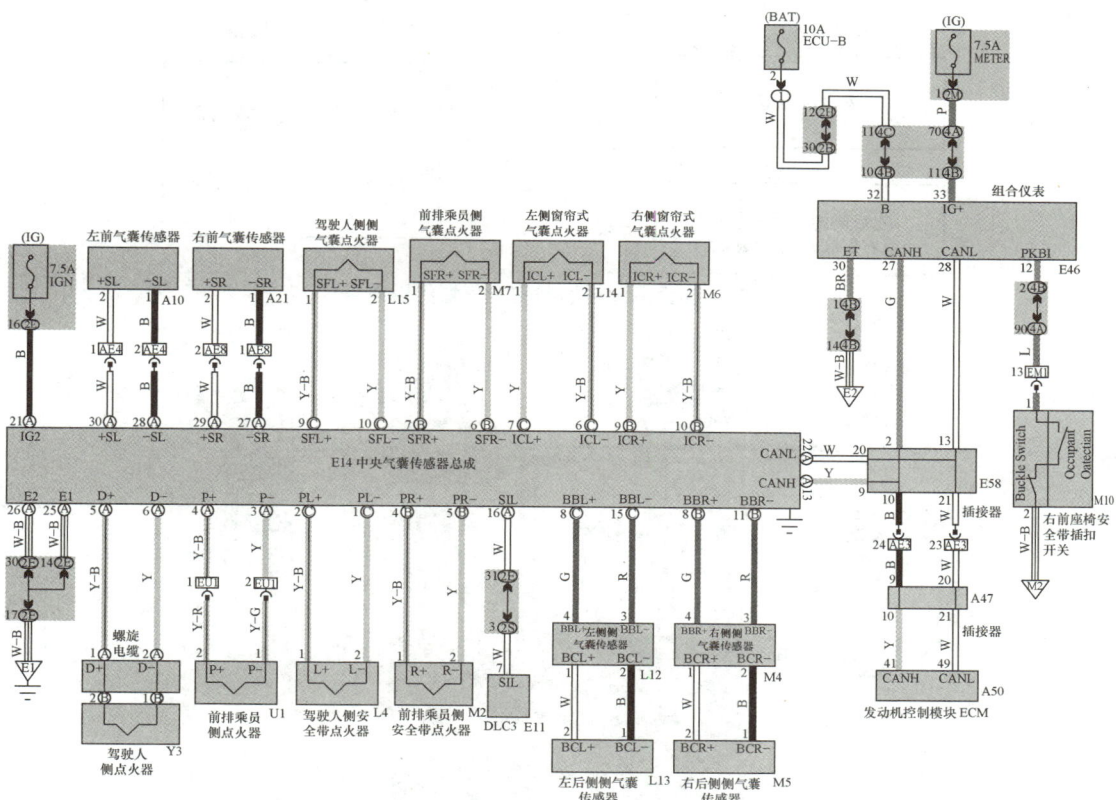

图 8-26　丰田卡罗拉汽车安全气囊系统电路

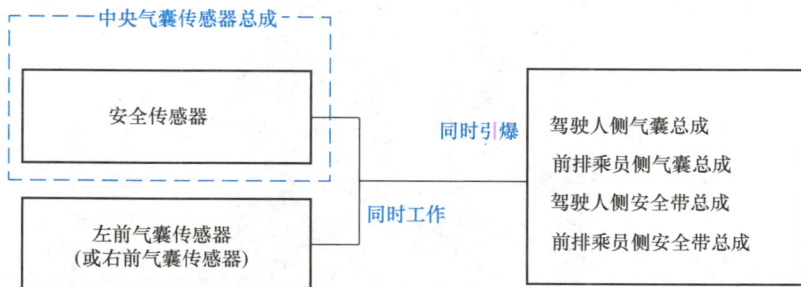

图 8-27　正面碰撞时安全气囊的引爆条件

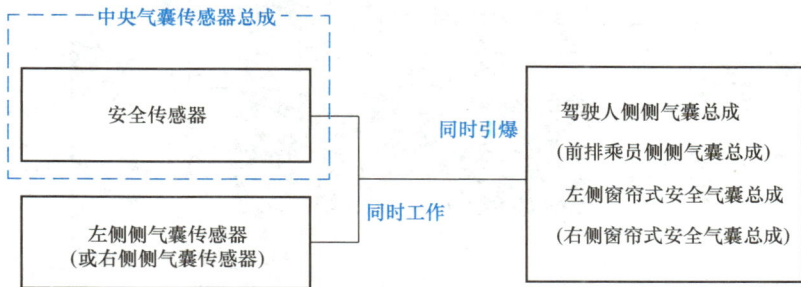

图 8-28　侧面中前部碰撞时安全气囊的引爆条件

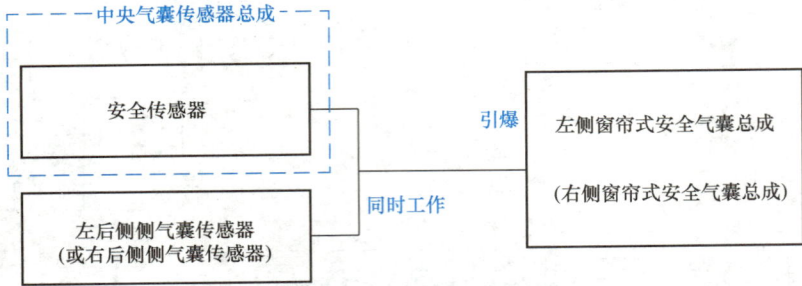

图 8-29　侧面后部碰撞时安全气囊的引爆条件

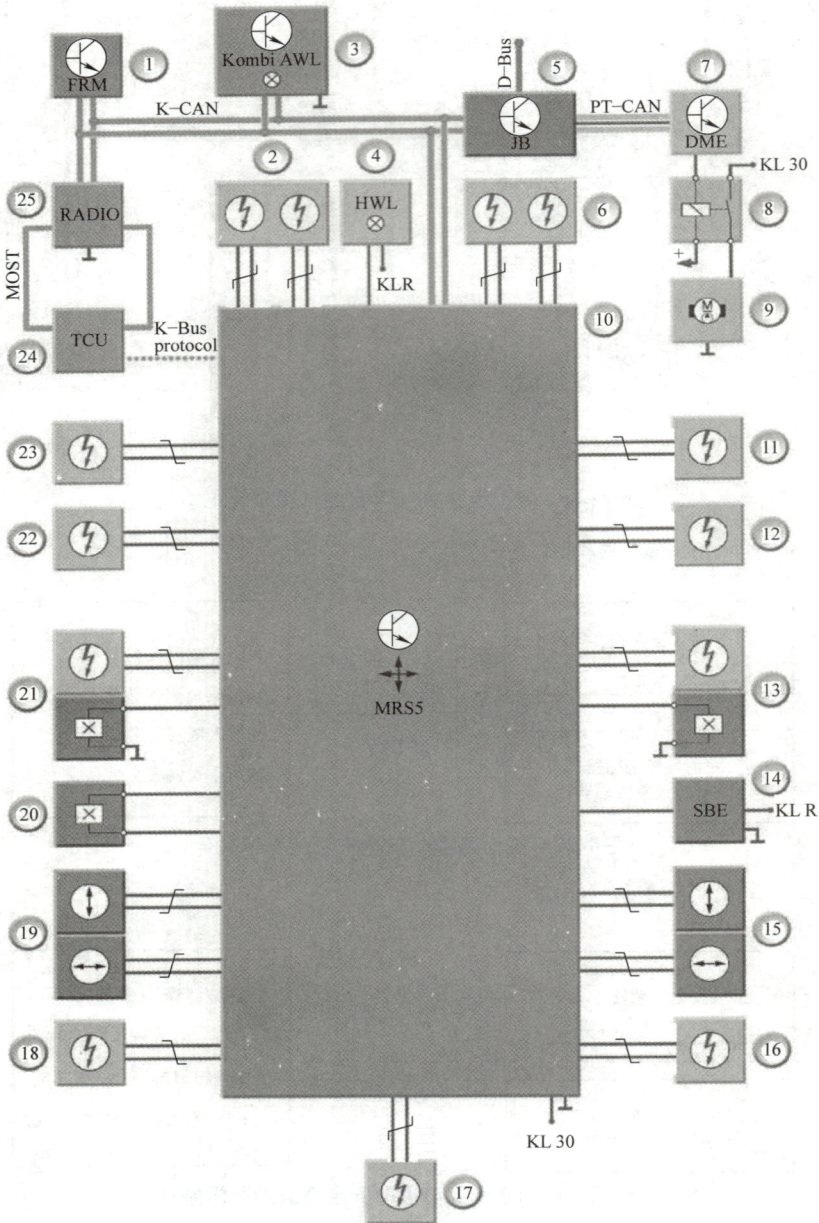

图 8-30　宝马 E90 汽车（欧规）安全气囊系统电路

表 8-2　宝马 E90 汽车（欧规）安全气囊系统元件说明

1	FRM 脚部空间模块
2	驾驶人侧安全气囊
3	组合仪表及安全气囊警告灯 AWL
4	安全气囊指示灯 HWL
5	接线盒
6	前排乘员侧安全气囊
7	DME 数字式发动机电子系统
8	燃油泵继电器
9	电动燃油泵
10	MRS5 控制单元
11	前排乘员侧帘式安全气囊（头部安全气囊）
12	集成在前排乘员侧座椅内的侧面安全气囊
13	带安全带锁扣开关的前排乘员侧安全带拉紧器
14	用于座椅安全带提醒功能的座椅占用识别装置
15	右侧 B 柱卫星式控制单元
16	右后安全带拉紧器
17	安全型蓄电池接线柱
18	左后安全带拉紧器
19	左侧 B 柱卫星式控制单元
20	用于停用前排乘员侧和侧面安全气囊的安全气囊开关
21	带安全带锁扣开关的驾驶人侧安全带拉紧器
22	集成在驾驶人侧座椅内的侧面安全气囊
23	驾驶人侧帘式安全气囊（头部安全气囊）
24	用于紧急呼叫功能的 TCU 远程通信系统控制单元
25	至 K – CAN 的 MOST 接口

宝马 E90 汽车（欧规）多功能乘员保护系统（MRS5）中，所有的传感器及执行器都与 MRS5 控制单元直接相连。当汽车发生正面、尾部或侧面碰撞时，MRS5 控制单元分析传感器输送的信号，确定是否需要触发安全带接紧装置和需要引爆的安全气囊。

在宝马 E90 汽车（欧规）上，MRS5 配置有座椅安全带提醒功能（SBR）。SBR 探测驾驶人或前排乘员是否系上安全带。如果未系上，则会通过一条提示信息提醒其系上安全带。系统分别监控两个安全带锁扣开关，如果未系上安全带或行驶期间打开安全带，则会发出声音和视觉警告。

（1）MRS5 控制单元　MRS5 控制单元具有以下功能：

1）识别碰撞并确定点火时间。

2）触发点火输出级。

3）记录碰撞数据。

4）系统自检。

5）循环监控。

6）显示系统准备状态。

7）故障显示和故障存储。

8）故障输出（诊断）。

9）为通信网络内的其他组件输出碰撞电码。

10）停用前排乘员安全气囊时，控制安全气囊指示灯。

（2）MRS5 系统的传感器

1）在 MRS5 控制单元内有两个以 90°角错开的加速度传感器，用于测量车辆的纵向加速度和横向加速度。

2）B 柱卫星式控制单元。B 柱卫星式控制单元由一个纵向和一个横向加速度传感器组成。B 柱卫星式控制单元用于识别正面、侧面和尾部碰撞。B 柱卫星式控制单元如图 8-31 所示。

3）前排乘员侧座椅占用识别装置传感器。如图 8-32 所示，在前排乘员座椅表面上有一个传感器，有负载时传感器电阻降低，负载超过 120N 时，座椅被识别为占用。座椅占用识别装置用于执行以下功能：

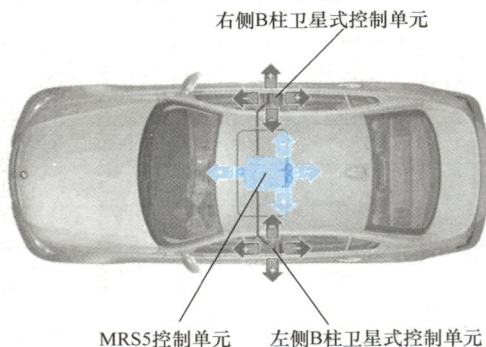

右侧B柱卫星式控制单元

MRS5控制单元　　左侧B柱卫星式控制单元

图 8-31　B 柱卫星式控制单元

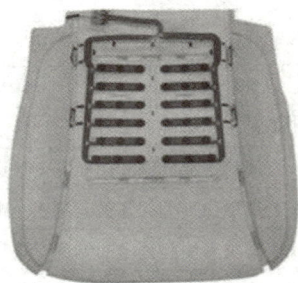

图 8-32　前排乘员侧座椅占用识别装置传感器

① 用于计算前排乘员安全气囊触发算法的输入信号。

② 启用座椅安全带提醒功能（SBR）。

4）安全带锁扣开关。安全带锁扣开关发出安全带是否系上的信号。安全带锁扣开关将信号发送到 MRS5 控制单元内，并将其用于座椅安全带提醒功能。安全带锁扣开关位于驾驶人和前排乘员座椅的安全带锁扣内。

5）安全气囊开关（仅限带有 SA 470 ISOFIX 儿童座椅固定装置时）。安全气囊开关可借助一个钥匙开关停用前排乘员安全气囊。安全气囊钥匙开关如图 8-33 所示。

图 8-33　安全气囊钥匙开关

（3）MRS5 的执行机构　MRS5 控制单元负责启用以下执行机构：

1）驾驶人侧前部安全气囊。驾驶人侧前部安全气囊的作用是在发生正面碰撞事故时，与安全带配合使用降低驾驶人头部或胸部严重受伤的风险。驾驶人侧前部安全气囊位于转向盘缓冲垫内。驾驶人前部安全气囊装备了一个两级气体发生器，根据碰撞程度确定安全气囊的点火级别。气体发生器的两级引爆有助于执行与碰撞程度匹配的保护功能，因此可降低气囊展开期间作用于乘员的压力。

2）前排乘员侧前部安全气囊。前排乘员侧前部安全气囊的作用是在发生正面碰撞事故时，与安全带配合使用降低前排乘员严重受伤的风险。前排乘员前部安全气囊位于仪表板下，采用两级引爆方式。

前排乘员安全气囊在碰撞时会撕开仪表板上预定的位置并打开通过织物带与仪表板相连的盖板。前排乘员安全气囊向风窗玻璃方向打开，向上展开并支撑在风窗玻璃和仪表板上。

3）左侧和右侧帘式安全气囊（头部安全气囊）。帘式安全气囊从 A 柱至 C 柱并遮住头部高度处的整个侧面区域，如图 8-34 所示。帘式安全气囊在乘员与侧窗玻璃及立柱饰板之间展开，该安全气囊与前部座椅内的侧面安全气囊配合使用，可以在发生侧面碰撞事故时为乘员提供最佳保护。

通过帘式安全气囊可以在发生侧面碰撞期间，减小乘员头部和四肢向外移动的幅度。这样即可降低颈部剪切力和颈椎弯曲力矩，又可以防止与侧面车身结构或撞入物直接接触，可降低头部受伤的风险。发生侧面碰撞事故时，MRS5 会启动安装在 B 柱与 C 柱之间的气体发生器，气体发生器产生的气体从压力容器经过两个喷气嘴喷入帘式气囊内。通过帘式气囊前部和后部同时充气可确保空气垫均匀充气。

帘式安全气囊固定在 A 柱和 C 柱上，引爆后在侧窗玻璃及立柱饰板与乘员之间展开，可在几秒内保持足够的结构强度和稳定性。

图 8-34　左侧和右侧帘式安全气囊

4）左、右座椅靠背内的前部侧面安全气囊。侧面安全气囊的任务是在发生侧面碰撞事故时，降低驾驶人与前排乘员骨盆和躯干部位受伤的风险。为了确保最佳的内部功能性、典雅的造型和较高的安全性要求，在宝马 E90 汽车上使用了座椅集成型侧面安全气囊，如图 8-35所示。

侧面安全气囊以折叠方式与气体发生器一起放在一个塑料壳体（即安全气囊模块）内。安全气囊模块固定在座椅靠背内，在标准座椅上由座椅套盖住。

侧面碰撞严重到一定程度时，侧面安全气囊点火。侧面安全气囊通过标准撕开位置向外弹出并在车门与乘员之间展开。车门与乘员之间的气囊提供适度的缓冲，可降低乘员所承受的负荷。

5）左侧和右侧前、后部安全带拉紧器。安全带拉紧器（图 8-36）的作用是在发生碰撞事故时将乘员固定在座位上。

图 8-35　左、右座椅靠背内的前部侧面安全气囊

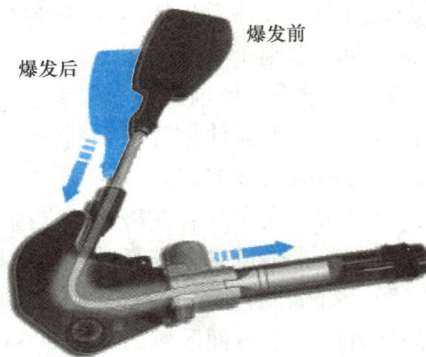

图 8-36　安全带拉紧器

6）安全型蓄电池接线柱。如果 MRS5 控制单元识别到较严重的正面、侧面或尾部碰撞，发动机 ECU 就会将蓄电池正极电缆自动断开，如图 8-37 所示；同时，发动机 ECU 关闭发电机。

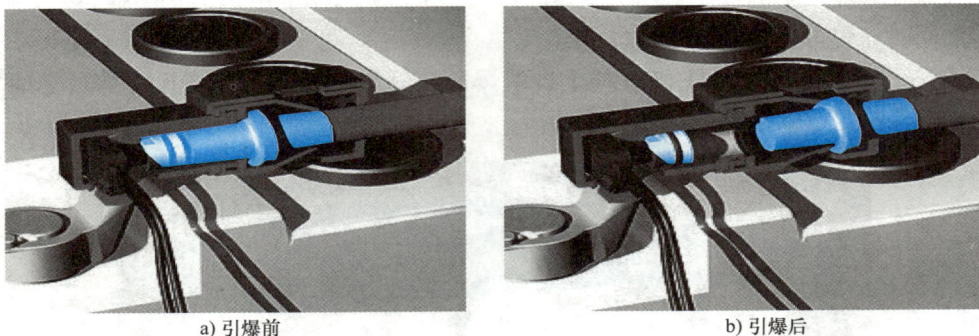

a) 引爆前　　　　　　　　　　　　　　　　b) 引爆后

图 8-37　安全型蓄电池接线柱

7）安全气囊警告灯（AWL）。安全气囊警告灯（AWL）位于组合仪表内。多功能乘员保护系统（MRS5）处于系统准备状态时通过 AWL 熄灭显示出来，如图 8-38 所示。

8）安全气囊指示灯。安全气囊指示灯位于车内照明灯前车顶功能中心（FZD）内。如果停用了前排乘员侧前部安全气囊和侧面安全气囊，则会启用安全气囊指示灯且该指示灯发出黄色光，如图 8-39 所示。

六、电控安全气囊系统诊断与维修注意事项

1）安全气囊系统的故障很难确认，根据自诊断系统提取故障码是诊断和排除故障的重要途径和信息来源。因此，在检查与排除安全气囊系统故障时，必须在拆下蓄电池负极电缆之前读取故障码。

2）检查工作务必在关闭点火开关并将蓄电池负极电缆拆下 20s 或更长一段时间后进行，因为安全气囊系统装有备用电源，若检查工作在拆下蓄电池负极电缆后 20s 以内就开始，气囊系统由备用电源供电，检查中很可能使气囊误引爆；另外，汽车音响系统、防盗系统、时

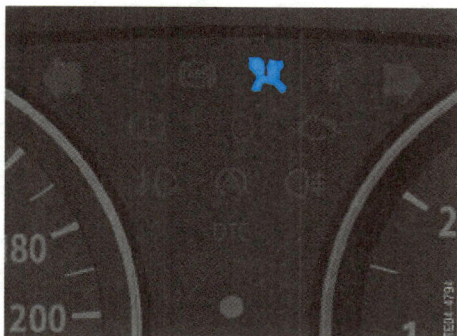

图 8-38 安全气囊警告灯（AWL）

图 8-39 欧规安全气囊指示灯

钟、电控座椅、电控座椅安全带收紧系统、微机控制驾驶位置设定的电控倾斜和伸缩转向系统、电控后视镜系统等均具有存储功能，当蓄电池负极电缆拆下后，存储的内容将会丢失。因此，在检查工作开始之前，应先将音响、防盗系统的密码和其他控制系统的有关内容记录下来。当检查工作结束之后，重新设置密码和有关内容并调整时钟。绝不允许使用车外电源来避免各系统存储内容丢失，以免导致 SRS 气囊误引爆。

3）检查安全气囊系统时，即使只发生了轻微碰撞而安全气囊并未爆开，也应对前碰撞传感器、驾驶人侧 SRS 组件、前排乘员侧 SRS 组件、座椅安全带收紧器等进行检查。

安全气囊系统对零部件的工作可靠性要求极高。所有零部件均为一次性使用部件，如需要更换零部件，则应使用新件，并且不允许使用不同型号车辆上的零部件。

安全气囊系统的防碰撞传感器采用了水银开关式传感器。由于水银蒸气有剧毒，因此传感器更换之后，换下的旧传感器不能随意毁弃，应视为有害废物处理。

当前碰撞传感器、SRS ECU 或 SRS 组件碰撞之后，或其壳体、支架、插接器有裂纹、凹陷时，应换用新件。

前碰撞传感器、SRS ECU 或 SRS 组件不得暴晒或接近火源。

禁止检测点火器的电阻，否则有可能引爆气囊。检测其他部件电阻和检测安全气囊系统故障时，必须使用高阻抗（至少 $10k\Omega/V$）万用表，即最好使用数字式万用表。如果使用指针式万用表，由于其阻抗小，表内电源的电压加到气囊系统上就有可能引爆气囊。

在安全气囊系统各个总成或零部件的表面上，均标有说明标牌或注意事项，使用与检查时必须按规定进行。

4）当安全气囊系统的检查工作完成之后，必须用 SRS 指示灯进行验证。当点火开关转到接通或辅助位置时，根据 SRS 指示灯的工作情况，判断安全气囊系统是否正常。

5）拆卸或搬运 SRS 组件时，转向盘衬垫上表面朝上（即气囊装饰盖一面应当朝上），如图 8-40 所示，也不得将 SRS 组件重叠堆放，以防气囊误爆，造成严重事故。

6）在报废汽车整车或 SRS 组件时，应先用专用维修工具 SST 将气囊引爆。引爆工作应在远离电场干扰的地方进行，以免由于电场过强而导致气囊误爆。

7）汽车已发生过碰撞、气囊引爆后，其 SRS ECU 不能继续使用。

8）当连接或拆下 SRS ECU 上的插接器插头时，因为安全传感器与 ECU 组件在一起，所以应在 ECU 组件安装在其固定位置之后进行连接或拆卸，否则安全传感器起不到保护作用。

9）安装转向盘时，其安装位置必须正确，即必须安装在转向柱管上，并使螺旋形电缆位于中间位置，否则会造成螺旋形电缆脱落或发生故障。安全气囊系统线束套装在黄色波纹管内，所有线束插接器均为黄色，以便于区别。当发生交通事故而使安全气囊系统线束脱开或插接器破碎时，都应修理或更换新件。

10）在检查故障时，对安全气囊系统的传感器、执行器、配线和插接器等除了要采用正确的操作方法外，还要按正确的顺序进行拆装检查。否则，安全气囊系统在进行修理操作时，易造成误爆。图 8-41 所示为丰田雷克萨斯 LS400 汽车安全气囊系统电路的插接器拆卸顺序。

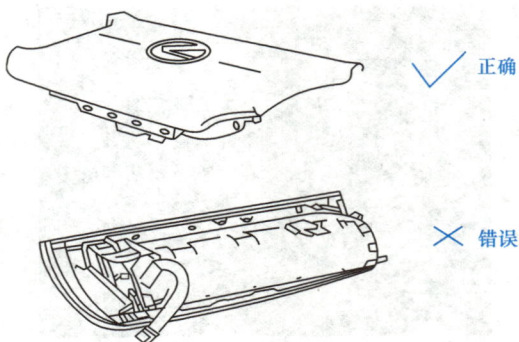

图 8-40　转向盘衬垫的上表面应朝上放置

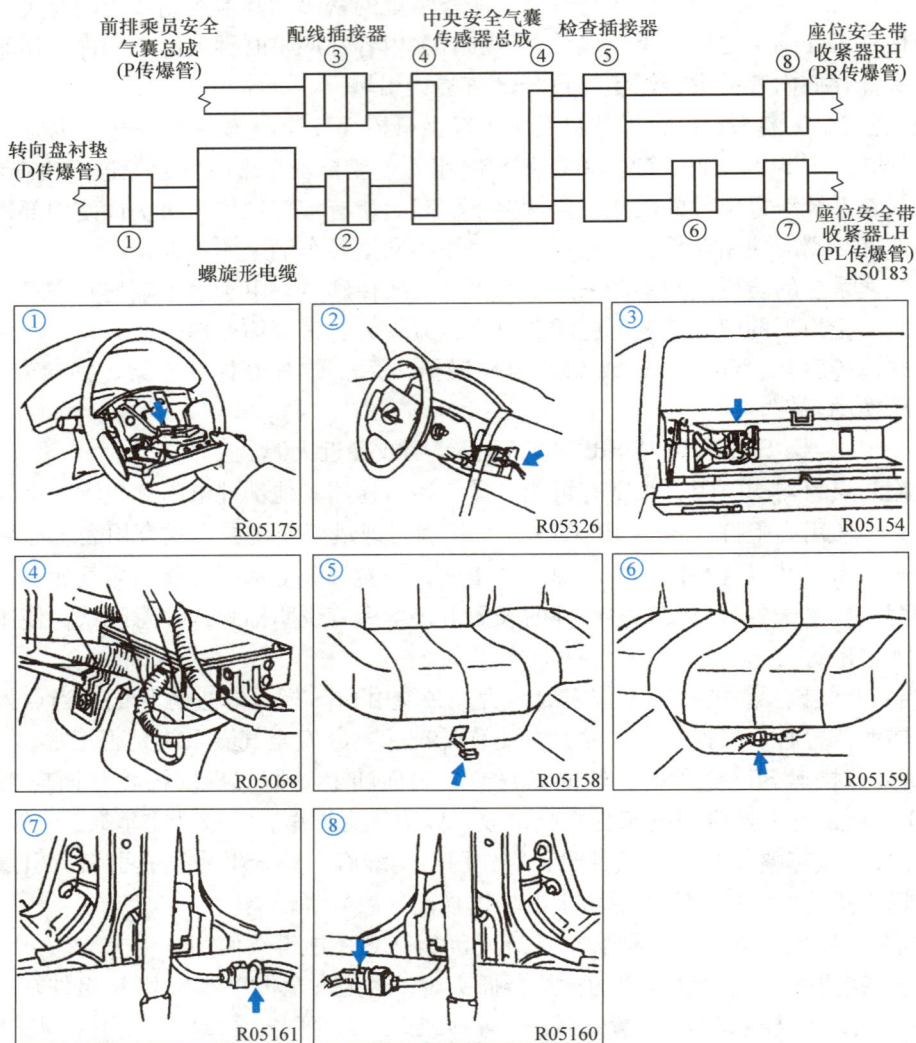

图 8-41　丰田雷克萨斯 LS400 汽车安全气囊系统电路的插接器拆卸顺序

【任务实施环境】

1）理实一体教室授课，每个学习小组配备 1 个标准工位。

2）每个工位配备轿车（丰田卡罗拉）1 辆，解码器 1 台，万用表 1 块及各种导线、电工常用的各种钳子、螺钉旋具等。

3）每组配备丰田卡罗拉汽车维修手册 1 套。

【任务实施步骤】

1. 确认故障现象

打开点火开关，SRS 警告灯一直亮，表示 SRS 有故障。

2. 故障检测

丰田卡罗拉汽车仪表总成与中央气囊传感器总成电路如图 8-42 所示，检测步骤如下：

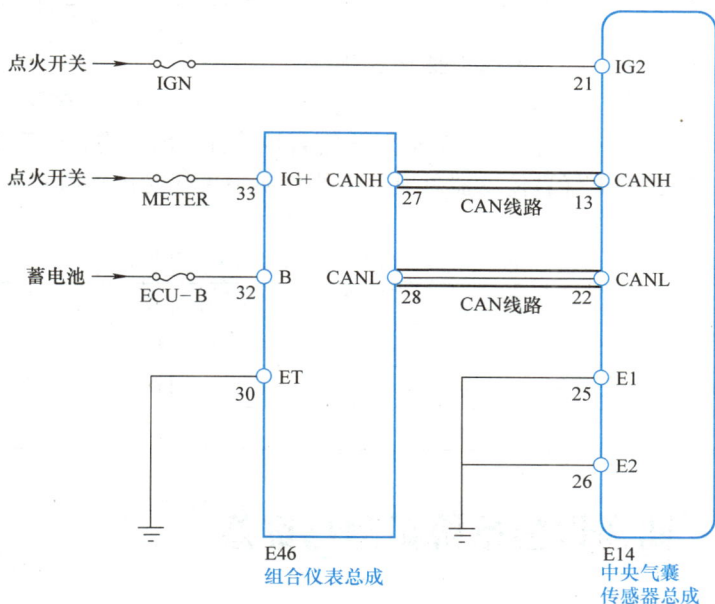

图 8-42　丰田卡罗拉汽车仪表总成与中央气囊传感器总成电路

1）确认蓄电池电压为 11～14V。

2）检查 CAN 通信系统，用解码器检测 CAN 总线系统，确认 CAN 通信系统无故障。

3）检查中央气囊传感器总成插接器，将点火开关置于 OFF 位置，断开蓄电池负极电缆，等待至少 90s。确认中央气囊传感器总成插接器可靠连接，确认插接器端子没有损坏。

4）中央气囊传感器总成端子测试。中央气囊传感器总成线束插接器端子如图 8-43 所示，测试

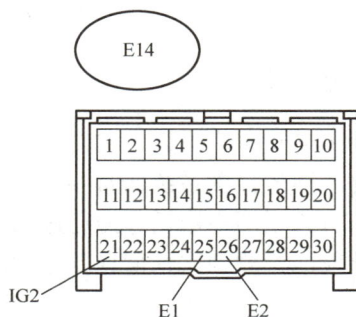

图 8-43　中央气囊传感器总成线束插接器端子

标准及结果见表8-3。若正常，进入下一步；否则，对此处进行维修。

表8-3　丰田卡罗拉汽车中央气囊传感器总成线束插接器端子测试标准及结果

检测仪连接	开关状态	规定状态	实测结果
E14－21（IG2）－车身搭铁	点火开关置于ON（IG）位置	8～16V	
E14－25（E1）－车身搭铁	始终	小于1Ω	

5）检查组合仪表线束插接器，将点火开关置于OFF位置，断开蓄电池负极电缆，等待至少90s。确认组合仪表插接器可靠连接，确认插接器端子没有损坏。

6）组合仪表线束插接器端子测试。组合仪表线束插接器端子如图8-44所示。测试标准及结果见表8-4。若正常，进入下一步；否则，对此处进行维修。

7）检查SRS警告灯。将仪表线束插接器连接到组合仪表总成上，将负极电缆连接至蓄电池，将点火开关置于ON（IG）位置，检查SRS警告灯状况：SRS警告灯亮6s，熄灭约10s，然后一直亮，则故障在中央气囊传感器总成，需要更换中央气囊传感器总成；否则，更换组合仪表总成。

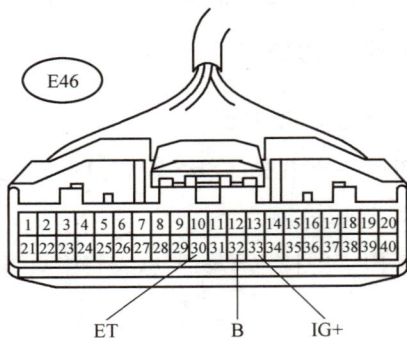

图8-44　组合仪表线束插接器端子

表8-4　丰田卡罗拉汽车组合仪表线束插接器端子测试标准及结果

检测仪连接	开关状态	规定状态	实测结果
E46－32（B）－车身搭铁	始终	11～14V	
E46－33（IG＋）－车身搭铁	点火开关置于ON（IG）位置	11～14V	
E46－30（ET）－车身搭铁	始终	小于1Ω	

任务2　防盗报警系统检测与维修　＜＜＜

【任务导入】

现有丰田卡罗拉汽车1辆，故障现象是防盗报警系统无法设置。请对防盗报警系统进行故障诊断，以确定故障部位，进而排除故障。

【相关知识】

为了防止车辆被盗，汽车公司将汽车防盗装置作为汽车的标准配置，来提高汽车的市场竞争力。防盗报警系统通常与汽车中控门锁系统配合工作，当汽车处于防盗报警功能状态时，若有人企图不用钥匙强行进入汽车或打开发动机罩、行李舱门时，防盗报警系统的各种传感器便能检测到这种信息，立刻启动防盗报警系统，一方面发出报警，如灯光闪烁、喇叭鸣响，另一方面阻止车辆运行，如切断点火电路、起动电路及供油电路等。

防盗报警系统进入戒备状态的基本条件都是：关闭点火开关，锁好所有车门。当锁上驾驶人侧车门时，警告灯亮 30s，表示车辆处于戒备状态，随时可以起作用。若警告灯不亮，则一定有车门未关好。

当防盗报警系统进入戒备状态时，防盗报警系统对车门锁开关及行李舱开关等所有开关进行监控制。当被监控的开关被撬动时，防盗报警系统启动，系统便发出声响报警和使灯光闪烁，待定时器到时间后（30s 或 1min），声响和灯光平息，系统自动处于戒备状态。

一、防盗技术

1. 超声波监测器

有些汽车防盗系统采用超声波监测器对汽车门窗和车身的破损以及车内的状态改变进行监测。图 8-45 所示为超声波检测原理。超声波监测器由超声波发生器和超声波接收器组成。当门窗玻璃和车门封闭后，超声波发生器将产生固定频率和幅值的超声波，再由超声波接收器接收从车内反射的超声波。在正常情况下，反射回来的超声波与发出时具有固定的相位差，当门窗玻璃或车身受损时，固定的相位关系将被破坏，通过检测超声波发出时和接收的相位差就可以对门窗玻璃和车身状况以及是否有人进入车内进行判断。当确定有人非法进入车内时，防盗报警系统起动，使汽车的前照灯和尾灯闪烁，报警喇叭鸣响，同时切断点火电路、起动电路和供油电路，使汽车不能起动，直到解除戒备状态为止。

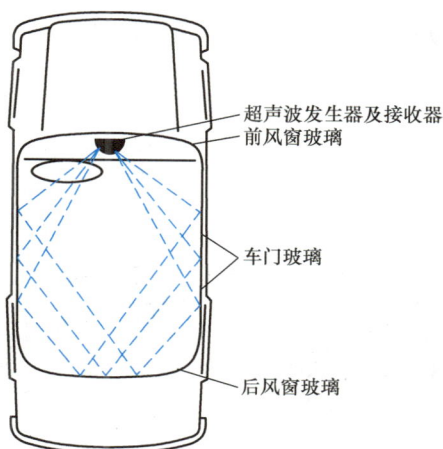

图 8-45 超声波检测原理

2. 身份识别系统

车主身份识别系统利用电子钥匙解码器解读点火开关钥匙上的密码电阻，具有防盗功能。图 8-46 所示为美国 GM 汽车公司采用的电子钥匙防盗系统。点火钥匙上装有一个晶片，每把钥匙所用的晶片有一个特定的阻值，为 380 ~ 12300Ω。点火钥匙除了像普通钥匙那样必须与锁体匹配之外，其晶片电阻值也要与起动机电路的匹配。

当点火钥匙插入锁体时，晶片与电阻检测触头接触。当锁体转到 ST 档时，钥匙晶片的电阻值输送到电子钥匙解码器。若钥匙晶片的电阻值与电子钥匙解码器中存储的电阻值一致，则起动机工作。同时，起动信号送给发动机 ECU，发动机 ECU 起动燃油喷射系统，完成发动机的起动。

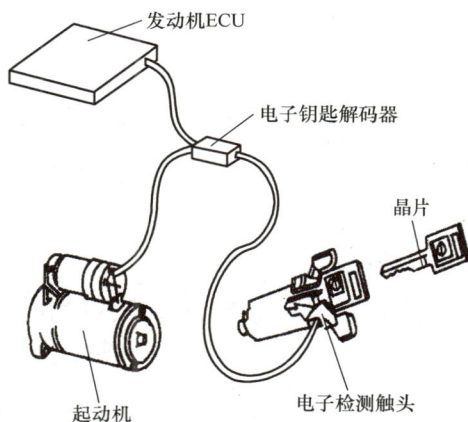

图 8-46 美国 GM 汽车公司采用的电子钥匙防盗系统

若钥匙晶片的电阻值与电子钥匙解码器存储的电阻值不一致，解码器便禁止起动发动机。尽管锁体已经转到了起动位置，发动机仍然不能起动。

3. 电流敏感传感器

有的防盗系统利用电流敏感传感器技术防盗。当汽车处于戒备状态时，一旦有人非法进入车内，只要汽车的电气系统有变化，例如门灯亮了、起动发动机等，传感器便启动报警系统。

二、防盗系统

如图 8-47 所示，防盗系统由带有应答器的点火开关钥匙、阅读线圈、防盗器控制单元、发动机电控单元和仪表板指示灯等组成。

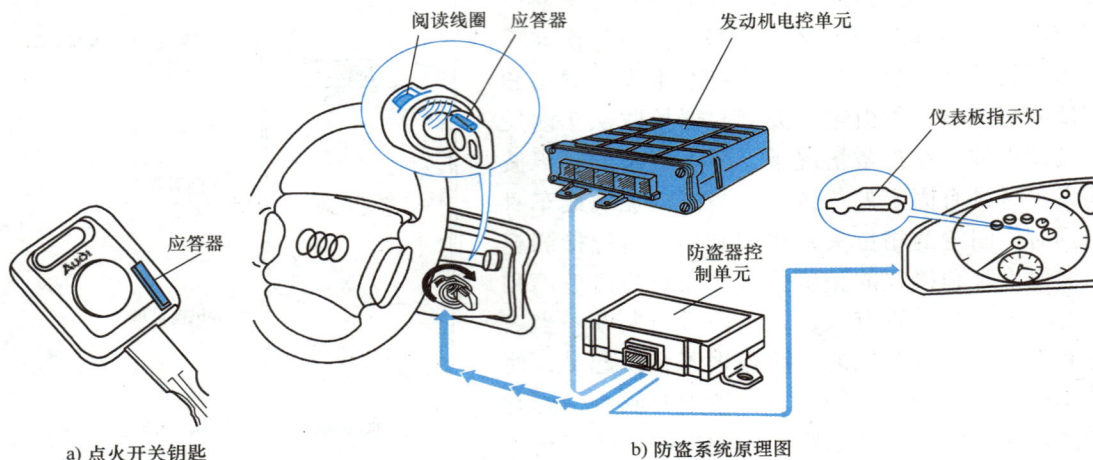

a) 点火开关钥匙　　　　b) 防盗系统原理图

图 8-47　防盗系统的组成

1. 应答器

应答器无需使用电池，它是一个整合在钥匙中的接收器和发射器单元。当点火开关打开时，阅读线圈中产生的交变电磁场向应答器输送能量，应答器被启动，并向阅读线圈传回程序代码。每辆汽车的钥匙不同，应答器的程序代码也不同。

2. 阅读线圈

如图 8-48 所示，阅读线圈环绕在机械式点火锁的周围。它用于向应答器输送能量，接收应答器传回的程序代码，并把它送入防盗止动控制单元。

3. 指示灯

当点火开关打开时，指示灯亮并持续3s。如果插入点

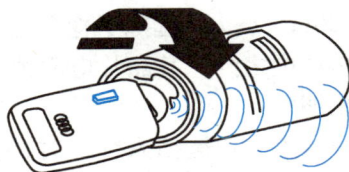

图 8-48　阅读线圈

火锁的钥匙程序代码错误，则指示灯闪亮。若防盗系统控制单元的自诊断发现错误，指示灯也会闪亮。

4. 防盗系统的工作过程

防盗系统的具体工作过程如下：

（1）固定码传输（从钥匙到防盗控制单元）　点火开关打开，防盗控制单元由阅读线圈发送能量激励钥匙。然后，钥匙发送回来它的固定码（首次匹配时，这个固定码储存在防盗控制单元中）。传送的固定码与储存的码在防盗控制单元中进行比较；如果相同，则开始传送可变码。固定码是用来锁定钥匙的。

（2）可变码传输（从防盗控制单元到钥匙）　防盗控制单元随机产生一个编码。这个码是钥匙和防盗控制单元用于计算的基础。在钥匙内和防盗控制单元内有一套公式列表（密码术公式）和一个相同且不可改写的 SKC（隐秘的钥匙代码）。在钥匙和防盗控制单元中分别计算结果，钥匙发送结果给防盗控制单元，防盗控制单元把这个结果和自己的计算结果进行比较。如果相同，钥匙确认完成。

（3）可变码传输（从防盗控制单元到发动机控制单元）　发动机控制单元随机产生一个变码。在发动机控制单元和防盗控制单元内有另一套密码术公式列表和一个相同的 SKC（公式指示器）。防盗控制单元返回这个计算结果到发动机控制单元内与其计算结果进行比较。这个数据由 CAN 总线进行传递。如果结果相同，发动机被允许起动（第三代，由 CAN 总线传输）。

三、防盗报警系统实例

1. 奥迪汽车防盗报警系统

防盗报警系统的核心任务是防盗与报警，防盗的任务是防止非法起动车辆，报警的任务是监测车内物体是否有移动及车辆倾斜度是否有改变，若有则触发报警。

参与防盗报警系统的控制单元分别是舒适系统控制单元 J393、发动机控制单元 J623、电子转向柱锁控制单元 J764、自动变速器控制单元 J217 及钥匙，其中主控单元是舒适系统控制单元 J393。奥迪汽车防盗系统的组成如图 8-49 所示。上述 4 个控制单元及钥匙在车辆下线时就已经通过 FAZIT 远程在线匹配。FAZIT 即德国大众汽车公司总部中央数据库车辆防盗组件防盗数据传输协议，简称数据库。每辆汽车的 17 位 VIN、23 位序列号、8 位钥匙 ID 码及合法钥匙的数量都存在数据库中。若控制单元 J393、J623、J764、J217 及钥匙在车辆使用过程中若发生更换，则必须使用专用诊断仪（解码器）与 FAZIT 进行在线匹配。

（1）有钥匙起动防盗原理　如图 8-50 所示，有钥匙起动工作流程如下：

1）钥匙插入电子点火开关 E415，电子点火开关 E415 识别并读取钥匙中的密码信息，通过 LIN 总线与舒适系统控制单元 J393 交换数据，舒适系统控制单元 J393 确认钥匙合法。

2）舒适系统控制单元 J393 与电子转向柱锁控制单元 J764 交换数据，确认其合法并打开转向柱锁。

3）舒适系统控制单元 J393 与发动机控制单元 J623 和变速器控制单元 J217 交换数据，确认其合法。

4）按下起动/停止按钮 E408，舒适系统控制单元 J393 与发动机控制单元 J623 分别控制起动系统的继电器工作，完成发动机的起动。

（2）免钥匙起动防盗原理　如图 8-51 所示，免钥匙（钥匙放在口袋里或车内）起动工

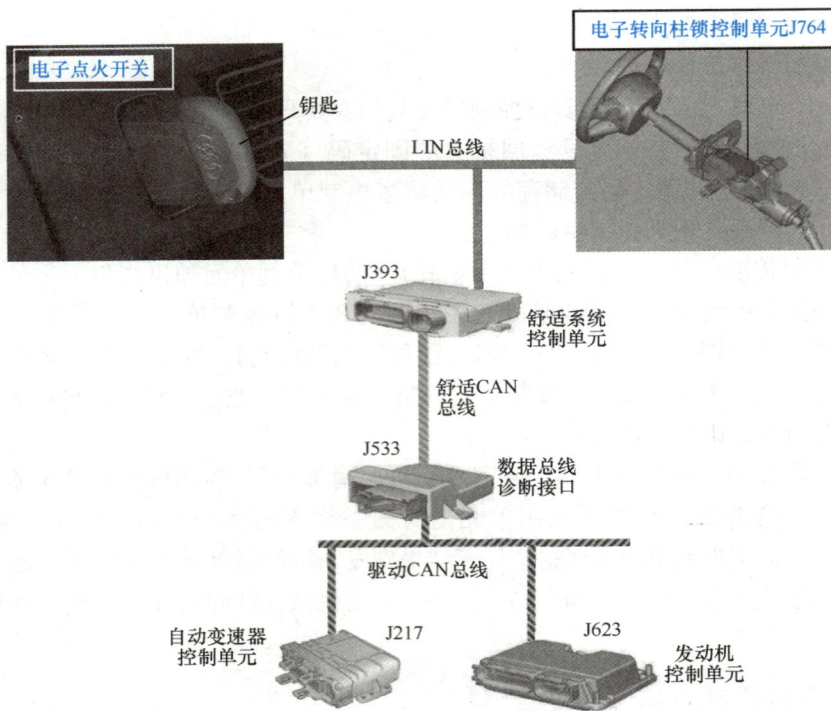

图 8-49　奥迪汽车防盗系统的组成

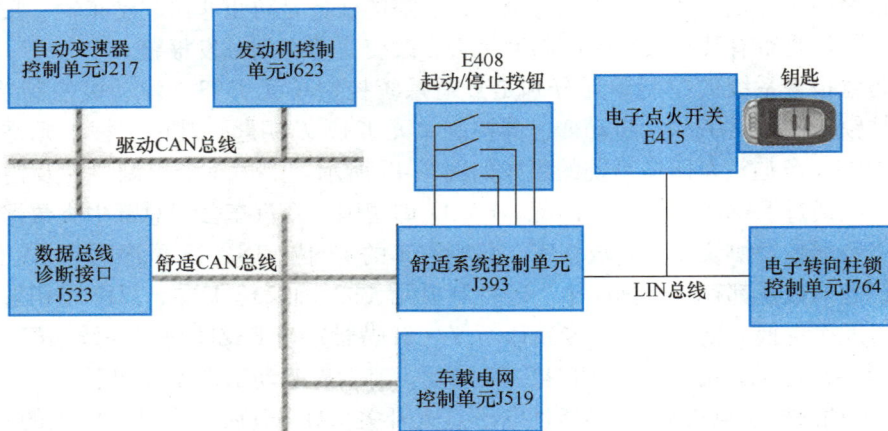

图 8-50　奥迪汽车起动过程防盗原理

作流程如下：

1）按下起动/停止按钮 E408，起动/停止按钮 E408 向舒适系统控制单元 J393 发送请求起动信号。

2）舒适系统控制单元 J393 接收到起动请求信号后，通过发射天线 R137、R138 向钥匙发射触发信号。

3）钥匙被触发后，向舒适系统控制单元 J393 发射钥匙密码信息，舒适系统控制单元

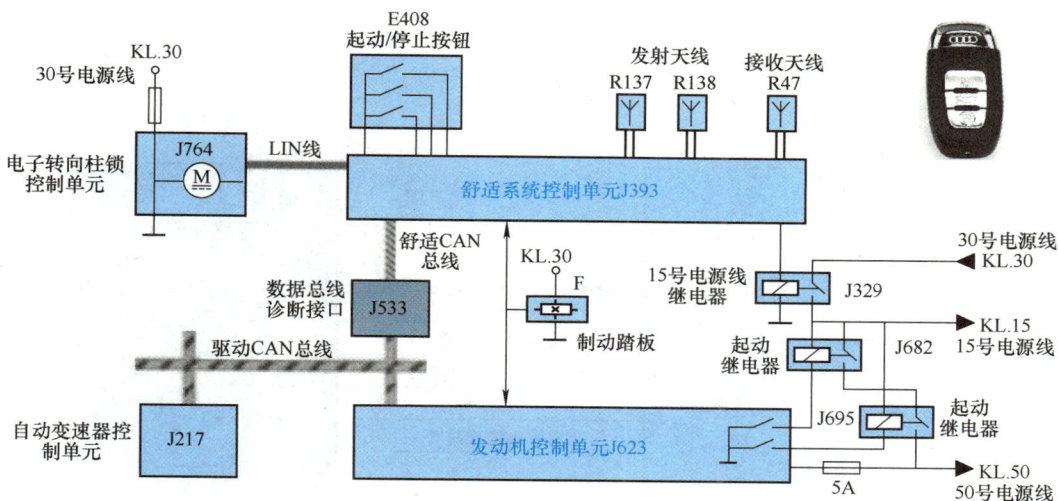

图 8-51　奥迪汽车免钥匙起动防盗原理

J393 通过接收天线 R47 与钥匙交换数据，舒适系统控制单元 J393 确认钥匙合法。

4）舒适系统控制单元 J393 与电子转向柱锁控制单元 J764 交换数据，确认其合法并打开转向柱锁。

5）舒适系统控制单元 J393 控制 15 号电源线继电器闭合。

6）舒适系统控制单元 J393 与发动机控制单元 J623 和自动变速器控制单元 J217 交换数据，确认其合法。

7）发动机控制单元 J623 控制起动继电器工作，完成发动机的起动。

以上若不踩制动踏板只按下起动/停止按钮 E408，系统只接通 15 号电源线继电器，发动机不工作。起动/停止按钮 E408 多触点设计是为了防止误起动。采用双起动继电器的目的是延长继电器的使用寿命。发射天线 R137、R138 分别安装在行李舱及车内前中控台内，主要作用是在免钥匙起动发动机时发射信号触发钥匙。发射天线 R137、R138 的全称为"智能进入启动装置天线"。接收天线 R47 安装在靠近后风窗玻璃上部左侧 C 柱内，其全称为"中控锁及防盗报警系统天线"。

（3）电子点火开关 E415 的工作原理　如图 8-52 所示，其工作流程如下：

1）插入钥匙后动合触点闭合，舒适系统控制单元 J393 以此判断钥匙已插入。

2）插入钥匙后，3 个接线端 15 触点闭合（也称微型开关），触发舒适系统控制单元 J393 通过 LIN 线向电子点火开关 E415 传送指令并激活电子点火开关 E415 中的读写线圈。

3）这时电子点火开关 E415 对钥匙中数据可进行读取与写入（防盗系统密码及车辆技术服务数据），通过 LIN 总线与舒适系统控制单元 J393 交换信息。

4）钥匙插入后电子点火开关 E415 自动上锁，只有当发动机熄火且变速器在 P 位时，舒适系统控制单元 J393 给电子点火开关 E415 解锁螺线管通电，电子点火开关 E415 解锁，钥匙才可以拔出。

（4）免钥匙进入车内（无钥匙便捷上车系统）工作原理　免钥匙进入车内指不需要操控钥匙进行解锁，只要驾驶人拉车门外拉手（钥匙放在口袋中）车门便自动解锁。图 8-53

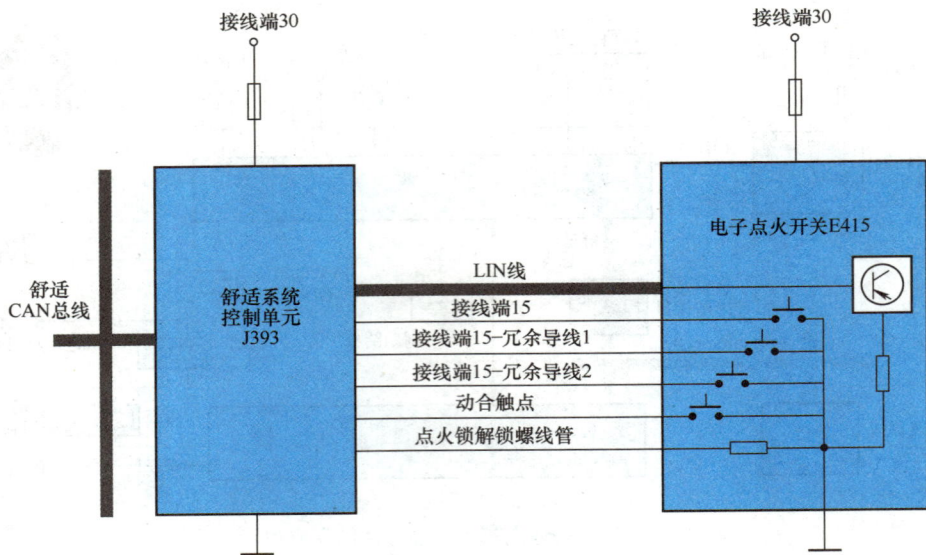

图 8-52　电子点火开关 E415 的工作原理

所示为免钥匙进入车内原理，其工作流程如下：

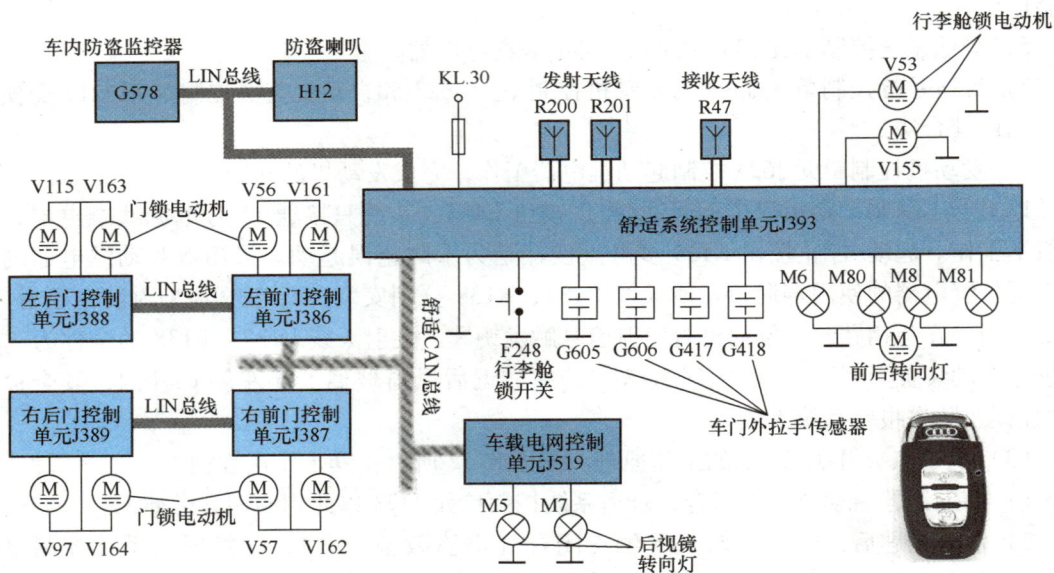

图 8-53　免钥匙进入车内的工作原理

1）用手拉左前门外拉手时，左前门外拉手传感器 G605 向舒适系统控制单元 J393 发送解锁请求信号。

2）舒适系统控制单元 J393 通过发射天线 R200、R201 向钥匙发射触发信号。

3）钥匙被触发后，向舒适系统控制单元 J393 发射钥匙密码信息，舒适系统控制单元 J393 通过中控锁及防盗接收天线 R47 与钥匙交换数据，舒适系统控制单元 J393 确认钥匙合法。

4）舒适系统控制单元 J393 通过舒适 CAN 总线发出全车解锁指令，4 个车门控制单元驱动电动机打开车门锁，全车解锁完成。

发射天线 R200、R201 分别安装在左前门与右前门内，主要作用是在免钥匙进入车内时发射信号触发钥匙，其全称为智能进入启动装置天线。

同理，当驾驶人将车辆熄火关好车门后，用手轻压一下车门外拉手时全车即可上锁，无需操控钥匙锁车。

（5）有钥匙进入车内工作原理　车钥匙的结构如图 8-54 所示。当驾驶人接近车辆准备进入车辆时，按下钥匙的全车解锁键，则全车解锁。其工作过程如下：

1）按下钥匙全车解锁键，钥匙向舒适系统控制单元 J393 发送请求解锁信号。

2）舒适系统控制单元 J393 通过中控锁及防盗接收天线 R47 与钥匙交换数据，舒适系统控制单元 J393 确认钥匙合法。

3）舒适系统控制单元 J393 通过舒适 CAN 总线发出全车解锁指令，4 个车门控制单元驱动电动机打开车门锁，全车解锁完成。

（6）车辆报警工作原理　奥迪汽车报警系统的组成如图 8-55 所示，主要由车内防盗监控器 G578 控制单元（超声波传感器）及报警喇叭组成。当 4 个车门及前、后机盖同时关闭并上锁后，车辆便进入防盗报警状态。

车内防盗监控器 G578 控制单元位于车内顶部天窗操作面板内，其内部有 3 个超声波传感器及一个倾斜传感器。超声波传感器用来监控车内物体位置是否发生变化，倾斜传感器用来监控车辆水平方向是否发生变化，其工作原理如下：

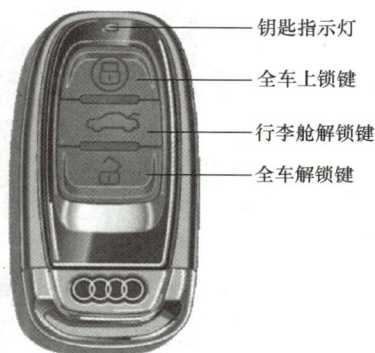

钥匙指示灯
全车上锁键
行李舱解锁键
全车解锁键

图 8-54　汽车钥匙的结构

车内防盗监控器 G578 扫描到有人进入车内时（车内物体发生移动），便通过 LIN 线向舒适系统控制单元 J393 发送报警信号，舒适系统控制单元 J393 便通过舒适 CAN 总线、LIN 总线分别控制报警喇叭及转向灯光报警，其报警方式如图 8-56 所示。

当车辆被拖运或拆卸轮胎等非法作业时，倾斜角度将发生变化，车内防盗监控器 G578 通过 LIN 线向舒适系统控制单元 J393 发送报警信号，舒适系统控制单元 J393 便通过舒适 CAN 总线、LIN 总线分别控制报警喇叭及转向灯光报警。

驾驶人可使用开关临时取消上述防盗报警功能，如图 8-57 所示。

超声波传感器

警报喇叭

图 8-55　奥迪汽车报警系统的组成

图 8-56　奥迪汽车报警方式

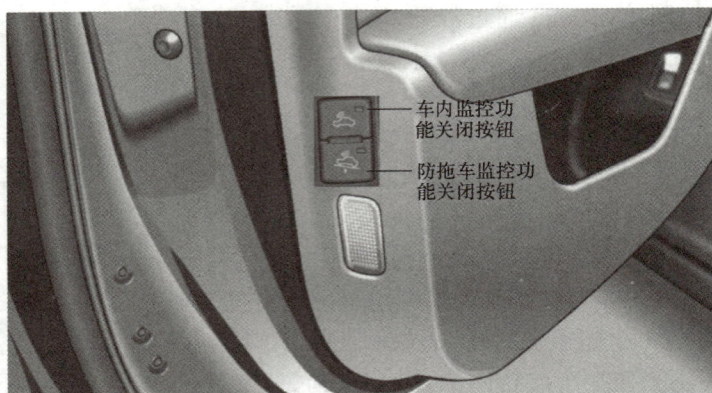

车内监控功能关闭按钮

防拖车监控功能关闭按钮

图 8-57　奥迪汽车车内监控功能关闭按钮及防拖车监控功能关闭按钮

2. 宝马 E60 汽车防盗报警系统（DWA）

宝马 E60 汽车防盗报警系统可以识别非法侵入车内或对车辆进行不法操作。车厢内部由超声波车内防盗监控传感器（USIS）监控，当有人尝试撬开车门和非法进入车内时，防盗报警系统就会报警，此时汽车灯光闪烁，防盗报警系统的报警器间歇鸣响约30s。集成在报警器中的倾斜报警传感器监控车辆倾斜度，倾斜报警传感器可以识别车辆是否被抬起或牵引。图 8-58 所示为宝马 E60 汽车防盗报警示意图。宝马 E60 汽车防盗报警系统的电路如图 8-59 所示，电路图中各元件说明见表 8-5。

带倾斜报警传感器的报警器

汽车前灯

汽车后灯

图 8-58　宝马 E60 汽车防盗报警示意图

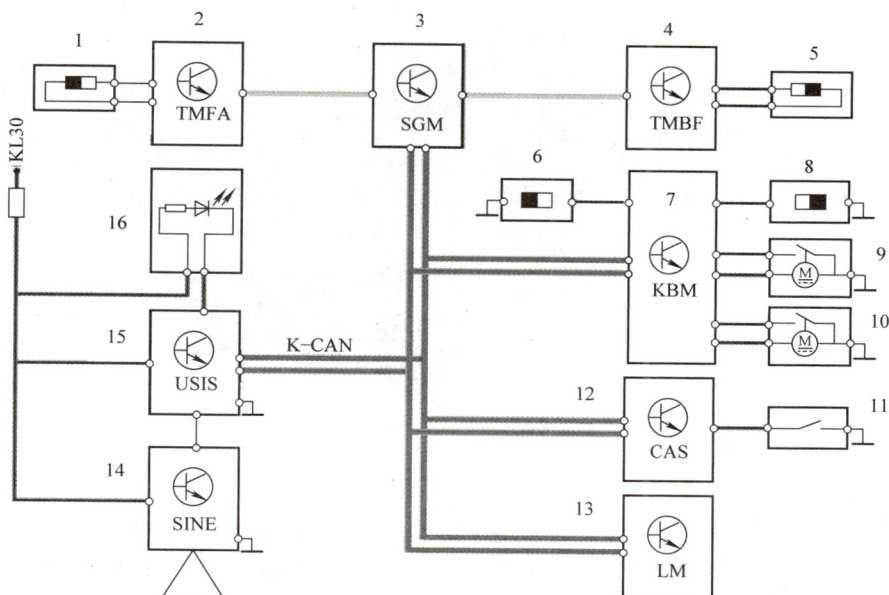

图 8-59 宝马 E60 汽车防盗报警系统的电路

表 8-5 宝马 E60 汽车防盗报警系统的元件说明

索引	说明	索引	说明
1	驾驶人侧车门触点	9	后行李舱盖触点开关
2	驾驶人侧车门模块（TMFA）	10	后窗触点开关（仅限 E61）
3	安全和网关模块（SGM）	11	车前盖触点开关，带集成式倾斜报警传感器的报警器（SINE）
4	前排乘员侧车门模块（TMBF）		
5	驾驶人侧车门触点，车前盖触点开关	12	便捷进入及起动系统（CAS）
6	驾驶人侧后车门触点（不适用于 E63、E64），灯光模块（LM）	13	灯光模块（LM）
		14	带集成式倾斜报警传感器的报警器（SINE）
7	车身标准模块（KBM）	15	DWA 控制单元（超声波车内防盗监控传感器 USIS）
8	前排乘员侧后车门触点	16	DWA 发光二极管

宝马 E60 汽车防盗报警系统的组成及工作原理如下：

（1）传感器

1）超声波车内传感器。超声波车内传感器安装在车顶内，与 DWA 控制单元安装在一起，共有 4 个超声波车内传感器，其中 2 个超声波车内传感器带有声波矫正器，如图 8-60 所示。

超声波车内传感器借助超声波监控车厢内部，超声波车内传感器可以识别整个车厢内的运动，DWA 控制单元分析来自超声波车内传感器的信号，当超声波的反射波发生改变时，可以确定有一个运动发生，立即触发报警。

2）倾斜报警传感器。倾斜报警传感器安装在报警器的内部，同时报警器中还有专用的微处理器，报警器总成通过一条区域数据总线与 DWA 控制单元相连，如图 8-61 所示。倾

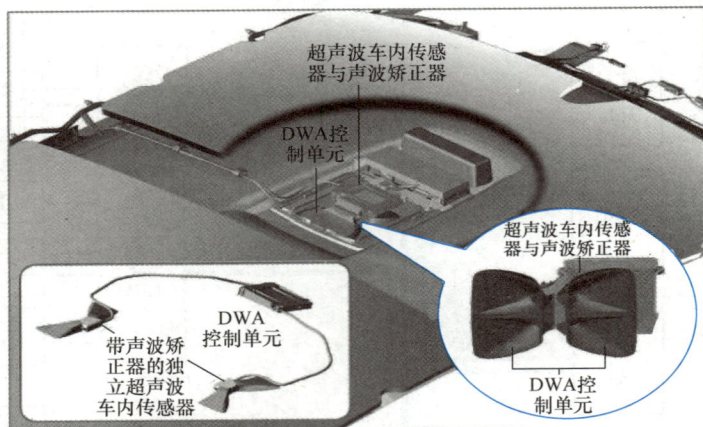

图 8-60　超声波车内传感器

斜报警传感器监控车辆的水平状态，并将倾斜度的信号输送给报警器中的微处理器，微处理器对倾斜报警传感器的信号进行分析，若为非法操作，则微处理器触发 DWA 报警器报警。

倾斜传感器的工作原理如图 8-62 所示。当车辆改变原有静止状态时，测量部件在电容器电极之间的位置发生改变，电容器的电容及电极之间的电压改变，电容器电压信号将由倾斜传感器内的微处理单元识别。

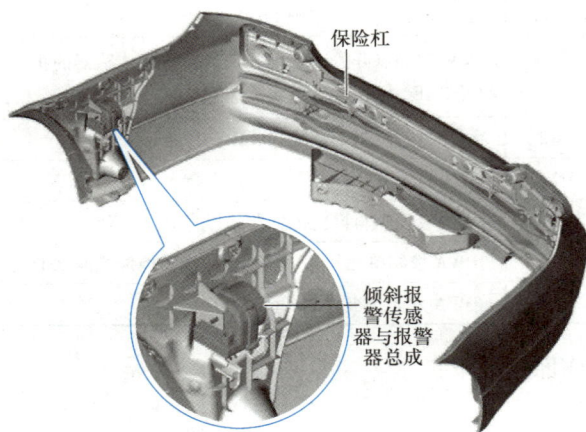

图 8-61　倾斜报警传感器与报警器总成

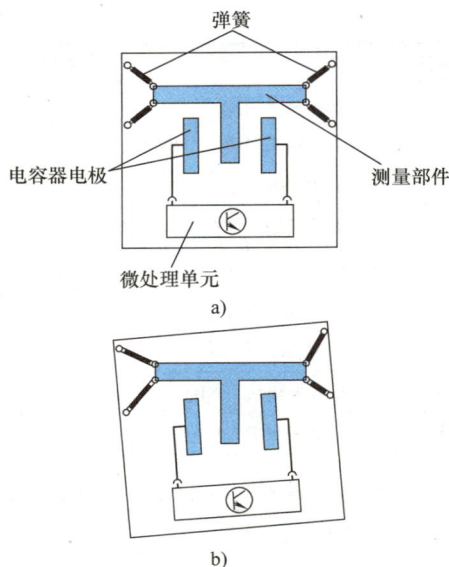

图 8-62　倾斜传感器的工作原理
a）正常情况　b）倾斜

为了使报警器不受车辆蓄电池的影响，报警器自身带有电源，电源的使用寿命约 10 年或 300 次自动触发报警。报警器有一个扬声器，频率为 199～2800Hz。

（2）控制单元　在宝马 E60 汽车防盗报警系统中参与工作的控制单元有很多，主要有以下几个控制单元。

1）DWA 控制单元。DWA 控制单元与超声波车内传感器组成一个单元，DWA 控制单元通过一条单线总线控制报警器。DWA 控制单元连接在 K–CAN 总线上。

在最后的车门关闭 3s 后，超声波车内传感器开始基准运行。基准运行期间对车厢内部进行"扫描"，这样可以识别车厢内的变化，基准运行 20s 后，超声波车内传感器准备就绪。然后，每隔 65ms 将发射 2 个超声波信号。发送后，把来自车厢内每个超声波信号的反射波分开存储到一个测量值数组中，然后把反射波分成几个区段，在每个区段内将两次测量的反射波相互比较。当识别到一个报警事件时，DWA 控制单元触发报警，区域数据总线上控制声音报警器。通过 K – CAN 把用于灯光报警的信号传递到灯光模块，由灯光模块控制灯光报警。

2）便捷进入及起动系统（CAS）。CAS 控制单元通过 K – CAN 总线与 DWA 控制单元相连，为 DWA 控制单元提供以下信号：

① 中控锁的状态。

② 前机舱盖触点状态。

③ 点火开关钥匙是否插在点火开关中。

④ 便捷进入状态。

3）车门模块（TMFA、TMFB） 车门模块通过 K – CAN 总线与 DWA 控制单元相连，为 DWA 提供前部车窗升降机的位置及前车门的车门触点。

4）车身标准模块（KBM）。车身标准模块通过 K – CAN 总线与 DWA 控制单元相连，为 DWA 提供后部车窗升降机的位置、后车门的车门触点及行李舱盖触点开关。

5）自动恒温空调模块（IHKA）。自动恒温空调模块通过 K – CAN 总线与 DWA 控制单元相连，为 DWA 提供停车通风信号，停车通风信号被用于调整超声波车内传感器的灵敏度。

6）灯光模块（LM）。灯光模块通过 K – CAN 总线与 DWA 相连，DWA 控制单元将请求报警信号由 K – CAN 传递到灯光模块，灯光模块驱动车灯闪烁报警。

（3）执行器

1）汽车车灯。汽车车灯由灯光模块控制。

2）报警器。报警器由 DWA 控制单元通过一条单线总线控制。

3）发光二极管。发光二极管用来显示防盗报警系统的状态，由 DWA 控制单元通过两条导线直接控制。发光二极管安装在车内后视镜的下部，二极管熄灭表示 DWA 退出防盗报警状态，二极管持续快速闪亮表示 DWA 进入防盗报警状态。

【任务实施环境】

1）理实一体教室授课，每个学习小组配备 1 个标准工位。

2）每个工位配备汽车（丰田卡罗拉汽车）1 辆，解码器 1 台，万用表 1 块及各种导线、电工常用的各种钳子、螺钉旋具等。

3）每组配备丰田卡罗拉轿车维修手册 1 套。

【任务实施步骤】

1. 确认故障现象

车门可以正常上锁，但防盗报警系统不工作，确认防盗报警系统有故障。

2. 故障检测

丰田卡罗拉汽车防盗报警系统工作原理如图 8-63 所示，防盗报警系统的零件位置如图 8-64所示，其检测步骤如下：

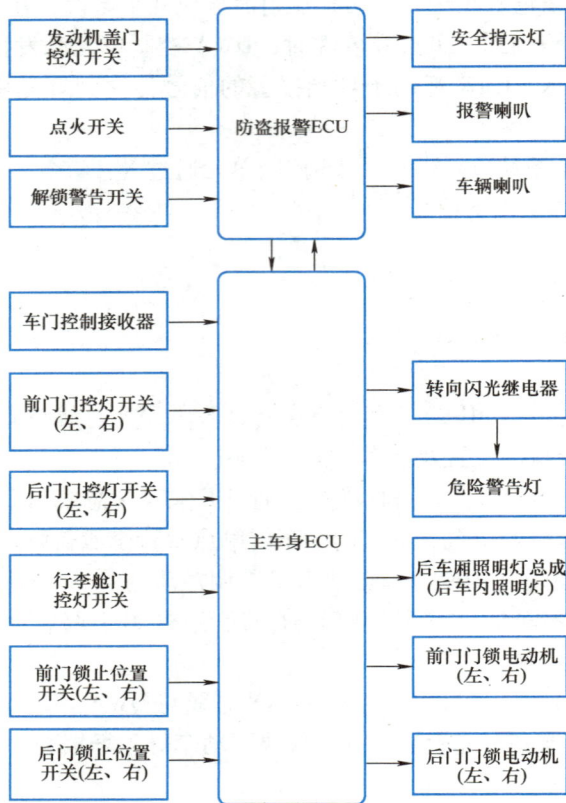

图 8-63　丰田卡罗拉汽车防盗报警系统工作原理

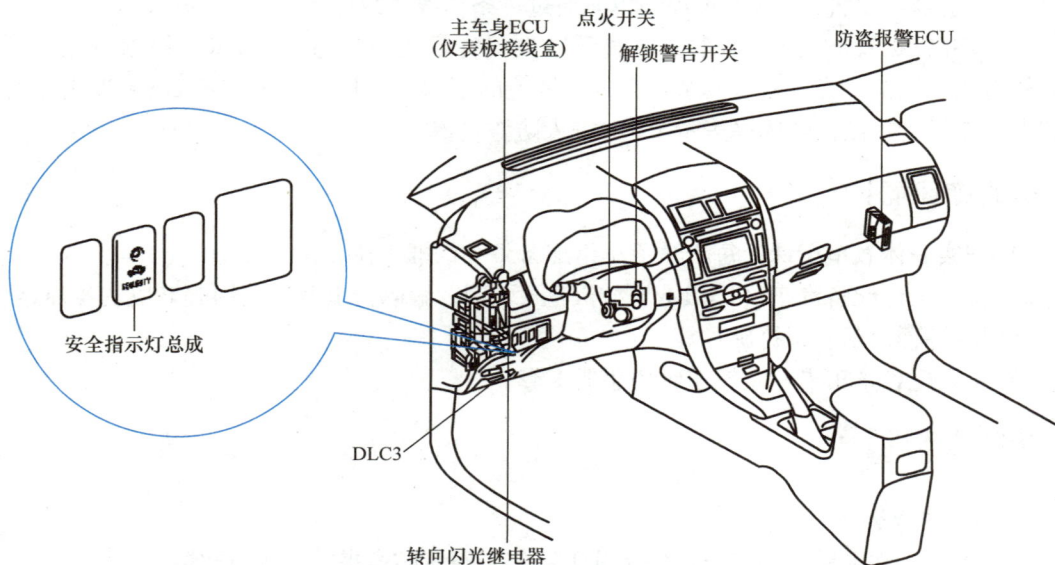

图 8-64　丰田卡罗拉汽车防盗报警系统的零件位置

1）确定门锁控制系统和遥控门锁控制系统工作正常。

2）检查熔断器和继电器。

3）用解码器读故障码，删除故障码，然后重新读故障码，显示故障码为"B1269"（防盗 ECU 通信中止），故障码信息及实测结果见表 8-6。

表 8-6　故障码信息及实测结果

DTC 编号	DTC 检测条件	故障部位	实测故障码
B1269	不能与防盗警报 ECU 进行通信超过 10s	● 线束和插接器 ● 防盗警报 ECU 总成	

4）检查防盗警报 ECU 总成与主车身 ECU 之间线束及插接器。线束连接电路如图 8-65 所示，防盗警报 ECU 总成与主车身 ECU 的线束插接器端子如图 8-66 所示，测试标准及实测结果见表 8-7。若实测结果异常，则更换线束。

5）检测防盗警报 ECU 总成的工作电压。防盗警报 ECU 总成线束端子如图 8-67 所示，检测标准及实测结果见表 8-8。若实测结果异常，则更换线束；否则，更换防盗警报 ECU 总成。

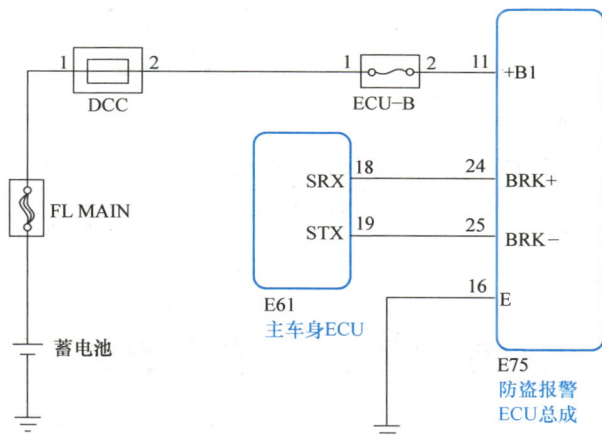

图 8-65　丰田卡罗拉汽车防盗警报 ECU 总成与主车身 ECU 之间的线束连接电路

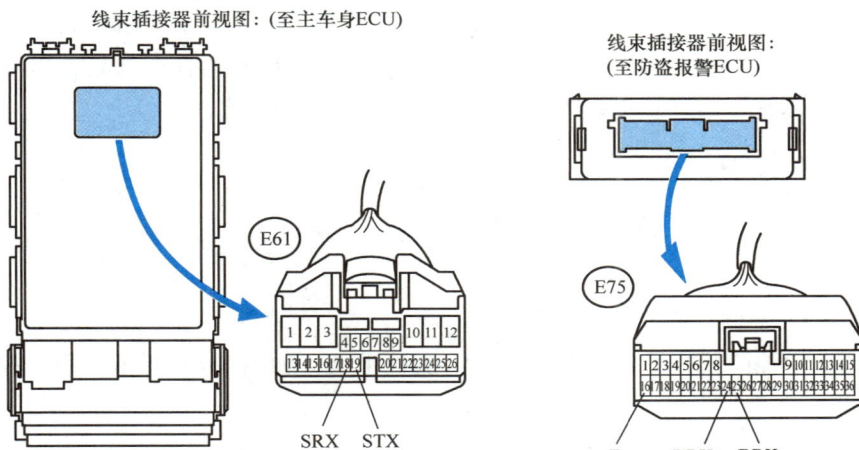

图 8-66　丰田卡罗拉汽车防盗警报 ECU 总成与主车身 ECU 的线束插接器端子

表 8-7　丰田卡罗拉汽车防盗警报 ECU 总成与主车身 ECU 的线束插接器端子测试标准及实测结果

检测仪连接	条件	规定状态	实测结果
E75 – 24（BRK +）– E61 – 18（SRX）	始终	小于 1Ω	
E75 – 25（BRK –）– E61 – 19（STX）	始终	小于 1Ω	
E75 – 24（BRK +）– 车身搭铁	始终	10kΩ 或更大	
E75 – 25（BRK –）– 车身搭铁	始终	10kΩ 或更大	
E75 – 16（E）– 车身搭铁	始终	小于 1Ω	

线束连接器前视图：(至防盗警报ECU)

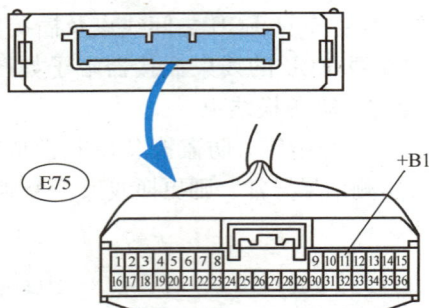

图 8-67　丰田卡罗拉汽车防盗警报 ECU 总成线束端子

表 8-8　丰田卡罗拉汽车防盗警报 ECU 总成工作电压测试标准及实测结果

检测仪连接	条件	规定状态	实测结果
E75 – 11（+ B1）– 车身搭铁	始终	11 ~ 14V	

任务3　中央门锁控制系统检测与维修

【任务导入】

中央门锁控制系统具有全车门锁联动功能，当驾驶人用车钥匙打开驾驶人侧车门锁时，其他车门门锁（包括行李舱门锁）可以同时打开；反之，全车车门门锁同时锁止。

中央门锁控制系统具有遥控功能，驾驶人可以在远处用车门控制发射器（车钥匙遥控器）遥控车门锁系统，实现全车车门锁的锁止或解锁。

【相关知识】

一、中央门锁控制系统的组成

1. 中控门锁开关

中控门锁开关安装在左前门内侧扶手上，如图 8-68 所示，用来控制全车车门的开启与锁止。

中控门锁
主控开关

2. 钥匙控制开关

钥匙控制开关安装在左前门和右前门的外侧门锁上，如图 8-69 所示。当从车外面用车门钥匙开车门或锁车门时，钥匙控制开关便使全车车门同时锁止或打开。车门钥匙的功能是实现在车门外面锁车或打开车门锁，同时车门钥匙是点火开关、燃油箱、行李舱等全车设置锁的地方共用的钥匙。

3. 门锁总成

中央门锁控制系统常用的门锁总成是电动门锁。常用的电动门锁有电动机式、电磁式、真空式和电子式等类型。图 8-70 所示为电动机式门锁总成，图 8-71 所示为电磁式门锁总成。

左后门车窗开关　驾驶人侧车窗开关　全车锁控制开关
右后门车窗开关　右前门车窗开关　车窗锁止开关

图 8-68　驾驶人侧门锁及车窗主控开关

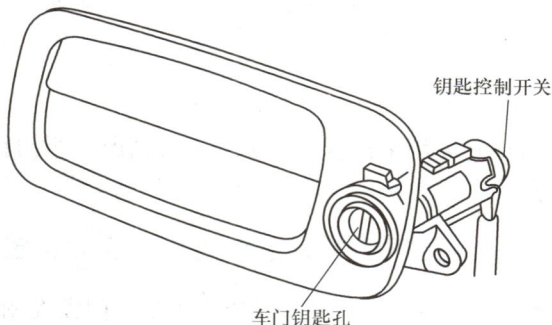

车门钥匙孔

图 8-69　钥匙控制开关

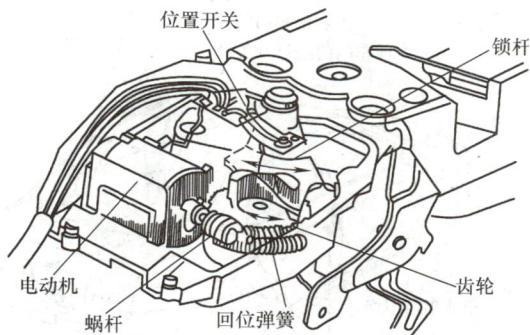

位置开关　　锁杆
电动机
蜗杆　回位弹簧　齿轮

图 8-70　电动机式门锁总成

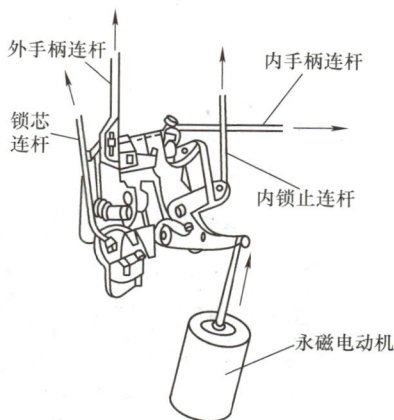

外手柄连杆　内手柄连杆
锁芯连杆
内锁止连杆
永磁电动机

图 8-71　电磁式门锁总成

4. 行李舱门开启器开关

行李舱门开启器开关位于仪表板下面，拉动此开关便能打开行李舱门，如图 8-72 所示。不同车型的行李舱门开启器开关有所不同。图 8-72 中所示的行李舱门开启器开关操作时，先用钥匙顺时针旋转打开行李舱门开启器主开关，然后使用行李舱门开启器开关打开行李舱。

5. 行李舱门开启器

行李舱门开启器装在行李舱门上，由轭铁、插棒式铁心、电磁线圈和支架组成，如图8-73所示。轴连接行李舱门锁，当电磁线圈通电时，插棒式铁心将轴拉入并打开行李舱门。电路断路器用以防止电磁线圈因电流过大而过热。

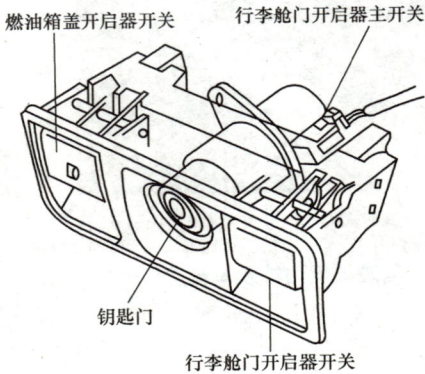

图8-72　行李舱门开启器开关

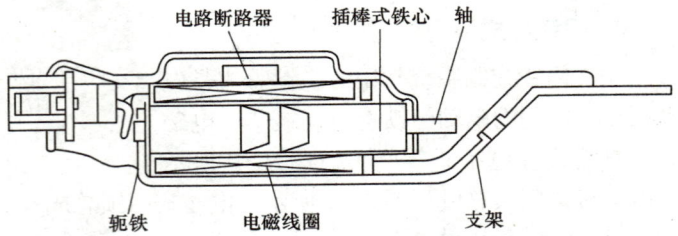

图8-73　行李舱门开启器

6. 门控开关

门控开关用来检测车门的开、关情况。车门打开时，门控开关接通；车门关闭时，门控开关断开。

二、中央门锁控制系统的零件安装位置

图8-74所示为丰田卡罗拉汽车中央门锁控制系统的零件安装位置。

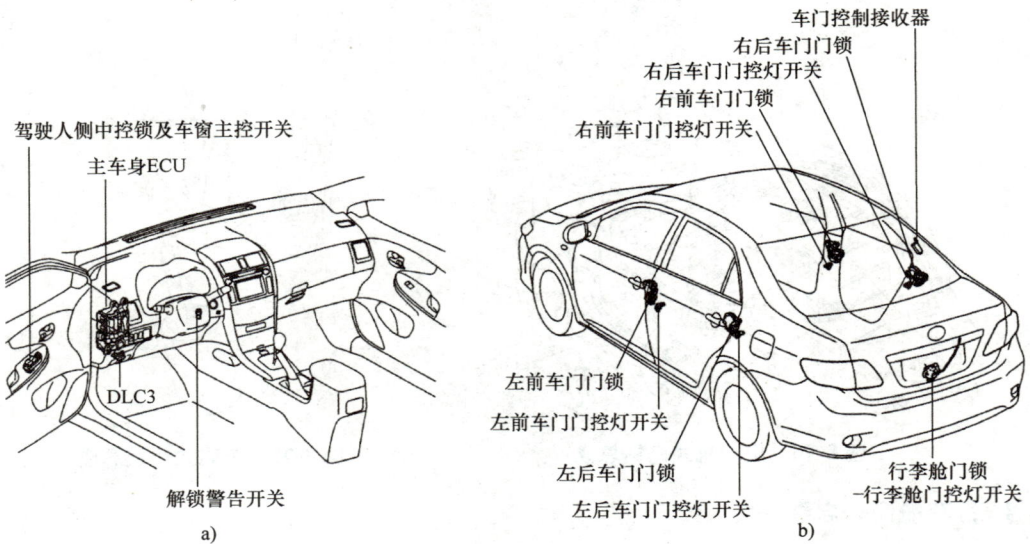

图8-74　丰田卡罗拉汽车中控门锁控制系统的零部件安装位置

三、中央门锁控制系统的功能

1. 内、外开启与内、外锁止功能

在车内开启和锁止车门时，由门锁控制开关开启和锁止门锁。在车外开启和锁止车门时，由钥匙转动控制开关开启门锁。

2. 后车门儿童安全锁止功能

中央门锁控制系统设有后车门儿童安全锁止装置，如图 8-75 所示，防止车内儿童擅自打开车门。只有当中央门锁控制系统在"开锁"状态时，儿童安全锁闩才能退出。有的车锁是当儿童安全锁闩拨到锁止位置时，在车内用内扣手不能开门，而在车外用外扣手可以开门。

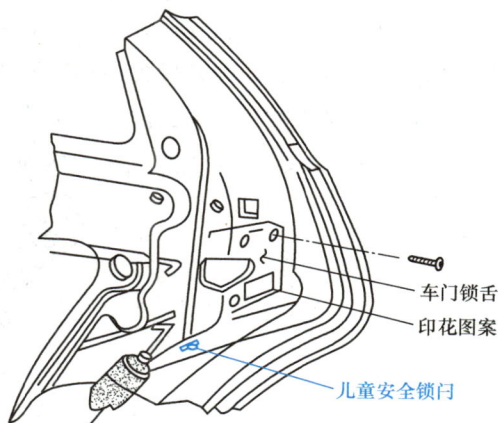

图 8-75   后车门儿童安全锁止装置

3. 中央控制锁止功能

由门锁控制单元控制全车门锁，当行车速度达到一定时，全车门锁能自行锁上，防止乘员误操作导致车门打开，发生事故。

4. 驾驶人侧车门防误锁功能

当驾驶人侧的内部锁止开关在锁止位置时，关上车门后，该车门不能锁止，以防止钥匙忘在车内而车门被锁止。

四、汽车中央门锁控制电路基本原理

图 8-76 所示为汽车中央门锁控制电路。中央门锁控制系统由左前门锁主开关、右前门锁主开关、门锁继电器和门锁电动机等组成，其中，门锁电动机为永磁式门锁电动机。门锁控制系统的工作过程如下：

1）当将门锁主开关转到锁止位置时，触点 1 闭合，门锁继电器中的锁止线圈有电流通过，触点 5 闭合。这时，全车门锁电动机的电流方向为：蓄电池正极→门锁继电器触点 5→全车门锁电动机→门锁继电器触点 7→搭铁，电动机旋转拉动连接杆，将车锁锁止。

2）当将门主锁开关转到开锁位置时，触点 2 闭合，门锁继电器中的开锁线圈有电流通过，触点 8 闭合。这时，全车门锁电动机的电流方向为：蓄电池正极→门锁继电器

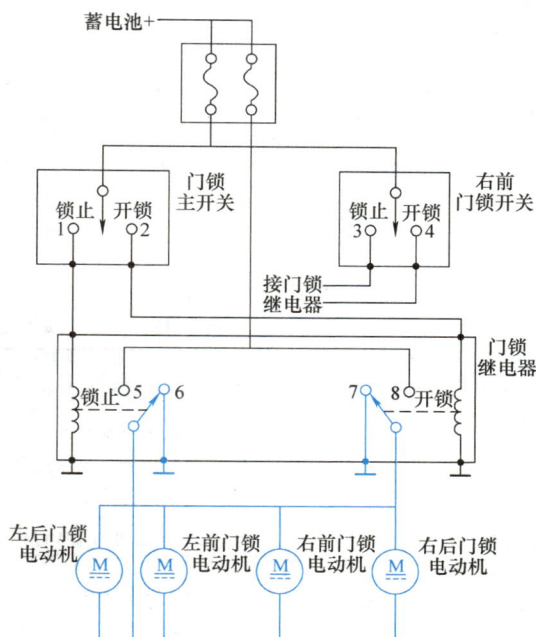

图 8-76   汽车中央门锁控制电路

触点 8→全车门锁电动机→门锁继电器触点 6→搭铁，电动机旋转拉动连接杆，将车锁打开，此时通过门锁电动机的电流方向与锁止时通过电动机的电流方向相反。

五、遥控门锁控制系统

遥控门锁控制系统的作用是从远处锁止和解锁所有车门。该系统由手持式发射器控制。车门控制发射器如图 8-77 所示。手持式发射器向车门控制接收器发送无线电波，主车身 ECU 执行识别码识别处理并接合门锁控制。

1. 遥控门锁控制系统的组成及主要零件的功能

遥控门锁控制系统的组成如图 8-78 所示，主要零件的功能见表 8-9。

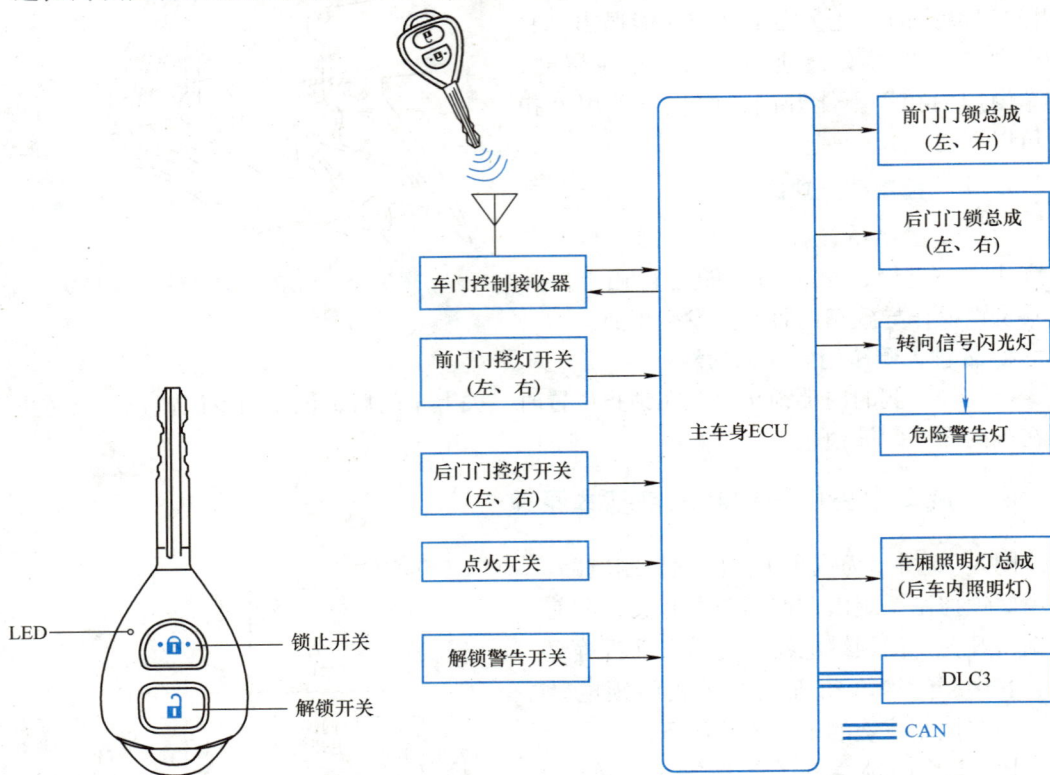

图 8-77　车门控制发射器

图 8-78　遥控门锁控制系统的组成

表 8-9　遥控门锁控制系统主要零件的功能

零 部 件	功 能
车门控制发射器	1）有锁止和解锁开关 2）向车门控制接收器发送弱无线电波（识别码和功能代码） 3）在发送过程中指示灯（LED）亮
车门控制接收器	接收弱无线电波（识别码和功能代码），将其作为代码数据输出到主车身 ECU
• 前门门控灯开关 • 后门门控灯开关 • 行李舱门控灯开关	当车门打开时接通，当车门关闭时断开，将车门状态代码（打开或关闭）输出至主车身 ECU

（续）

零 部 件	功 能
解锁警告开关	检测钥匙是否插入点火开关锁芯中
门锁位置开关	将各车门的门锁位置发送至主车身ECU
主车身ECU	响应来自车门控制接收器的代码数据和来自各个开关的信号，发送遥控门锁控制信号

2. 遥控门锁控制系统的功能

车门控制发射器带有锁止和解锁开关，操作这些开关可以激活各项功能。遥控门锁控制系统的功能见表8-10。

表8-10 遥控门锁控制系统的功能

功 能	操 作
所有车门锁止	按下锁止开关锁止所有车门
所有车门解锁	按下解锁开关解锁所有车门
自动锁止	如果车门通过遥控门锁控制解锁后，在30s内没有车门打开，所有车门将自动再次锁止
应答	1）当通过遥控操作锁止车门时，危险警告灯闪烁1次 2）当通过遥控操作解锁车门时，危险警告灯闪烁2次
上车照明	当所有车门锁止时，按下解锁开关导致车内照明灯随解锁操作同步亮起
自诊断模式	进入自诊断模式的方式： 1）系统在诊断模式下时，如果车门控制接收器从车门控制发射器处接收到正常的无线电波，它使车内照明灯以对应各个开关功能的正常方式闪烁 2）使用智能检测仪读取DTC
发射器识别码注册	能将6类发射的识别码注册到车门控制器包含的EEPROM中（写入和存储）

六、丰田卡罗拉汽车中控门锁控制系统工作原理

丰田卡罗拉汽车中控门锁控制系统工作电路如图8-79所示，其控制方法有两种，一是驾驶人用车钥匙在车门外控制全车门锁的打开或锁止，二是驾驶人在车内用驾驶人侧门锁及车窗主控开关上的中控锁按钮控制全车门锁的打开或锁止。

（1）用车钥匙控制 锁车时，驾驶人在车外将钥匙插入钥匙孔左转，左前门锁总成的端子9搭铁，车身ECU端子14得到搭铁信号（锁车请求信号），车身ECU通过端子2（正极）与端子3（负极）输出驱动电压，4个车门电动机同时动作从而锁上车门。

左前门锁总成内设有电动机位置开关（端子7、8），用于检测门锁电动机是否将门锁正确锁止。当电动机转动到锁止位置时，电动机轴同时将位置开关关闭，反馈端子8搭铁，然后车身ECU端子25得到搭铁信号（确认锁车信号），此时车身ECU将车辆锁止信号通过CAN线传送给防盗ECU，等待车辆进入防盗报警状态。

同理，在车外用钥匙解锁时，车身ECU端子16得到搭铁信号（解锁请求信号），车身ECU通过端子2（负极）与端子3（正极）输出驱动电压，4个车门电动机同时动作从而解锁车门。

（2）车内中控门锁按钮控制 驾驶人在车内按下锁车按钮时，车身ECU端子12得到搭

铁信号（锁车请求信号），车身 ECU 通过端子 2（正极）与端子 3（负极）输出驱动电压，4 个车门电动机同时动作从而锁上车门。

同理，驾驶人在车内按下解锁按钮时，车身 ECU 端子 10 得到搭铁信号（解锁请求信号），车身 ECU 通过端子 2（负极）与端子 3（正极）输出驱动电压，4 个车门电动机同时动作从而解锁车门。

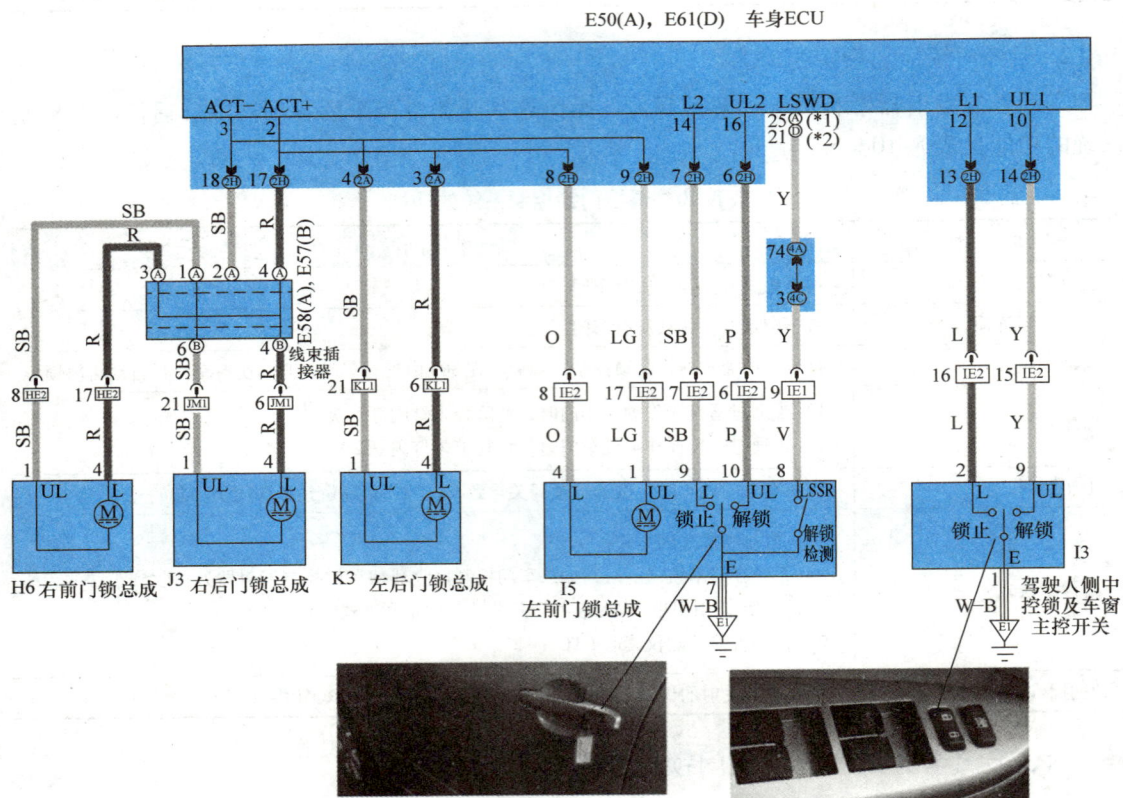

图 8-79　丰田卡罗拉汽车中控门锁控制系统工作电路

七、德系大众汽车中控门锁系统工作原理

图 8-80 所示为德系大众汽车中控门锁操作开关 E308，德系大众汽车中控门锁的工作电路如图 8-81 所示。

（1）中控门锁有以下控制方式

1）用遥控器钥匙操纵中央门锁系统。

2）用钥匙通过驾驶人侧车门钥匙锁孔机械锁止和解锁汽车。

3）用位于驾驶人侧车门的中央门锁按钮开关操纵中央门锁系统。

4）在车辆发生碰撞且安全气囊被引爆时，所有车门自动解锁。

图 8-80　德系大众汽车中控门锁操作开关 E308

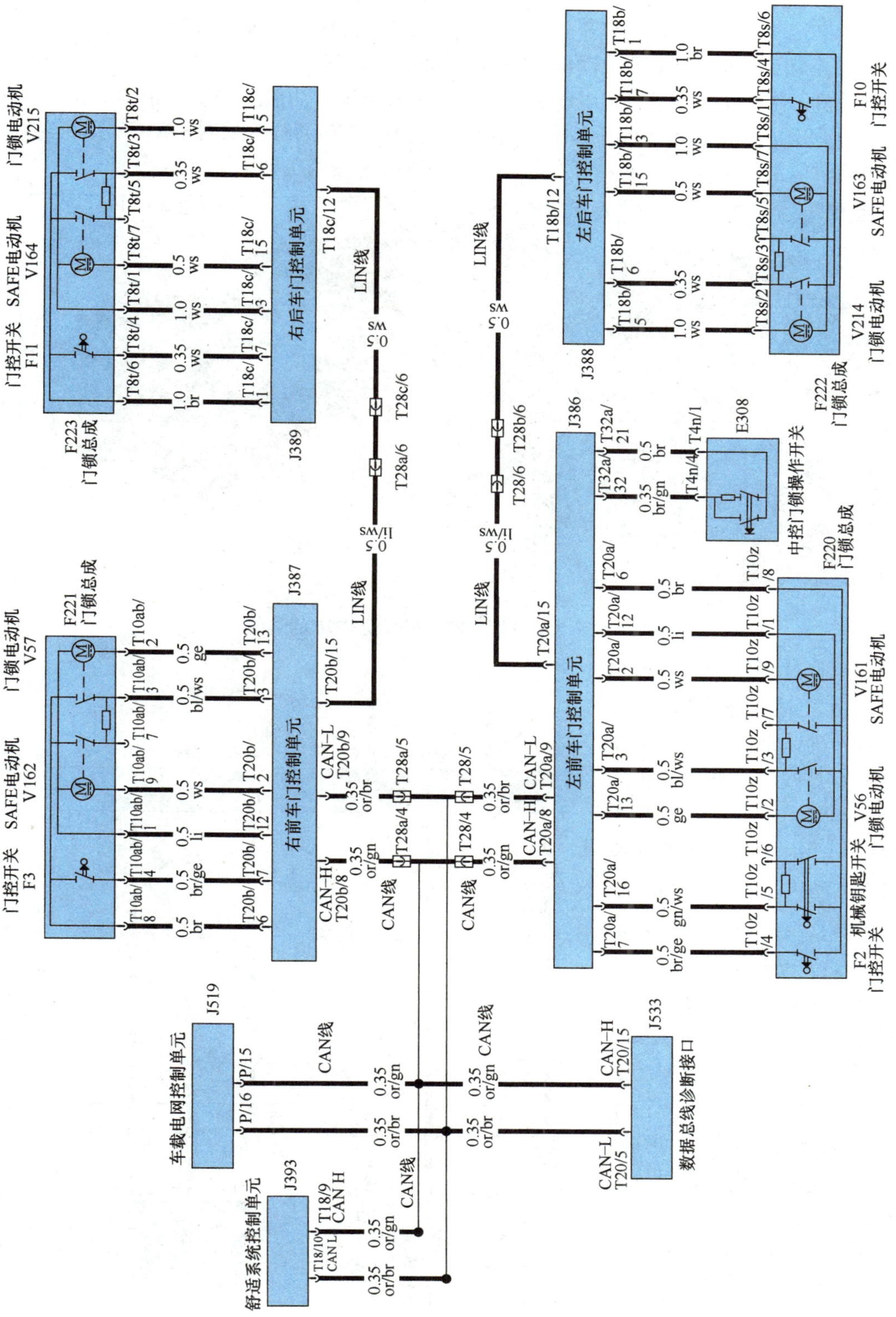

图 8-81　德系大众汽车中控门锁的工作电路

5）自动锁止，当车速超过15km/h时所有车门自动锁止。

6）解锁后，如果60s内没有打开车门、行李舱盖或发动机舱盖，那么车辆会自动重新上锁。

（2）安全锁止功能（SAFE电动机）4个门锁总成F220、F221、F222、F223中均有两个门锁电动机，增加了一个SAFE电动机，用以实现安全锁止功能。安全锁止功能就是在车外将车上锁后，车内人员无法打开车门。左前门锁总成F220的结构如图8-82所示。

若想临时取消安全锁止功能，可在用遥控器锁车时连按两次锁止键（2s内）。

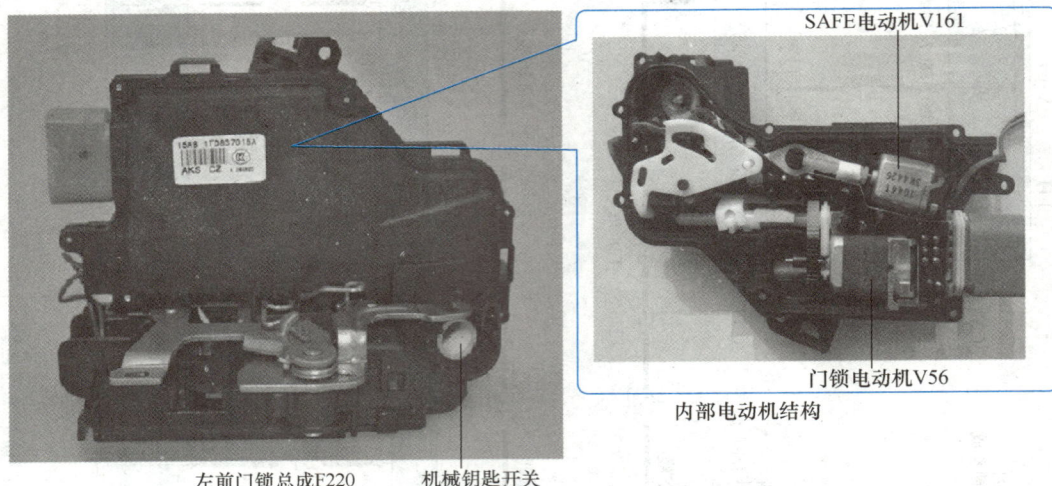

左前门锁总成F220　　　机械钥匙开关　　　SAFE电动机V161　　　门锁电动机V56

内部电动机结构

图8-82　德系大众汽车左前门锁总成F220的结构

（3）工作过程　用遥控器控锁车时，由舒适系统控制单元J393接收并确认请求信息，通过CAN线和LIN线将动作命令传送到J386、J387、J388、J389等车门控制单元，由车门控制单元驱动各门锁电动机及SAFE电动机，完成锁车任务。当电动机转动到锁止位置时，电动机的位置开关闭合，将电动机锁止信息反馈到车门控制单元，车门控制单元将本车门锁止信号通过CAN线或LIN线传送给防盗ECU，等待车辆进入防盗报警状态。此时，J393控制行李舱门锁电动机完成行李舱的锁止任务。德系大众汽车行李舱门锁控制电路如图8-83所示。

用车内中控锁按钮E308或

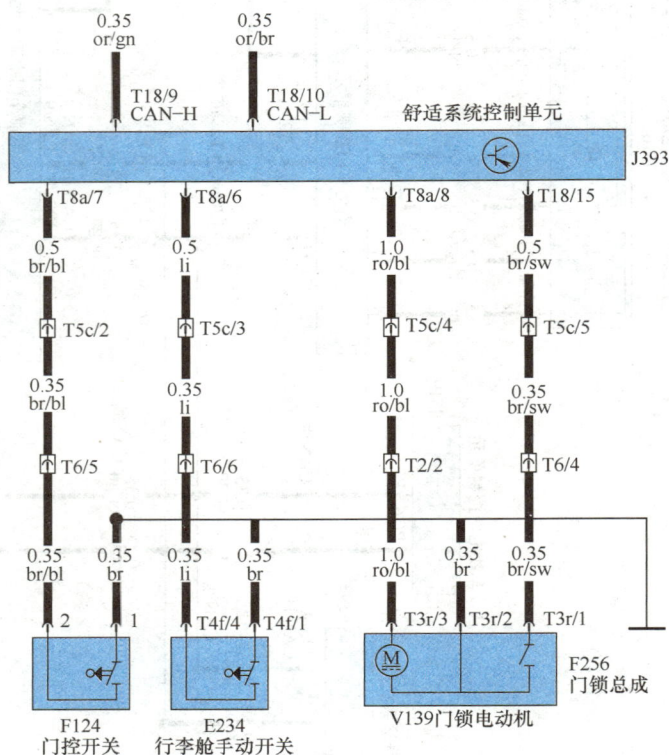

图8-83　德系大众汽车行李舱门锁控制电路

在车外用机械钥匙控制全车门锁时，锁车或解锁两个档位传送给驾驶人侧车门控制单元 J386 信号电压不同，J386 根据信号电压确定请求的具体任务并将动作命令通过 CAN 线或 LIN 线传送到 J387、J388、J389 等车门控制单元，实现全车门锁的控制。此时，舒适系统控制单元 J393 控制行李舱门锁电动机完成行李舱的锁止或解锁任务。

【任务实施环境】

1. 理实一体教室授课，每个学习小组配备 1 个标准工位。
2. 每个工位配备汽车（丰田卡罗拉汽车）1 辆，万用表 1 个及各种导线，电工常用的各种钳子、螺钉旋具等。
3. 每组配备丰田卡罗拉汽车维修手册 1 套，车窗主开关 1 个，驾驶人侧前门门锁总成 1 个。

【任务实施步骤】

当中央门锁系统出现故障时，首先要确认故障现象，然后做基础检测，最后根据表8-11 所示的可疑部位分别进行检测。

表 8-11 故障现象

现 象	可 疑 部 位
通过主开关、驾驶人侧车门锁芯不能操作所有车门的锁止/解锁功能	前门门锁总成（驾驶人侧）
	线束和插接器
	主开关总成
	主车身 ECU（仪表板接线盒）
仅驾驶人侧车门锁止/解锁功能不工作	前门门锁总成（驾驶人侧）
	线束和插接器
	主车身 ECU（仪表板接线盒）
仅前排乘员侧车门锁止/解锁功能不工作	前门门锁总成（前排乘员侧）
	线束和插接器
	主车身 ECU（仪表板接线盒）
仅左后车门锁止/解锁功能不工作	左后车门门锁总成
	线束和插接器
	主车身 ECU（仪表板接线盒）
仅右后车门锁止/解锁功能不工作	右后车门门锁总成
	线束和插接器
	主车身 ECU（仪表板接线盒）
防止钥匙锁在车内的功能工作不正常	前门门控灯开关（驾驶人侧）
	解锁警告开关
	线束和插接器
	主车身 ECU（仪表板接线盒）

1. 基础检测

在进行故障检测前，首先检查熔丝及蓄电池电压，蓄电池电压应为 14 ~ 18V。

2. 中央门锁系统主开关的检测

中央门锁系统主开关集成在车窗主开关上，其端子如图8-84所示。中央门锁系统主开关端子检测的标准见表8-12。若实际检测结果与标准不符，应更换车窗主开关。

图8-84 丰田卡罗拉汽车车窗主开关端子

表8-12 中央门锁系统主开关端子检测标准

检测仪连接	条 件	规 定 状 态	实 测 结 果
1 – 2	锁止	小于1Ω	
1 – 2 1 – 9	OFF（松开）	10kΩ 或更大	
1 – 9	解锁	小于1Ω	

车锁动作测试

3. 前门门锁总成的检测（驾驶人侧）

前门门锁与车身ECU之间的连接关系如图8-79所示，前门门锁总成的端子（驾驶人侧）如图8-85所示，前门门锁总成端子（驾驶人侧）的检测标准见表8-13。若实际检测结果与标准不符，应更换前门门锁总成。

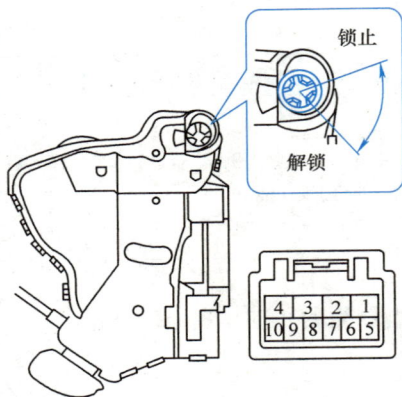

4. 后门门锁的检测

后门门锁与车身ECU的连接关系如图8-86所示，后门门锁端子如图8-87所示，后门门锁端子的检测标准见表8-14。若结果不符，应更换后门门锁。

中控门锁总成的检测

图8-85 前门门锁总成的端子（驾驶人侧）

表8-13 前门门锁总成端子（驾驶人侧）的检测标准

检测仪连接	条 件	规 定 状 态	实 测 结 果
7 – 9	ON（门锁设置为锁止）	小于1Ω	
7 – 9 7 – 10	OFF（松开）	10kΩ 或更大	
7 – 10	ON（门锁设置为解锁）	小于1Ω	
7 – 8	蓄电池正极（＋）→端子4 蓄电池负极（－）→端子1	锁止 10kΩ 或更大	
7 – 8	蓄电池正极（＋）→端子1 蓄电池负极（－）→端子4	解锁 小于1Ω	

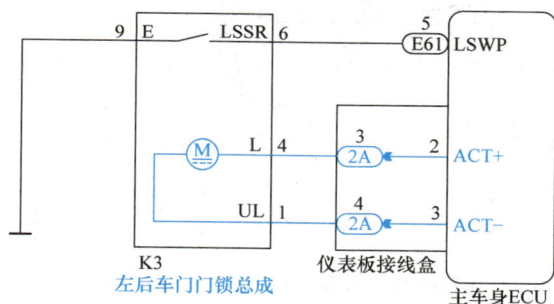

图 8-86 后门门锁与车身 ECU 的连接关系

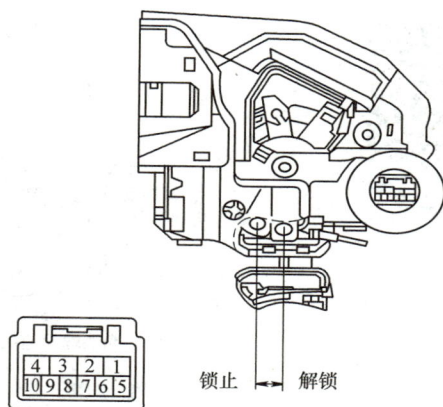

图 8-87 后门门锁端子

表 8-14 后门门锁端子的检测标准

检测仪连接	测量条件	门锁状态	规定状态	实测结果
6－9	蓄电池正极（＋）→端子 4 蓄电池负极（－）→端子 1	锁止	10kΩ 或更大	
6－9	蓄电池正极（＋）→端子 1 蓄电池负极（－）→端子 4	解锁	小于 1Ω	

任务 4　电动车窗与电动天窗系统检测与维修　◀◀◀

【任务导入】

在汽车使用过程中，车窗的使用频率很高，采用电动车窗后，驾驶人通过车窗主开关可以方便地控制每一个车窗玻璃上升或下降，极大地提高了驾驶人的驾车舒适性。

【相关知识】

一、电动车窗

1. 电动车窗升降系统的组成及原理

电动车窗升降系统一般由主控开关（主开关）、分控开关（车窗开关）及各个车窗的升降器等组成。玻璃的升降运动可以由驾驶人操纵主控开关控制全车的车窗升降，也可以由各车门上设置的分控开关分别操纵各车车玻璃的升降。升降器一般由电动机、减速器、传动机构及托架等组成。升降器的传动机构有绳轮式和交叉臂式两种，图 8-88 所示为绳轮式电动车窗升降器，图 8-89 所示为交叉臂式电动车窗升降器。

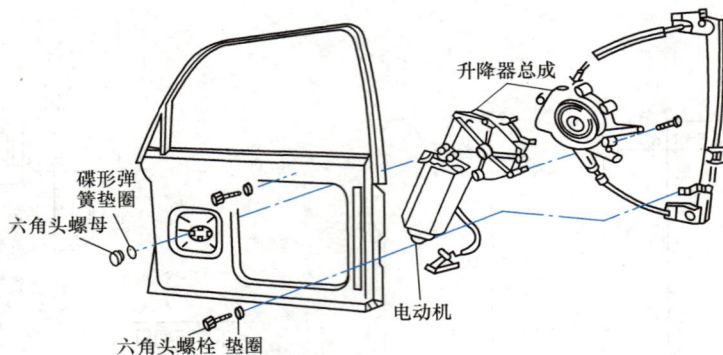

图 8-88   奥迪汽车采用的绳轮式电动车窗升降器

主控开关对全车电动车窗升降系统进行总的操纵，其结构如图 8-90 所示。有些车型在主控开关上还设有一个锁止开关，当开动锁止开关时，便切断各分控开关的电路，此时只能用主控开关升降各车窗玻璃。有些车型还增加了其他安全措施：只有当点火开关在 RUN 或 ACC 档时，分控开关才能起作用，如图 8-91 所示。

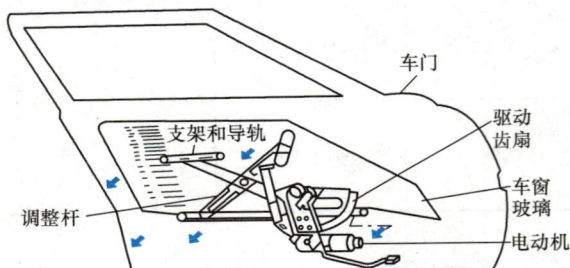

图 8-89   交叉臂式电动车窗升降器

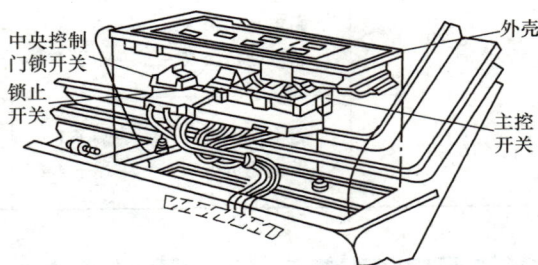

图 8-90   电动车窗主控开关

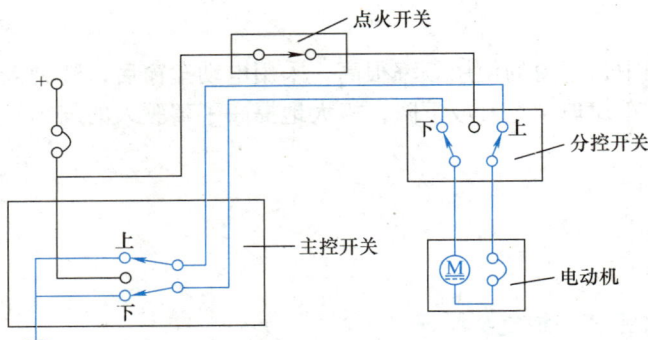

图 8-91   主控开关、分控开关与点火开关的控制电路

电动车窗升降系统的电路中一般要设有电路保护器，如图 8-92 所示。有些车型的电动车窗升降系统中，电路保护器设在电动机的内部。电路保护器的作用是避免电动机因超载而烧坏。如果车窗玻璃处于全开状态或完全关闭状态时控制开关继续接通，或者玻璃在升降过程中被卡死，这时容易发生电流过大现象，使电动机烧坏。电动车窗升降系统中电路保护器

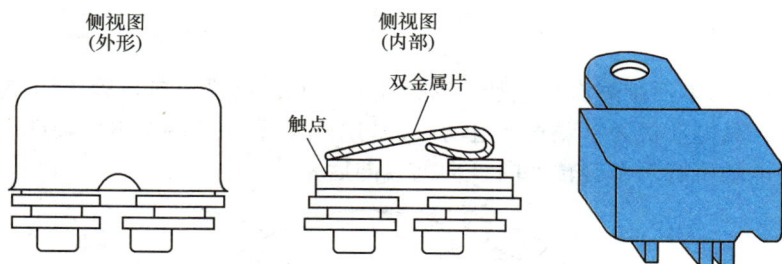

图 8-92　电路保护器

的触点一般为双金属片式结构，当车窗升降系统电路中电流过大时，双金属片因温度上升产生翘曲变形而使触点张开，切断电路。当电路断开后，双金属片冷却，变形消失，触点再次闭合。

2. 汽车电动车窗控制系统基本电路

图 8-93 所示为永磁式电动机的电动升降车窗电路。现以左后车窗玻璃上升为例说明其原理：

（1）主控开关控制　当主控开关中的左后车窗开关拨到 Up 时，电流方向为：蓄电池正极→点火开关→电路保护器→主控开关中左后车窗触点→左后车窗分控开关触点→电动机→左后车窗分控开关另一触点→主控开关中左后车窗另一触点→搭铁，电动机旋转，带动左后车窗玻璃上升。

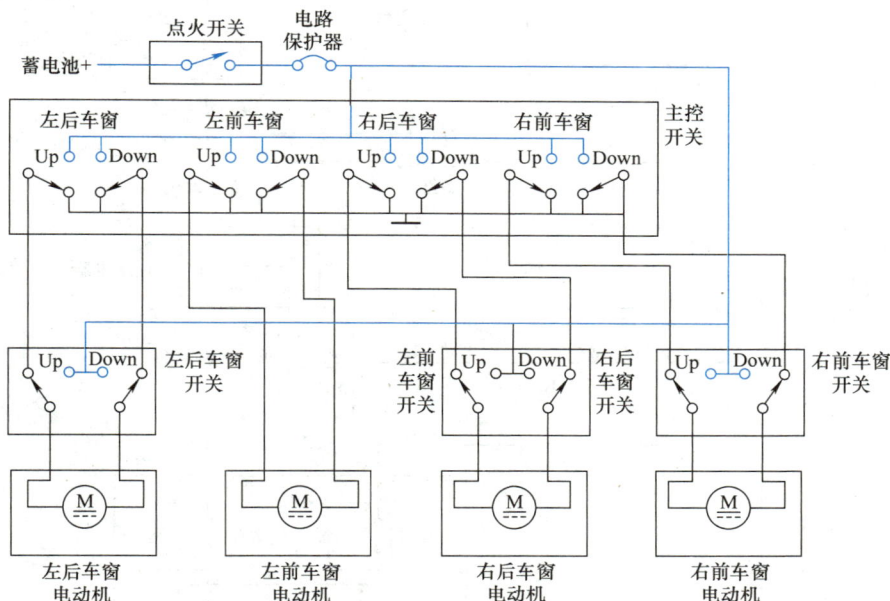

图 8-93　永磁式电动机的电动升降车窗电路

汽车玻璃升降器动作测试

（2）分控开关控制　当左后车窗分控开关拨到 Up 时，电流方向为：蓄电池正极→点火开关→电路保护器→左后车窗分控开关触点→电动机→左后车窗分控开关另一触点→主控开关中左后车窗触点→搭铁，电动机旋转，带动左后车窗玻璃上升。

二、电动天窗

图 8-94 所示为本田雅阁汽车电动天窗控制系统元件位置。图 8-95 所示为本田雅阁汽车电动天窗电路，其电动机为永磁直流电动机，利用开启和关闭两个继电器改变电动机电流的方向，从而使电动机有两个旋转方向（向前或向后）。

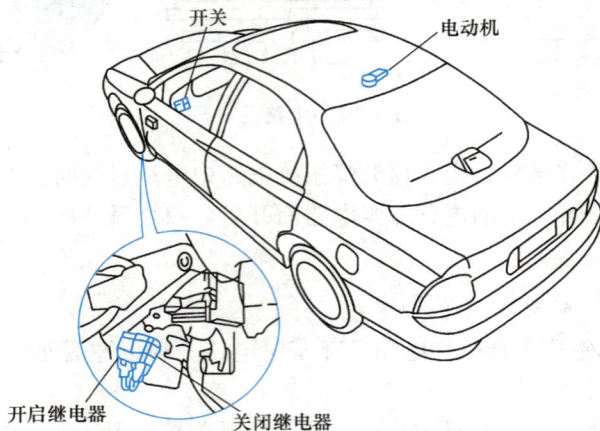

图 8-94 本田雅阁汽车电动天窗控制系统元件位置

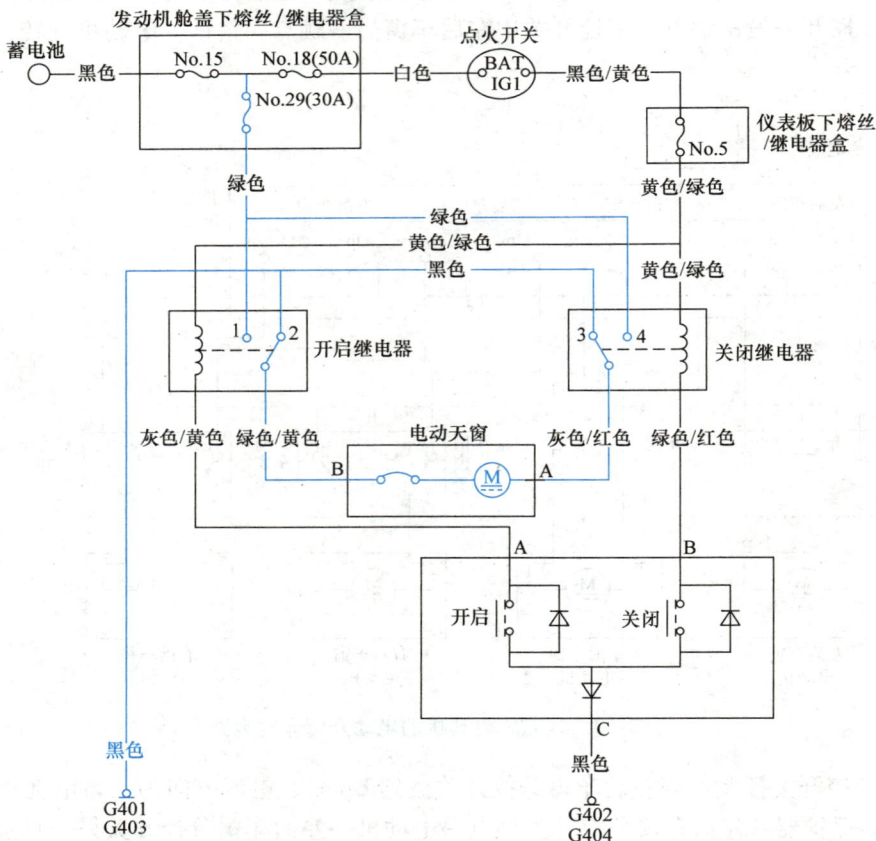

图 8-95 本田雅阁汽车电动天窗电路

其工作过程如下：

1）当开启开关接通时，开启继电器中的磁化线圈有电流通过，触点 1 闭合，电流方向为：蓄电池正极→触点 1→电动机→触点 3→搭铁，电动机转动，将天窗打开。

2）当关闭开关接通时，关闭继电器中的磁化线圈有电流通过，触点 4 闭合，电流方向为：蓄电池正极→触点 4→电动机→触点 2→搭铁，电动机以相反的方向转动，将天窗关闭。

三、丰田卡罗拉汽车电动车窗控制原理

丰田卡罗拉汽车电动车窗控制电路如图 8-96 所示，主控开关及分控开关电流由 POWER 继电器控制。POWER 继电器由主车身 ECU 控制。当点火开关打到 IG 档时，主车身 ECU 中的 PEW 端子输出电压使 POWER 继电器触点闭合，此时通过主控开关或分控开关便可控制车窗玻璃动作。主车身 ECU 通过 LIN 总线与电动车窗 ECU（驾驶人侧）通信。

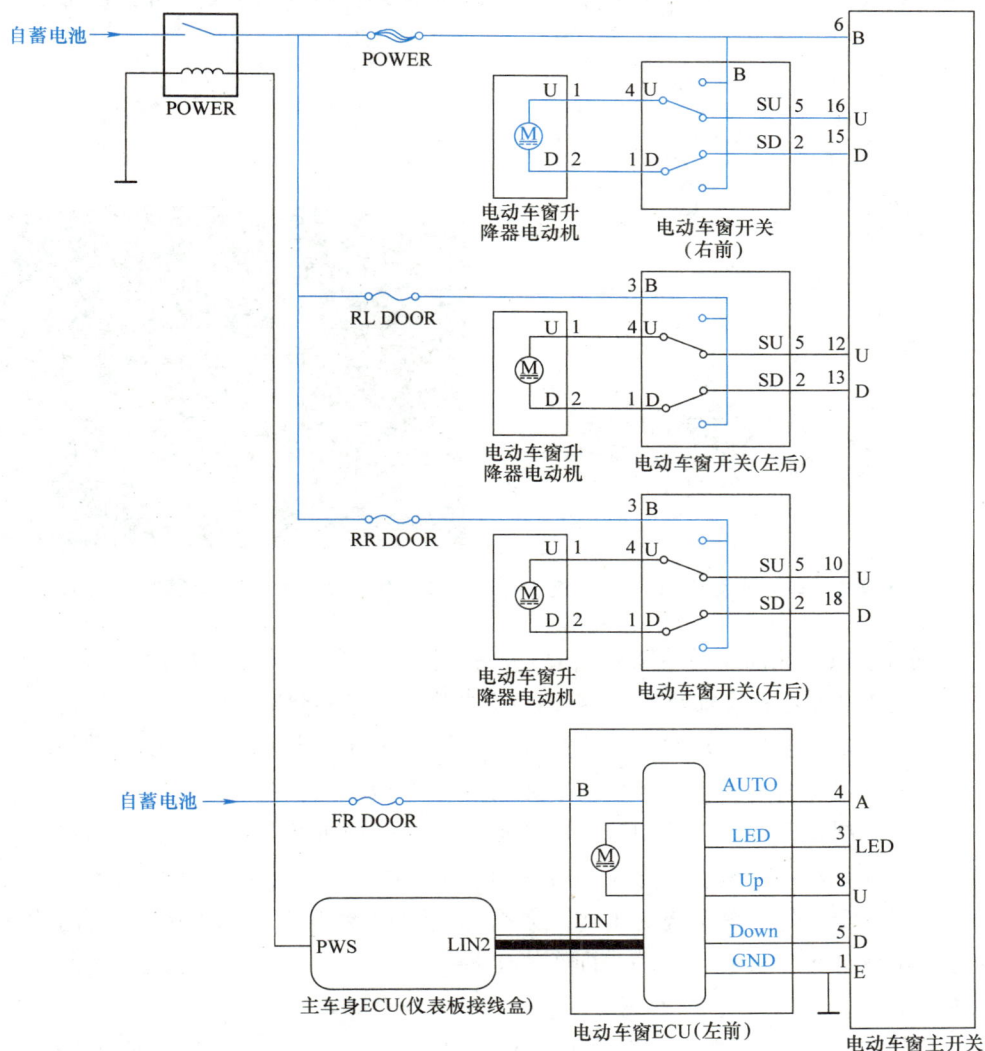

图 8-96　丰田卡罗拉汽车电动车窗控制电路

　　驾驶人侧电动车窗主控开关上有锁止开关，如图8-97所示，锁止开关控制其他车窗电动机搭铁回路，当驾驶人按下锁止开关时，所有乘员侧车窗开关失效，乘员侧无法控制其车窗玻璃上升或下降。

　　驾驶人侧车窗开关AUTO上升或下降分别有两个档位，玻璃上升时，有档位1和档位2，当AUTO开关向上微拉（档位1），玻璃上升，松开开关时玻璃停止上升，玻璃可实现点动上升，根据需要选择车窗玻璃的位置；当AUTO开关向上拉到顶（档位2）松开，车窗玻璃会自动上升到完全关闭为止，车窗玻璃可实现一键关闭。同理，驾驶人侧车窗玻璃在下降过程中通过AUTO开关可实现点动下降或一键打开，如图8-97中所示的档位3和档位4。

四、德系大众汽车电动车窗控制原理

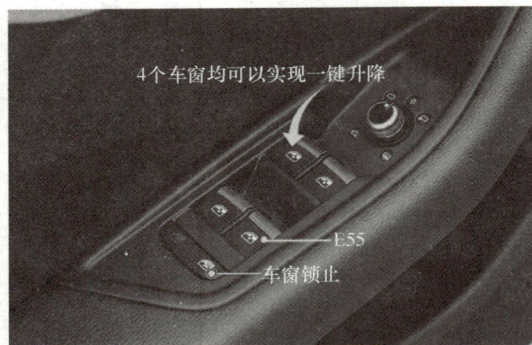

　　德系大众汽车驾驶人侧车窗主控开关如图8-98所示，电动车窗系统控制原理如图8-99所示。

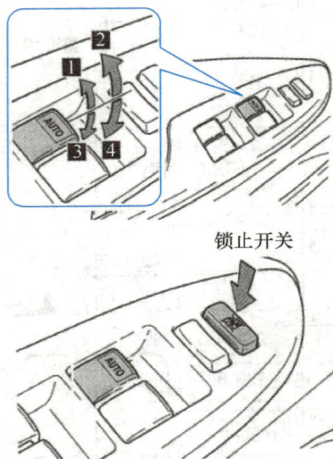

图8-97　丰田卡罗拉汽车驾驶人侧电动车窗主控开关　　　　**图8-98　德系大众汽车驾驶人侧车窗主控开关**

　　（1）基本组成　左前车门控制单元J386，控制该车门的玻璃升降电动机、门锁电动机、左后视镜电动机及左后视镜加热器，参与CAN线通信，与J388LIN通信。

　　前排乘员侧车门控制单元J387，控制该车门的玻璃升降电动机、门锁电动机、右后视镜电动机及右后视镜加热器，参与CAN线通信，与J389LIN通信。

　　左后车门控制单元J388，控制该车门的玻璃升降电动机及门锁电动机。右后车门控制单元J389，控制该车门的玻璃升降电动机及门锁电动机。舒适系统控制单元J393，主要参与车身舒适、安全及防盗等系统的工作。数据总线诊断接口J533，即网关，同时用来存储故障信息。车载电网控制单元J519，即车身电控单元，管理全车电源系统，参与多数车身电控系统的工作。

　　（2）工作过程　当驾驶人操控全车车窗玻璃时，主控开关传送给左前车门控制单元J386数字信号，每个按键对应一个信号，左前车门控制单元J386根据不同的请求信号做出

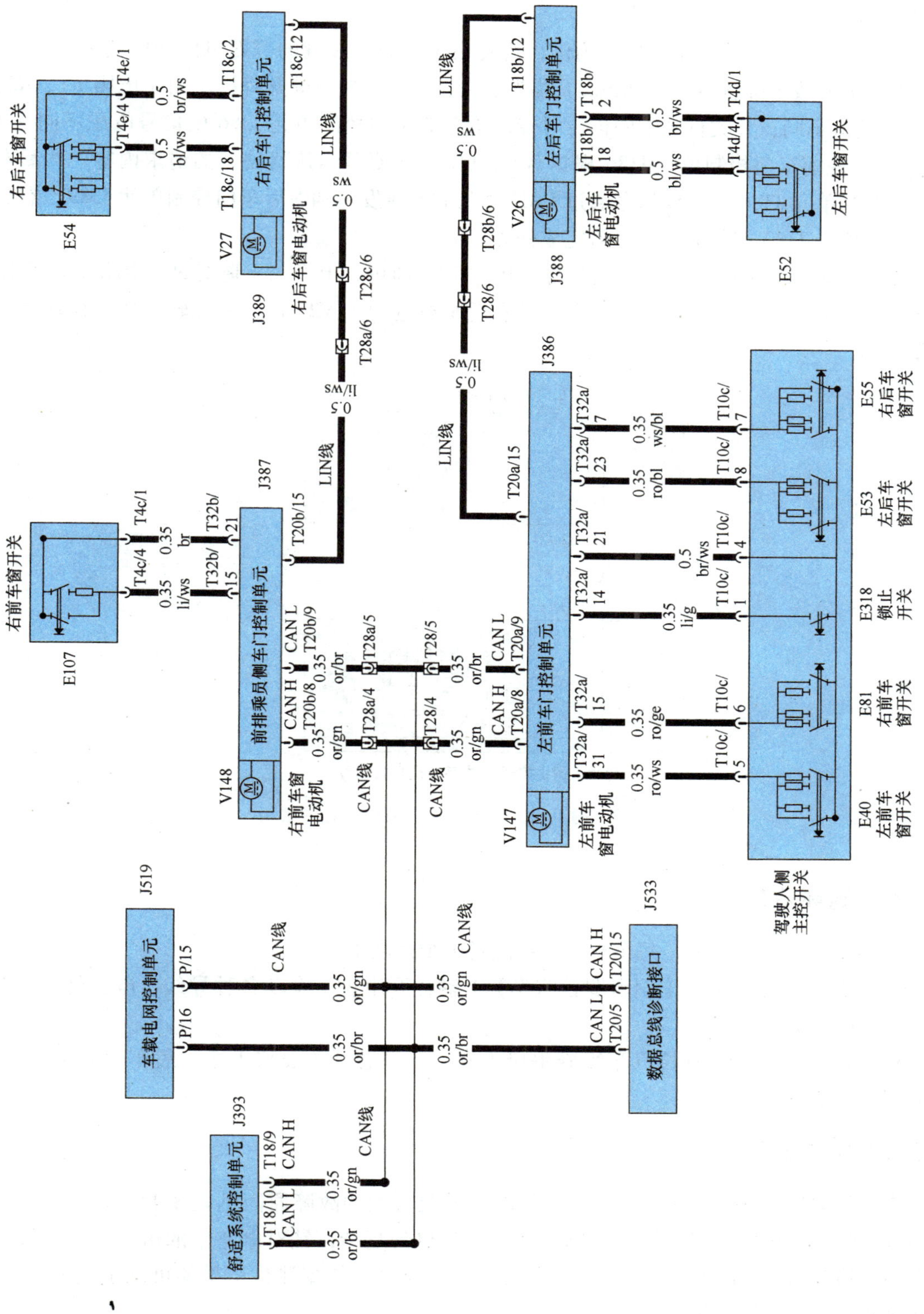

图 8-99　德系大众汽车电动车窗系统控制原理

相应的动作指令，通过 CAN 线或 LIN 线将动作指令传送到相应的车门控制单元，完成车窗玻璃的升降。

以驾驶人控制右后侧车窗玻璃为例，驾驶人操作 E55 按键的等效电路如图 8-100 所示。车窗玻璃上升或下降各有两个档位，1 档为点动档，2 档为一键升降档。由于电阻 $R1$、$R2$、$R3$ 的电阻值不同，开关打到不同档位时传送给左前车门控制单元 J386 的信号电压不同（A 点电压），左前车门控制单元 J386 根据 A 点电压信号便可确认驾驶人的请求内容，然后左前车门控制单元 J386 将动作指令通过 CAN 线及 LIN 线发送到右后车门控制单元 J389，右后车门控制单元 J389 控制玻璃升降器完成任务。

若右后侧乘员想控制车窗玻璃升降，操作 E54 即可，上升与下降各两个档位，右后车门控制单元 J389 根据请求的数字信号驱动右后车窗电动机 V27 正转或反转完成车窗玻璃的升降。

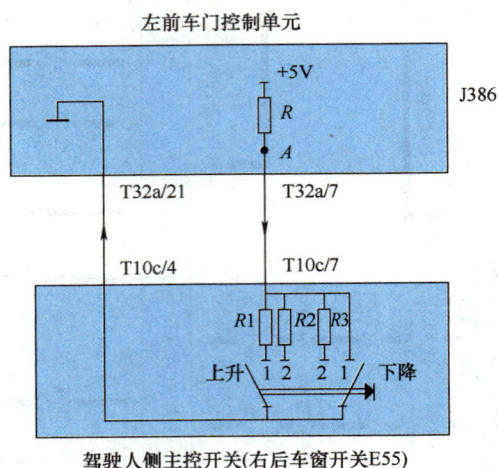

图 8-100　德系大众汽车电动车窗控制等效电路

【任务实施环境】

1. 理实一体教室授课，每个学习小组配备 1 个标准工位。

2. 每个工位配汽车（丰田卡罗拉汽车）1 辆，万用表 1 个及各种导线，电工常用的各种钳子、螺钉旋具等。

3. 每组配备丰田卡罗拉汽车维修手册 1 套，车窗总开关总成 1 个，后车窗开关 2 个，各种熔丝若干。

【任务实施步骤】

丰田卡罗拉汽车电动车窗系统典型故障现象及可能的故障原因见表 8-15。电动车窗系统出现故障后，可以根据电路的控制关系，由简单到复杂，针对电路中的熔丝（位于发动机室继电器盒内）、车窗开关及车窗电动机等进行测试，依据测试结果便可确定故障部位，更换有故障的零件即可排除故障。

表 8-15　丰田卡罗拉汽车电动车窗常见故障现象及可能的故障原因

症　状	可 疑 部 位
用电动车窗主开关无法操作电动车窗	POWER、PWR、RR DOOR LH 和 RR DOOR RH 熔丝
	数据表/主动测试
	电动车窗主开关电路（电源）
	电动车窗升降器电动机电路
	电动车窗主开关
用电动车窗开关无法操作右前电动车窗	电动车窗开关电路（电源）
	电动车窗升降器电动机电路（右前）
	电动车窗开关（右前）
	线束或插接器
电动车窗开关无法操作左后侧电动车窗	电动车窗开关电路（电源）
	电动车窗升降器电动机电路（左后）
	电动车窗开关（左后）
	线束或插接器
电动车窗开关无法操作右后侧电动车窗	电动车窗开关电路（电源）
	电动车窗升降器电动机电路（右后）
	电动车窗开关（右后）
	线束或插接器
左前车窗玻璃自动上升/下降功能不起作用（仅防夹辅助功能）	诊断检查
	电动车窗升降器电动机重置
	电动车窗主开关
	线束或插接器
遥控上升/下降功能不起作用	电动车窗主开关
	线束或插接器
将点火开关置于 OFF 位置后，即使不满足工作条件，电动车窗仍然可以工作	前门门控灯开关
	线束或插接器（LIN 通信电路）
自动操作不能完全关闭左前电动车窗（防夹功能被触发）	电动车窗升降器电动机重置
	检查和清洁车窗玻璃升降槽
	电动车窗主开关
左前车窗玻璃自动下降功能不起作用（仅自动下降）	电动车窗主开关
	电动车窗升降器电动机电路（左前）
	线束或插接器
前排乘员侧 PTC 功能不起作用	电动车窗升降器电动机（右前）
左后侧 PTC 功能不起作用	电动车窗升降器电动机（左后）
右后侧 PTC 功能不起作用	电动车窗升降器电动机（右后）

1）检查熔丝、继电器及蓄电池电压是否完好。

2）读取故障码，故障码见表8-16。

表 **8-16**　电动车窗系统故障码

DTC 代码	检 测 项 目	故 障 部 位
B2311	左前车门电动机故障	1）当点火开关置于 ON（IG）位置时蓄电池断开 2）电动车窗升降器电动机（左前） 3）电动车窗零部件安装错误 4）电动车窗升降器电动机（左前）过热
B2312	左前车门主开关故障	1）电动车窗升降器电动机（左前） 2）电动车窗主开关 3）线束或插接器 4）在同一位置按住电动车窗主开关超过20s
B2313	玻璃位置初始化未完成	1）电动车窗升降器电动机（左前） 2）电动车窗升降器电动机（左前）未初始化
B2321	左前车门ECU通信终止	1）电动车窗升降器电动机（左前） 2）主车身ECU（仪表板接线盒） 3）线束或插接器

后车窗开关端子

3）检测车窗主开关。车窗主开关的端子如图 8-101 所示，检测标准见表8-17。若结果不符，应更换车窗主开关。

4）检测后车窗开关。后车窗开关的端子如图 8-102 所示，检测标准见表8-18。若结果不符，应更换后车窗开关。

后车窗开关
端子检测

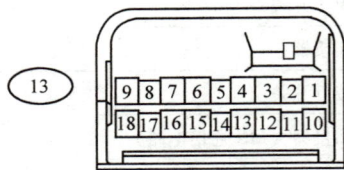

没有线束连接的零部件
（电动车窗开关）

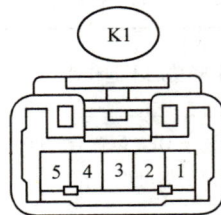

K1

13　9 8 7 6 5 4 3 2 1　18 17 16 15 14 13 12 11 10

5 4 3 2 1

图 **8-101**　车窗主开关的端子　　　　图 **8-102**　后车窗开关的端子

表 **8-17**　车窗主开关端子的检测标准

检 测 仪 连 接	条 　 件	规 定 状 态	实 测 结 果
8（U）－1（E）－4（A）	自动 Up（左前）	小于1Ω	
8（U）－1（E）	手动 Up（左前）	小于1Ω	
5（D）－1（E）	手动 Down（左前）	小于1Ω	
4（A）－5（D）－1（E）	自动 Down（左前）	小于1Ω	

（续）

检测仪连接	条　件	规 定 状 态	实 测 结 果
6（B）－16（U） 15（D）－1（E）	Up（右前）	小于1Ω	
6（B）－15（D） 16（U）－1（E）	Down（右前）	小于1Ω	
6（B）－12（U） 13（D）－1（E）	Up（左后）	小于1Ω	
6（B）－13（D） 12（U）－1（E）	Down（左后）	小于1Ω	
6（B）－10（U） 18（D）－1（E）	Up（右后）	小于1Ω	
6（B）－18（D） 10（U）－1（E）	Down（右后）	小于1Ω	

表 8-18　后车窗开关端子的检测标准

检测仪连接	开 关 状 态	规 定 状 态	实 测 结 果
1（D）－2（SD）	Up	小于1Ω	
3（B）－4（U）		小于1Ω	
1（D）－2（SD）	Off	小于1Ω	
4（U）－5（SU）		小于1Ω	
4（U）－5（SU）	Down	小于1Ω	
1（D）－3（B）		小于1Ω	

5）检测车窗电动机。车窗电动机的端子（右前）如图 8-103 所示，检测标准见表 8-19。若结果不符，应更换车窗电动机。

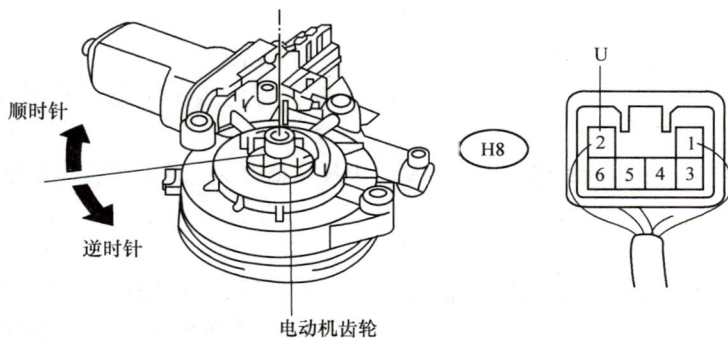

图 8-103　车窗电动机的端子（右前）

表 8-19　右前车窗电动机端子的检测标准

测 量 条 件	规 定 状 态	实 测 结 果
蓄电池负极（－）→端子2 蓄电池正极（＋）→端子1	电动机齿轮顺时针旋转	
蓄电池负极（－）→端子1 蓄电池正极（＋）→端子2	电动机齿轮逆时针旋转	

任务5　电控座椅系统检测与维修 ◄◄◄

【任务导入】

为提高驾驶人驾驶车辆的舒适性，驾驶人座椅可采用电动座椅，电动座椅一般具备前后滑动、靠背倾角、升降和腰部支撑调节等基本功能。

【相关知识】

为提高汽车的乘坐舒适性，有些轿车的座椅空间位置由电动机驱动调整。电动座椅调整系统按座椅移动的方向数目可划分为两方向、四方向和六方向3种。图 8-104 所示为本田雅阁汽车电动座椅，有向前、向后、向上、向下、前俯和后仰6个调整方向，且靠背倾斜角度可调。有些汽车电动座椅除以上功能外，座椅的头枕、扶手等都可调整。

电动座椅的调整系统由电动机、开关和传动装置组成。电动机为双向永磁式，座椅的调整功能越多，电动机的数量越多。调整开关可控制电动机的电流方向，从而使电动机具有两个转动方向。图 8-105 所示为本田雅阁汽车电动座椅电路，该电动座椅有 4 个电动机。

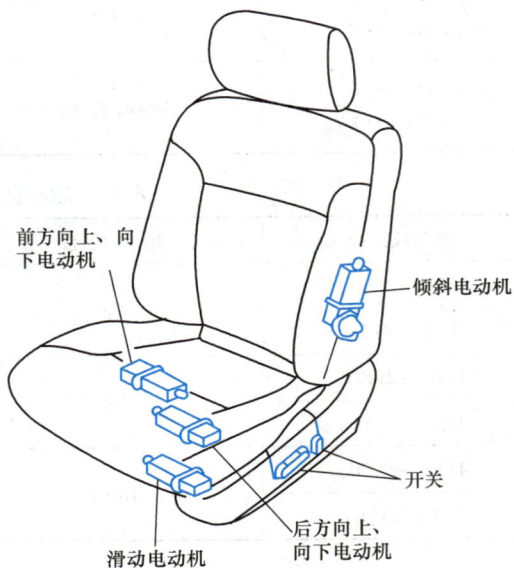

前方向上、向下电动机

倾斜电动机

开关

后方向上、向下电动机

滑动电动机

图 8-104　本田雅阁汽车电动座椅

【任务实施环境】

1. 理实一体教室授课，每个学习小组配备 1 个标准工位。

2. 每个工位配备汽车（丰田卡罗拉汽车）1 辆，万用表 1 个及各种导线，电工常用的各种钳子、螺钉旋具等。

3. 每组配备丰田卡罗拉汽车维修手册 1 套，电控座椅开关总成 1 个，电动座椅总成 1 个。

【任务实施步骤】

丰田卡罗拉汽车电动座椅的外部结构如图 8-106 所示，分解图如图 8-107 所示，电动座椅系统电路如图 8-108 所示。丰田卡罗拉汽车电动座椅系统常见故障现象见表 8-20。根据故障现象，参照系统电路图，对系统各主要部件进行检查或测试，依据测试结果便可确定故障部位，更换有故障的零件即可排除故障。

蓄电池

发动机舱盖下熔丝/继电器盒

黑色

No.15(80A) No.27(20A)

No.31(20A)

红色 蓝色

白色/红色 白色/绿色
F B
(C) (A)

驾驶人侧电动座椅开关

向下 向上 向后 向前 向下 向上 向后 向前

E J I G K L H D C A
(D) (K) (L) (H) (J) (I) (G) (E) (F) (B)

黑色 绿色/黄色 绿色 蓝色/黄色 蓝色 红色/黄色 红色 黄色 黄色/绿色 黑色

B A B A A B B A

M M M M

前方向上、向下电动机 滑动电动机 后方向上、向下电动机 倾斜电动机

G501 G501

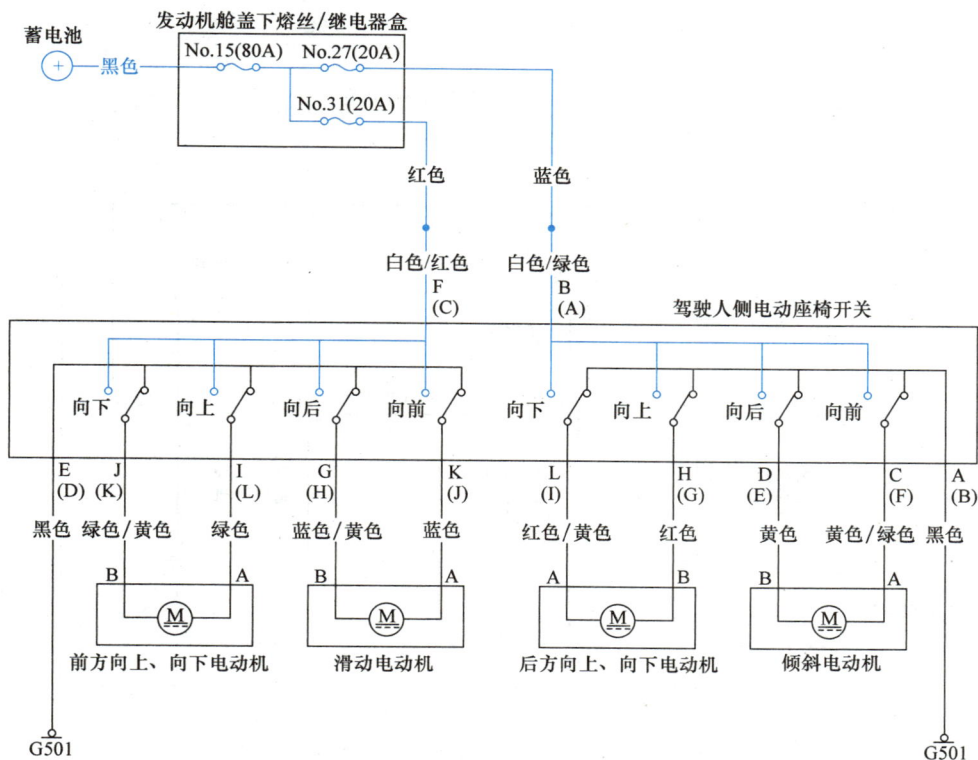

图8-105 本田雅阁汽车电动座椅电路

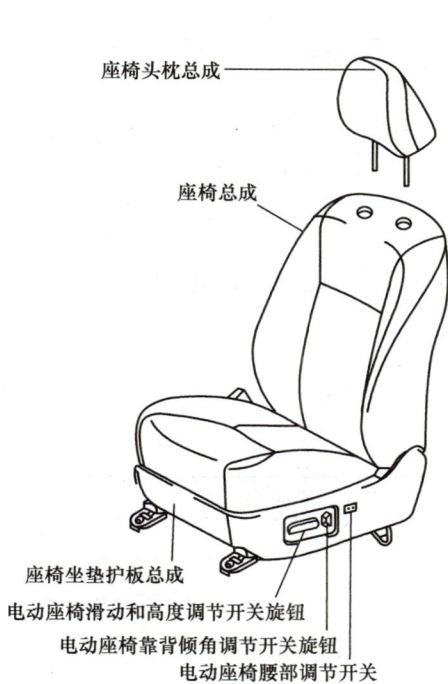

座椅头枕总成

座椅总成

座椅坐垫护板总成

电动座椅滑动和高度调节开关旋钮

电动座椅靠背倾角调节开关旋钮

电动座椅腰部调节开关

前排座椅头枕支架

带软垫的前排座椅靠背护面

带软垫的前排座椅座垫护面

×2

调节开关

×2

×3

×2

座椅座垫护板总成

×2

图8-106 丰田卡罗拉汽车电动座椅的外部结构

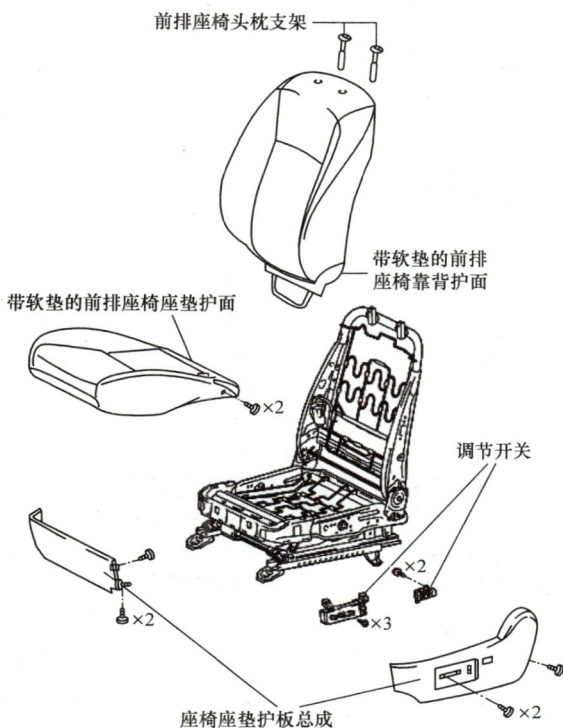

图8-107 丰田卡罗拉汽车电动座椅的分解图

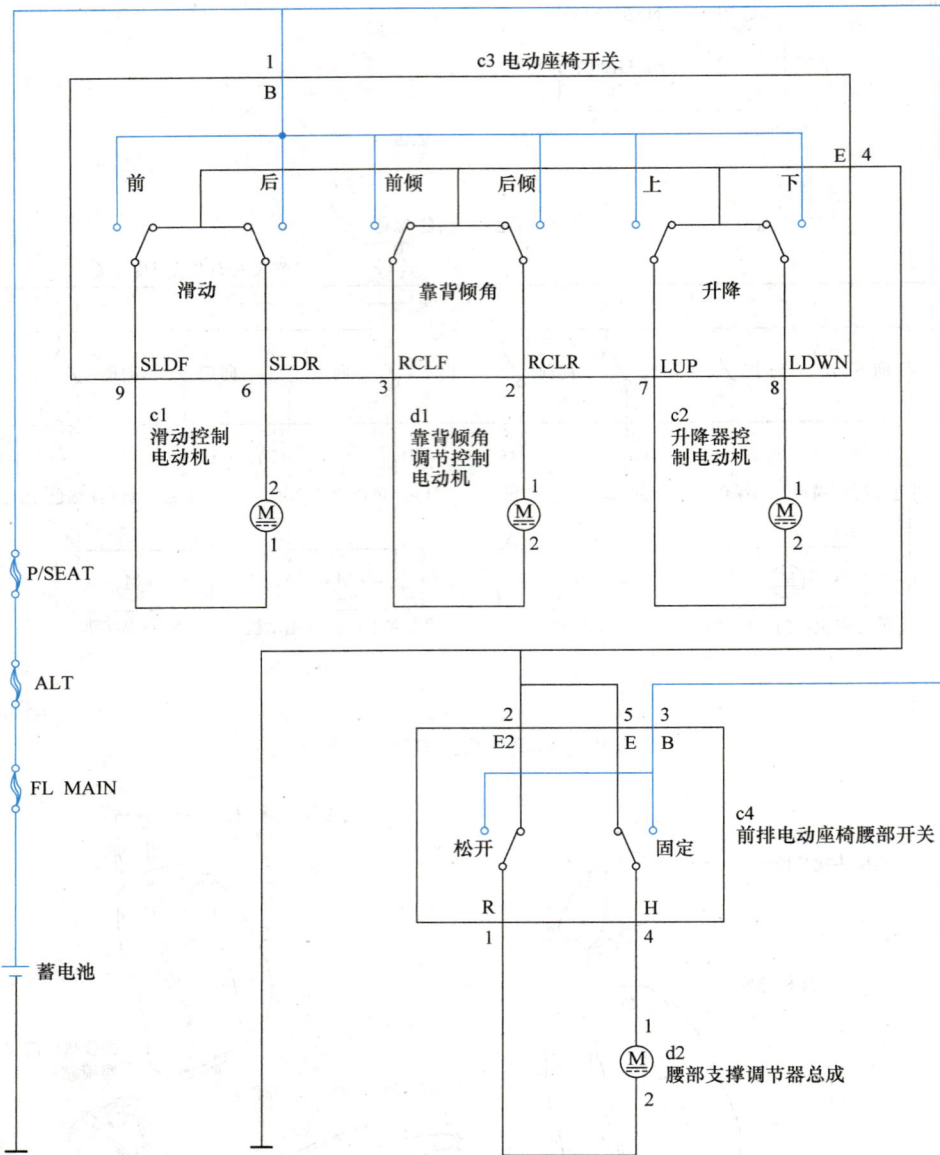

图 8-108　丰田卡罗拉汽车电动座椅系统电路

表 8-20　丰田卡罗拉汽车电动座椅系统常见故障现象

现　　象	可 疑 部 位
电动座椅不工作（滑动、升降、靠背倾角调节）	P/SEAT 熔丝
	电动座椅开关
	线束或插接器
仅滑动操作功能不工作	电动座椅开关
	前排座椅总成（滑动调节电动机）
	线束或插接器

（续）

现　　象	可 疑 部 位
仅升降操作功能不工作	电动座椅开关
	前排座椅总成（升降器电动机）
	线束或插接器
仅靠背倾角调节操作功能不工作	电动座椅开关
	前排座椅总成（靠背倾角调节电动机）
	线束或插接器
仅腰部支撑操作功能不工作	前排电动座椅腰部开关
	腰部支撑调节器总成
	线束或插接器

1. 检查蓄电池

检查并确认熔丝及蓄电池电压符合标准，蓄电池电压应为 12～14V。

2. 电动座椅开关的检测

电动座椅开关的端子如图 8-109 所示，电动座椅开关检测标准见表 8-21。若实测结果与检测标准不符，应更换电动座椅开关总成。

3. 电动座椅电动机的检测

直接将蓄电池电压接到电动机的端子上，电动机应转动。调换正、负极，电动机应反方向旋转。否则，应更换电动机。

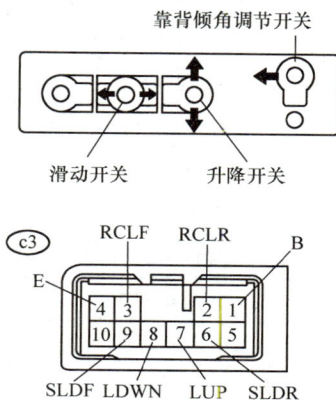

图 8-109　电动座椅开关的端子

表 8-21　电动座椅开关检测标准

滑 动 开 关			
检 测 仪 连 接	开 关 状 态	规 定 状 态	实 测 结 果
c3－1（B）－c3－9（SLDF）	前	小于 1Ω	
c3－4（E）－c3－6（SLDR）	前	小于 1Ω	
c3－1（B）－c3－6（SLDR）	前	10kΩ 或更大	
c3－4（E）－c3－9（SLDF）	前	10kΩ 或更大	
c3－4（E）－c3－6（SLDR）	OFF	小于 1Ω	
c3－4（E）－c3－9（SLDF）	OFF	小于 1Ω	
c3－1（B）－c3－6（SLDR）	OFF	10kΩ 或更大	
c3－1（B）－c3－9（SLDF）	OFF	10kΩ 或更大	
c3－1（B）－c3－6（SLDR）	后	小于 1Ω	
c3－4（E）－c3－9（SLDF）	后	小于 1Ω	
c3－1（B）－c3－9（SLDF）	后	10kΩ 或更大	
c3－4（E）－c3－6（SLDR）	后	10kΩ 或更大	

（续）

升 降 开 关			
检测仪连接	开 关 状 态	规 定 状 态	实 测 结 果
$c3-1(B)-c3-7(LUP)$	开	小于 1Ω	
$c3-4(E)-c3-8(LDWN)$	开	小于 1Ω	
$c3-1(B)-c3-8(LDWN)$	开	$10k\Omega$ 或更大	
$c3-4(E)-c3-7(LUP)$	开	$10k\Omega$ 或更大	
$c3-4(E)-c3-7(LUP)$	OFF	小于 1Ω	
$c3-4(E)-c3-8(LDWN)$	OFF	小于 1Ω	
$c3-1(B)-c3-7(LUP)$	OFF	$10k\Omega$ 或更大	
$c3-1(B)-c3-8(LDWN)$	OFF	$10k\Omega$ 或更大	
$c3-1(B)-c3-8(LDWN)$	降	小于 1Ω	
$c3-4(E)-c3-7(LUP)$	降	小于 1Ω	
$c3-1(B)-c3-7(LUP)$	降	$10k\Omega$ 或更大	
$c3-4(E)-c3-8(LDWN)$	降	$10k\Omega$ 或更大	
靠背倾角调节开关			
检测仪连接	开 关 状 态	规 定 状 态	实 测 结 果
$c3-1(B)-c3-3(RCLF)$	前	小于 1Ω	
$c3-4(E)-c3-2(RCLR)$	前	小于 1Ω	
$c3-1(B)-c3-2(RCLR)$	前	$10k\Omega$ 或更大	
$c3-4(E)-c3-3(RCLF)$	前	$10k\Omega$ 或更大	
$c3-4(E)-c3-2(RCLR)$	OFF	小于 1Ω	
$c3-4(E)-c3-3(RCLF)$	OFF	小于 1Ω	
$c3-1(B)-c3-3(RCLF)$	OFF	$10k\Omega$ 或更大	
$c3-1(B)-c3-2(RCLR)$	OFF	$10k\Omega$ 或更大	
$c3-1(B)-c3-2(RCLR)$	后	小于 1Ω	
$c3-4(E)-c3-3(RCLF)$	后	小于 1Ω	
$c3-1(B)-c3-3(RCLF)$	后	$10k\Omega$ 或更大	
$c3-4(E)-c3-2(RCLR)$	后	$10k\Omega$ 或更大	

任务 6　　刮水器系统检测与维修

【任务导入】

　　为提高汽车行驶的安全性，确保在雨雪天气行车时驾驶人有良好的视线，汽车风窗玻璃上都安装有刮水器。

【相关知识】

为了提高汽车行驶的安全性及可靠性，减轻驾驶人的劳动强度，汽车的辅助电器越来越多，而且性能越来越完善，从而最大限度地体现了汽车的豪华、舒适、安全、可靠。

电动刮水器与洗涤器的元件位置图如图 8-110 所示。

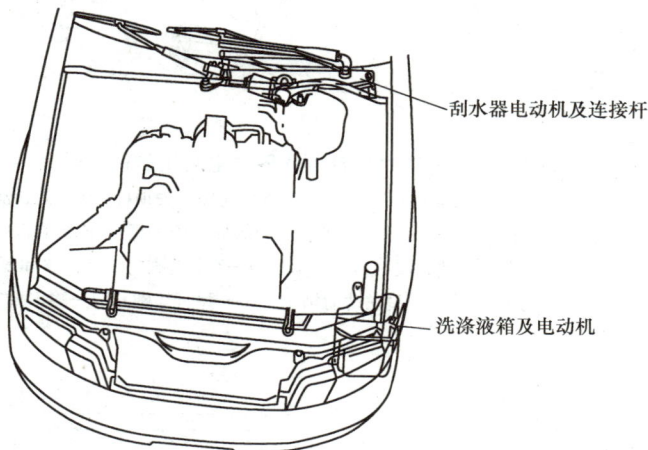

图 8-110　电动刮水器与洗涤器的元件位置图

电动刮水器的作用是刮除风窗玻璃上的雨水、雪或灰尘，确保驾驶人有良好的视线。目前，在汽车上广泛采用的电动刮水器具有高速、低速及间歇 3 个工作档位，而且除了变速之外，还有自动回位的功能。

一、电动刮水器的组成

如图 8-111 所示，电动刮水器由电动机、传动机构和刮水片组成。电动机电枢轴端的蜗杆驱动蜗轮，蜗轮带动摇臂旋转，摇臂使拉杆做往复运动，从而带动刮水片左右摆动。

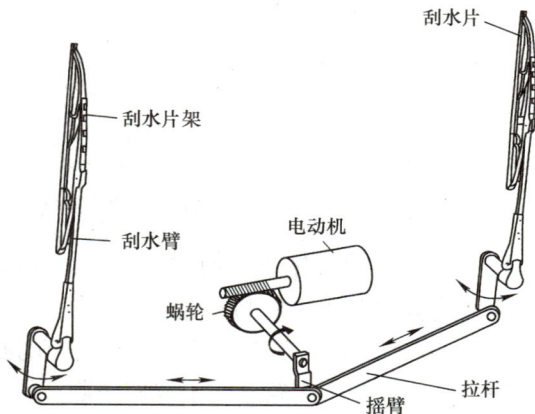

图 8-111　电动刮水器的组成

电动刮水器的电动机一般有永磁式和励磁式两种，其中永磁式电动机结构简单、体积小、可靠性好，被广泛采用。

二、永磁式电动刮水器的工作原理

图 8-112 所示为永磁式电动刮水器的电动机结构。

（1）电动刮水器的变速原理　为了实现电动机的高、低速档位工作，永磁式电动机一般采用三刷式电动机，其工作原理如图 8-113 所示。直流电动机工作时，在电枢内的所有线圈中同时产生反电动势，每个小线圈都产生相等的反电动势 $E_反 = cn\Phi$，电动势的方向如图中所示。

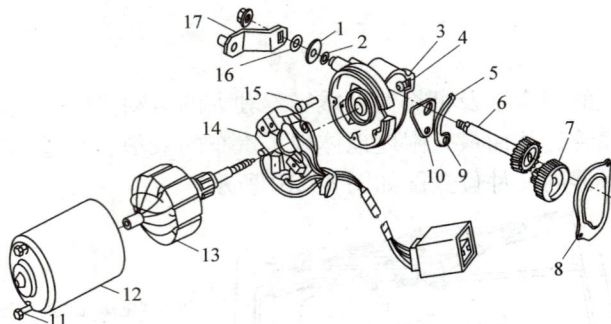

图 8-112 永磁式电动刮水器的电动机结构

1—平垫圈 2—O 形圈 3—减速器壳 4—弹簧 5—复位开关顶杆 6—输出齿轮和轴
7—惰轮和蜗轮 8—减速器盖 9—放在凸轮表面的部分 10—复位开关顶杆的定位板
11—长螺钉 12—电动机外壳和磁铁总成 13—电枢 14—3 个电刷的安装位置和复位开关总成
15—复位开关顶杆及其与开关联动的销子 16—弹簧垫圈 17—输出臂

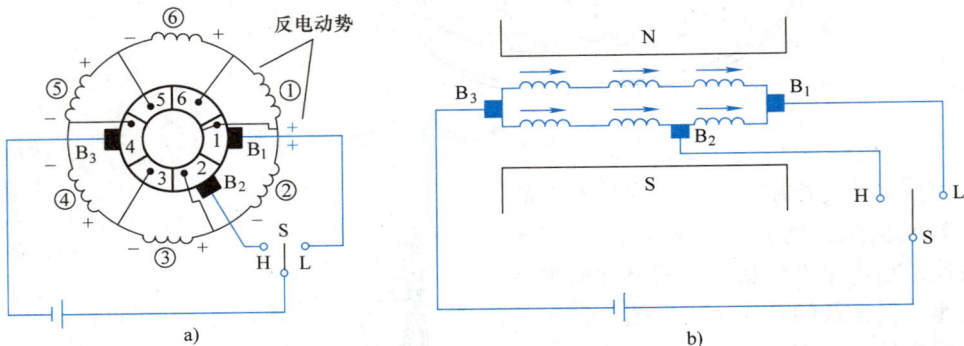

图 8-113 永磁式电动机的变速原理

1）当开关 S 拨到低速档 L 时，在两个电刷 B_1、B_3 之间有两条并联支路，各有 3 个线圈，反电动势方向如图 8-113 所示。

2）当开关 S 拨到高速档 H 时，在两个电刷 B_2、B_3 之间有两条并联支路，一个支路有 2 个线圈串联，另一个支路有 4 个线圈串联，但其中一个线圈的反电动势方向与另外 3 个线圈的反电动势方向相反，故在电动机电枢绕组上得到总的反电动势为 $2cn\Phi$。

由此可见，由于反电动势的减小，使电枢的转速上升，重新达到电压平衡，这样永磁式电动刮水器就得到了高、低速不同的工作档位。

（2）电动刮水器的电路控制及自动复位原理 电动刮水器的刮水速度可根据降水量的大小由驾驶人进行控制。为了不影响驾驶人的视线，要求刮水器能自动复位，即不论在什么时候关闭刮水器开关，刮水片都能自动停在风窗玻璃的下部。刮水器自动复位原理就是将自动复位开关与刮水器开关并联，刮水器开关由驾驶人控制，而自动复位开关由蜗轮控制，只有当刮水片停在风窗玻璃下部规定位置时，自动复位开关才断开。

1）凸轮式自动复位装置刮水器电路。凸轮式自动复位装置刮水器电路如图 8-114 所示。凸轮式自动复位开关由刮水器电动机的减速机构蜗轮控制，当刮水片到达风窗下部规定位置时，自动复位开关断开，电动机每转 1 周凸轮式自动复位开关断开 1 次，只有驾驶人控制开关与自动复位开关同时断开时，刮水器电动机才能停止工作，这时刮水片回到风窗下部规定位置。

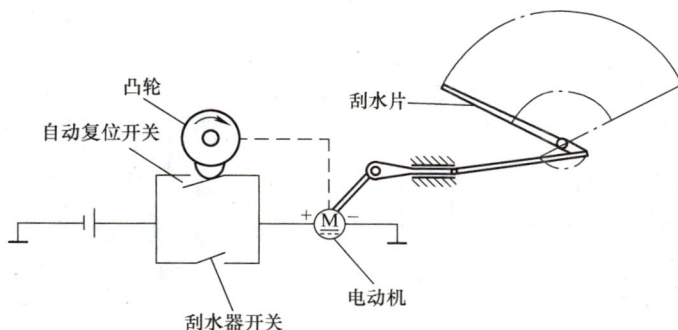

图 8-114　凸轮式自动复位装置刮水器电路

2）铜环式自动复位装置刮水器电路。铜环式自动复位装置刮水器电路如图 8-115 所示，自动复位开关在减速蜗轮上，其工作原理如下：

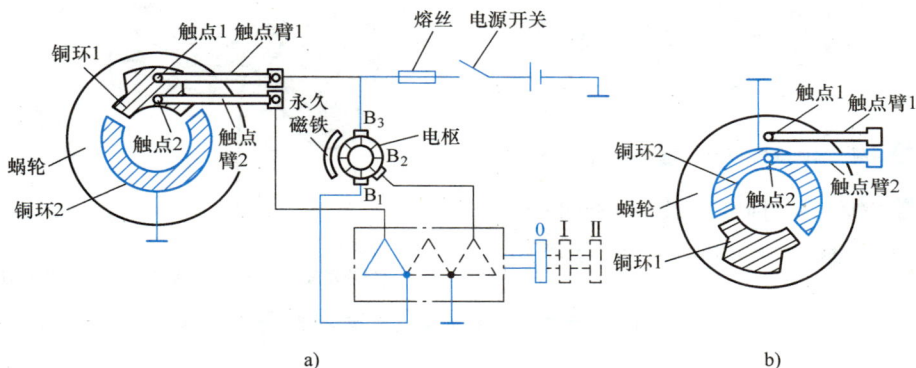

图 8-115　铜环式自动复位装置刮水器电路

① 当电源开关接通，把刮水器开关拉到"Ⅰ"档时，电流由蓄电池的正极→电源开关→熔丝→电刷 B_3→电枢绕组→电刷 B_1→刮水器"Ⅰ"档→搭铁，刮水器电动机低速运转。

② 当刮水器开关拉到"Ⅱ"档时，电流由蓄电池的正极→电源开关→熔丝→电刷 B_3→电枢绕组→电刷 B_2→刮水器"Ⅱ"档→搭铁，刮水器电动机高速运转。

③ 当刮水器开关推到"0"档时，如果刮水器的刮水片没有停在规定的位置，则电流由蓄电池正极→电源开关→熔丝→电刷 B_3→电枢绕组→电刷 B_1→刮水器"0"档→触点臂2→铜环2→搭铁，这时电动机将继续运转。当刮水器的刮水片到达规定位置时，触点臂1、2都和铜环1接触，使电动机短路。与此同时，电动机电枢由于惯性而不能立刻停下来，电枢绕组通过触点臂1、2与铜环1接触而构成回路，电枢绕组产生感应电流，因而产生制动转矩，电动机迅速停止转动，使刮水器的刮水片停在规定的位置。

三、丰田卡罗拉汽车刮水器的使用方法及工作原理

丰田卡罗拉汽车刮水器的操作方法如图8-116所示，丰田卡罗拉汽车刮水器的工作原理如图8-117所示。

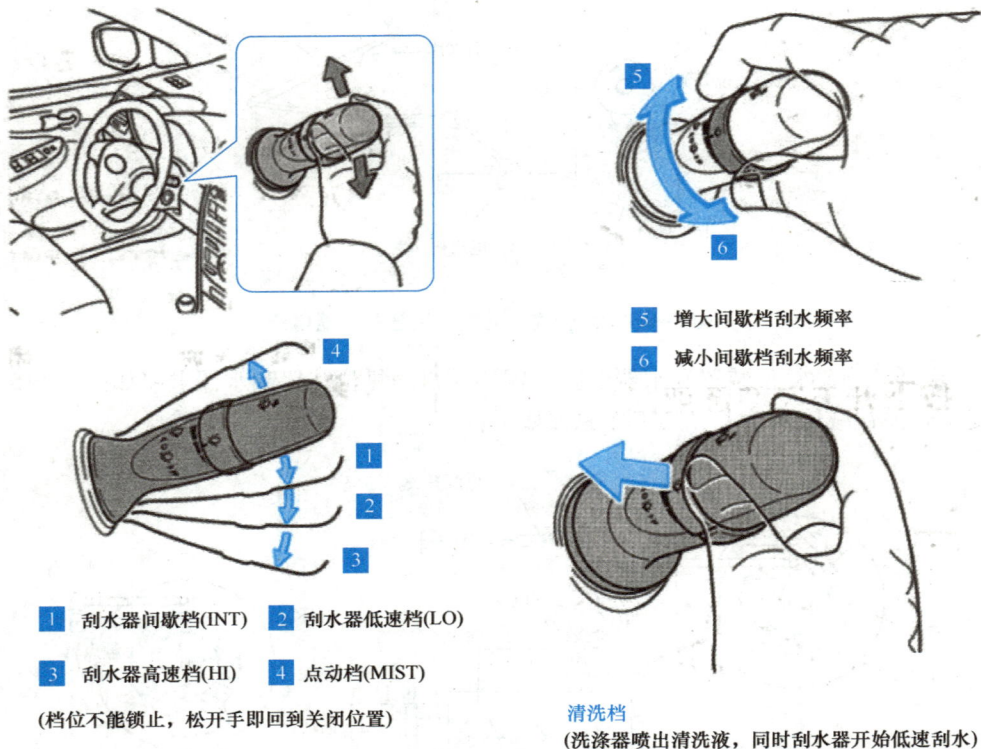

⑤ 增大间歇档刮水频率

⑥ 减小间歇档刮水频率

① 刮水器间歇档(INT)　② 刮水器低速档(LO)

③ 刮水器高速档(HI)　④ 点动档(MIST)

（档位不能锁止，松开手即回到关闭位置）

清洗档
（洗涤器喷出清洗液，同时刮水器开始低速刮水）

图8-116　丰田卡罗拉汽车刮水器的操作方法

由电路图可知，刮水器电动机与清洗器电动机分别有不同的熔断器，前刮水器继电器集成于刮水器开关内，控制刮水器的间歇档与自动回位功能，其工作原理如下：

（1）点动档（MIST）　当刮水器开关转到点动档时，开关内端子 +B 与 +1 导通，这时电流的路径为：熔丝→开关端子 +B→开关端子 +1→电动机端子5→电动机→端子4→搭铁。松开手后，刮水器便停止工作。

（2）间歇档（INT）　当刮水器转到间歇档时，刮水器开关内端子 INT1 与 INT2 导通并将这一信号传给刮水器继电器，继电器触点闭合而将端子 M 与 A 间歇导通，这时电流的路径为：熔丝→开关端子 +B→继电器端子 M→端子 A→开关端子 +S→ +1→电动机端子5→电动机→端子4→搭铁。

（3）低速档（LO）　当开关转到低速档，开关内端子 +B 与 +1 导通，这时电流的路径为：熔丝→开关端子 +B→开关端子 +1→电动机端子5→电动机→端子4→搭铁。

（4）高速档（HI）　当开关打到高速档，开关内端子 +B 与 +2 导通，这时电流的路径为：熔丝→开关端子 +B→开关端子 +2→电动机端子3→电动机→端子4→搭铁。

（5）自动回位　当刮水器开关转到 OFF 档（刮器片没有回到指定位置，电动机回位开

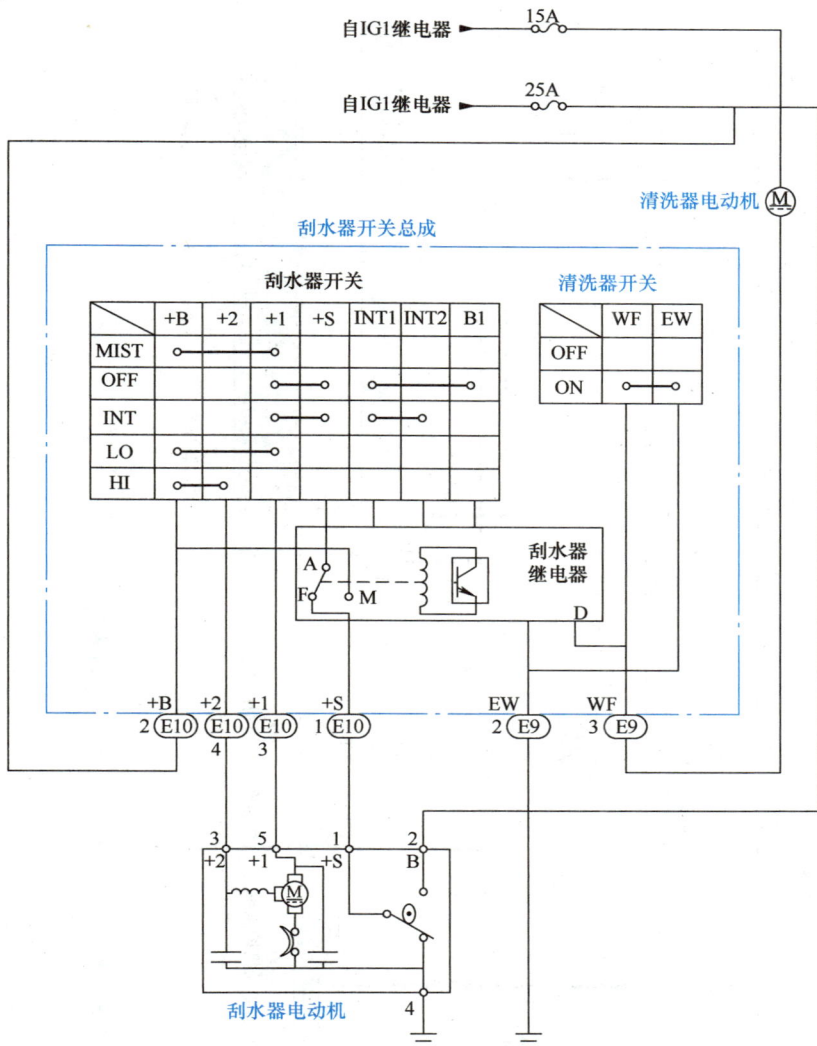

图 8-117　丰田卡罗拉汽车刮水器的工作原理

关端子 1 与 2 导通），这时刮水器开关中端子 INT1 与 B1 导通并将这一信号传给刮水器继电器，继电器触点闭合而将端子 F 与 A 导通，这时电流路径为：熔丝→电机端子 2→端子 1→刮水器开关端子 +S→继电器端子 F→端子 A→开关端子 +S→端子 +1→电动机端子 5→电动机→端子 4→搭铁。

（6）清洗档　当刮水器开关转到清洗档时，刮水器开关端子 WF 与 EW 导通，清洗电动机带动水泵开始喷水；同时，将刮水继电器端子 D 由高电位变为低电位，以此信号，继电器触点闭合，将端子 M 与 A 导通，这时电流的路径为：熔丝→开关端子 +B→继电器端子 M→端子 A→开关端子 +S→端子 +1→电动机端子 5→电动机→端子 4→搭铁。

四、德系大众汽车电动刮水器与清洗器工作电路

图 8-118 所示为德系大众汽车电动刮水器与清洗器电路，图 8-119 所示为德系大众汽车电动刮水器与清洗器控制原理。

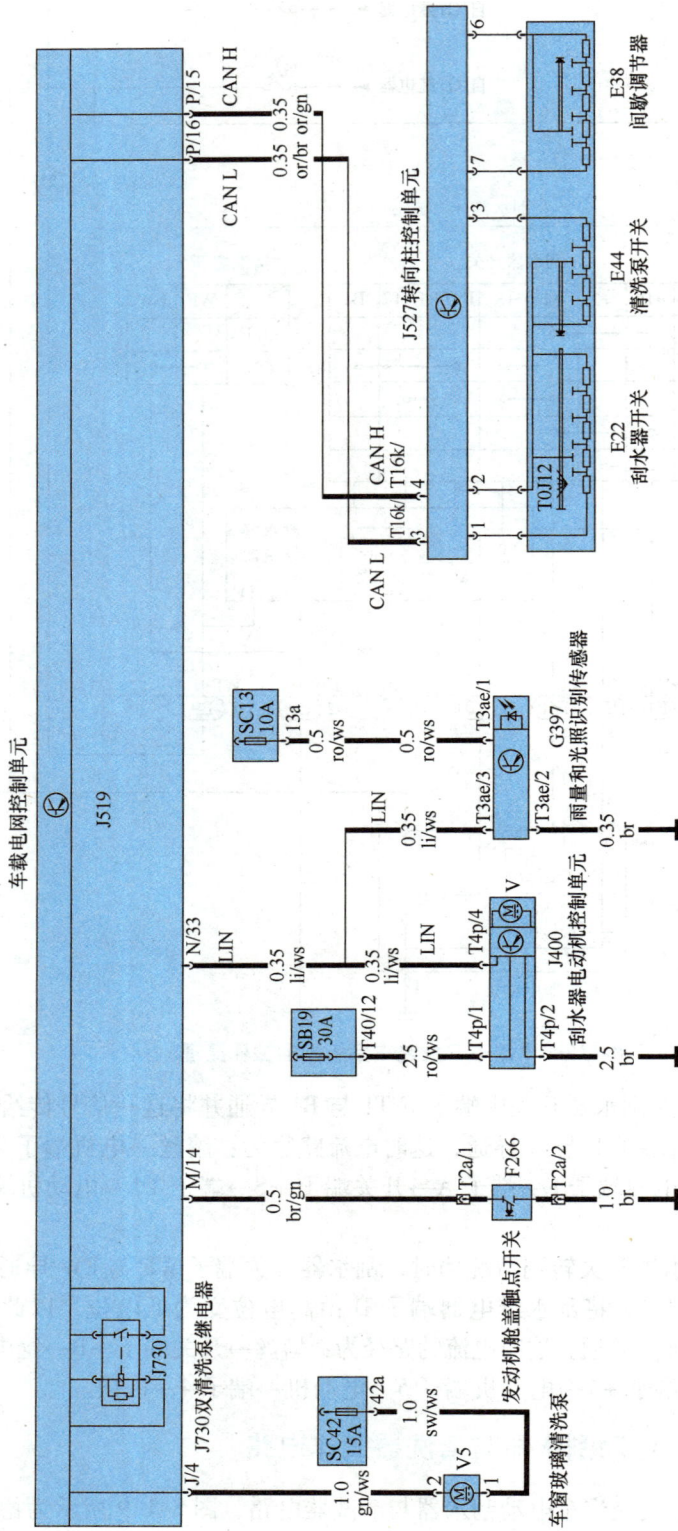

图 8-118　德系大众汽车电动刮水器与清洗器电路

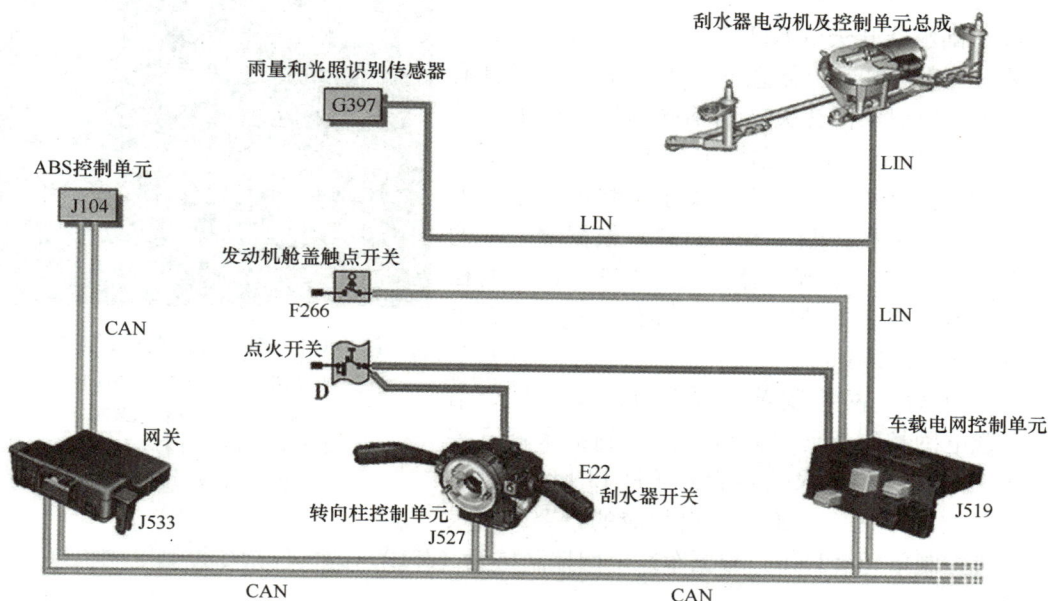

图 8-119　德系大众车电动刮水器与清洗器控制原理

1. 系统的组成

刮水器电动机是永磁式直流电动机，刮水器电动机（V）与电动机控制单元（J400）集成为一体，刮水器电动机及控制单元总成由车载电网控制单元（J519）控制。

清洗器由微型永磁直流电动机、离心式水泵、喷嘴、储液罐、洗涤液位传感器和水管组成，其中电动机与水泵一体，如图 8-120 所示，这个总成安装在储液罐内。

刮水器开关 E22 的档位如图 8-121 所示。

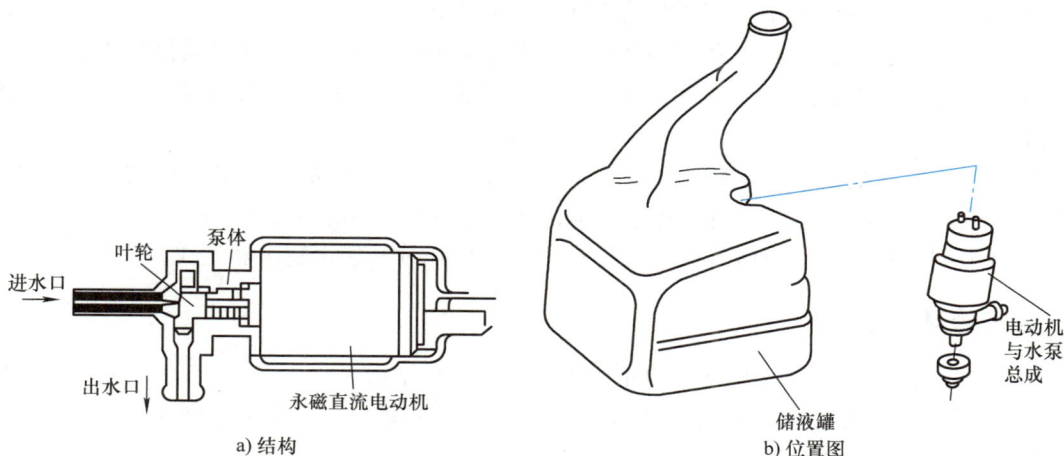

图 8-120　清洗器电动机与水泵

2. 德系大众汽车电动刮水器与清洗器的工作原理

（1）刮水器开关（E22）发出请求信号 刮水器开关（E22）相当于传感器，由于串联电阻具有分压作用，当刮水器开关转到不同的档位［如点动档（T）、关闭档（0）、低速档（1）、高速档（2）］时，转向柱控制单元（J527）端子 1 将得到不同的电压信号，转向柱控制单元（J527）根据端子 1 的输入电压信号来确认刮水器开关（E22）请求的档位信号，然后将此信号经过 CAN 总线传送至车载电网控制单元（J519）。

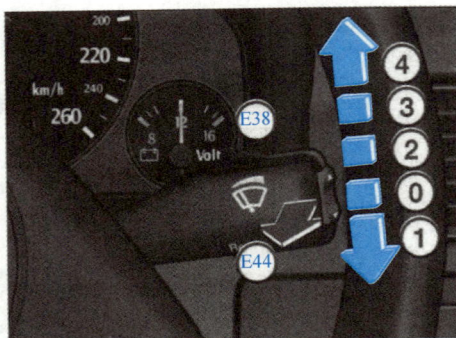

图 8-121　刮水器开关 E22 的档位

1 位—点动档（T）　　0 位—关闭档（0）
2 位—间歇档（J）（E38：调节间隔时间）
3 位—慢速档（1）　　4 位—快速档（2）
E44—清洗/刮水档

（2）车载电网控制单元（J519）发出指令信号 车载电网控制单元（J519）接收到刮水器开关（E22）具体的档位请求信号后，通过 LIN 线向刮水器电动机控制单元（J400）发出相应的指令，刮水器电动机控制单元（J400）根据车载电网控制单元（J519）的档位指令控制电动机（V）做出相应的动作。

同理，当车载电网控制单元（J519）接收到洗涤档位请求信号后，便控制洗涤器电动机继电器（J729）动作，使洗涤器电动机（V5）工作。

（3）自动回位 当刮水器开关（E22）转到关闭档时，车载电网控制单元（J519）通过转向柱控制模块（J527）得到关闭刮水器的请求信号。这时，若刮水器刮片没有回到指定位置，车载电网控制单元（J519）继续发出工作指令，刮水器电动机控制单元（J400）控制刮水器电机（V）继续工作。

当刮水器刮片回到指定位置时，刮水器电动机控制单元（J400）将得到自动回位开关的搭铁信号，然后将此搭铁信号通过 LIN 线传送给车载电网控制单元（J519）。此时，车载电网控制单元（J519）停止刮水器电动机（V）的工作。

（4）相关控制 该车还装备了雨量和光照识别传感器（G397）及发动机舱盖触点开关（F266），由刮水器控制原理图可知，参与刮水器控制的还有 ABS 控制模块。这些配置的作用如下：

当雨量或车速变化时，车载电网控制单元（J519）将调整刮水器电动机的运转速度以适应行车要求。同时，这些配置也用于自动刮水和前照灯自动清洗的控制。

车载电网控制单元（J519）检测到发动机舱盖打开时，禁止刮水器工作。

【任务实施环境】

1. 理实一体教室授课，每个学习小组配备 1 个标准工位。

2. 每个工位配备汽车（丰田卡罗拉汽车）1 辆，万用表 1 个及各种导线，电工常用的各种钳子、螺钉旋具等。

3. 每组配备丰田卡罗拉汽车维修手册 1 套，刮水器开关总成 1 个，各种熔丝若干。

【任务实施步骤】

丰田卡罗拉汽车刮水器系统常见的故障现象见表 8-22。在诊断故障前，应先确认熔丝完好，蓄电池电压为 12～14V。

表 8-22　丰田卡罗拉汽车刮水器系统常见的故障现象

现　　象	可 疑 部 位
前刮水器和洗涤器系统不工作	风窗玻璃刮水器开关
	线束
在 LO 或 HI 位置，前刮水器系统不工作	WIPER 熔丝
	风窗玻璃刮水器开关
	前刮水器电动机
	线束
在 INT 位置，前刮水器系统不工作	WIPER 熔丝
	风窗玻璃刮水器开关
	前刮水器电动机
	线束
前洗涤器系统不工作	WASHER 熔丝
	风窗玻璃刮水器开关
	前洗涤器电动机
	线束
刮水器开关置于 OFF 位置时，前刮水器臂不能返回至其初始位置	前刮水器电动机
	线束

1. 刮水器电动机的检测

刮水器电动机端子如图 8-122 所示。

1）将蓄电池正极（+）引线连接至刮水器电动机端子 5，将蓄电池负极（-）引线连接至刮水器电动机端子 4，电动机低速（LO）运行。断开端子 5 后，刮水器电动机停止在任意位置。

2）将蓄电池正极（+）引线连接至刮水器电动机端子 3，将蓄电池负极（-）引线连接至刮水器电动机端子 4，电动机高速（HI）运行。

上述说明刮水器电动机完好，否则，更换刮水器电动机。

2. 刮水器开关总成的检测

刮水器开关总成端子如图 8-123 所示，检测标准见表 8-23。若有不符，更换刮水器开关总成。

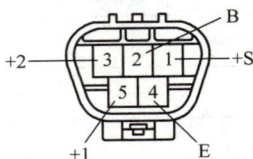

图 8-122 刮水器电动机端子

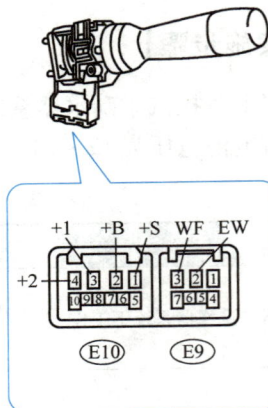

图 8-123 刮水器开关总成端子

表 8-23 刮水器开关总成检测

刮水器开关			
检测仪连接	开关状态	规定状态	实测结果
E10 − 1(＋S) − E10 − 3(＋1)	INT	小于 1Ω	
	OFF		
E10 − 2(＋B) − E10 − 3(＋1)	MIST		
	LO		
E10 − 2(＋B) − E10 − 4(＋2)	HI		
洗涤器开关			
检测仪连接	开关状态	规定状态	实测结果
E9 − 2(EW) − E9 − 3(WF)	ON	小于 1Ω	
	OFF	10kΩ 或更大	

任务 7　电控除霜系统检测与维修

【任务导入】

在气温较低的环境中，风窗玻璃内侧易结冰霜（或雾水），通常采用加热的方法将其除去。前风窗玻璃一般采用暖风加热的方法除霜，后风窗玻璃通常采用电热丝加热的方法除霜。

【相关知识】

后风窗玻璃通常采用电热丝加热的方法除霜，其中电热丝由镀在后风窗玻璃内表面的多条金属导电膜制成。有些车辆以相同的电路加热外后视镜。因除霜系统耗电量很大，所以系统采用了定时电路。

丰田卡罗拉汽车后窗除雾器的加热丝安装在后窗内部，如图 8-124 所示，能快速除去车窗表面的雾气。系统工作时，后窗除雾器开关指示灯会亮起。大约 15min 后，系统会自动关闭。后窗除雾器与后视镜除雾器之间存在联动关系。

丰田卡罗拉汽车后窗除雾器开关集成在空调控制总成中，如图 8-125 所示，后窗除雾电

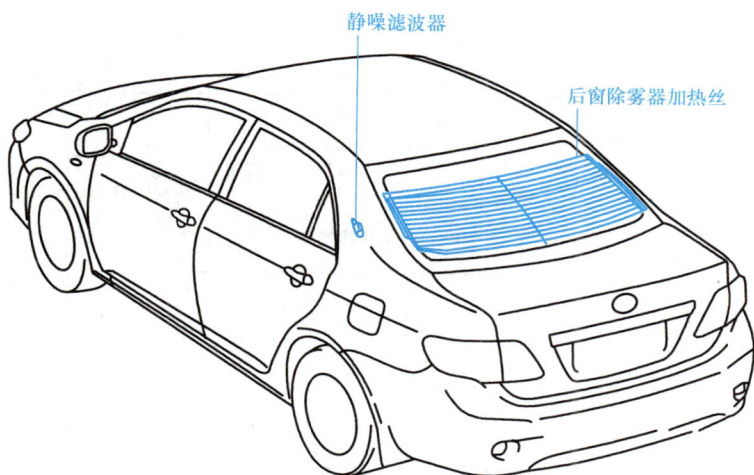

图 8-124 丰田卡罗拉汽车后窗除雾器的加热丝

路如图 8-126 所示。打开点火开关，当按下后窗除雾器开关时，后窗除雾器继电器（DEF）触点闭合，后窗除雾器开始工作，大约 15min 后，时间电路切断后窗除雾器继电器（DEF）的控制电路，后窗除雾器继电器（DEF）触点断开，后窗除雾器自动停止工作。

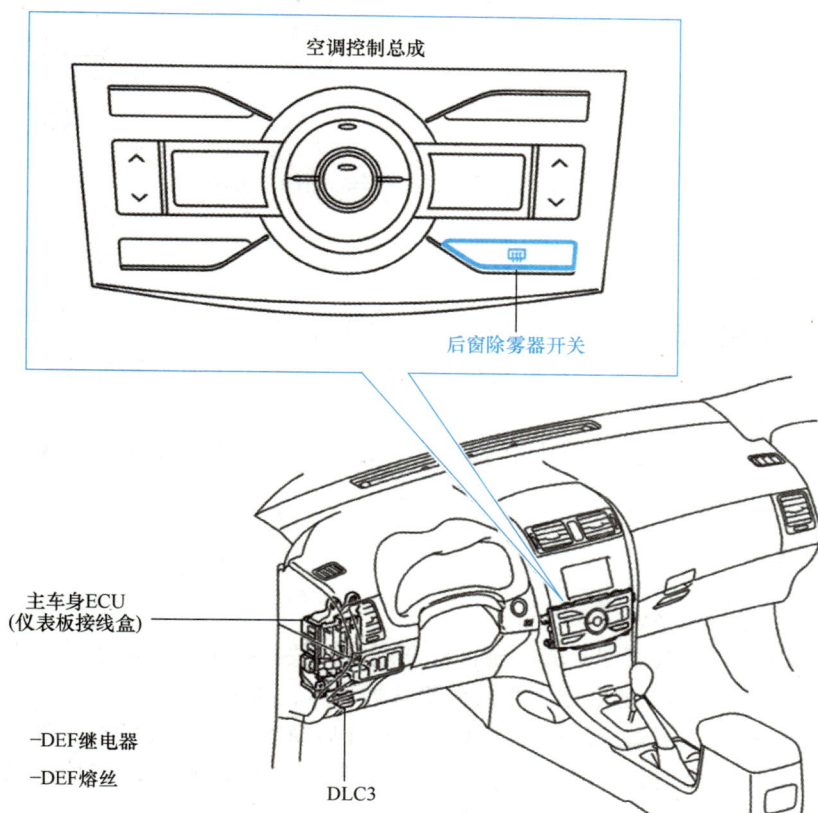

图 8-125 丰田卡罗拉汽车后窗除雾器开关

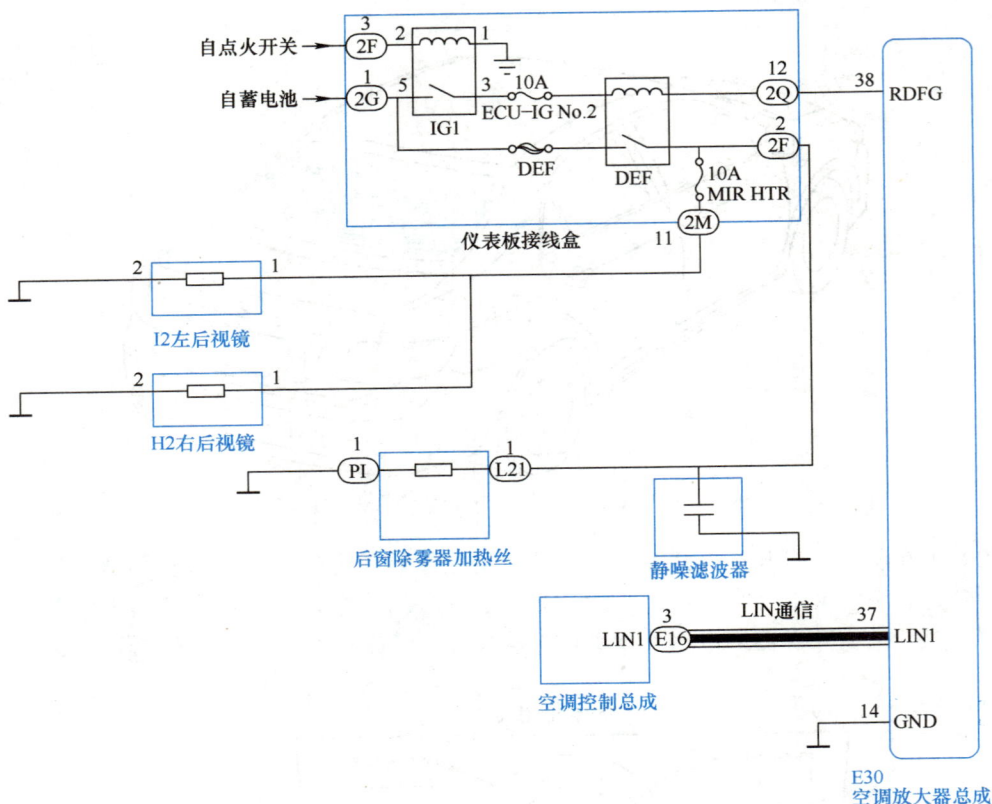

图8-126 丰田卡罗拉汽车后窗除雾电路

【任务实施环境】

1. 理实一体教室授课，每个学习小组配备1个标准工位。

2. 每个工位配汽车（丰田卡罗拉汽车）1辆，万用表1个及各种导线，电工常用的各种钳子、螺钉旋具等。

3. 每组配备丰田卡罗拉汽车维修手册1套，鼓风机开关总成1个，后窗除雾器继电器1个。

【任务实施步骤】

1）确认熔丝与继电器完好。

2）检测后窗除雾器线束端子的电压：打开点火开关，按下后窗除雾器开关，若后窗除雾器线束端子的电压为蓄电池电压，则后窗除雾器故障，需要维修。

3）若后窗除雾器线束端子的电压为零，则断开后窗除雾器开关的线束端子。对后窗除雾器开关线束端子进行检测，如图8-127所示，检测标准见表8-24。若检测结果与检测标准不相符，说明后窗除雾器开关故障，需要更换。

4）检测加热丝。检测方法如图8-128所示，检测标准见表8-25。若实测结果与检测标准不符，说明加热丝已坏，需要用专用粘合剂修复。

图 8-127　后窗除雾器开关线束端子的检测

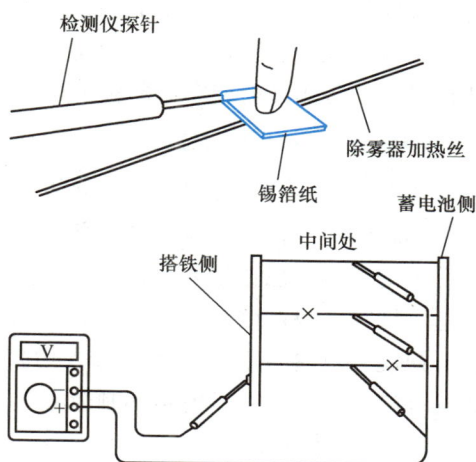

图 8-128　加热丝的检测

表 8-24　后窗除雾器开关线束端子的检测标准

检测仪连接	条　件	规 定 状 态	实 测 结 果
E70 – 2（RDEF）– 车身搭铁	点火开关置于 ON（IG）位置	11 ~ 14V	
E70 – 3（IG）– 车身搭铁	点火开关置于 ON（IG）位置	11 ~ 14V	
E70 – 5（E）– 车身搭铁	始终	小于 1Ω	

表 8-25　加热丝的检测标准

电　压	标　准	实 测 结 果
约 5V	加热丝没有断裂	
大约 10V 或 0V	加热丝断裂	

注意事项：当测量电压时，用一张锡箔纸缠绕检测仪负极探针的探头，再用手指将锡箔纸按压在加热丝上。然后，将点火开关与除雾器开关置于 ON 位置。

任务 8　电动后视镜系统检测与维修 ◀◀◀

【任务导入】

驾驶人在行车过程中，可通过后视镜来获取汽车后方和侧方等外部信息。当汽车在不同的道路条件下或出入停车场时，有时需要调整后视镜；当同一车辆换不同的人驾驶时，有时也需要调整后视镜。为了减轻调整后视镜的劳动强度，现在车辆上普遍采用电动后视镜。

【相关知识】

一、后视镜种类

1. 按照安装位置的不同分类

后视镜按照安装位置的不同可以分为内后视镜、外后视镜和下视镜 3 种。内后视镜一般装在驾驶室内的前上方，用于驾驶人观察车内情况或者透过后车窗观察汽车后方的道路状况。左、右后视镜一般装在车门或者前立柱附近，用于驾驶人观察道路两侧后方情况。下视镜安装在车身外部的车前或车后部位，用于驾驶人观察车前或车后地面的情况。

2. 按照镜面形状的不同分类

后视镜按照镜面形状的不同可以分为平面镜、球面镜和双曲率镜。平面镜的镜面为一个平面，用其观察到的物体映像不会失真，可以真实地反映车后物体的外形和实际距离。但是平面镜后视范围小，视觉盲区过大，常用做内后视镜。球面镜的镜面为一个球面，后视范围大，但是后视物体映像缩小失真，不能真实地反映车后物体的大小和实际距离，常用做外后视镜和下视镜。双曲率镜的球面部分采用较大的曲率半径，基本上解决了失真和盲区的问题，兼具有前两者的优点，但是其制造工艺复杂，成本昂贵，主要用作驾驶人侧的后视镜。

3. 按照防眩目功能分类

后视镜按照防眩目功能可分为普通型后视镜和防眩目型后视镜。普通型内后视镜多为反射膜为铝或银的平面镜，其结构简单、成本低，但无夜间行车时防眩目功能。防眩目型内后视镜分为棱形镜、平面防眩镜和液晶式防眩镜，其中液晶式防眩目内后视镜已得到普遍应用。

4. 按照操纵方式的不同分类

外后视镜按照操纵方式的不同可分为普通后视镜和电控后视镜。普通外后视镜为机械式结构，需要驾驶人手动调整。电动式后视镜的调整机构包括两个小型直流电动机、减速齿轮和离合器等，可由驾驶人通过车厢内的按钮调整外后视镜的角度，此种机构操作方便，但是其结构复杂，价格较高，多用于高级轿车。

二、后视镜的功能

后视镜作为汽车重要的安全附件，人们对其提出了越来越高的要求。目前在一些高档汽车上配置的电动后视镜已具有防眩目、防雨雾模糊、防灰尘污染等功能，且通过减小体积来减小汽车高速行驶的阻力，从而提高汽车的动力性和经济性。

1. 防模糊后视镜

防模糊后视镜可以防止雨天行车时，因雨水沾附而干扰驾驶人视线。有的后视镜中加入超声波除雨滴装置，当打开开关后，控制电路中激振控制器使压电振子产生高频振动，使附着在镜片上的水滴瞬时雾化，同时，加热器使雾化的水滴蒸发；此装置也可用于冬季除霜。有的后视镜在制造过程中引进亲水处理技术，使其具有防模糊雾化功能。这种后视镜使用氧化钛和二氧化硅制成的镜膜，当被雨淋之后，膜上的水珠被光照射会扩散成薄膜，不妨碍视线；同时，该膜具有分解镜面附着的灰尘和雾水的作用，可以自洁，免于维护，使用十分简便。

2. 防眩目后视镜

防眩目后视镜种类繁多，如前述的棱形镜、平面防眩目后视镜和液晶防眩目后视镜。还有一种具有自动调节功能的防眩目后视镜，该后视镜使用特殊的芯片，一旦遇到外来强光的照射，镜面会自动变暗，不至于反射出刺眼的光线。

3. 低轮廓后视镜

该种后视镜可以减小空气阻力、降低燃油消耗。目前，开发出的低轮廓后视镜比常规安装的后视镜少凸出 60%，空气阻力降低 5%，百公里油耗可节省 0.3L。

4. 防撞后视镜

当后视镜碰到障碍物时，后视镜内部的避让电动机使后视镜自动旋转，避开障碍。

三、电动后视镜的工作原理

对于电动调节的后视镜，驾驶人只需操作开关便能将后视镜调整到合适的位置，如图 8-129 所示。电动后视镜镜片背后装有两套永磁电动机，其中一套电动机能使后视镜上下偏转，另一套能使后视镜左右偏转。左、右后视镜由一个开关控制，一般采用顺时针或逆时针旋转确定左或右后视镜。例如要调整右后视镜，则先将开关顺时针转动一下，然后上、下、左、右操作开关，右后视镜便可按操作达到相应的位置。电动后视镜的控制电路如图 8-130 所示。下面以调整左后视镜为例，说明其工作过程。

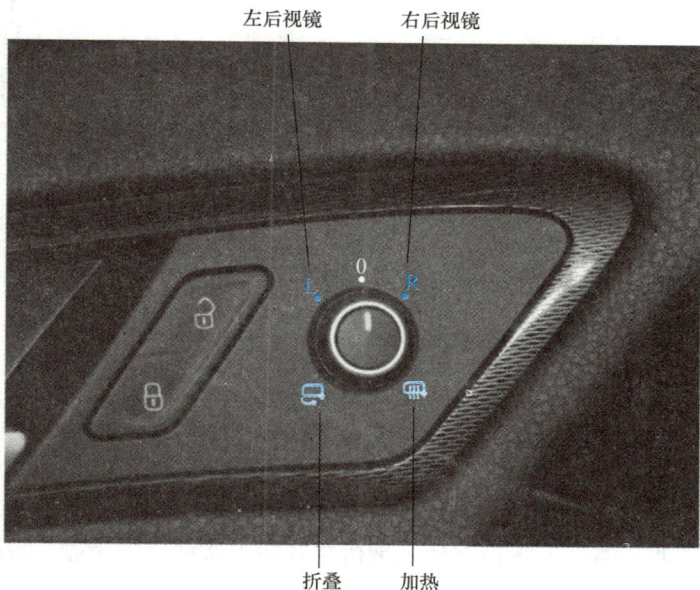

图 8-129　电动后视镜的开关

首先，逆时针旋转开关，使后视镜中的触点 D_1、E_1 闭合。

若要使镜片向上旋转，则向上扳动开关，使后视镜开关中的触点 A_1、B_1 闭合。其电路为：蓄电池正极→点火开关→触点 B_1→触点 D_1→左侧后视镜电动机 2-1→触点 A_1→搭铁。这样左后视镜镜片将向上旋转，直到松开后视镜开关为止。

若要使镜片向右旋转，则向右扳动开关，使后视镜开关中的触点 A_2、C_2 闭合。其电路为：蓄电池正极→点火开关→触点 A_2→左侧后视镜电动机 1-3→触点 E_1→触点 C_2→搭铁。这样左后视镜镜片将向右旋转，直到松开后视镜开关为止。

四、自动调节的内后视镜

对于自动调节的内后视镜，当照到内后视镜上的光线太强，引起驾驶人的视觉不舒服时，内后视镜便自动翘起。

自动调节内后视镜在后视镜片内装有两块电池，其中一块电池用来测定车内光线的强度，另一块电池用来测定后视镜受光照的强度。若照到内后视镜的光线强度大于车内光线的

汽车后视镜检测

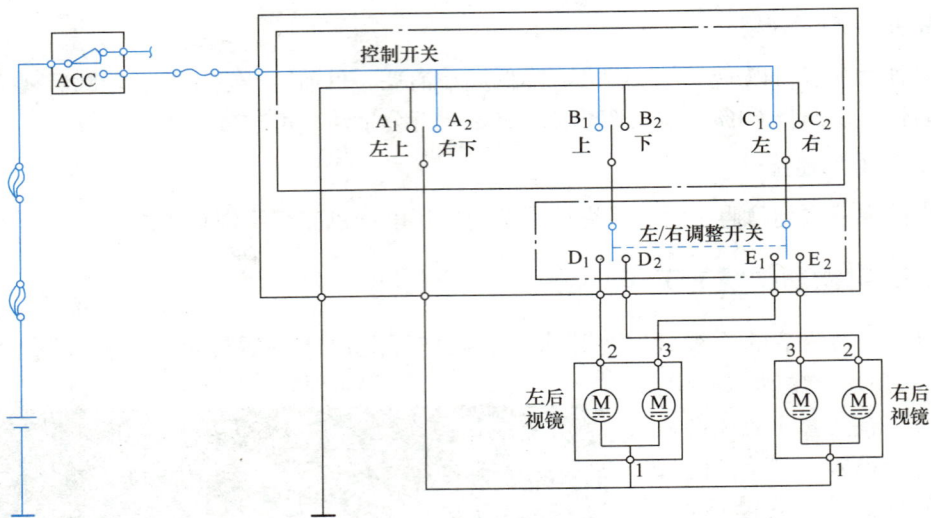

图 8-130　电动后视镜的控制电路

强度，并且超过预设值，则驱动内后视镜的电磁线圈被励磁，将内后视镜翘起。

五、电控变色外后视镜

　　镜片的处理工艺与变色太阳镜镜片所采用的工艺相同。如果炫目光强烈，后视镜将变暗。电控变色后视镜的优点是后视镜提供的反射率为 20% ~ 30%，这是人眼感觉舒服的反射率。当不存在炫目光时，后视镜改变到白天的反射率，即额定反射率的 85% 以上。

　　后视镜总成由采用两块导电玻璃中间夹一薄层电变色物质构成的镜片，装在后视镜前、后的两只测定发光强度的光敏传感器和固体模块等构成。夜间驾驶汽车时，后面汽车前照灯光束照到后视镜上，后视镜便会随着发光强度逐渐变暗。变暗的后视镜吸收炫目光。驾驶人可以通过一只 3 位置开关来选取后视镜感光的灵敏度。

【任务实施环境】

　　1. 理实一体教室授课，每个学习小组配备 1 个标准工位。

　　2. 每个工位配备汽车（丰田卡罗拉汽车）1 辆，万用表 1 个及各种导线，电工常用的各种钳子、螺钉旋具等。

　　3. 每组配备丰田卡罗拉汽车维修手册 1 套，车外后视镜开关总成 1 个，车外后视镜总成 1 个，各种熔丝若干。

【任务实施步骤】

1. 车外后视镜的检测

　　丰田卡罗拉汽车车外后视镜的电路如图 8-131 所示，车外后视镜的端子如图 8-132 所示，车外后视镜的检测标准见表 8-26。若实测结果与检测标准不符，应更换后视镜。

(ACC)

7.5A
ACC

4 2S

GR

40 4A

5 4C

GR

8

E17
车外后视镜开关总成

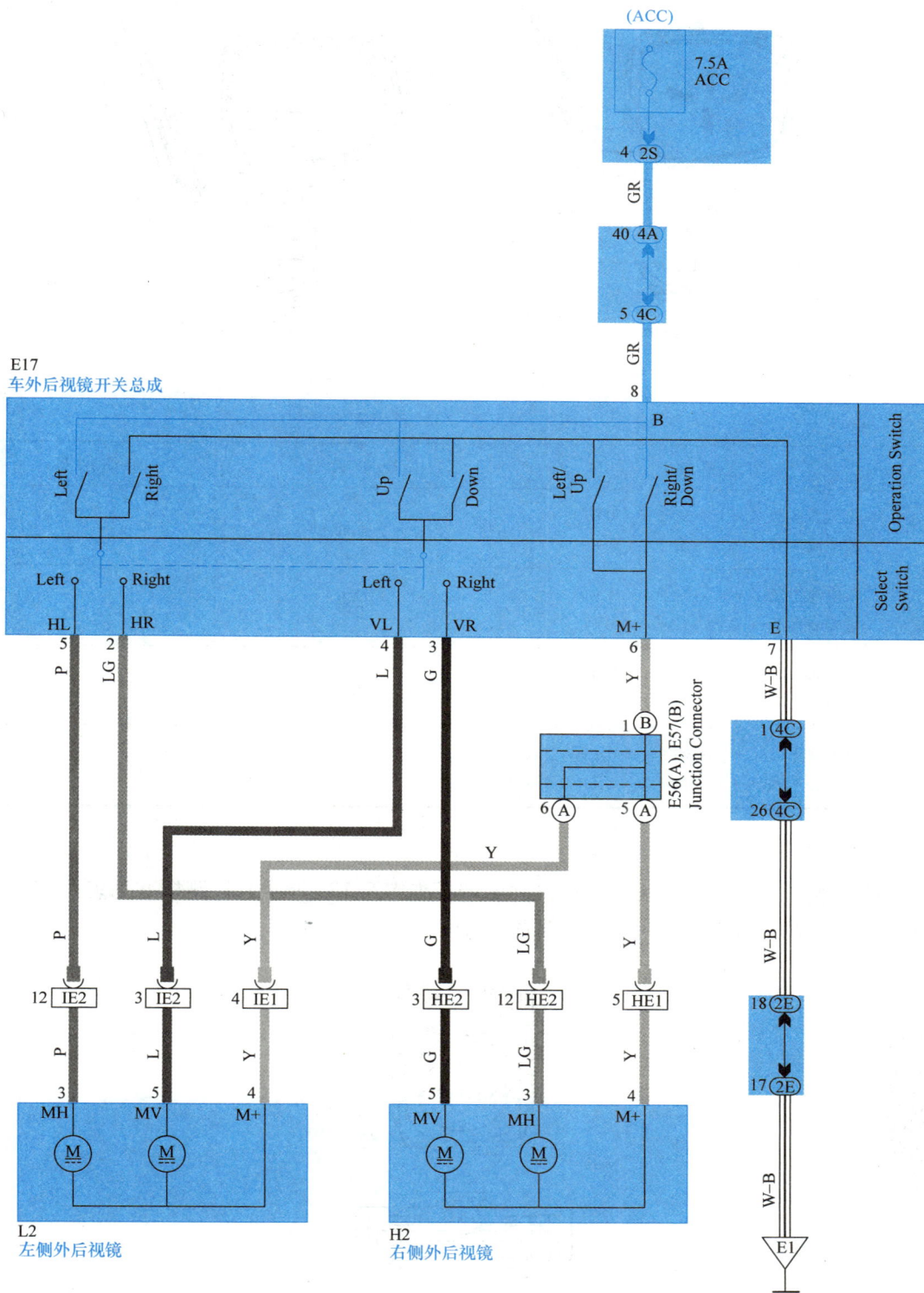

B

Operation Switch

Left Right   Up   Down   Left/ Right/
                                        Up   Down

Select
Switch

Left   Right   Left   Right

HL   HR   VL   VR   M+   E

5   2   4   3   6   7

P   LG   L   G   Y   W–B

1 B

E56(A), E57(B)
Junction Connector

1 4C

6 A   5 A

26 4C

Y

P   L   Y   G   LG   Y

12 IE2 3 IE2 4 IE1   3 HE2 12 HE2   5 HE1

W–B

18 2E

P   L   Y   G   LG   Y

17 2E

3   5   4   5   3   4

MH   MV   M+   MV   MH   M+

M   M   M   M

W–B

L2
左侧外后视镜

H2
右侧外后视镜

E1

图 8-131　丰田卡罗拉汽车车外后视镜的电路

227

a) 后视镜电动机检测　　　　　　　　　　　　　b) 后视镜加热器检测

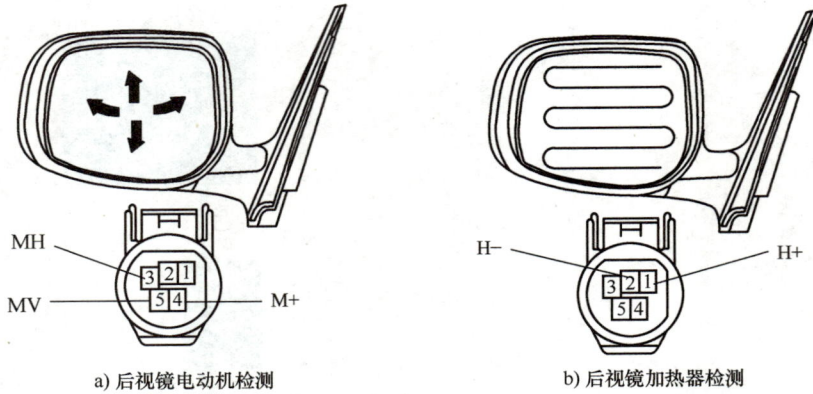

图 8-132　丰田卡罗拉汽车车外后视镜的端子

表 8-26　丰田卡罗拉汽车车外后视镜的检测标准

测量条件	规定状态	实测结果
蓄电池正极（＋）→端子 5（MV） 蓄电池负极（−）→端子 4（M＋）	上翻	
蓄电池正极（＋）→端子 4（M＋） 蓄电池负极（−）→端子 5（MV）	下翻	
蓄电池正极（＋）→端子 3（MH） 蓄电池负极（−）→端子 4（M＋）	左转	
蓄电池正极（＋）→端子 4（M＋） 蓄电池负极（−）→端子 3（MH）	右转	

2. 车外后视镜开关总成的检测

丰田卡罗拉汽车车外后视镜总成开关的端子如图 8-133 所示，检测标准见表 8-27。若实测结果与检测标准不符，应更换车外后视镜总成开关。

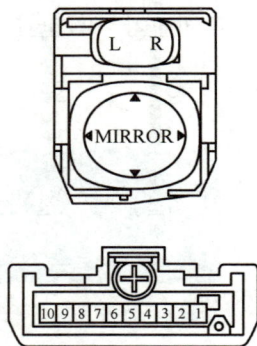

汽车后视镜
开关检测

图 8-133　丰田卡罗拉汽车车外后视镜总成开关的端子

表 8-27　车外后视镜总成开关检测标准

左侧后视镜（后视镜开关总成拨到左侧位置）			
检测仪连接	开关条件	规定状态	实测结果
4（VL）－8（B）	Up	小于 1Ω	
6（M＋）－7（E）	Off	10kΩ 或更大	
4（VL）－7（E）	Down	小于 1Ω	
6（M＋）－8（B）	Off	10kΩ 或更大	
5（HL）－8（B）	Left	小于 1Ω	
6（M＋）－7（E）	Off	10kΩ 或更大	
5（HL）－7（E）	Right	小于 1Ω	
6（M＋）－8（B）	Off	10kΩ 或更大	
右侧后视镜（后视镜开关总成拨到右侧位置）			
检测仪连接	开关条件	规定状态	实测结果
3（VR）－8（B）	Up	小于 1Ω	
6（M＋）－7（E）	Off	10kΩ 或更大	
3（VR）－7（E）	Down	小于 1Ω	
6（M＋）－8（B）	Off	10kΩ 或更大	
2（HR）－8（B）	Left	小于 1Ω	
6（M＋）－7（E）	Off	10kΩ 或更大	
2（HR）－7（E）	Right	小于 1Ω	
6（M＋）－8（B）	Off	10kΩ 或更大	

小　结

　　汽车刮水器一般采用永磁式三刷电动机。洗涤器与刮水器共用一个组合开关，当打开洗涤器开关时，刮水器自动以低速档工作。

　　电动车窗、电动后视镜及电动座椅采用的都是永磁式电动机。永磁式电动机是通过改变电流方向来改变电动机的旋转方向的。

　　电动车窗由主控开关与分控开关同时控制，主控开关控制分控开关的电流，同时主控开关控制电动机的搭铁。在不工作时，电动机两端通过分控开关和主控开关搭铁。当按上升或下降按钮时，电动机的一端与电源线相通，另一端继续搭铁，电动机开始工作。

　　电动后视镜镜片背后装有两套永磁电动机，一套能使后视镜上下偏转，另一套能使后视镜左右偏转。

　　中控门锁的执行机构通常采用的是电动机（永磁电动机），通过改变电流方向来改变电动机的旋转方向来完成锁车或开锁的工作。

　　安全气囊系统普遍采用的是电控安全气囊系统，前排双安全气囊已经在汽车上普及，侧气囊及头部安全气囊（帘式安全气囊）只安装在中高档汽车上。

　　防盗报警系统有两个方面的功能：防盗功能与报警功能。防盗功能的原理主要是当不合法的人员使用车辆时，使发动机无法工作。报警系统的原理是当车辆处于防盗状态时，若有不合法的人员进入车辆，汽车的灯光闪烁、喇叭鸣响。防盗一般是采用防盗控制单元、发动机控制单元与钥匙应答器之间的密码确认过程，三者之间密码互相确认后，发动机可以正常工作，否者发动机不能正常工作。报警一般是用传感器来监视汽车的安全状态，报警传感器通常有感应车辆的振动、车辆的倾斜及超声波的监测等几种类型。当报警传感器监测到设定状态改变时，控制单元自动接通灯光、喇叭电路。

复习思考题

1. 简述刮水器的组成及工作过程。
2. 简述电动车窗的组成及工作过程。
3. 简述电动后视镜的组成及工作过程。
4. 简述电动座椅的组成及工作过程。
5. 简述中控门锁系统的组成及工作过程。
6. 简述安全气囊系统的组成及工作过程。
7. 简述防盗报警系统的组成及工作过程。

项目9 >>

汽车空调系统的检测与维修

【项目导读】

>>> **知识目标**

掌握汽车空调系统的组成及工作过程。

>>> **技能目标**

1）能够正确拆装及检测汽车空调系统的各组成元件。
2）能够正确分析汽车空调系统的故障原因并排除故障。

任务1　空调制冷系统的检测与维修 <<<

【任务导入】

汽车空调系统主要用来调节车内空气的质量，提高车内人员的舒适感。在炎热的夏季，打开空调开关时，若发现车内温度不能迅速地降到比较舒适的温度，就说明空调制冷系统出现了问题，需要对制冷系统进行检测与维修。

【相关知识】

一、汽车空调概况

1. 汽车空调的功能

汽车空调即车内空气调节，指对车内的温度、湿度、空气流速及空气清洁度进行调节与控制。汽车空调的功能如下：

（1）调节车内温度　车内温度是指车内空气的冷热程度。为了给乘员创造适宜的车内温度环境，在寒冷的冬季常利用加热装置提高车内的温度，而在炎热的夏季常利用制冷装置来降低车内的温度。

（2）调节车内湿度　车内湿度指车内空气中所含水蒸气量的多少。车内湿度过小或过大会使乘员感觉干燥或闷热。人体感觉最舒适的相对湿度为30%～70%，所以汽车空调的湿度参数要求控制在此范围内。

（3）**调节车内空气流速**　空气的流速和方向对人体舒适性影响很大。气流速度稍大，有利于夏季人体散热，但冬季风速过大会影响人体保温，过大的风速直接吹到人体上也会使人感觉不舒服。车内空气流速以夏季不超过0.5m/s、冬季不超过0.3m/s为宜。

（4）**调节车内空气清洁度**　由于车内空间小、乘员密度大，车内极易出现缺氧和二氧化碳浓度过高的情况，发动机废气和道路上的粉尘等也会造成车内空气污浊，影响乘员的身体健康。因此，汽车空调系统一般都设有进风门、排风门、空气过滤装置和空气净化装置。

2. 汽车空调系统的组成

汽车空调系统一般由制冷系统、加热系统、通风系统、操纵控制系统及空气净化系统组成。

（1）**制冷系统**　制冷系统的作用是对车内或由外部进入车内的新鲜空气进行冷却或除湿，使车内空气变得凉爽舒适。

（2）**加热系统**　加热系统的作用是对车内或由外部进入车内的新鲜空气进行加热，达到取暖、除霜的目的。

（3）**通风系统**　通风系统的作用是将车外的新鲜空气引入车内，起通风和换气的作用。

（4）**操纵控制系统**　操纵控制系统的作用是对制冷系统、加热系统及通风系统的工作进行控制，同时对车内的空气温度、风量、流量进行调节，保证空调系统正常工作。

（5）**空气净化系统**　空气净化系统的作用是对车内空气中的尘埃、臭味、烟气进行过滤，保证车内空气清洁。

3. 汽车空调系统的分类

（1）**按功能分类**　汽车空调系统按功能可分为单一功能式和组合式两种。

1）单一功能式汽车空调系统。其冷风、暖风各自独立，自成系统，一般用在大、中型客车上。

2）组合式汽车空调系统。其冷、暖风共用一个鼓风机、一套操纵机构，这种结构分为冷、暖风同时工作和冷、暖风分别工作两种，多用于轿车上。

（2）**按驱动方式分类**　汽车空调系统按驱动方式可分为非独立式和独立式两种。

1）非独立式汽车空调系统。空调制冷压缩机由汽车本身的发动机驱动，汽车空调系统的制冷性能受汽车发动机工况的影响较大，工作稳定性较差，尤其是低速时制冷量不足，而在高速时制冷量过剩，并且消耗发动机的功效较大，影响发动机的动力性。这种类型的汽车空调系统一般多用于制冷量相对较小的中、小型汽车上。

2）独立式汽车空调系统。空调制冷压缩机由专用的空调发动机驱动，汽车空调系统的制冷性能不受汽车发动机工况的影响，工作稳定，制冷量大，但由于加装了一台制冷用的发动机（也称副发动机），不仅增加了成本，也增加了汽车体积和质量。这种类型的汽车空调系统多用于大、中型客车上。

目前，有些轿车采用了独立空调系统，如宝马、奔驰、奥迪等新款车型，为了适应车辆自动起停功能，提高动力、降低油耗及有害物的排放量，开始采用48V电动空调泵。

4. 制冷剂

汽车空调制冷系统使用的制冷剂通常有 R12 和 R134a 两种。由于 R12 对大气臭氧层有很强的破坏作用，因此已经被 R134a 替代，但在目前还有一些 2000 年以前生产的在用车辆空调系统的制冷剂仍为 R12。

R134a 制冷剂的分子式为 CH_2FCF_3，是卤代烃类制冷剂中的一种。R134a 制冷剂的热力学性能，包括分子量、沸点、临界参数、饱和蒸气压和汽化潜热等，均与 R12 相近，具有无色、无臭、不燃烧、不爆炸、基本无毒的特性。但是，采用 R134a 作制冷剂的汽车空调制冷系统中，在结构与材料方面与 R12 空调系统有很大区别，两种制冷系统中的制冷剂是不能互换使用的。

由于 R134a 制冷剂对地球温室效应有一定的促进作用，因此，现在世界各地都在推广使用 R1234yf 制冷剂。

R1234yf 制冷剂与 R12、R134a 制冷剂的热力学性能相似，在一个标准大气压下的沸点为 $-29.8℃$，凝固温度为 $-158℃$。

由于不同类型制冷剂不能混合使用，因此，在检修汽车制冷系统时一定要确认车辆使用的制冷剂类型（一般在发动机舱内或车门柱上有提示标牌）。

5. 冷冻机油

（1）冷冻机油的作用和特性　冷冻机油又称为冷冻油，是制冷压缩机的专用润滑油，它保证压缩机正常运转、可靠工作和延长其使用寿命。冷冻机油的作用如下：

1）润滑作用。压缩机是高速运动的机器，轴承、活塞、活塞环、曲轴和连杆等机件表面需要润滑，以减少阻力和磨损，延长使用寿命，降低功耗，提高制冷系数。

2）密封作用。压缩机传动轴需要油封来密封，防止制冷剂泄漏。有润滑油，油封才起密封作用。同时，活塞环上的润滑油不仅起减小摩擦的作用，而且起密封压缩机蒸气的作用。

3）冷却作用。压缩机内运动的摩擦表面会产生高温，需要用冷冻机油来冷却。若冷冻机油冷却不足，会引起压缩机温度过热，排气压力过高，降低制冷系数，甚至烧坏压缩机。

4）降低压缩机噪声。

（2）空调制冷系统对冷冻机油的性能要求　冷冻机油在空调制冷系统中完全溶于制冷剂中，并随制冷剂一起在制冷系统中循环。因此，冷冻机油工作在高温与低温交替的条件下。为保证其工作正常，对冷冻机油提出以下性能要求：

1）冷冻机油的凝固点要低，在低温下具有良好的流动性。若低温流动性差，则冷冻机油会沉积在蒸发器内而影响制冷能力，或凝结在压缩机底部，失去润滑作用而损坏运动部件。

2）冷冻机油的黏度受温度的影响要小，即黏温特性好。在高压侧的高温与在低压侧的低温两种情况下，冷冻机油都要保持相对稳定的黏度，确保良好的润滑性与流动性。

3）冷冻机油与制冷剂的溶解性能要好。在汽车空调制冷系统中，制冷剂与润滑油是混合在一起的。当制冷剂流动时，润滑油随之流动，这就要求制冷剂与润滑油能够互溶。若二者不互溶，润滑油就会聚集在冷凝器和蒸发器的底部，阻碍制冷剂流动，降低换热能力，同时由于润滑油不能随制冷剂返回压缩机，压缩机将会因缺油而加剧磨损。

4）冷冻机油要具有较高的热稳定性，即在高温下不氧化、不分解、不结胶、不积炭。

5）冷冻机油中应无水分。若冷冻机油中有水分，会在膨胀阀处结冰，造成冰堵，影响系统制冷剂的流动。同时，冷冻机油中的水分会使冷冻机油变质，影响润滑效果。

（3）冷冻机油的牌号　按黏度不同，国产冷冻机油牌号有 13 号、18 号、25 号和 30 号 4 种，牌号越大，其黏度越大。进口冷冻机油有 SUNISO 3GS、SUNISO 4GS 和 SUNISO 5GS 3 种牌号。目前，汽车空调制冷系统通常选用国产 18 号和 25 号冷冻机油，或进口 SUNISO 5GS 冷冻机油。

二、汽车空调制冷系统的结构与工作原理

汽车空调制冷系统采用蒸气压缩式制冷方式，即利用液态制冷剂汽化时吸收周围热量而对周围产生制冷效应。不同车型的汽车空调制冷系统类型虽有所不同，但都是由压缩机、蒸发器、冷凝器、膨胀节流装置、储液干燥器、高压管路、低压管路、鼓风机及控制电路等组成的，如图 9-1 所示。

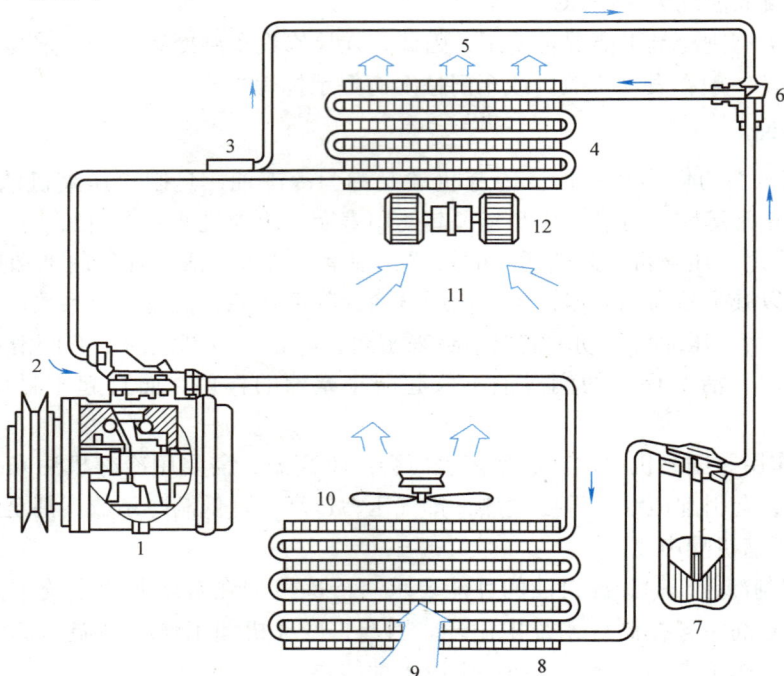

空调制冷系统的组成及工作原理

图 9-1　制冷系统的基本组成

1—压缩机　2—低压侧　3—感温包　4—蒸发器　5—冷气　6—膨胀阀　7—储液干燥器
8—冷凝器　9—迎面风　10—发动机冷却风扇　11—热空气　12—鼓风机

1. 制冷循环

汽车制冷系统工作时，发动机驱动空调压缩机工作，在空调压缩机作用下，制冷剂在制冷系统内进行循环，其工作过程如下：

（1）压缩过程　压缩机吸入来自蒸发器的低温低压气态制冷剂，将其压缩成高温高压气态制冷剂后排出压缩机到冷凝器。

（2）冷凝过程　来自压缩机的高温高压气态制冷剂进入冷凝器后，经过冷凝器的冷凝

变成高温高压液态制冷剂。

（3）**节流膨胀过程** 高温高压液态制冷剂通过膨胀阀后体积变大，压力和温度急剧下降，以雾状（细小液滴）形式进入蒸发器。

（4）**蒸发过程** 雾状制冷剂进入蒸发器后，制冷剂的沸点远低于蒸发器内温度，因此雾状制冷剂迅速蒸发成气态制冷剂。制冷剂在蒸发过程中吸收蒸发器外部热量，使蒸发器表面温度迅速下降，而后低温低压的气态制冷剂进入压缩机，开始下一次循环。

2. 空调制冷系统主要部件的结构与工作原理

（1）**压缩机** 压缩机是空调制冷系统的主要部件之一，其功用是：一方面维持制冷剂在系统中的循环流动；另一方面对低温低压的气态制冷剂进行加压，使之超过冷凝器外界大气的温度和压力，以便在冷凝器中向外界大气放热，并形成液态制冷剂。

汽车空调制冷系统的压缩机一般由汽车发动机驱动，其结构形式有很多种，斜盘式压缩机和翘板式压缩机应用较广。

1）斜盘式压缩机。它又称为回转斜盘式压缩机，该压缩机具有工作可靠、结构紧凑、体积小和重量轻等优点，在汽车上应用广泛。斜盘式压缩机的工作原理如图9-2所示。斜盘式压缩机采用往复式双头活塞，依靠斜盘的旋转运动使双头活塞获得轴向的往复运动。双头活塞中间开槽与斜盘装合，因此可由斜盘驱动其在前、后两个气缸内往复运动。压缩机主轴和斜盘旋转一周时，双头活塞在前、后两个气缸内往复运行两个行程。活塞向前移动时，前气缸中进行压缩行程、后气缸中进行吸气行程。反向时，前、后两个气缸的作用互相对调。回转斜盘式压缩机的缸数为双数，常见的有6缸和10缸，各气缸沿圆周方向、前后成对均匀布置，各气缸均装有进、排气阀，各气缸的进气腔和排气腔分别通过管路连通。

2）翘板式压缩机。该压缩机结构紧凑、工作平稳、重量轻，各气缸以压缩机轴线为中心均匀布置，各气缸的轴线与输入轴的轴线相互平行。活塞与翘板用连杆和球形万向节相连，以协调活塞与翘板的运动。翘板中心用钢球定位，并用一对齿轮限制翘板只能左右摆动而不能转动。由于斜盘与翘板的接触面为斜面，所以当压缩机工作时，主轴带动斜盘一起转动，翘板则以定位钢球为中心作摇摆运动，并通过连杆带动活塞在气缸内作往复直线运动，其工作原理如图9-3所示。

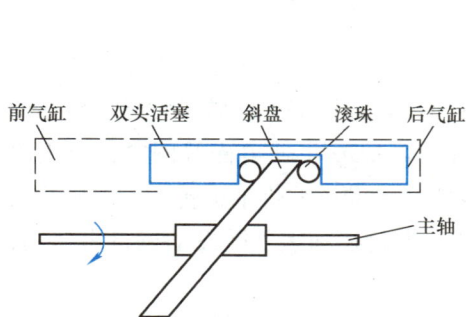

图9-2 斜盘式压缩机的工作原理

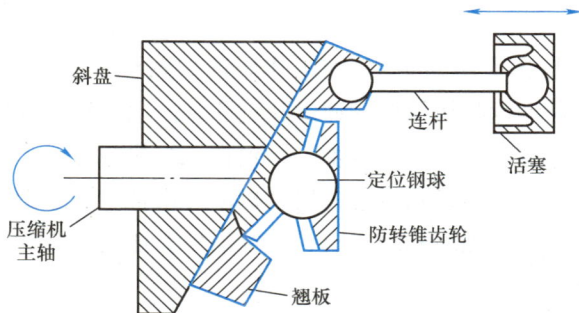

图9-3 翘板式压缩机的工作原理

3）压缩机进、排气工作原理 压缩机进、排气工作原理如图9-4所示，进、排气阀板与阀片如图9-5所示。

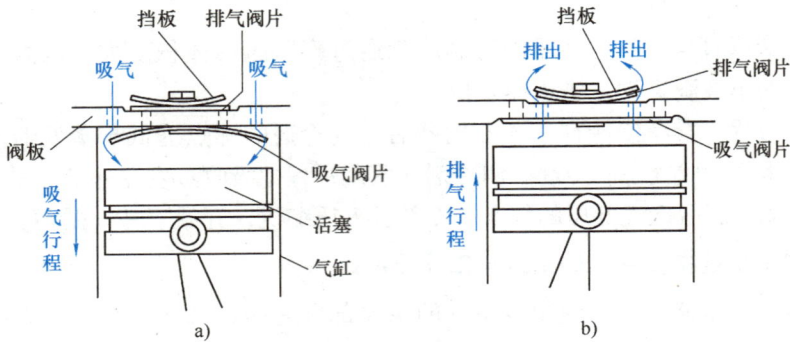

图 9-4　压缩机进、排气工作原理

4）压缩机排量控制。由于空调压缩机的动力由发动机提供，因此，当车内温度达到设定的温度时，压缩机应该减小排量或暂停工作。

① 固定排量压缩机。固定排量压缩机的结构示意图如图 9-6 所示，其活塞行程不可变，压缩机排量是固定的。当车内温度达到设定温度时，空调 ECU 切断离合器线圈电路，离合器断开，空调压缩机停止工作；当车内温度高于设定温度后，空调 ECU 接通离合器线圈电路，离合器吸合，压缩机继续工作。

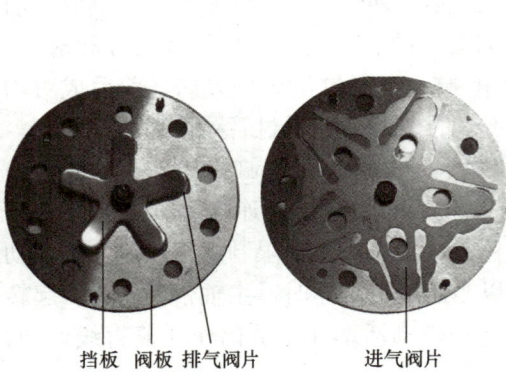

图 9-5　进、排气阀板与阀片

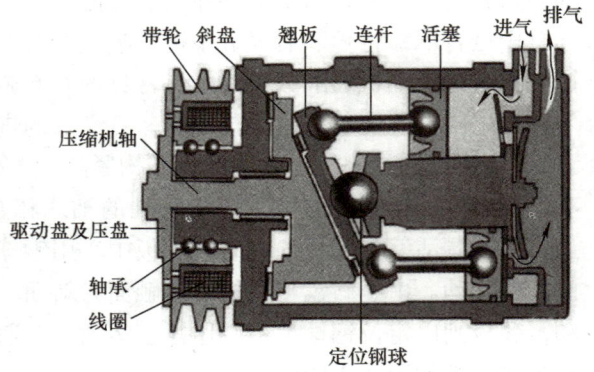

图 9-6　固定排量压缩机的结构示意图

电磁离合器的结构与工作原理如图 9-7 所示。驱动盘和压板通过铆接的弹簧片连为一体，驱动盘与压缩机轴通过花键联结。电磁线圈固定在压缩机前缸盖上，转子轴承压装在前缸盖凸缘上，带轮通过轴承固定在压缩机的外壳上。当空调 ECU 接通电磁线圈时，产生磁场，使压板与带轮接合，发动机动力由带轮通过压板驱动盘带动压缩机轴旋转，压缩机开始工作。当电磁线圈断电时，磁场消失，压盘与带轮分开，带轮在轴承上随发动机自由转动，压缩机不工作。

② 固定变化式可变排量压缩机。丰田汽车采用的固定变化式可变排量压缩机是在压缩机移动活塞的旋转斜盘上增加了一个可变排量机构，它可以使全部 10 个气缸同时工作（称全排量 100% 工作），也可以使其中的 5 个气缸工作（称半排量 50% 工作）。空调 ECU 根据冷却液温度传感器信号确定是否给可变排量机构的电磁线圈通电，从而控制压缩机在全排量

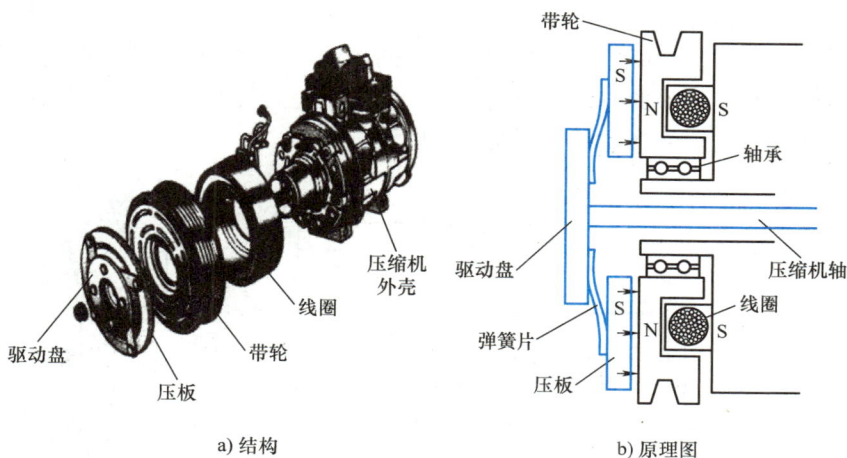

a) 结构　　　　　　　　　　　　　　b) 原理图

图 9-7　电磁离合器的结构与工作原理

和半排量之间转换。

图 9-8 所示为可变排量压缩机全排量工作的情况。此时电磁线圈不通电，电磁阀在弹簧弹力的作用下将 a 孔打开、b 孔关闭。高压制冷剂经过旁通回路，从 a 孔进入柱塞的右侧，使柱塞右侧压力增大。因此，柱塞克服弹簧弹力向左移动，排出阀挤压在阀盘上。通过斜盘转动产生的活塞往复直线运动，在后部（5 个气缸）也产生高压气体，于是压缩机所有 10 个气缸都参与工作。此时，在压缩机后部产生的高压气体将单向阀向上推开，来自压缩机后部的高压气体与来自压缩机前部的高压气体一起流至冷凝器。

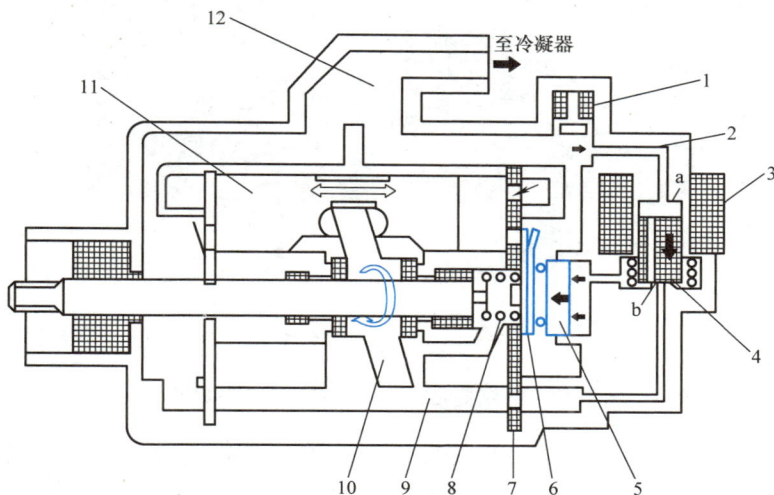

图 9-8　可变排量压缩机全排量工作的情况

1—单向阀　2—旁通回路　3—电磁线圈　4—电磁阀　5—柱塞　6—排出阀
7—阀盘　8—弹簧　9—低压制冷剂　10—斜盘　11—活塞　12—高压制冷剂

图 9-9 所示为可变排量压缩机半排量工作的情况。此时，电磁阀通电，电磁阀阀芯在磁场力的作用下上移，将 a 孔关闭、b 孔打开。高压制冷剂不能经过旁通回路进入柱塞的右侧，作用于柱塞右端的压力降低，柱塞在弹簧力的作用下回到右侧，排出阀离开阀盘，压缩机后部 5 个气缸停止工作。此时，单向阀由于上、下压差而落下，关闭后部高压制冷剂的排出通道，以防止压缩机前部产生的高压制冷剂回流。

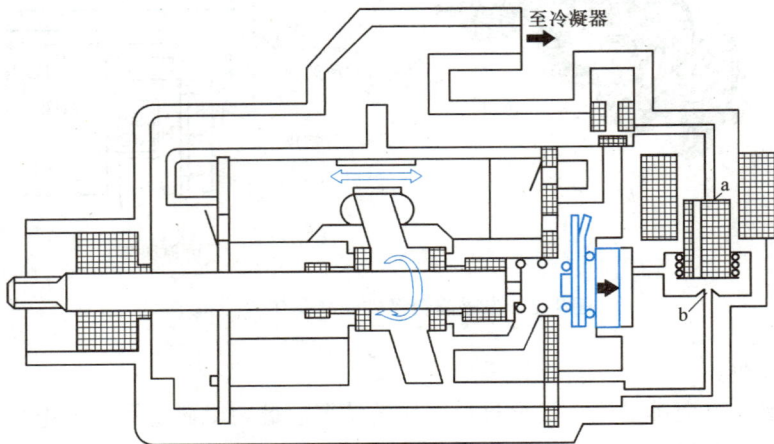

空调压缩机的结构与工作原理

图 9-9　可变排量压缩机半排量工作的情况

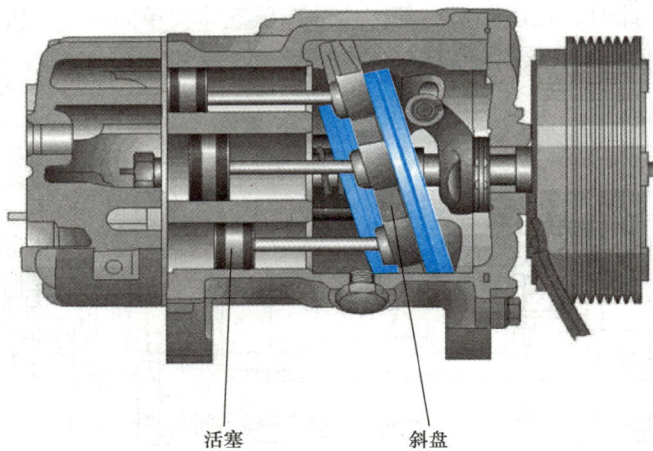

图 9-10　连续变化式可变排量压缩机的结构

当压缩机停止工作时，高压端和低压端内部压力逐渐平衡，柱塞被弹簧弹力推回右侧。单向阀随高压端压力下降而落下，关闭后部的高压制冷剂排出通道。排出阀和单向阀以半排量工作。当压缩机起动时，以半排量工作，从而减小压缩机起动时的振动。

③ 连续变化式可变排量压缩机。大众汽车采用的连续变化式可变排量压缩机的结构如图 9-10 所示。压缩机通过改变斜盘的倾斜角来改变压缩机的容量，调节范围为 5% ～

100%。斜盘的倾斜角取决于每个活塞两侧的压力差，活塞右侧的压力受压力箱内压力的影响，压力箱内的压力由调节阀和节流管道控制。

如图 9-11 所示，压缩机大排量输出时，压缩机输出压力较高，通过节流管道的作用使压力箱内的压力升高。当压力箱内的压力升高到某一值时，调节阀开启，使压力箱与进气低压侧接通，故压力箱内的压力处于较低状态。此时，由于压缩机输出压力较大，活塞左侧的压力较大，因此活塞两侧的压力差增大，从而使斜盘的倾斜角增大，活塞行程变长。

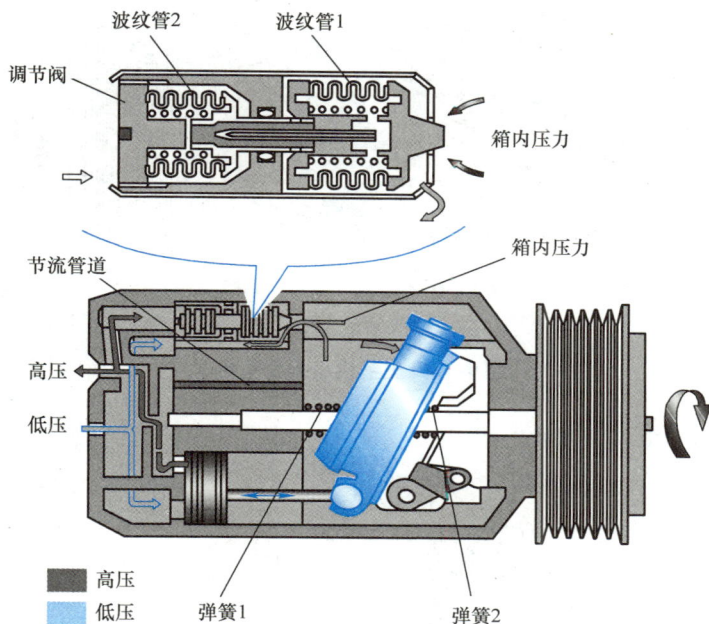

图 9-11　压缩机大排量输出

如图 9-12 所示，压缩机小排量输出时，压缩机输出压力较小，使压力箱内的压力上升较小，调节阀处于关闭状态。此时，由于压缩机输出压力较小，活塞右侧的压力较小，因此活塞两侧的压力差较小，从而使斜盘的倾斜角减小，活塞行程变短。

④丰田卡罗拉汽车压缩机的结构及工作原理。丰田卡罗拉汽车压缩机的结构如图 9-13 所示。如图 9-14 所示，压缩机大排量输出时，空调放大器（空调 ECU）控制电磁阀阀芯向下移动，关闭高压侧管路与曲柄室通道，使压缩机曲柄室压力减小。这时，活塞背部压力与弹簧力之和小于活塞正面压力，斜盘倾斜角度变大，活塞行程变大，压缩机排量增大。

如图 9-15 所示，压缩机小排量输出时，空调放大器（空调 ECU）控制电磁阀阀芯向上移动，高压侧管路与曲柄室通道打开，使得压缩机曲柄室压力增大。这时，活塞背部压力与弹簧力之和大于活塞正面压力，斜盘倾斜角度变小，活塞行程变小，压缩机排量减小。

综上，可变排量压缩机斜盘的倾斜角度取决于活塞两侧的压力差，空调 ECU 以占空比方式控制电磁阀阀芯上下移动，阀芯位置不同则压缩机曲柄室压力不同，斜盘倾斜角度由最大到最小可连续改变，故压缩机的排量连续改变。

（2）冷凝器　冷凝器是热交换装置，通常设置在发动机散热器前面，一般采用铝材料

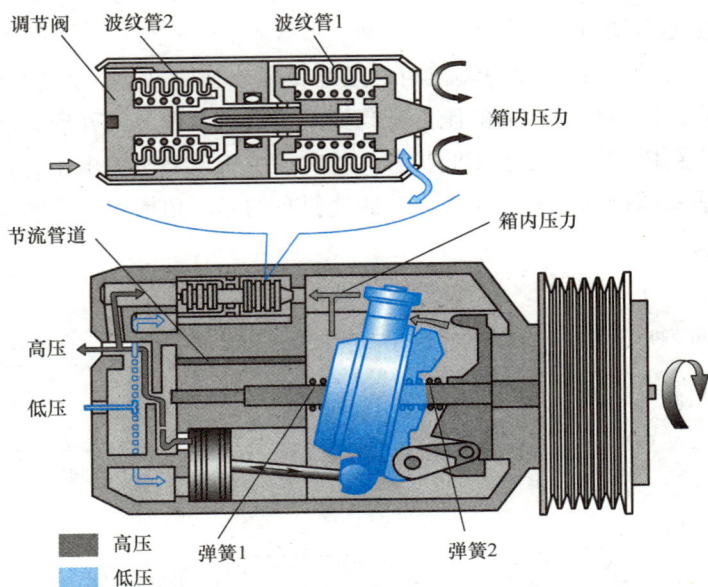

图 9-12 压缩机小排量输出

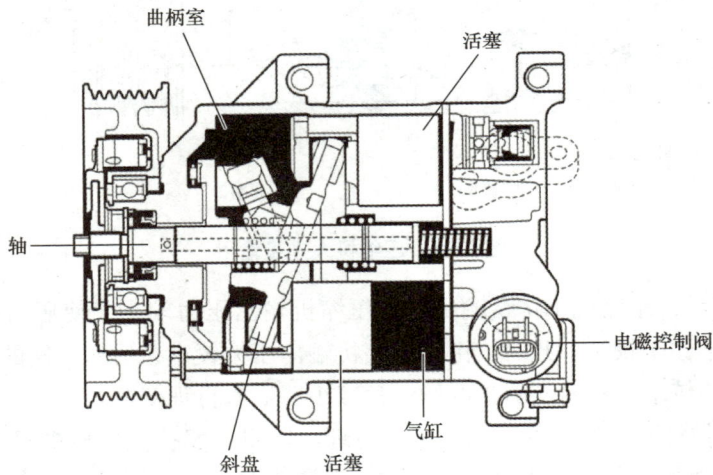

图 9-13 丰田卡罗拉汽车压缩机的结构

制造，有管片式和管带式两种，其结构如图 9-16 所示。空调系统工作时，从压缩机出来的高温高压气态制冷剂流过冷凝器时，在外部空气冷却下变成高温高压液态制冷剂。

（3）储液干燥器 储液干燥器安装在冷凝器与膨胀阀之间，主要作用是储存制冷剂、过滤制冷剂中的杂质、吸收制冷剂中的水分。储液干燥器的结构如图 9-17 所示，它由玻璃观察窗、干燥剂和过滤器等部分组成。

（4）膨胀阀 汽车空调制冷系统使用的膨胀节流装置简称膨胀阀，是制冷系统中的重要组成部件，主要作用是将液态制冷剂转化为雾状制冷剂，节流降压、调节和控制流量。在

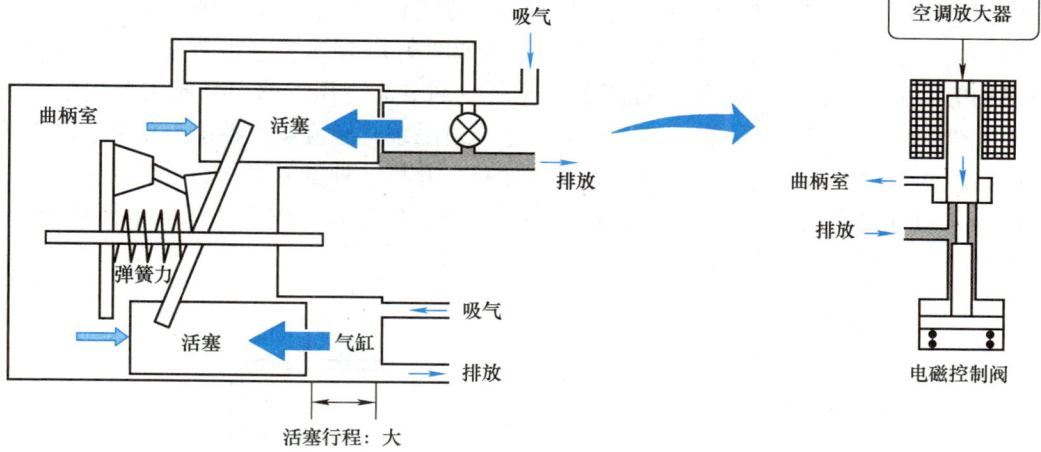

图 9-14　压缩机大排量输出

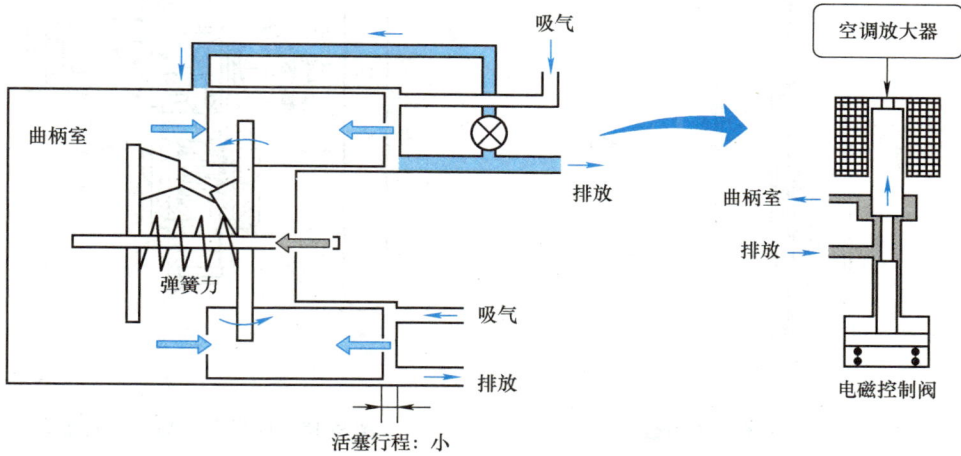

图 9-15　压缩机小排量输出

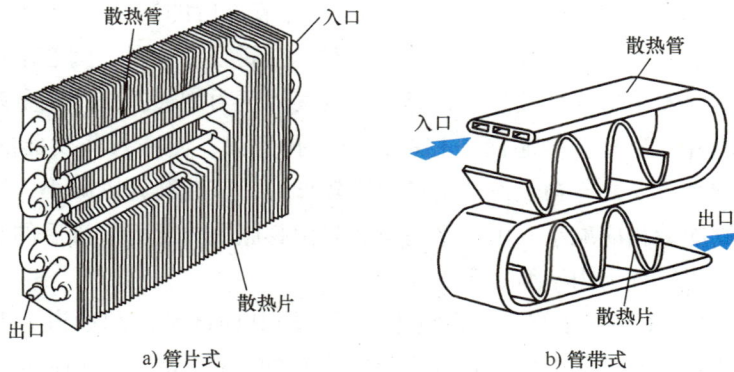

a) 管片式　　　　　　　　b) 管带式

图 9-16　冷凝器的结构

制冷负荷和压缩机转速变化时，膨胀阀能自动调节进入蒸发器的制冷剂流量，以满足制冷要求，保证车内温度稳定。膨胀阀的主要类型有内平衡式膨胀阀和 H 形膨胀阀。

1）内平衡式膨胀阀。内平衡式膨胀阀的结构如图 9-18 所示，它由节流孔、感温系统和调节机构等组成。节流孔的功用是对液态高压制冷剂节流降压。感温系统主要包括金属膜片、毛细管和感温包等。感温包内充满气体，它通过毛细管感应蒸发器出口温度。随着蒸发器出口温度的变化，感温包内的气体压力发生变化，并将这种压力变化通过金属膜片传递给调节机构。调节机构包括阀体、阀座、顶杆和弹簧等，用来直接改变膨胀阀节流孔的开度，以实现对制冷剂流量的调节和控制。

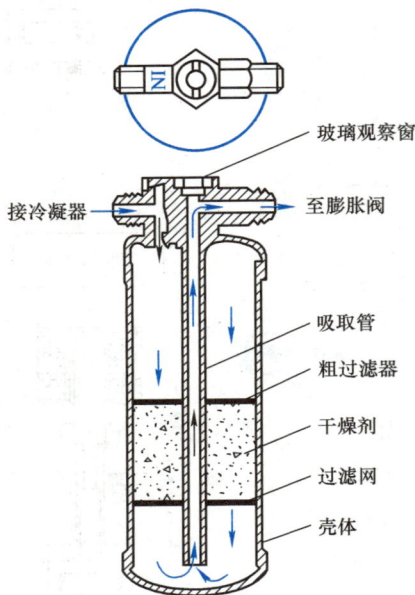

图 9-17　储液干燥器的结构

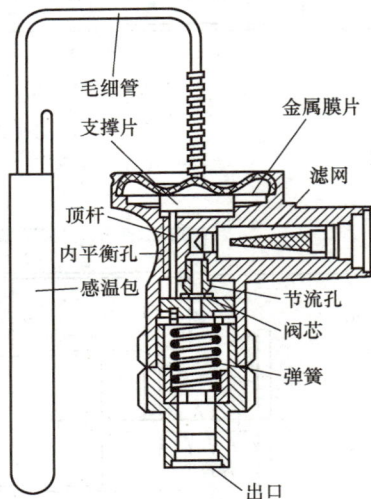

图 9-18　内平衡式膨胀阀的结构

内平衡式膨胀阀的工作原理如下：感温包内气体的压力作用在金属膜片上方，而金属膜片下面承受经阀芯和顶杆传来的弹簧力与平衡压力（节流后的制冷剂压力）共同作用，阀芯直接控制节流孔的开度。当金属膜片受力平衡时，金属膜片位置、阀芯位置、节流孔开度均固定不变。当蒸发器出口温度较高时，感温包内气体压力增大，作用在金属膜片上方的压力增大，使金属膜片、顶杆、阀芯向下移动，节流孔开大，使进入蒸发器的制冷剂流量增大，制冷量相应增大。反之，当蒸发器出口温度较低时，节流孔开度减小，进入蒸发器的制冷剂流量减小，制冷量相应减小。由于平衡压力是由膨胀阀内部将节流后的制冷剂引至金属膜片下方产生的，所以称为内平衡式膨胀阀。

2）H 形膨胀阀。H 形膨胀阀又称为整体式阀，因其内部制冷剂通道为 H 形而得名。H 形膨胀阀安装在蒸发器的进、出口之间。H 形膨胀阀的结构如图 9-19 所示，在蒸发器进口通道中设有一个球阀控制的节流孔，节流孔的开度由球阀弹簧和感温器控制。感温器（或称感温包）位于蒸发器出口通道上，直接感应蒸发器出口温度。当蒸发器出口温度升高时，感温器内的气体压力增大，膜片向下移动，通过推杆推动球阀克服弹簧力向下移动，节流孔开度增大，进入蒸发器的制冷剂流量增大，制冷量随之增大。反之，当蒸发器出口温度下降时，感温器内的气体压力下降，在弹簧力作用下球阀向上移动，节流孔开度减小，进入蒸发器的制冷剂流量减小，制冷量随之减小。

（5）孔管　图 9-20 所示为孔管的结构。孔管结构简单，不易损坏，也称为膨胀节流管。孔管能起到节流膨胀作用，即将制冷剂雾化，但不能有效地控制进入蒸发器的制冷剂流量。因此，采用孔管的制冷系统结构与采用膨胀阀的制冷系统结构是有区别的。

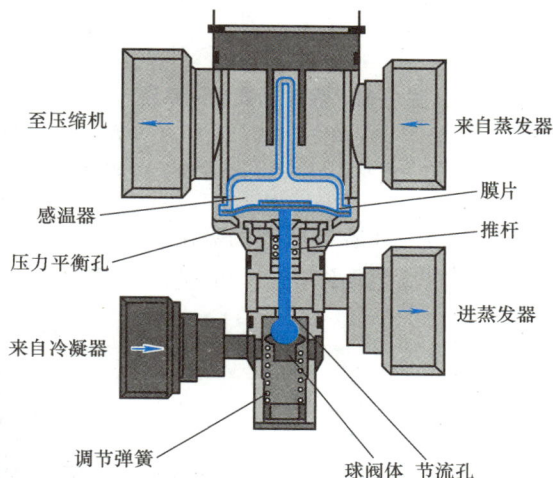

图 9-19　H 形膨胀阀的结构

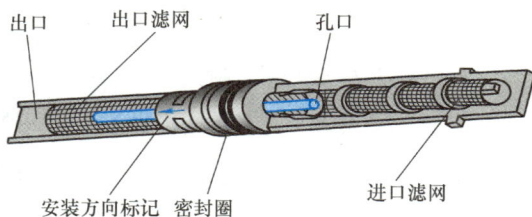

图 9-20　孔管的结构

1）采用膨胀阀的制冷系统。如图 9-21 所示，该制冷系统采用了膨胀阀（H 形膨胀）实现膨胀节流，系统的特点是在高压管路侧安装了储液干燥器。

2）采用孔管的制冷系统。如图 9-22 所示，该制冷系统采用了孔管实现膨胀节流，系统的特点是在低压管路侧安装了液体分离器。

由于孔管不能控制进入蒸发器的制冷剂流量且节流孔只能按最大流量设计，所以当压缩机高速运转时，蒸发器内的液态制冷剂蒸发不彻底，为防止液态制冷剂进入压缩机导致液击进、排气阀片，在制冷系统低压侧安装了液体分离器。液体分离器的主要作用是将液态制冷剂与气态制冷剂分离，同时具有干燥及过滤的功能，其结构如图 9-23 所示。

制冷循环时，制冷剂从顶部进入液体分离器，其中液态制冷剂沉入容器底部，而在顶部

图 9-21 膨胀阀式制冷系统

1—压缩机 2—冷凝器 3—储液干燥器 4—压力开关 5—高压充注阀
6—膨胀阀 7—蒸发器 8—低压充注阀 9—阻尼缓冲器

的气态制冷剂被吸出并导向压缩机。在容器底部的吸出管上有一个小孔，允许少量冷冻机油和少量液态制冷剂流回压缩机，以满足压缩机工作时的润滑需要。

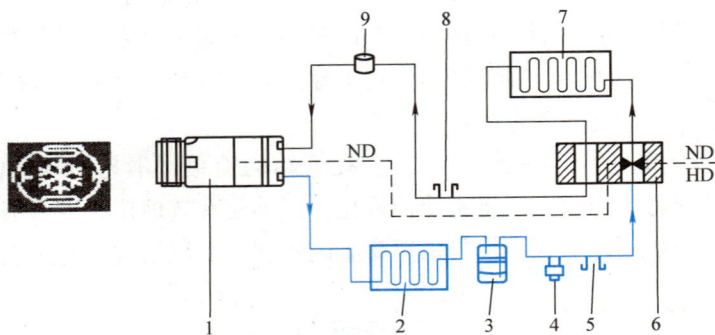

图 9-22 孔管式制冷系统

1—压缩机 2—高压开关 3—冷凝器 4—高压充注阀 5—膨胀节流管
6—蒸发器 7—低压开关 8—低压充注阀 9—液体分离器

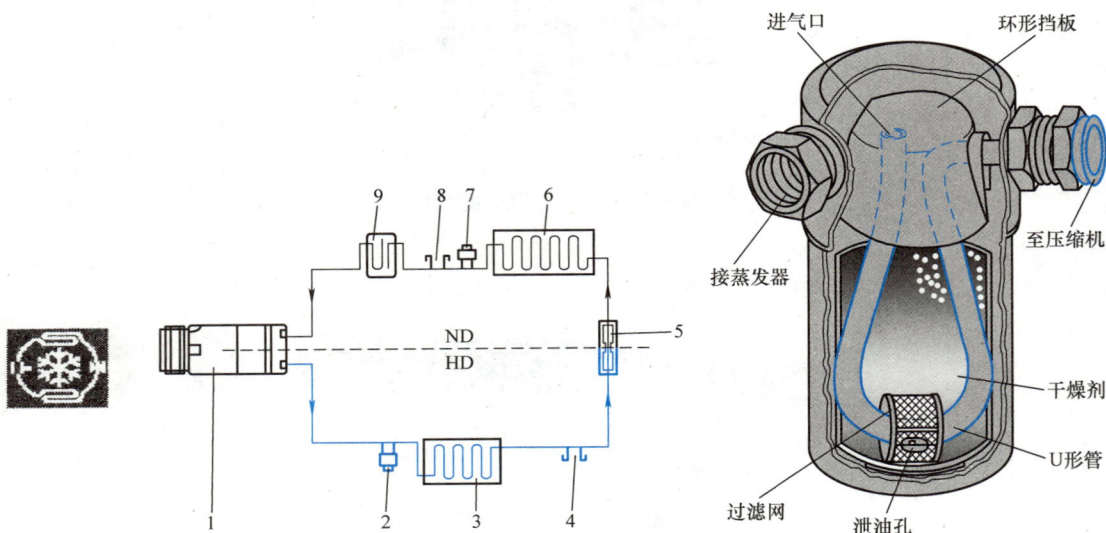

图 9-23 液体分离器的结构

（6）蒸发器 制冷系统工作时，来自膨胀阀的低压雾状制冷剂通过蒸发器时，吸收蒸发器表面的热量，低压雾状制冷剂变为低压气态制冷剂，并使蒸发器表面温度迅速降低。鼓风机使气流穿过蒸发器时，热空气就变成了冷空气，达到了制冷效果。蒸发器的结构如图 9-24 所示，所用材料及形状与冷凝器相同。

鉴于制冷剂的特性，如果不加以控制，蒸发器表面温度会迅速降至 0℃ 以下，凝结的水分将在蒸发器表面结霜甚至结冰。因此，汽车空调制冷系统工作时，为防止蒸发器表面结

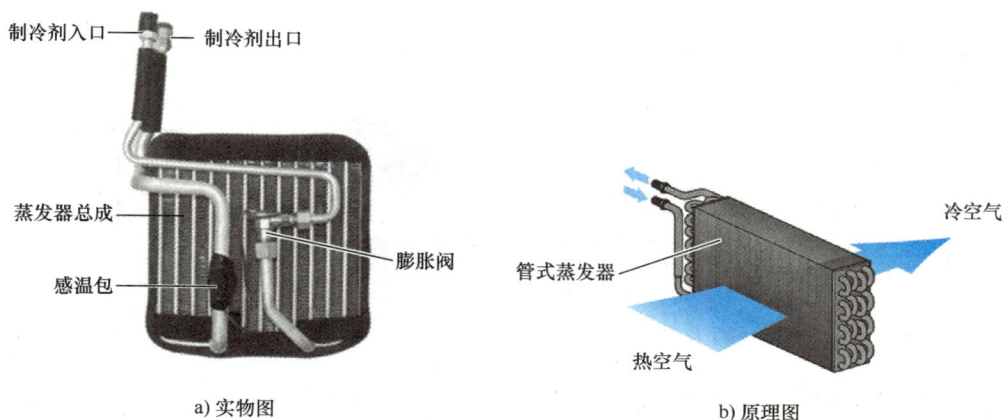

图 9-24　蒸发器的结构

冰，空调 ECU 控制蒸发器表面的温度为 3℃左右。同时，将鼓风机开关设计成压缩机工作的必要条件，即不打开鼓风机开关，压缩机不工作。

（7）空调箱总成　汽车空调系统对车内空气的制冷、加热、除湿及净化等功能都是在空调箱内完成的。空调箱总成包括鼓风机、蒸发器、加热器、各个风门及风门控制电机等主要部件，空调箱的结构如图 9-25 所示，空调箱对车内空气调节的原理如图 9-26 所示。

当鼓风机吸入空气时，首先经蒸发器冷却降温，混合风门将进入空调箱的空气分为两部分，部分空气经加热器加热。因此混合风门的位置决定出风口空气的温度：混合风门在位置 A 时，是最大制冷状态；在位置 B 时，是最大加热状态。

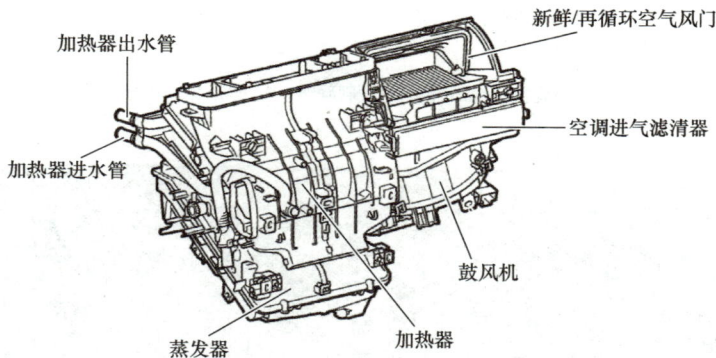

图 9-25　空调箱的结构

空调箱的结构（1）

空调箱的结构（2）

三、丰田卡罗拉汽车手动空调制冷系统的组成与原理

1. 丰田卡罗拉汽车手动空调控制面板

手动空调系统是指驾驶人手动选择冷/热模式（温度控制旋钮）、鼓风机转速、出风模式、进风模式及 A/C 空调开关，然后空调 ECU 根据驾驶人设定的模式、车辆运行工况以及

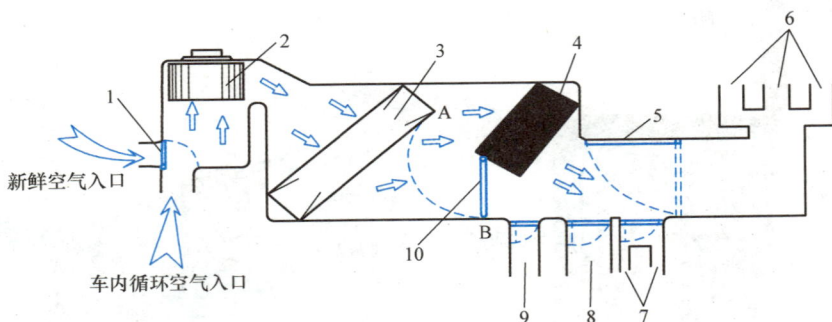

图 9-26　空调箱对车内空气调节的原理

1—新鲜/再循环空气风门　2—鼓风机　3—蒸发器　4—加热器
5—风门　6—吹向前风窗玻璃出风口　7—吹向侧窗出风口
8—吹向面部出风口　9—吹向脚出风口　10—混合风门

环境温度等因素控制空调压缩机进行工作。

　　丰田卡罗拉汽车手动空调系统控制面板如图 9-27 所示，冷热模式、进风模式与出风模式控制如图 9-28 所示，风门模式及所控制内容见表 9-1。手动空调系统具体操作如下：

　　温度控制旋钮通过拉索控制空气混合门的位置，可以在最冷到最热之间（位置 E：16℃，位置 C：30℃）连续的选择；旋钮通过拉索控制模式风门分别在 H、K、I 等不同位置组合实现吹脸、吹脚及前风窗玻璃除霜等出风模式选择；进风模式也称为内外循环模式，"内外循环模式"按钮通过电机控制进气风门位置实现内外循环模式转换；旋转鼓风机开关到不同档位可实现鼓风机转速的变化。

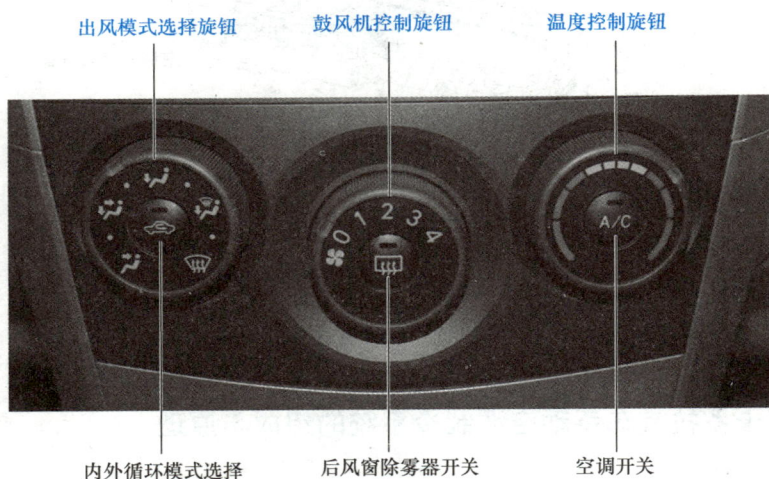

手动空调控制
面板

图 9-27　丰田卡罗拉汽车手动空调系统控制面板

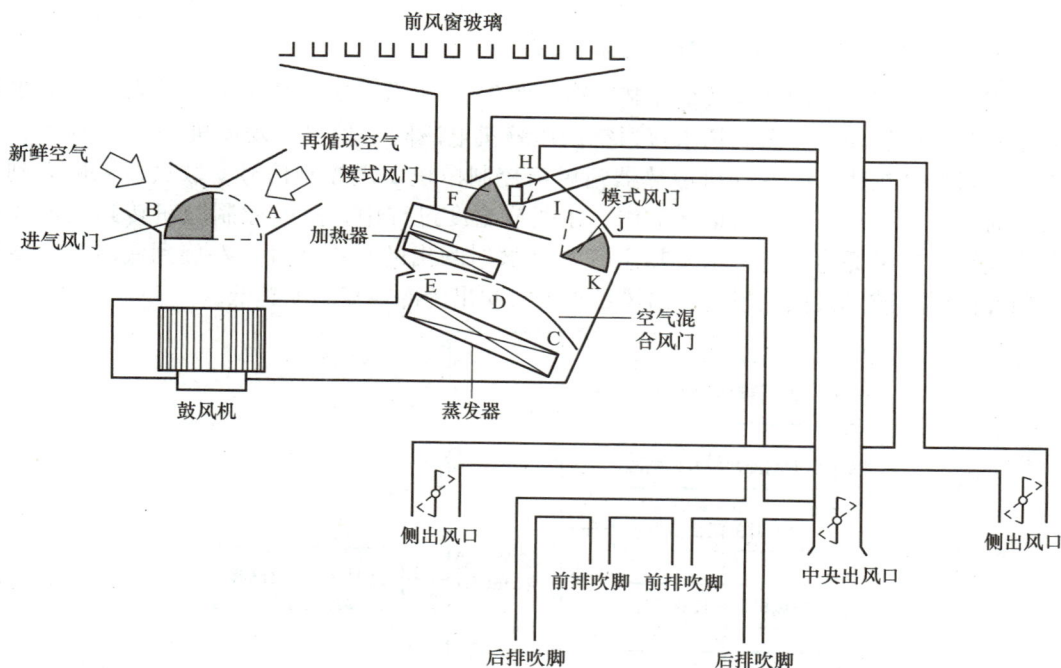

图 9-28 丰田卡罗拉汽车手动空调系统冷热模式、进风模式与出风模式控制

表 9-1 丰田卡罗拉汽车风门模式及所控制内容

风门	模式	风门位置	控制内容
进气风门	FRESH	A	新鲜空气
	RECIRC	B	车内空气再循环
空气混合风门	MAX COLD 至 MAX HOT 温度设置（16～30℃）	C – D – E	改变经过加热器空气的混合比率，以连续地调节 HOT 至 COLD 的温度
模式风门	除霜器	H, K	前风窗玻璃出风口、侧出风口
	脚部/除霜器	H, J	前风窗玻璃出风口、侧出风口吹脚出风口
	脚部	H, I	吹脚出风口、侧出风口前风窗玻璃出风口（少量）
	双级	F, I	中央出风口、侧出风口吹、脚出风口
	面部	F, K	中央出风口、侧出风口

2. 丰田卡罗拉汽车手动空调系统控制原理

丰田卡罗拉汽车手动空调系统控制原理如图 9-29 所示。空调 ECU 得到全部信号并确认信号正确后，向发动机发送"请求接通空调压缩机电磁阀"信号，发动机 ECU 确认后，便控制发动机提高怠速，向发动机散热器箱风扇控制模块发送控制信号，散热器风扇立刻工作。此时，空调制冷系统开始正常工作。在调节温度过程中，温度控制旋钮转到蓝色（左半部为蓝色，右半部为红色表示是热空气）区域时吹出的是冷空气，左旋到底时是最冷位置。与此同时，鼓风机档位越高，出风量越大，吹出的冷空气温度越低。

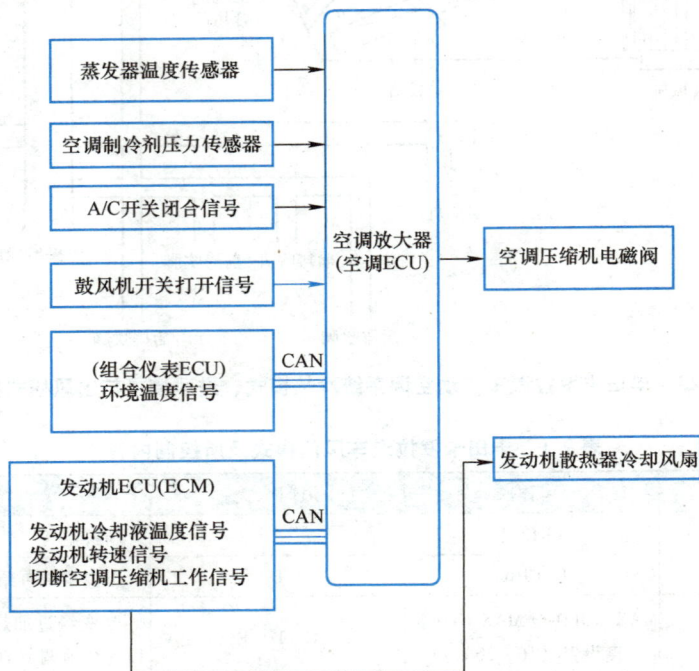

图 9-29　丰田卡罗拉汽车手动空调系统控制原理

3. 丰田卡罗拉汽车手动空调制冷系统各部件的结构与工作原理

丰田卡罗拉汽车手动空调制冷系统零件位置如图 9-30 所示，各主要部件的工作原理如下：

1）蒸发器温度传感器。蒸发器温度传感器是用来监测蒸发器表面温度的，防止蒸发器表面因温度过低而结冰。它是一个热敏电阻，温度升高阻值降低，温度为 $0℃$ 时，阻值为 $4.40 \sim 5.35k\Omega$，温度为 $30℃$ 时，阻值为 $1.11 \sim 1.32k\Omega$。

丰田卡罗拉汽车蒸发器温度传感器工作原理如图 9-31 所示，空调放大器将 5V 电压加载到蒸发器温度传感器监测电路上，当蒸发器温度传感器的电阻改变时便可读取它的电压变化值。

2）环境温度传感器。环境温度传感器也称为车外温度传感器，其原理是一个热敏电阻，温度升高阻值降低，温度为 $10℃$ 时，阻值为 $3.0 \sim 3.73k\Omega$，温度为 $35℃$ 时，阻值为 $1.00 \sim 1.22k\Omega$。当外界温度低于 $-1.5℃$ 时，压缩机不能工作。环境温度传感器将温度信号转为电信号传给组合仪表 ECU，组合仪表 ECU 将环境温度信号通过 CAN 总线传给空调放大器，其工作原理如图 9-32 所示。

3）空调制冷剂压力传感器。空调制冷剂压力传感器将制冷系统高压侧制冷剂压力转为电压信号传送给空调放大器，空调放大器以此来监测制冷系统的工作状态。

丰田卡罗拉汽车制冷系统正常工作时（发动机转速为 1500r/min），低压侧压力为 0.15~0.25MPa，高压侧压力为 1.37~1.57MPa。当高压侧制冷剂压力低于 0.19MPa 或高于 3.14MPa 时，空调放大器控制压缩机停止工作，防止压缩机损坏。

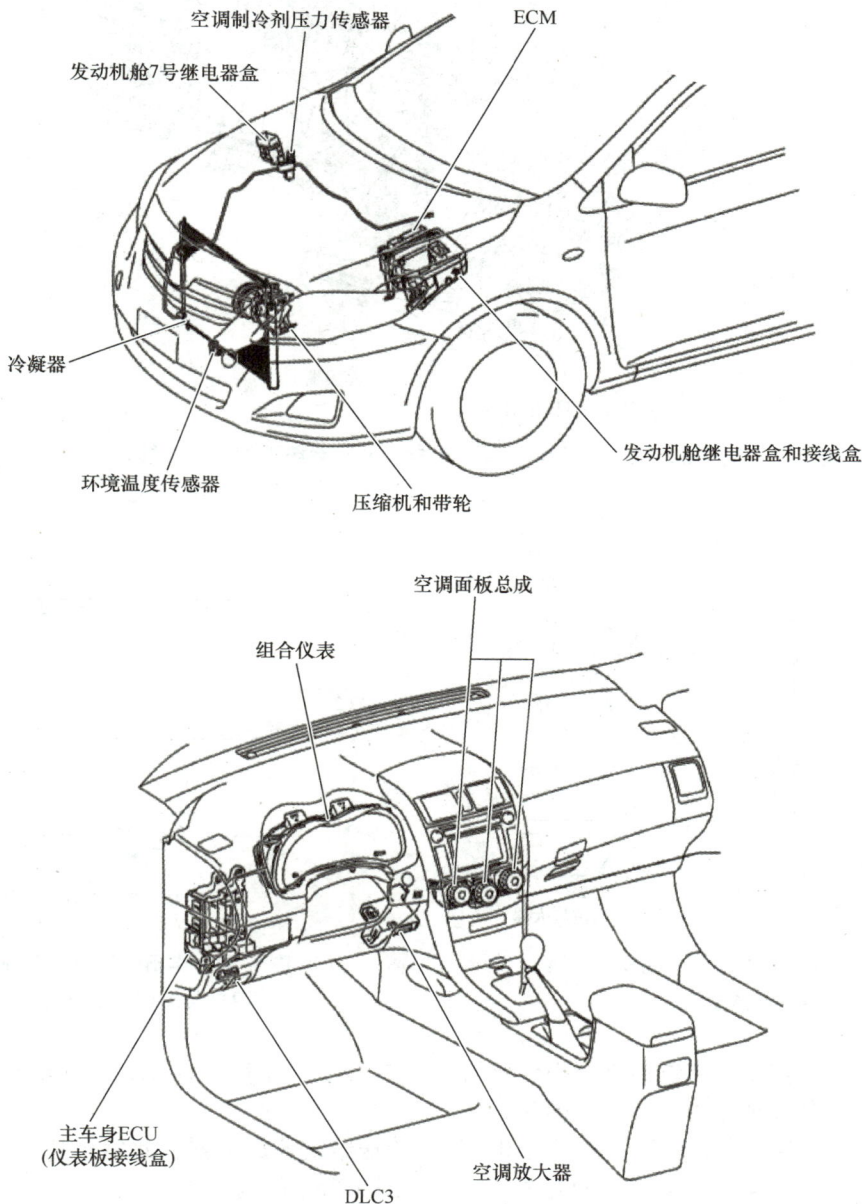

图 9-30　丰田卡罗拉汽车手动空调制冷系统零件位置

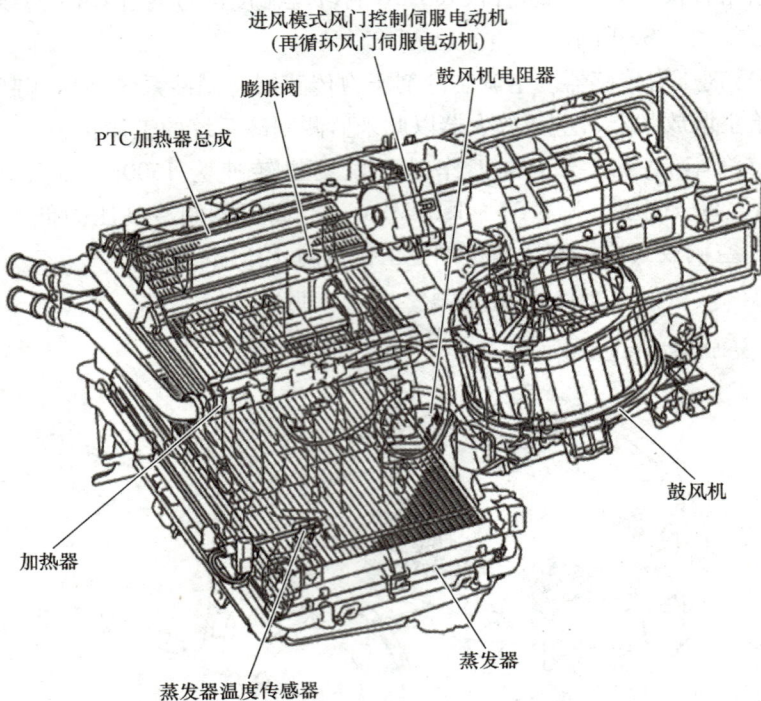

图 9-30　丰田卡罗拉汽车手动空调制冷系统零件位置（续）

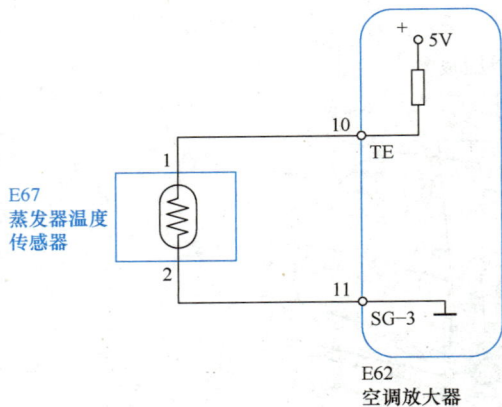

图 9-31　丰田卡罗拉汽车蒸发器
温度传感器工作原理

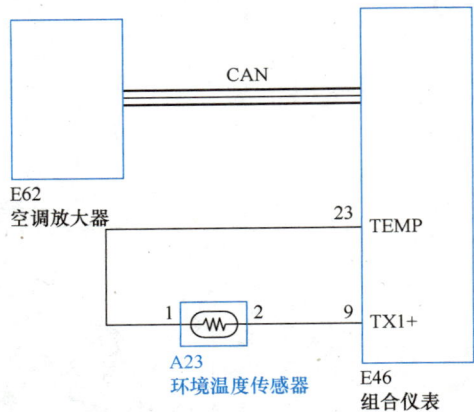

图 9-32　丰田卡罗拉汽车环境
温度传感器的工作原理

　　丰田卡罗拉汽车空调制冷剂压力传感器的工作原理如图 9-33 所示，工作电压为 5V，输出信号电压与制冷剂压力的关系如图 9-34 所示。

　　4）A/C 空调开关。A/C 空调开关闭合信号传送给空调放大器，此信号是空调放大器控制压缩机最重要的信号。A/C 空调开关的电路如图 9-35 所示。

　　5）鼓风机电路。空调放大器控制压缩机电磁阀工作前，必须得到鼓风机开关打开信号，以防止蒸发箱表面结冰。鼓风机开关信号原理如图 9-36 所示：当鼓风机开关在关闭档时，空调放大器插接器 A 端子 9 的电位为高电位；当鼓风机开关打开到任意档位时，空调放大器插接器 A 端子 9 通过鼓风机开关端子 4、5 搭铁。当插接器 A 端子 9 的电位由高电位变为 0 后，空调放大器便确认鼓风机已经工作。

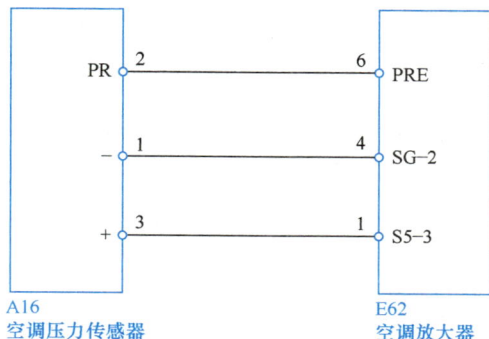

图 9-33　丰田卡罗拉汽车空调制冷剂
压力传感器的工作原理

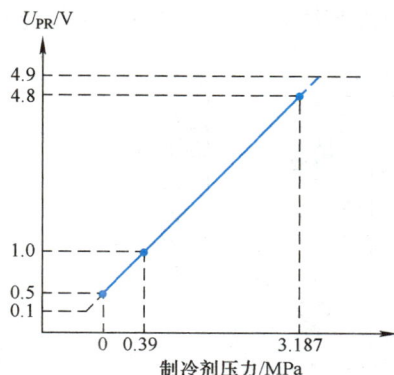

图 9-34　空调制冷剂压力传感器
输出信号电压与制冷剂压力的关系

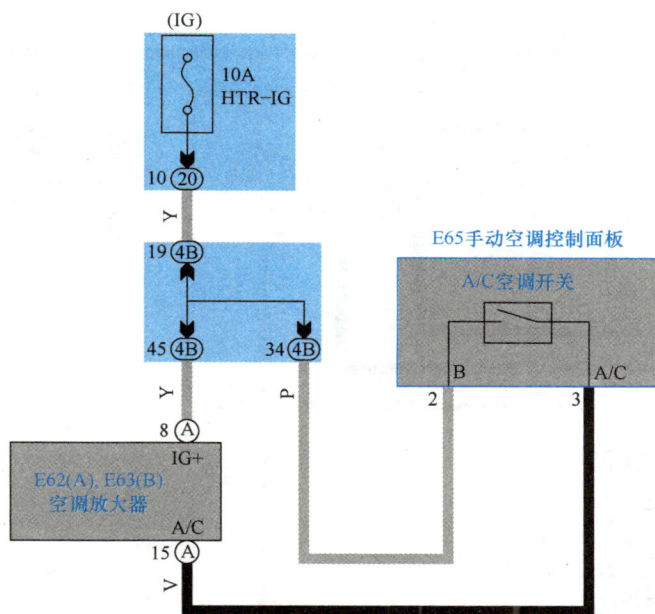

图 9-35　A/C 空调开关的电路

6）空调压缩机电磁阀。当空调放大器接通空调电磁阀电路时，压缩机开始工作，空调放大器以占空比信号控制电磁阀工作并改变压缩机的排量，以满足车内制冷需求。空调压缩机电磁阀工作电路如图 9-37 所示。

7）冷却风扇。冷却风扇的主要作用是给发动机冷却液及制冷系统冷凝器降温。冷却风扇控制电路如图 9-38 所示。当发动机 ECU 接收到空调放大器请求压缩机工作信号时，立刻发送占空比信号到冷却风扇 ECU，冷却风扇开始工作；同时，随着空调制冷负荷增大，冷却风扇的转速相应提高。

发动机 ECU 根据发动机冷却液温度、空调开关情况、制冷剂压力、发动机转速和车速计算出冷却风扇转速，并将信号传送至冷却风扇 ECU，不断优化冷却风扇的转速。

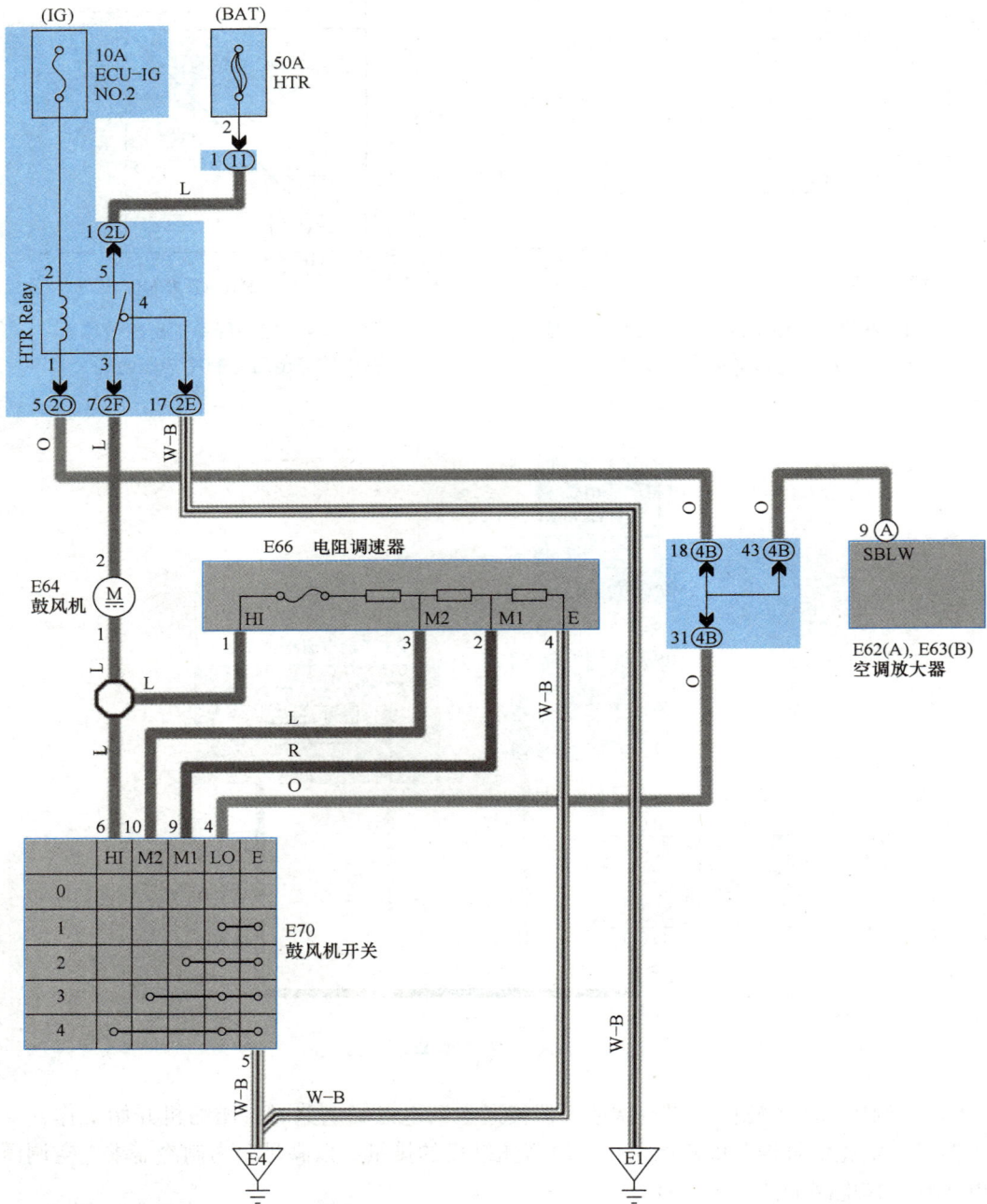

图 9-36　鼓风机开关信号原理

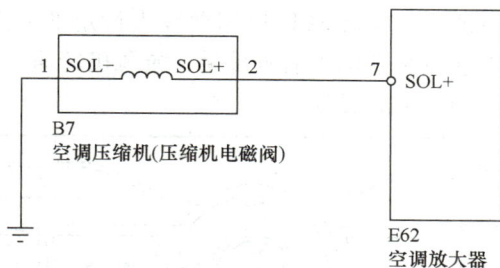

图 9-37　空调压缩机电磁阀工作电路

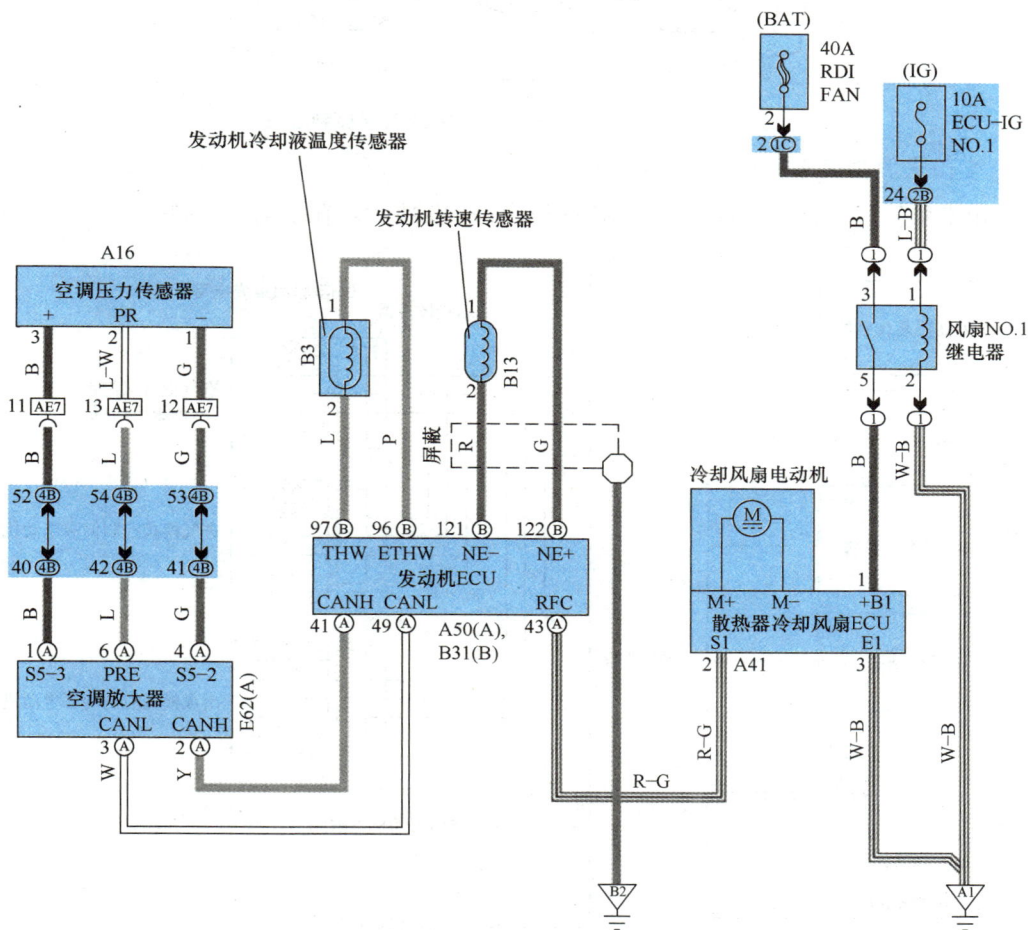

图 9-38　冷却风扇控制电路

四、丰田卡罗拉汽车自动空调制系统组成与原理

自动空调系统是冷/热模式、鼓风机转速、出风模式及进风模式等在手动空调系统中需要驾驶人操作的内容都由空调 ECU 自动完成的空调系统。

1. 丰田卡罗拉汽车自动空调系统控制总成

丰田卡罗拉汽车自动空调系统控制总成如图 9-39 所示，驾驶人按下"TEMP"键设定好温度，再按下"AUTO"键后，空调 ECU 根据驾驶人设定的温度、车辆运行工况、车内温度以及环境温度等具体因素控制空调压缩机排量、鼓风机转速、出风模式及进风模式等工况，以最优化的方案快速达到设定的温度。

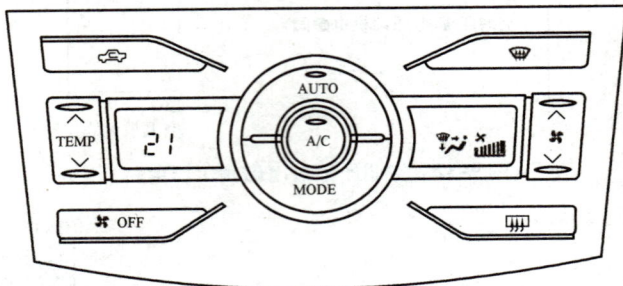

自动空调控制面板

图 9-39　丰田卡罗拉汽车自动空调系统控制总成

2. 丰田卡罗拉汽车自动空调系统控制原理

丰田卡罗拉汽车自动空调系统控制原理如图 9-40 所示。在手动空调制冷系统的基础上，

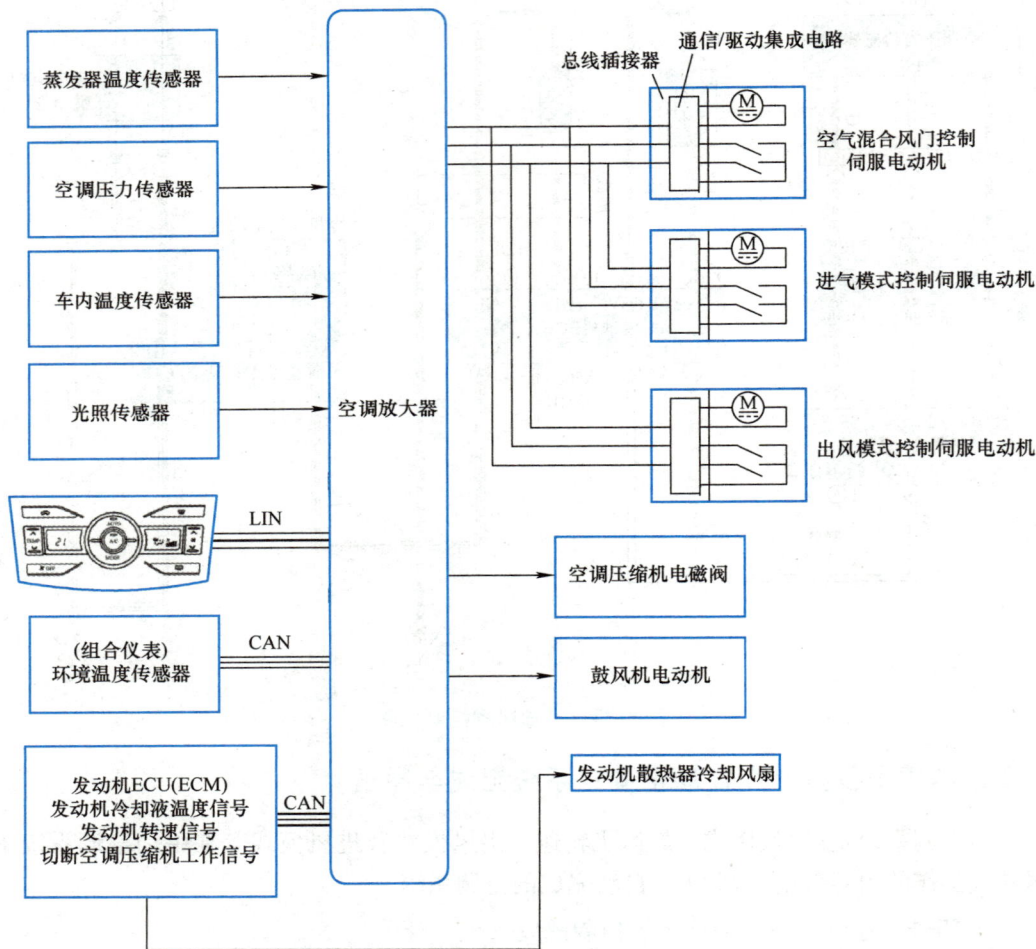

图 9-40　丰田卡罗拉汽车自动空调系统控制原理

自动空调制冷系统增加了车内温度传感器与光照传感器，增加了3个伺服电动机取代了手动空调系统所有的按键或旋钮，空调ECU通过占空比控制鼓风机实现鼓风机转速连续变化。

3. 丰田卡罗拉汽车自动空调系统各部件的结构与工作原理

自动空调系统的车内温度传感器及光照传感器在车上的位置如图9-41所示，其结构与工作原理如下。

1）车内温度传感器。车内温度传感器用于检测车内的温度，发送信号给空调ECU。车内温度传感器一般安装在仪表板下端，其工作原理如图9-42所示。它是具有负温度系数的热敏电阻，温度为10℃时，阻值为3.0~3.73kΩ；温度为35℃时，阻值为1.00~1.22kΩ。

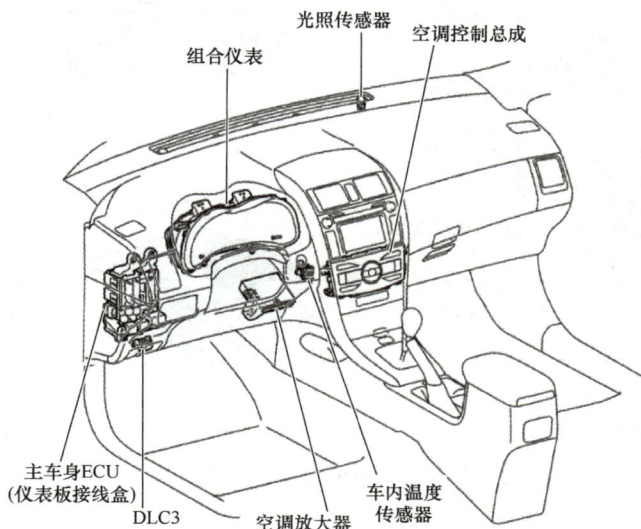

图9-41　车内温度传感器及光照传感器在车上的位置

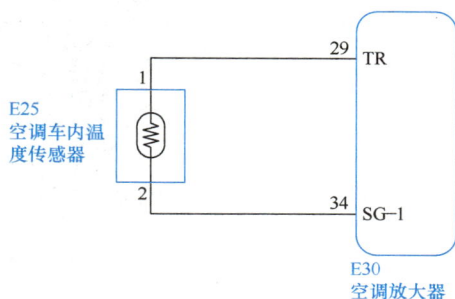

图9-42　车内温度传感器的工作原理

2）光照传感器。光照传感器（光电二极管）可以检测阳光照射强度，将阳光照射强度的变化转换为电压信号输入空调ECU，空调ECU根据此信号修正制冷系统的工况。

光照传感器的工作特性如图9-43所示：当阳光照射强度增加时，电阻值减小；当阳光照射强度减小时，电阻值增大。光照传感器的工作原理如图9-44所示。

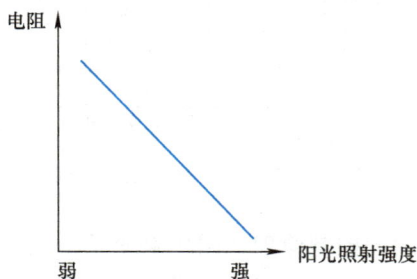

图9-43　光照传感器的工作特性

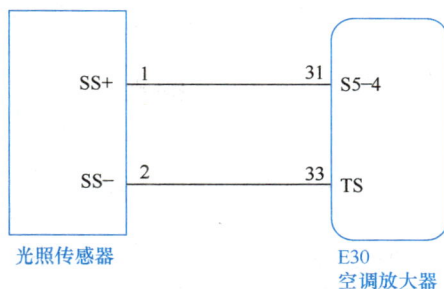

图9-44　光照传感器的工作原理

3）鼓风机。丰田卡罗拉汽车自动空调系统鼓风机及各伺服电动机的位置如图9-45所示。鼓风机的工作原理如图9-46所示，空调放大器以占空比信号控制鼓风机转速，占空比信号与鼓风机转速的关系如图9-47所示。

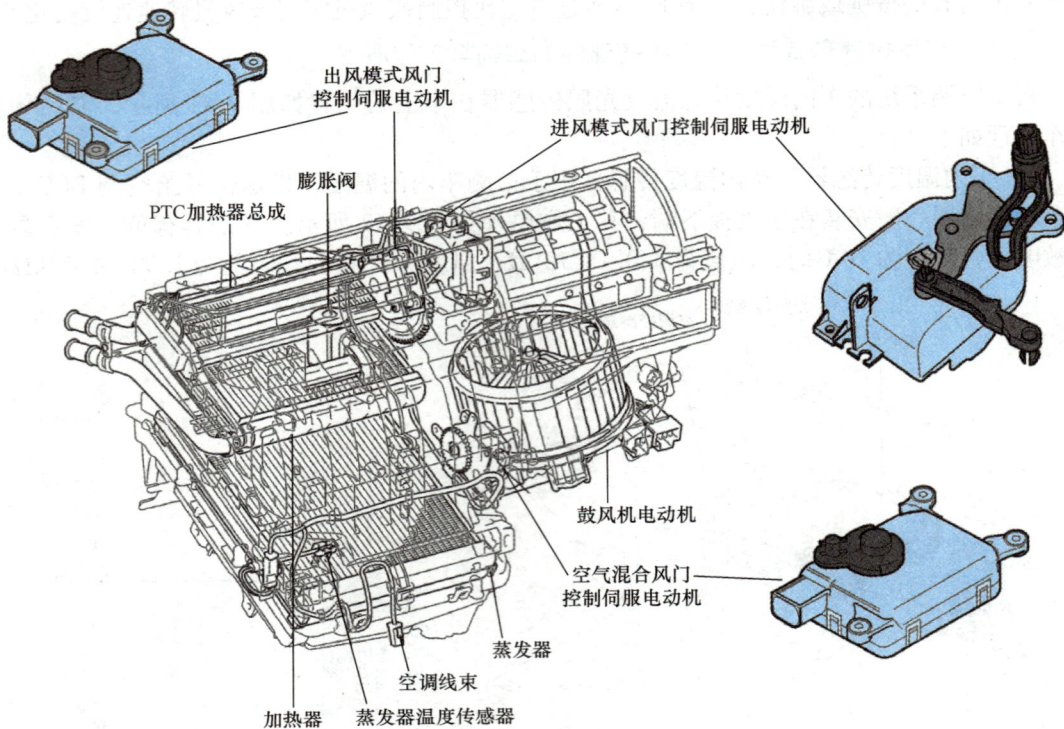

图9-45 丰田卡罗拉汽车自动空调系统鼓风机及各伺服电动机的位置

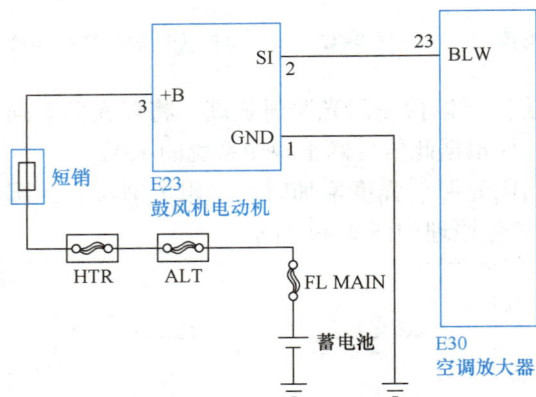

图9-46 鼓风机的工作原理

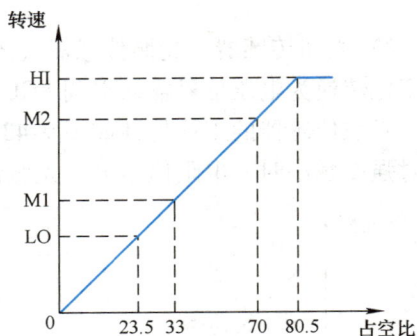

图9-47 占空比信号与鼓风机转速的关系

4）伺服电机控制。空调放大器与伺服电动机之间的控制原理如图9-48所示。空调放大器与3个伺服电动机之间采用 BUS IC 总线（集成电路间总线）通信，空调放大器通过 BUS IC 总线向各伺服电动机供电及发送控制指令，同时各伺服电动机将风门位置信息反馈给空调放大器。伺服电动机插接器内置通信/驱动集成电路，即能与空调放大器通信又能驱动伺服电动机。

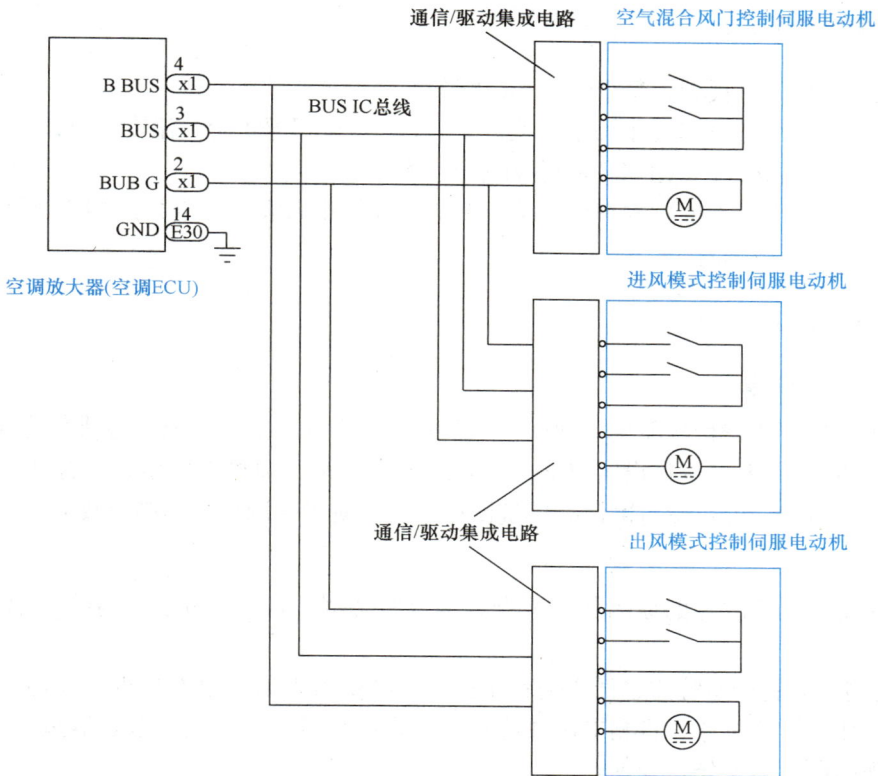

图 9-48　空调放大器与伺服电动机之间的控制原理

伺服电动机的结构与工作原理如图 9-49 所示。伺服电动机内配有位置传感器,位置传感器由转子和 3 个滑动触点构成,电动机轴旋转时带动转子转动,3 个滑动触点将有规律地与搭铁环导通,端子 A 与端子 B 的电位将在高电位与低电位间转换,空调放大器根据端子 A 与端子 B 的电位脉冲即可确定电动机转子的位置。

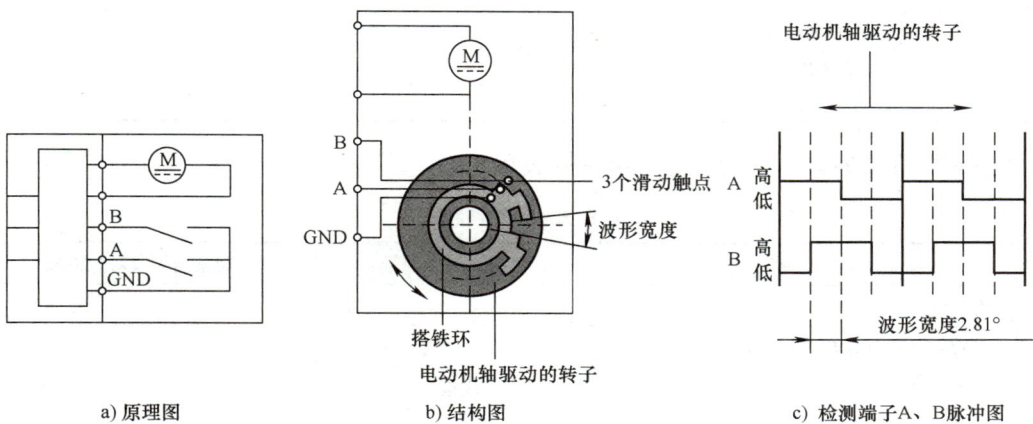

a) 原理图　　　　　　　b) 结构图　　　　　　　c) 检测端子A、B脉冲图

图 9-49　伺服电动机的结构与工作原理

【任务实施环境】

1）理实一体教室授课，每个学习小组配备一个标准工位。

2）每个工位配备汽车（丰田卡罗拉汽车）1辆，解码器1台，温度及风速测试仪1台，万用表1个及各种导线，电工常用的各种钳子、螺钉旋具等。

3）每组配备丰田卡罗拉汽车维修手册1套，歧管压力表、真空泵及制冷剂回收装置等工具设备1套，制冷剂若干。

【任务实施步骤】

1. 确认故障现象

接到车辆后，要进行故障现象确认。该车的空调为自动空调系统，起动发动机并控制发动机转速在2000r/min，调低设定温度，调高鼓风机转速，调整出风模式，打开车门，用手感觉各个出风口的温度，最后确认有风量没有冷气，属于空调系统不制冷故障。

2. 故障检测

空调系统不制冷故障的原因较为复杂，检查故障时，应由简单到复杂，具体检查步骤如下：

1）目测空调制冷系统高、低压侧管路接口、冷凝器表面等地方是否有油污、管路是否有异常的挤压变形或折弯，目测空调泵传动带、线束是否正常，查看散热器风扇是否运转。若以上发现问题，需要先行处理。

2）先读取故障码，有故障码时，按故障码提示进行操作。

3）检测制冷剂。

根据表9-2所示设定车辆状态。

表9-2　设定车辆状态

项　　目	条　　件
车门	全开
温度设置	MAX COLD
鼓风机速度	HI
空调	ON

通过观察孔观察制冷剂的状况，结论见表9-3。

表9-3　制冷剂状况

项目	症状	制冷剂量	观察结果及对应措施
1	有气泡	不足	
2	不存在气泡（输出 DTC 76）	空，不足或过量	
3	压缩机的进气口和出气口没有温差	空或很少	
4	压缩机进气口和出气口有明显温差	适量或过量	
5	空调关闭后，制冷剂立即变清澈	过量	
6	空调关闭后，制冷剂立即起泡，然后变得清澈	适量	

用歧管压力表检测制冷剂的压力。制冷系统标准压力见表9-4。

表9-4   制冷系统标准压力

压力侧	制冷剂压力	实测结果
低	0.15 ~ 0.25MPa	
高	1.37 ~ 1.57MPa	

4）检测制冷剂压力传感器。制冷剂压力传感器的检测方法如图9-50所示，其检测条件见表9-5所示。

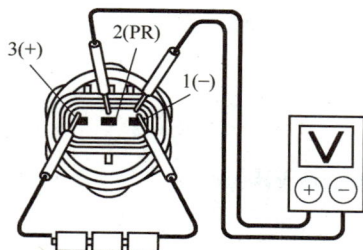

图9-50   制冷剂压力传感器的检测方法

表9-5   制冷剂压力传感器的检测条件

检测仪连接	条件	规定状态	实测结果
2-1	① 制冷剂压力：0.39 ~ 3.187MPa ② 将插接器从空调压力传感器上断开 ③ 将3节1.5V干电池的正极（+）引线连接到端子3，将负极（-）引线连接到端子1 ④ 将电压表正极（+）引线连接到端子2，负极（-）引线连接到端子1	1.0 ~ 4.8V	

5）检测空气混合风门伺服电动机。空调放大器通过 BUS IC 总线控制 3 个伺服电动机，伺服电动机位置传感器向空调放大器发送脉冲信号，空调放大器据此信号来发出针对伺服电动机的指令，控制混合风门的位置。

① 将解码器连接到 DLC3。

② 将点火开关置于 IG 位置，打开智能检测仪主开关。

③ 操作温度调节开关，将温度调到最低，然后调到最高。

④ 选择数据流项目，读取空气混合门伺服电动机目标脉冲数据流。其测试标准见表9-6。

表9-6   空气混合门伺服电动机目标脉冲数据流测试标准

检测仪显示	测量项目/范围	正常状态	诊断备注
Air Mix Servo Targ Pulse（D） （Air Mix Pulse – D）	驾驶人侧空气混合伺服电动机目标脉冲/最小：0，最大：255	MAX. COLD：92（脉冲） MAX. HOT：5（脉冲）	—

6）空调压缩机电磁阀的检测。压缩机与空调放大器的电路如图9-51所示，断开压缩机线束插接器，压缩机电磁阀端子如图9-52所示，压缩机电磁阀的检测条件见表9-7。

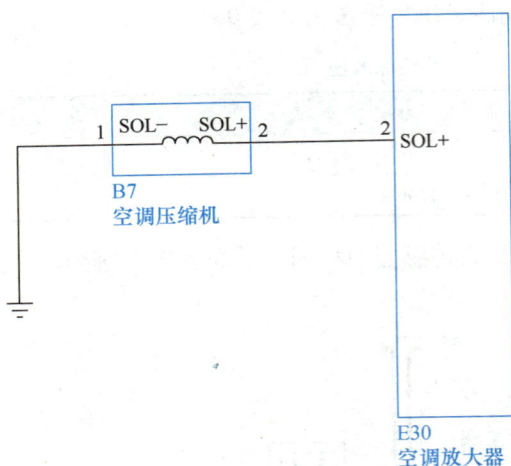

图 9-51　压缩机与空调放大器的电路

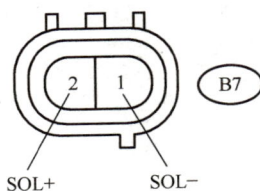

图 9-52　压缩机电磁阀端子

表 9-7　压缩机电磁阀的检测条件

检测仪连接	条件	规定状态
B7 – 2（SOL +）– B7 – 1（SOL –）	20℃（68℉）	10 至 11Ω

7）检测空调放大器到压缩机的线束。继续断开空调放大器到压缩机的线束插接器，线束插接器端子如图 9-53 所示，线束的检测方法及标准见表 9-8。

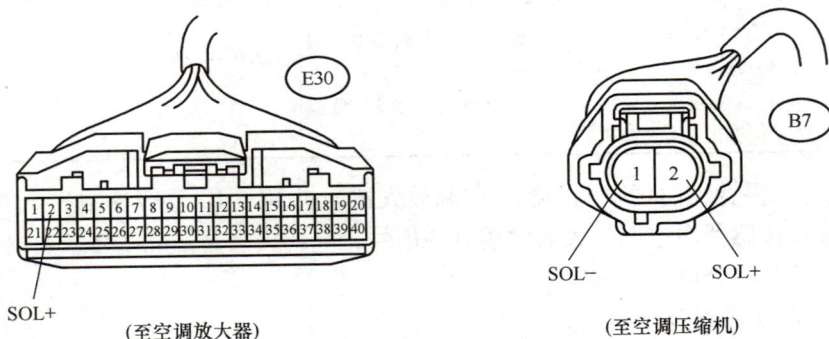

（至空调放大器）　　　　　（至空调压缩机）

图 9-53　空调放大器到压缩机的线束插接器端子

表 9-8　空调放大器到压缩机线束的检测方法及标准

检测仪连接	条件	规定状态
E30 – 2（SOL +）– B7 – 2（SOL +）	始终	小于 1Ω
E30 – 2（SOL +）– 车身搭铁	始终	10kΩ 或更大
B7 – 1（SOL –）– 车身搭铁	始终	小于 1Ω

8）检测空调放大器。将空调放大器线束插接器和压缩机电磁阀线束插接器复位插好，起动发动机保持转速为 2000r/min，将设定温度调低，确认鼓风机正常工作。检测空调放大器线束插接器端子 2 与端子 14 之间的工作波形。空调放大器线束插接器端子如图 9-54 所示，其标准波形如图 9-55a 所示。

E30　　　　　　　　　　　　　　x1

| 12 | 11 | 10 | 9 | 8 | 7 | 6 | 5 | 4 | 3 | 2 | 1 |
| 24 | 23 | 22 | 21 | 20 | 19 | 18 | 17 | 16 | 15 | 14 | 13 |

| 20 | 19 | 18 | 17 | 16 | 15 | 14 | 13 | 12 | 11 | 10 | 9 | 8 | 7 | 6 | 5 | 4 | 3 | 2 | 1 |
| 40 | 39 | 38 | 37 | 36 | 35 | 34 | 33 | 32 | 31 | 30 | 29 | 28 | 27 | 26 | 25 | 24 | 23 | 22 | 21 |

| 4 | 3 | 2 | 1 |
| 8 | 7 | 6 | 5 |

GND　　　　　　　　　　　　　　SOL+

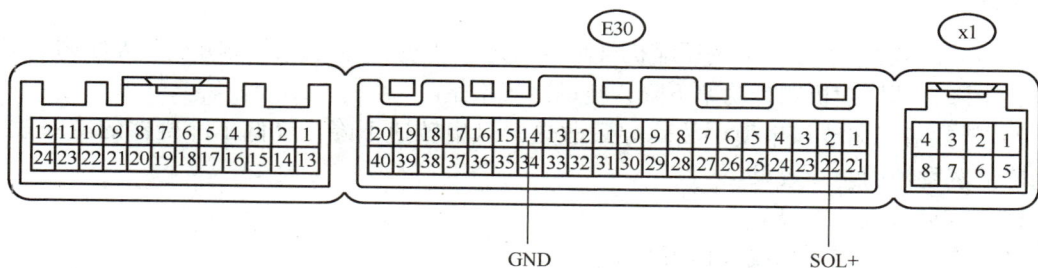

图 9-54　空调放大器线束插接器端子

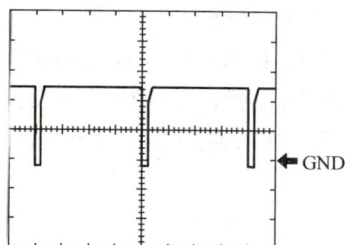

← GND

项目	内容
端子号	E30-2(SOL+)–E30-14(GND)
示波器设置	5V/格，500μs/格
车辆状况	发动机运转；制冷系统正常工作

a) 标准波形　　　　　　　　　　　b) 测波形方法

图 9-55　空调放大器线束插接器端子工作波形

任务 2　空调系统制冷不足的检测与维修 ◀◀◀

【任务导入】

汽车空调制冷系统的工况较为复杂，对系统各方面要求较为严格，在使用或维修过程中稍有不慎就会出现制冷效果下降现象，即感觉车内冷气不足。

【相关知识】

一、空调制冷不足原因分析

1）制冷剂发生泄漏。车辆在正常使用过程中发现制冷不足，通常是制冷剂发生泄漏导致的。

2）制冷管路堵塞，如膨胀阀、储液干燥罐等处。

3）环境温度传感器、车内温度传感器、蒸发器表面温度传感器及光照传感器等损坏。

4）发动机冷却液温度过高时，发动机 ECU 强制停止空调压缩机工作，以减少发动机负荷。

5）混合风门或混合风门电动机故障。

6）制冷剂中有水分，会产生冰堵，影响制冷效果。

7）冷冻油加注过多。由于冷冻油参与制冷剂的工作循环，因此，冷冻油过多将会影响蒸发器的热交换。

8）压缩机功率下降。空调压缩机气缸磨损过大或进、排气阀片关闭不严等原因会导致压缩比下降，即压缩机制冷功率下降，空调冷气不足。

9）散热器风扇或风扇模块故障导致散热器风扇转速下降，降低了冷凝器的冷却效果，进而降低蒸发器的制冷效果。

10）空调放大器故障。

11）自动空调控制总成（面板）故障。

二、制冷剂压力检测

空调制冷系统在工作时，制冷剂的工作压力对制冷效果起着决定性的作用，为此，需要精确地检测制冷剂压力，并通过检测的压力值判断制冷系统的故障原因。在检查空调制冷系统制冷剂压力时，先将车辆起动并保持发动机以 1500r/min 的转速运转，鼓风机转速提高至最高，温度调至最低，将进风模式置于内循环模式，打开车门，这时观察压力表的指针显示，测量结果有以下几种。

1. 制冷剂压力值正常

制冷系统正常工作时制冷剂压力如图 9-56 所示，丰田卡罗拉汽车制冷系统正常工作时高压侧与低压侧压力标准值见表 9-9。

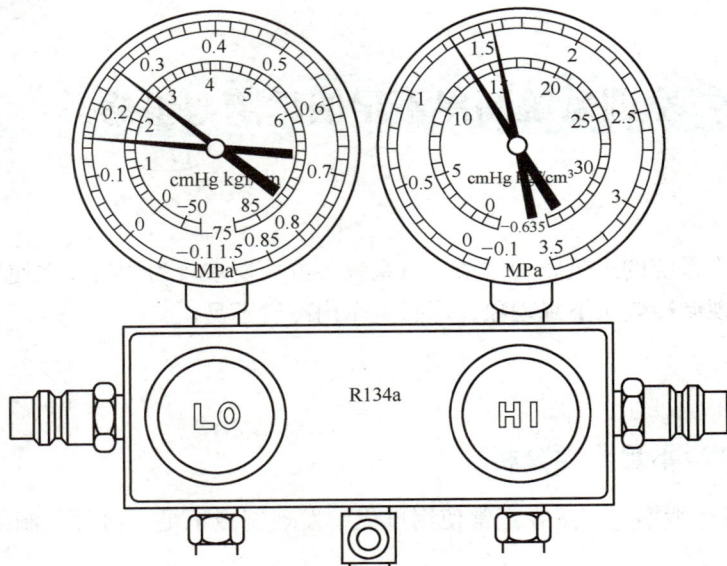

图 9-56　制冷系统正常工作时制冷剂压力

表 9-9　丰田卡罗拉汽车制冷系统正常工作时高压侧与低压侧压力标准值

压力侧	仪表读数
低	0.15～0.25MPa（1.5～2.5kgf/cm²，21.3～35.5psi）
高	1.37～1.57MPa（14～16kgf/cm²，199.1～227.5psi）

2. 高压侧与低压侧制冷剂压力均低于标准值

高压侧与低压侧制冷剂压力均低于标准值，如图 9-57 所示。此时，通过观察窗可以看到气泡。发生这种现象的原因是制冷管路有泄漏。处理方法是补充制冷剂至标准压力值，然后检查有无泄漏，若有泄漏，则需要拆卸制冷系统进行处理。

3. 高压侧与低压侧制冷剂压力不稳定

高压侧与低压侧制冷剂压力不稳定，低压侧更明显，有时显示的是正常工作压力，有时显示的是真空，如图 9-58 所示。发生这种现象的原因是空调制冷管路中有水分，水分在膨胀阀节流孔处冻结，导致制冷剂循环堵塞，压缩机停止工作；当冰融化后制冷系统恢复正常工作。处理方法是更换干燥罐并抽真空重新加制冷剂。

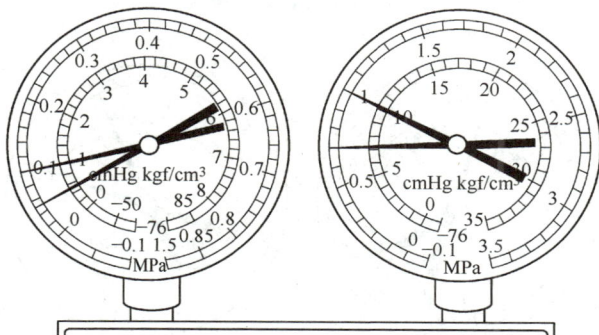

图 9-57　高压侧与低压侧制冷剂压力均低于标准值

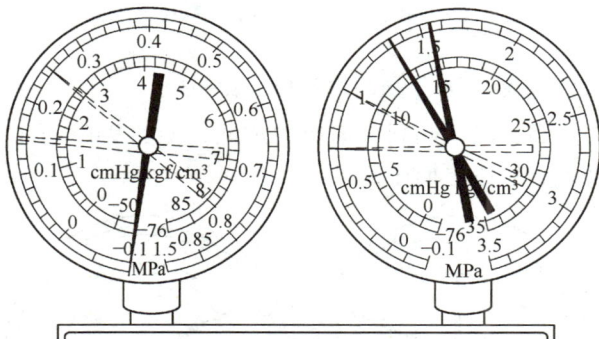

图 9-58　高压侧与低压侧制冷剂压力不稳定

4. 低压侧显示真空、高压侧显示压力非常低

低压侧显示真空，高压侧显示压力非常低，如图 9-59 所示。发生这种现象的原因是制冷管路中的冷凝器（干燥器）或膨胀阀堵塞。处理方法是清洗或更换。

5. 高压侧与低压侧制冷剂压力均高

高压侧与低压侧制冷剂压力均高，如图 9-60 示。这时用手摸低压侧管路，若低压管路过热，则说明制冷管路中有空气；若低压管路过凉，则说明膨胀阀不能闭合（卡住）。如果低压侧管路温度没有异常，则检测散热器冷却风扇转速是否正常、检查冷凝器表面是否散热正常、确认制冷剂加注是否过量。

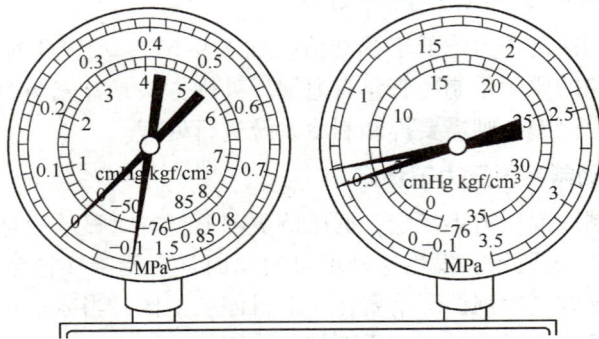

图 9-59　低压侧显示真空、高压侧显示压力非常低

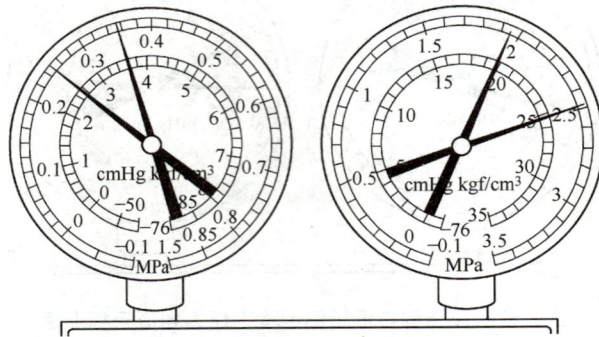

图 9-60　高压侧与低压侧制冷剂压力均高

6. 低压侧制冷剂压力过高、高压侧制冷剂压力过低

低压侧制冷剂压力过高，高压侧制冷剂压力过低，如图 9-61 示。发生这种现象的原因是压缩机功率不足，处理方法是更换压缩机。

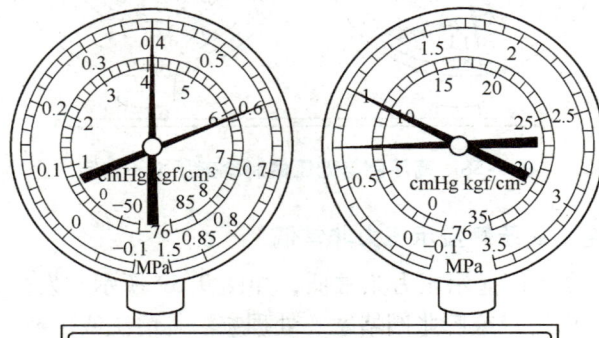

图 9-61　低压侧制冷剂压力过高、高压侧制冷剂压力过低

三、制冷系统泄漏检查

汽车空调制冷系统出现不制冷或制冷不足故障时，主要原因是制冷管路出现堵或漏，而

传感器及空调放大器等电控单元损坏的可能性较小。

1. 目测检漏

由于制冷剂与冷冻油是相溶的,当制冷剂泄漏时一定有油迹。目测时,要仔细检测制冷系统管路的接口,通常情况下泄漏是非常细微的,目测检漏很难发现漏点。

2. 肥皂水检测

用气泵将制冷系统管路加压至 1.5MPa,然后在制冷管路各接口部位涂上肥皂水,冒泡处即为漏点。

3. 真空检测

用真空泵将系统抽真空至 76cmHg 的真空度,保持 20min,然后观察歧管压力表是否有变化。若表针回升,真空度变小,说明制冷管路有泄漏。这种方法只能检测出系统存在泄漏,但不能检测到具体泄漏位置,需要进一步检测。

4. 电子检漏仪

将制冷系统加注制冷剂至正常工作压力,高压侧与低压侧压力均为 0.5~0.6MPa,用电子检漏仪对着管路各接口位置移动,当检漏仪发出报警时说明此处泄漏。

5. 荧光剂检漏

将荧光剂按一定比例加入到制冷系统中,起动车辆发动机,打开空调制冷系统,当制动系统运行数分钟后,关闭空调制冷系统,将发动机熄火。这时,戴上专用眼镜,用检漏灯照射制冷系统管路的接口,泄漏处将呈现黄色荧光。

四、汽车空调制冷系统维修专用设备

1. 温度计

温度计用来测量车内温度及出风口温度。

2. 湿度计

湿度计用来测量车内湿度。

3. 真空泵

拆检或更换制冷系统的零部件后,制冷系统均需要抽真空后才能注入制冷剂,真空泵便是完成这一任务的专用设备。

图 9-62 所示为刮片式真空泵的结构。工作时,在离心力和内部弹簧的张力作用下,刮片紧贴在定子的缸壁上,并将其分隔成吸气腔和压缩腔。转子旋转时,进气腔容积逐渐扩大,腔内压力下降,从而吸入气体;与此同时,压缩腔容积逐渐减小,压力升高,气体从排气阀排到大气中。这样不断地循环,就可以把制冷系统内的空气抽出,达到抽真空的目的。

4. 歧管压力表

歧管压力表是维修汽车空调系统不可缺少的仪表,它用于制冷系统制冷压力检测、抽真空、制冷剂的注入和排放、添加润滑油等作业。

如图 9-63 所示，歧管压力表主要由低压表、高压表、低压手动阀、高压手动阀、阀体和 3 个软管接头组合而成，其工作原理及使用注意事项如下。

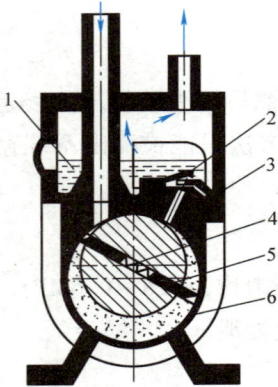

图 9-62　刮片式真空泵的结构

1—润滑油　2—排气阀　3—转子
4—弹簧　5—刮片　6—定子

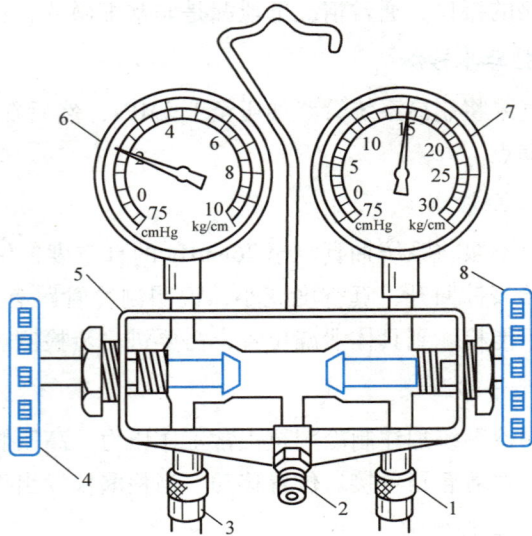

图 9-63　歧管压力表组

1—接高压检修阀　2—接制冷剂罐或真空泵　3—接低压检修阀
4—低压手动阀　5—阀体　6—低压表　7—高压表　8—高压手动阀

（1）压力表组的工作原理

1）当高压手动阀和低压手动阀同时全开时，全部管道连通。此时，接上真空泵便可以对系统进行抽真空。

2）低压手动阀和高压手动阀同时闭合，则可以进行制冷系统高压侧和低压侧的压力检查。

3）高压手动阀关闭、低压手动阀打开，则可以由低压侧注入制冷剂。

4）低压手动阀关闭、高压手动阀打开，则可以由高压侧注入制冷剂。

歧管压力表上的注入软管采用 3 种颜色：蓝色软管连接低压侧的检修阀（即压缩机的吸入侧检修阀），绿色软管连接真空泵或制冷剂罐，红色软管连接高压侧的检修阀（即压缩机的排出侧检修阀）。

（2）压力表使用注意事项

1）压力表软管与接头连接时只许用手拧紧，禁止用工具拧紧。

2）压力表不使用时，软管要与接头连起来防止灰尘或杂物或水进入管内。

3）使用时，要把管内的空气排空。

4）该表是一种精密仪表，应当细心维护以保持仪表及软管接头的清洁，并轻拿轻放。

5. 制冷剂注入阀

罐装的制冷剂需要注入阀才能开罐使用。注入阀的结构如图 9-64 所示。

注入阀由手把、阀针和板状螺母等组成，使用方法如下：

1）将注入阀手把逆时针转动，阀针升高到最高位置，然后将板状螺母升到最高位置。

2）把注入阀装在罐的顶部，然后顺时针转动板状螺母，使它与罐顶上的螺纹连接并紧固，这样把阀固定在罐的顶部。

3）将歧管压力表中间的软管接在注入阀的接头上，然后将其紧固。

图 9-64　注入阀的结构

注入阀的使用方法

4）顺时针转动手把，阀针下移将制冷剂罐顶部刺破。

5）将注入阀手把逆时针转动，使阀针抬起，与此同时应打开歧管压力表的相应手动阀，便可向制冷系统注入制冷剂。

6）若要停止制冷剂注入，可顺时针转动注入阀手把使阀针下移封闭罐顶部被刺破的小孔，使制冷剂停止外流，最后将与压力表相连的手动阀关闭。

6. 检漏仪

（1）工作原理　电子检漏仪的工作原理如图 9-65 所示。当用白金做成的阳极被加热器加热后，将它放在空气中会有阳离子射向阴极，这样在电路中便有电流产生。

如果起动吸气扇，使制冷剂气体通过两极板之间，阳离子的数量便会迅速增加，电路中的电流也会明显地增大。将电路中电流通过放大器放大，放大后的电流可使微安表的指针摆动（有些检漏计是以产生闪光信号的强弱来标定泄漏的多少，有些仪器设有蜂鸣器进行报警），从而测出制冷剂的泄漏部位及其泄漏强度。

（2）电子检漏仪的结构　如图 9-66 所示，左侧为检漏仪的探测部分，右侧为检漏仪的主体部分，两部分之间用螺旋线（内有几条通电导线）连接。

1）探测部分：它主要由保护套、传感器头、复位键和探测手柄等组成。传感器头内装有白金制成的阳极和阴极，检测手柄内装有高效吸气扇。

2）主体部分：它的面板置有选择开关、泄漏强度显示灯、电源显示灯等，仪器底部装有两块 1.5V 电池；仪器内部装有变压器、放大器和蜂鸣器等。

3）检漏仪的特点：通过转换开关便可以检测 CFC（R – 12、R – 11 等）、HCFC（R – 22 等）、HFC（环保制冷剂 R – 134a）；当仪器置于已被制冷剂污染的空气中使用时，开关接通后，蜂鸣器便会报警，这时按下复位键，仪器便以当时空气中制冷剂的浓度标定作基准为零进行检测。这时，只有当空气中制冷剂的浓度高于标定的浓度时，仪器才能显示数据。

7. 冷媒加注机

冷媒加注机功能较全，如图 9-67 所示，主要可以实现回收、加注制冷剂与冷冻油，制冷系统压力测试、抽真空、充电打压和管路免拆清洗等功能。

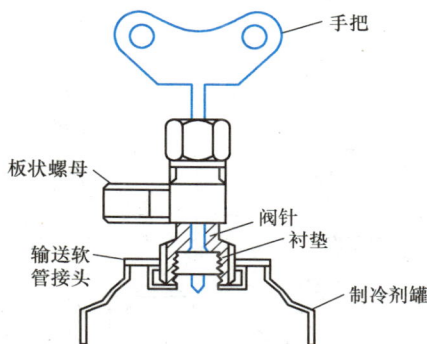

图 9-65　电子检漏仪工作原理

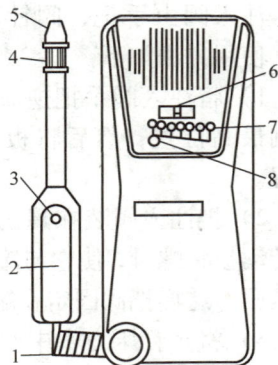

图 9-66　5650 型电子检漏仪

1—螺旋线　2—探测手柄　3—复位键
4—传感器头　5—保护套　6—选择开关
7—泄漏强度显示灯　8—电源显示灯

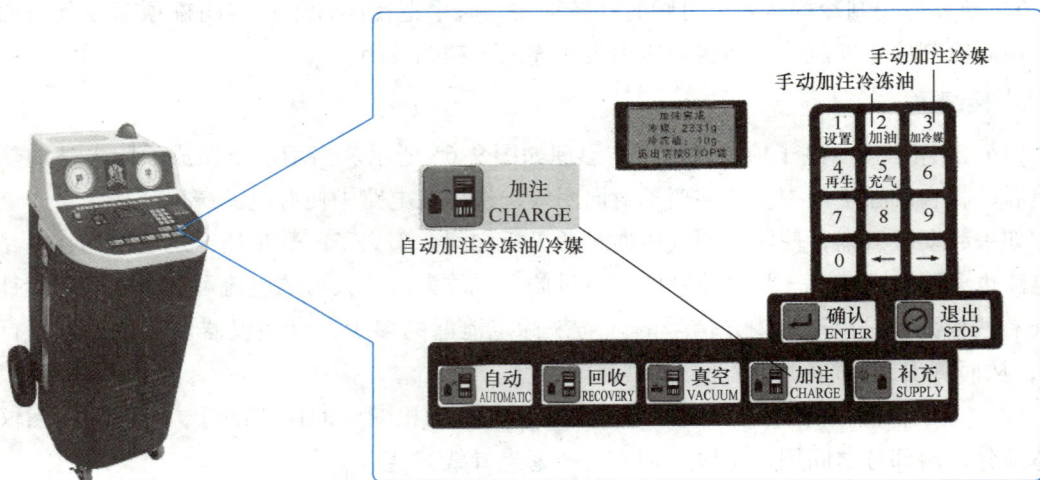

电子检漏仪
检漏

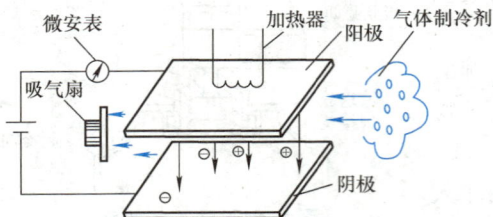

图 9-67　冷媒加注机的功能

8. 汽车空调制冷系统常用维修工具及耗材

汽车空调制冷系统常用维修工具及耗材如图 9-68 所示。

五、汽车空调系统的作业内容

1. 检测制冷剂压力

1）按图 9-69 所示接好歧管压力表检测制冷剂压力，关闭歧管压力表的高、低压手动阀，高压手动阀侧软管接制冷管路高压侧维修阀，低压手动阀侧阀软件接制冷管路低压侧维修阀。

2）起动发动机，打开空调开关，调低车内温度，将风机打开高速档，打开所有车门。此时，压力表所显示的数值就是制冷系统实际工作压力，将其与标准工作压力进行比较，便可判断制冷系统存在的故障。

图 9-68　汽车空调制冷系统常用维修工具及耗材实物

加氟管　转换头　410接头　原装机油

2. 补加制冷剂

若检测制冷剂压力后确认制冷剂不足，可进行补加制冷剂作业。此时工作特点：发动机运行，制冷系统运行，压缩机从低压侧将气态制冷剂吸入制冷系统（制冷剂罐正立）。

1）在检测制冷系统压力的基础上，按图 9-70 所示将中间软管与制冷剂瓶连接好，打开制冷剂罐，拧松中间注入软管歧管压力表侧的螺母，听到制冷剂排放的声音后立刻拧紧螺母，此过程的目的是将中间注入软管中的空气排出。

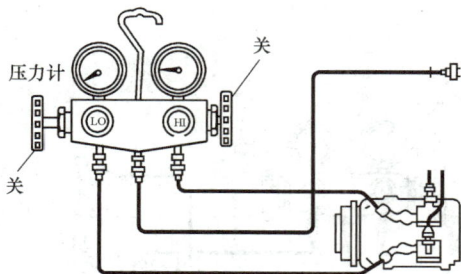

图 9-69　检测制冷系统制冷剂工作压力

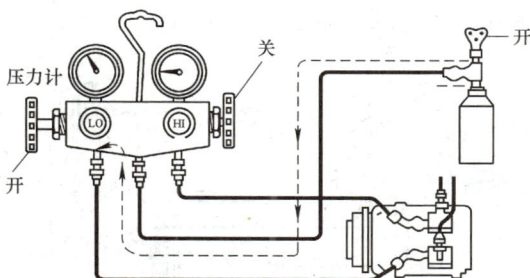

图 9-70　补加制冷剂方法

制冷系统加注制冷剂

2）将制冷剂罐正立，打开歧管压力表的低压手动阀（切记关闭高压手动阀），让制冷剂以气态的形式进入制冷系统的低压侧。

3）当制冷剂压力达到标准值后，关闭低压手动阀，拆下歧管压力表，结束制冷剂的加注。

3. 抽真空

当汽车空调制冷管路更换干燥罐、膨胀阀、冷凝器或蒸发器等部件，重新充注制冷剂之前需要对制冷系统进行抽真空作业。抽真空的目的是将管路中的空气及水分彻底排除，否则水分在膨胀阀处易产生冰阻，空气易导致制冷效果下降；另一方面，抽真空可以检测制冷管路是否存在泄漏点。具体抽真空的步骤如下：

1）正确连接歧管压力表、真空泵，如图9-71所示，高压手动阀侧软管接制冷管路高压侧维修阀，低压侧手动阀软管接制冷管路低压侧维修阀。

2）开动真空泵，打开歧管压力表的高、低压手动阀。数分钟后，在歧管压力表上产生大于100kPa的真空度，再持续10min后停止抽真空。

3）关闭高、低压手动阀，其表针应在10min内不得回升，这一过程就是前面所说的真空试漏。若在抽真空时系统达不到所需的真空度，或达到了所需的真空度，但在10min内表针有回升，则说明制冷系统有泄漏处。检漏时，从低压端注入少量气态制冷剂。当压力达到100kPa时，迅速关闭制冷剂瓶和低压手动阀。用电子检漏仪检查漏点，并将漏泄之处修理好再重新开始抽真空。

4）再次开动真空泵，打开歧管压力表的高、低压手动阀，继续抽真空15min，然后关闭高、低压手动阀，观察是否有泄漏。确认没有泄漏后，抽真空结束，为后面进行向系统充注制冷剂做好准备。

4. 制冷系统重新加注制冷剂

当制冷系统管路拆开再装复后，就需要重新加注制冷剂才能恢复空调系统的制冷功能。在重新加注制冷剂前，要考虑应该加多少制冷剂、是否需要加冷冻油、加多少冷冻油等问题。制冷剂与冷冻油加多了都可能导致制冷效果变差，加少了不能充分发挥制冷效率，要根据维修手册严格确定加注量。若需要加注冷冻油则先加注冷冻油，然后再抽真空加注制冷剂。

制冷系统重新加注制冷剂一定要在抽真空之后进行。抽真空并确认没有泄漏点后，便可以向制冷管路中加注制冷剂。为提高效率，可先在高压侧加注液态制冷剂，其步骤如下：

1）在对制冷系统抽真空后，关闭歧管压力表的高、低压手动阀，断开真空泵，将中间软管与制冷剂瓶连接好，如图9-72所示。

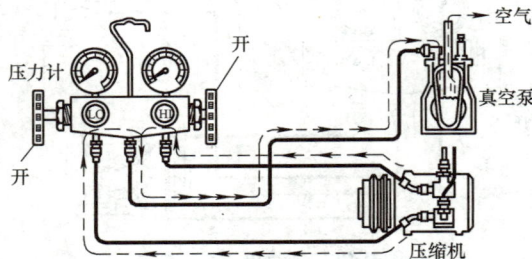

图9-71　制冷系统的抽真空

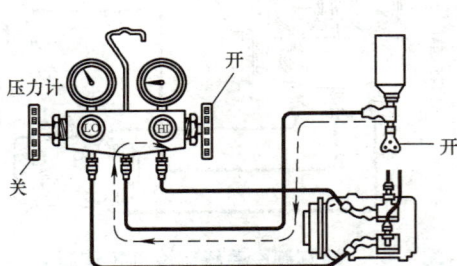

图9-72　从制冷系统高压侧充入液态制冷剂

2）打开制冷剂罐，拧松中间注入软管歧管压力表侧的螺母，听到制冷剂排放的声音时立刻拧紧螺母，此过程的目的是将中间注入软管中的空气排出。

3）打开歧管压力表的高压手动阀，将制冷剂罐倒立（此时不准打开低压手动阀，不准

起动发动机），使制冷剂以液态的形式进入制冷系统的高压侧。当高压侧的制冷剂压力不再增加时（感觉罐中制冷剂不再减少时），关闭歧管压力表的高压侧手动阀。

4）起动发动机，车内温度调至低温，鼓风机转速调至高速，打开所有车门。将制冷剂罐正立，打开歧管压力表的低压手动阀（切记关闭高压手动阀），让制冷剂以气态的形式进入制冷系统的低压侧。

5）当制冷剂压力达到标准值后，拆下歧管压力表，结束制冷剂的加注。

【任务实施环境】

1）理实一体教室授课，每个学习小组配备一个标准工位。

2）每个工位配备汽车（丰田卡罗拉汽车）1 辆，解码器 1 台，温度及风速测试仪 1 台，制冷剂检漏仪 1 台，万用表 1 个及各种导线，电工常用的各种钳子、螺钉旋具等。

3）每组配备丰田卡罗拉汽车维修手册 1 套，歧管压力表、真空泵及制冷剂回收装置等工具设备 1 套，制冷剂若干。

【任务实施步骤】

1. 确认故障现象

接到车辆后，要进行故障现象确认。起动发动机并打开空调制冷系统，控制发动机转速在 1500r/min，调低设定温度，调高鼓风机转速，调整出风模式，打开车门，用手感觉各个出风口的温度，最后确认风量正常但制冷效果不理想，属于空调系统制冷不足故障。

2. 故障检测

空调系统制冷不足故障的原因较为复杂，检查故障时，由简单到复杂，具体检查步骤如下：

1）检测车内出风口温度。保持车辆规定状态，如图 9-73 所示，检查出风口的温度，检测结果为 13.7℃，而出口温度标准为 5～8℃。因此，该车空调系统制冷不足故障属实。

2）目测检查。保持车辆规定状态，如图 9-74 所示，从观察孔中观察制冷管路中是否存在气泡。若有气泡，则说明制冷剂不足，需要补加制冷剂。

同时，目测空调制冷系统高、低压侧管路接口等地方是否有油污、管路是否有异常的挤压变形或折弯，目测冷凝器的冷却风扇是否正常工作，发现问题便要先行处理。

3）用手感觉制冷系统管路温度是否正常，冷凝器的入口与出口的温度差是否正常，蒸发器入口与出口的温度差是否正常，低压管路与高压管路的温度是否正常。若发现问题应先处理。

4）检测制冷系统制冷剂的压力。保持车辆规定状态，用歧管压力表检测制冷系统制冷剂的压力，若发现问题应先处理。若制冷系统高、低压侧压力均低，说明制冷剂不足，需要补加制冷剂至标准值。

5）读取故障码，根据故障码提示进行处理。

6）经过以上各项检测，若故障还没有排除，可以将制冷系统制冷剂回收，拆解制冷管路进行清洗，视情更换膨胀阀。重新抽真空、加注冷冻油及制冷剂，故障排除。

此时空调出风口温度13.7℃，风速6.4m/s。

图9-73 检查车内出风口温度

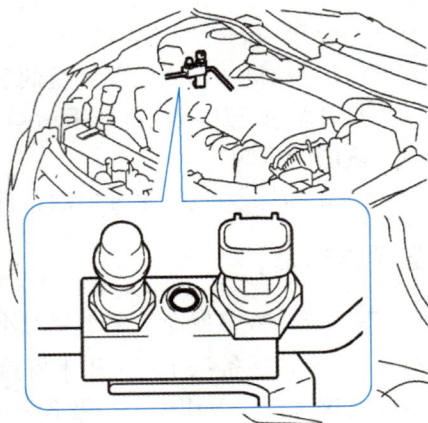

图9-74 通过观察孔观察制冷管路中是否有气泡

任务3 空调暖风系统检测与维修 ◀◀◀

【任务导入】

在气温较低的环境中，汽车空调暖风系统不仅可以提高驾乘人员的舒适性，而且可以提高汽车行驶的安全性。因为在气温较低的环境中，汽车车窗玻璃内侧易结冰霜（或雾水），结霜（或雾水）后的前风窗玻璃将影响驾驶人的视线，所以在低温环境行车时，空调暖风效果将影响行车安全。目前，前风窗玻璃的除霜方法是采用空调暖风加热。

【相关知识】

1. 汽车采暖的分类

暖风系统也称采暖系统，按热源的不同可将汽车空调暖风系统分为余热式暖风系统和独立式暖风系统两种类型。

余热式暖风系统是利用发动机冷却液对车内空气进行加热的。轿车车内空间小，取暖需要的热量也少，所以一般都装用余热水暖式暖风系统。

独立式暖风系统是利用独立的热源对车内空气或送入车内的外部新鲜空气进行加热的。独立热源通常是燃烧汽油、柴油等燃料的燃烧器，或者采用电加热，大型客车常常采用独立式暖风系统，这样才能满足整个车厢内的采暖需求。

2. 余热水暖式暖风系统

余热水暖式暖风系统工作原理如图9-75所示。发动机冷却液温度达到85℃时，冷却系统中的节温器开启，在水泵的作用下冷却液进行大循环，此时发动机冷却液温度控制在90℃。从发动机缸套出来的高温冷却液一部分流到暖风系统的加热器，另一部分流到散热器散热，在鼓风机的作用下，车内或外部新鲜空气经过加热器后由冷空气变成了热空气。

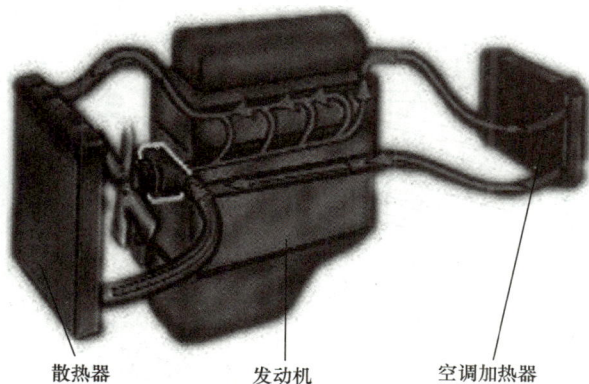

散热器　　　　　发动机　　　　空调加热器

图 9-75 　余热水暖式暖风系统的工作原理

3. 丰田卡罗拉汽车暖风系统的组成

丰田卡罗拉汽车暖风系统包括冷却液加热器和 PTC 加热器（电加热）两部分，PTC 加热器位于冷却液加热器上方，如图 9-76 所示。这样设计的优点是在冷车起动时车厢内暖风可由 PTC 加热器提供，车内瞬时可达到设定的舒适温度。

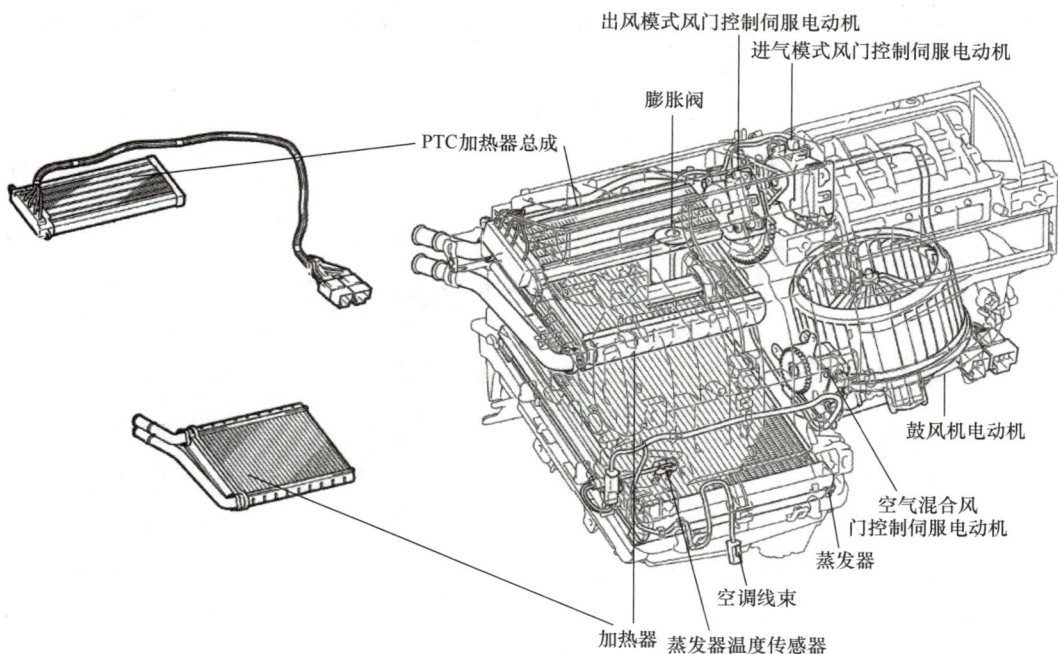

出风模式风门控制伺服电动机

进气模式风门控制伺服电动机

膨胀阀

PTC加热器总成

鼓风机电动机

空气混合风门控制伺服电动机

蒸发器

空调线束

加热器　　蒸发器温度传感器

图 9-76 　丰田卡罗拉汽车加热器的位置

PTC 加热器由 PTC 元件、铝散热片和铜片组成，如图 9-77 所示。PTC 材料陶瓷发热元件，有热阻小、换热效率高的优点。

当电流施加在 PTC 元件上时，其表面温度维持在 250℃左右，防止 PTC 表面产生"发红"现象。

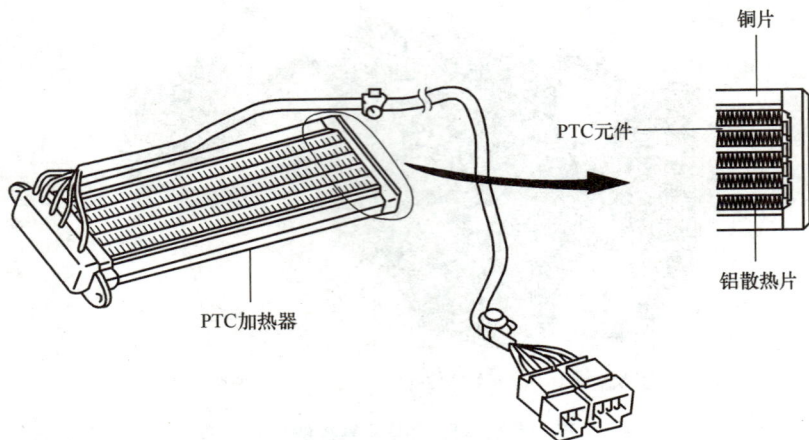

图9-77 丰田卡罗拉汽车PTC加热器的结构

4. 丰田卡罗拉汽车暖风系统的工作过程

PTC加热器功率分为3级，由空调放大器控制，空调放大器根据冷却液温度、环境温度确定PTC加热器的工作功率。空调放大器与PTC加热器控制系统组成如图9-78所示。

PTC加热器与冷却液加热器协同工作关系如图9-79所示，PTC加热器工作原理如图9-80所示。

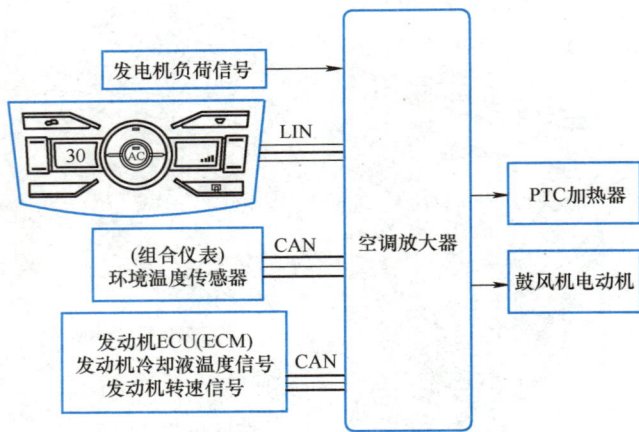

图9-78 空调放大器与PTC加热器控制系统组成

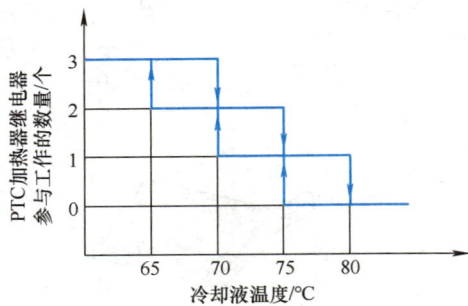

图9-79 PTC加热器与冷却液加热器协同工作关系

1）当冷却液温度低于65℃时，PTC加热器以最大功率工作，PTC加热器3个继电器同时闭合，4个加热管同时加热。

2）当冷却液温度在65～70℃时，PTC加热器在最大功率与中等功率之间切换工作。此时，1号、2号继电器常闭，空调放大器根据需要控制3号继电器闭合或打开。

3）当冷却液温度在70～75℃时，PTC加热器在中等功率与最小功率之间切换工作。此时，1号继电器常闭，3号继电器常开，空调放大器根据需要控制2号继电器闭合或打开。

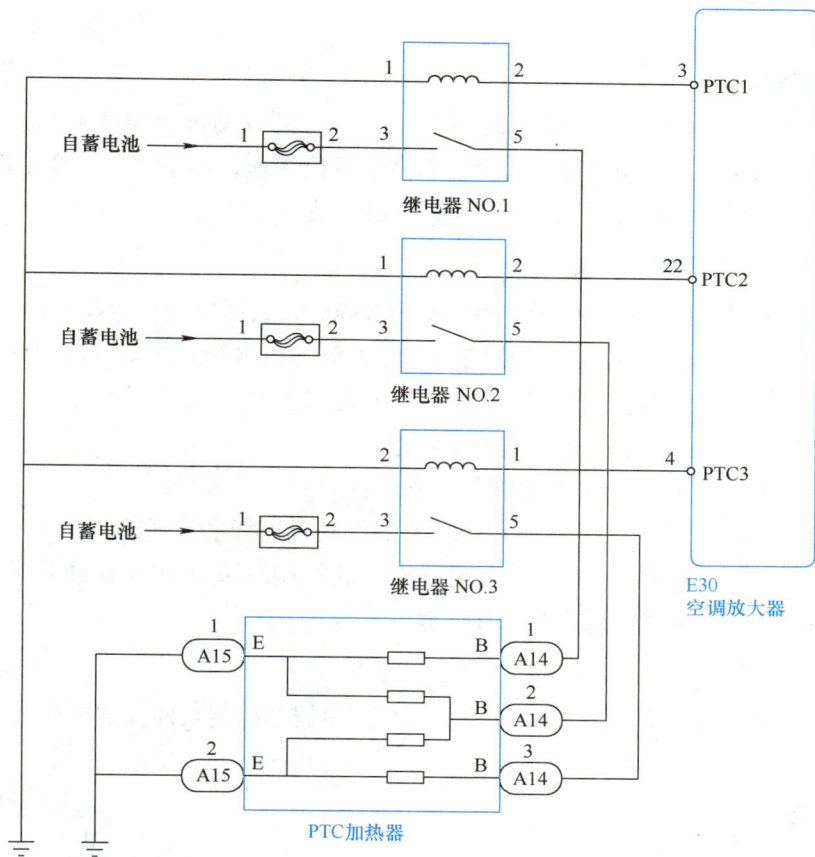

图 9-80　PTC 加热器工作原理

4）当冷却液温度在 75～80℃时，PTC 加热器在最小功率档间歇工作。此时，2 号、3 号继电器常开，空调放大器根据需要控制 1 号继电器闭合或打开。

5）当冷却液温度高于 80℃时，空调放大器控制 PTC 加热器停止工作，暖风系统全部由冷却液加热器完成对车内空气的加热，PTC 加热器 3 个继电器同时断开。

只有当环境温度低于 10℃、鼓风机处于工作状态、车内温度设置为最热状态时，PTC 加热器才参与暖风工作。同时，空调放大器参考发电机的负荷及发动机的负荷控制 PTC 加热器的功率。

【任务实施环境】

1）理实一体教室授课，每个学习小组配备一个标准工位。

2）每个工位配备汽车（丰田卡罗拉汽车）1 辆，解码器 1 台，温度及风速测试仪 1 台，万用表 1 个及各种导线，电工常用的各种钳子、螺钉旋具等。

3）每组配备丰田卡罗拉汽车维修手册 1 套。

【任务实施步骤】

1. 确认故障现象

接到车辆后，进行故障现象确认。起动发动机，待到发动机冷却液温度达到90℃时打开空调系统，温度设定比环境温度高几度，调高鼓风机转速，用手感觉各个出风口的温度，最后确认风量正常但没有暖气，属于空调系统无暖风故障。

2. 空调冷却液加热器检测

空调系统无暖风故障的原因较为简单，检查故障时，具体检查步骤如下：

1）打开发动机舱盖，用手摸空调加热器的进水管与出水管，如图9-81所示，正常情况下进水管与出水管有一定温差，但都应该很热。若进水管很热而出水管不热，说明空调加热器堵塞，需要拆下处理，一般是更换新的加热器。

2）若加热器正常，这时可读取故障码，按照故障码提示进行处理。

3）若没有故障码，需要对空气混合风门伺服电动机进行主动测试。

4）若空气混合门伺服电动机正常，则更换空调控制总成（面板）或者拆卸空调箱总成，检查空气混合风门的传动机构是否存在故障。

3. PTC 加热器检测

PTC加热器端子的结构如图9-82所示，PTC加热器的检测条件及结果见表9-10。

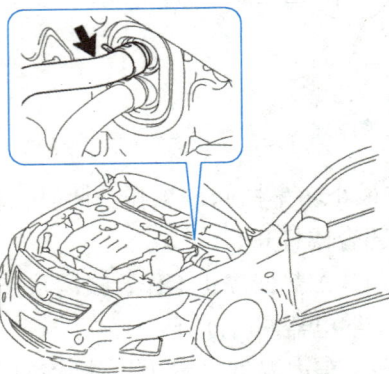

图 9-81　检查空调加热器的进水管与出水管的温度

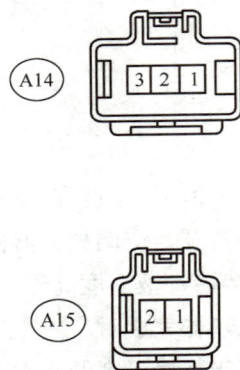

图 9-82　PTC 加热器端子的结构

表 9-10　PTC 加热器的检测条件及结果

检测仪连接	条件	规定状态	实测结果
A14－1（B）－A15－1（E）	始终	小于1Ω	
A14－2（B）－A15－1（E）	始终	小于1Ω	
A14－2（B）－A15－2（E）	始终	小于1Ω	
A14－3（B）－A15－2（E）	始终	小于1Ω	

空调送风系统检测与维修 ◄◄◄

【任务导入】

汽车空调系统可以实现对车内空气的调节，包括温度、湿度、车内空气清洁度及车内空气的流动。汽车空调系统这些功能的实现离不开鼓风机的正常工作，当鼓风机不工作时以上功能都无法实现。

【相关知识】

1. 车内空气循环形式

汽车空调系统工作时，车内空气循环形式有两种：一种是外界新鲜空气进入空调器进行空气调节工作，称为外循环；另一种是车内空气进入空调器进行空气调节工作，称为内循环，如图 9-83 所示。车内空气循环形式的选择由新鲜/再循环空气风门控制。汽车空调的气流组织形式如图 9-84 所示。

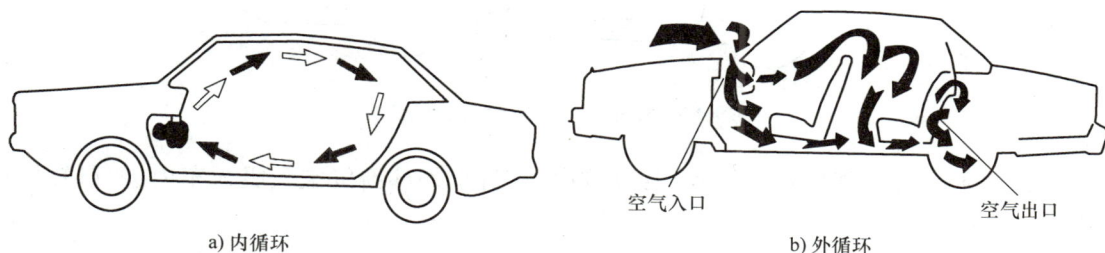

a) 内循环　　　　　b) 外循环

图 9-83　汽车空调进气组织形式示意图

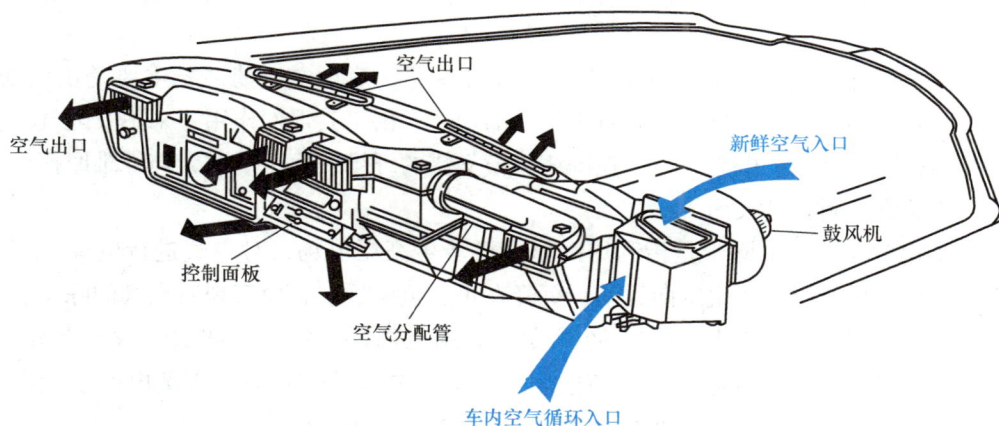

图 9-84　汽车空调的气流组织形式

2. 汽车空调系统的通风

将新鲜空气送进车内取代污浊空气的过程称为通风。通风的目的是使车内空气新鲜，以保证驾乘人员健康和舒适。

汽车空调系统的通风方式有动压通风和强制通风两种。

（1）动压通风 动压通风也称为自然通风，它是利用汽车行驶时空气对车身表面所产生的压力为动力，按照车身表面压力分布规律，在车上适当的地方开设进风口和排风口，以实现车内的自然通风。

进风口应设置在汽车前部的正压区，并且尽可能离地面高一些，以免汽车行驶时扬起的尘土进入车内；排风口应设置在汽车车厢后部的负压区。

轿车自然通风时的空气流动如图9-85所示，进风口设置在车前风窗玻璃的下部，而且在进风口处设有进气阀门和内循环空气阀门，用来控制新鲜空气的流量。

图9-85 轿车自然通风时的空气流动

（2）强制通风 强制通风是利用鼓风机强制将车外部新鲜空气吸入车内进行通风换气的。

3. 空气净化系统

空气净化系统的作用主要是除去空气中的悬浮尘埃及车内烟雾。汽车在通常公路上行驶，悬浮粉尘是其最大的污染。根据粉尘特性的不同，除尘净化可采取过滤除尘和静电除尘两种方式。

（1）过滤除尘 过滤除尘常采用空调进气过滤器，简称空调滤芯，主要是由无纺布、过滤纤维等组成的干式纤维过滤器。对于较大的尘埃，由于其惯性作用，来不及随气流转弯而碰在纤维孔壁上；对于微小颗粒，在围绕纵横交错的纤维表面运动时，与纤维摩擦产生静电作用，被纤维吸附在其表面。

（2）静电除尘 静电除尘是指利用高压电极产生高压电场，对空气进行电离，使尘粒带电，然后在电场作用下产生定向运动，沉降在正、负电极上，而实现对空气的除尘。

静电式净化器的工作原理如图9-86所示，它由电离部、集尘部和活性炭3部分组成。在电离部的电极之间施加高达5kV的高电压，使粉尘电离并带负电；带负电的粉尘在电场力作用下，向由正极板构成的集尘部移动。在集尘部，由正极板外加的高压正电，将带负电的粉尘吸附。除去粉尘后的空气用活性炭吸附，除去臭味及有害气体，净化后的空气被送至车内。

（3）净化烟雾　在空调器内部设置有烟雾浓度传感器。当空调系统处于 AUTO 方式时，烟雾浓度传感器开始检测烟雾，将信号发送给空调控制单元。有烟雾时，空调 ECU 控制鼓风机在自动低速运转，没有烟雾时自动停止，保持车内空气清新。

烟雾浓度传感器的结构及工作原理如图 9-87 所示，它由发光元件、光敏元件和信号处理电路三部分组成，通过细缝的空气可以自

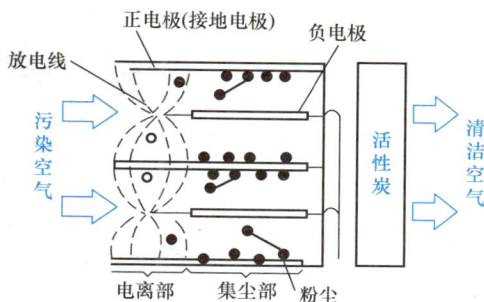

图 9-86　静电式净化器的工作原理

由地流动，发光元件间歇地发出红外线，在没有烟雾的情况下，红外线射不到光敏元件上，电路不工作，但当烟雾等进入传感器内部时，烟雾粒子对间歇的红外光进行漫反射，就有红外光射到光敏元件上，这时空调 ECU 判断出车内有烟雾，就会使鼓风机运转。

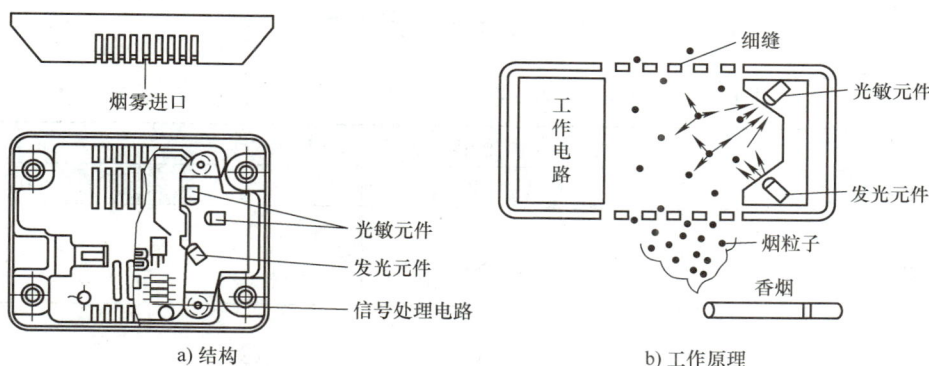

a) 结构

b) 工作原理

图 9-87　烟雾浓度传感器的结构及工作原理

（4）空气质量传感器　空气质量传感器安装在新鲜空气吸入装置内，如图 9-88 所示。当空调系统处于 AUTO 方式时，空气质量传感器用来监测外界空气的污染程度，空调放大器根据空气污染程度及环境温度自动将外循环转为内循环模式工作。

4. 汽车空调出风口风量与出风模式

丰田卡罗拉汽车出风口如图 9-89 所示，各出风口风量与出风模式的关系见表 9-11。

空气质量传感器 G238

图 9-88　空气质量传感器的安装位置

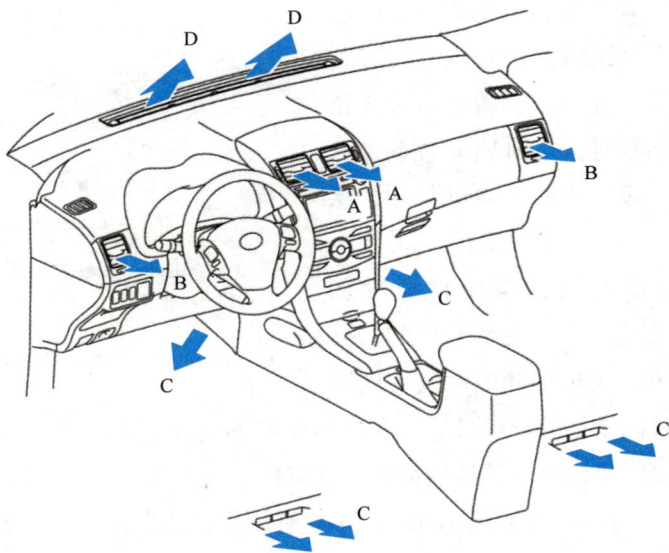

图 9-89 丰田卡罗拉汽车出风口

表 9-11 丰田卡罗拉汽车各出风口风量与出风模式的关系

说明 （模式）	中央	侧部	吹脚	除霜
	A	B	C	D
面部	◯	◯	—	—
双级	○	○	◯	—
脚部	—	○	◯	○
脚部/除霜	—	◯	◯	◯
除霜	—	○	—	◯

注：◯的尺寸表示风量的比例。

【任务实施环境】

1）理实一体教室授课，每个学习小组配备一个标准工位。

2）每个工位配备汽车（丰田卡罗拉汽车）1 辆，解码器 1 台，万用表 1 个及各种导线，电工常用的各种钳子、螺钉旋具等。

3）每组配备丰田卡罗拉汽车维修手册 1 套。

【任务实施步骤】

1. 确认故障现象

接到车辆后，进行故障现象确认。打开点火开关，调高鼓风机转速，调整出风模式，用手感觉各个出风口的风量，最后确认出风口无风量，属于空调系统出风口无风量故障。

2. 故障检测

丰田卡罗拉汽车空调系统鼓风机电路原理（自动空调）如图9-90所示。针对空调系统出风口无风量故障，具体检查步骤如下：

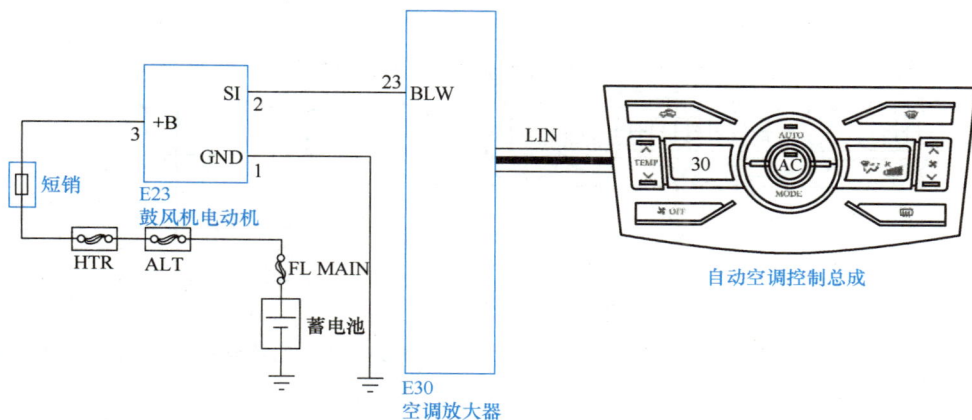

图9-90　丰田卡罗拉汽车空调系统鼓风机电路原理（自动空调）

1）检查鼓风机熔丝。图9-91所示为鼓风机HTR熔丝在发动机舱继电器盒内的位置。拆下HTR熔丝并检查是否正常，若正常，则进入下一步。

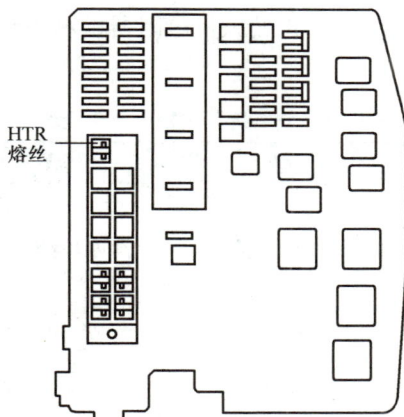

图9-91　鼓风机HTR熔丝在发动机舱继电器盒内的位置

2）对鼓风机做主动测试。将解码器连接到DLC3，打开点火开关（置于ON档），选择主动测试中的鼓风机电动机项目。丰田卡罗拉汽车鼓风机主动测试标准见表9-12，鼓风机共有31个等级，若测试结果正常，进入下一步。

表9-12　丰田卡罗拉汽车鼓风机主动测试标准

检测仪显示	测试部位
Blower Motor （鼓风机电动机）	鼓风机电动机/最小：0，最大：31

3）检测空调放大器。打开点火开关和鼓风机开关。空调放大器端子如图9-92所示。测量空调放大器端子 E30-23（BLW）和车身搭铁之间的波形，标准波形如图9-93所示。调整空调控制总成（面板）鼓风机的转速，空调放大器输出的占空比波形随着鼓风机速度等级不同而变化。若测试结果正常，则进入下一步；否则，更换空调放大器。

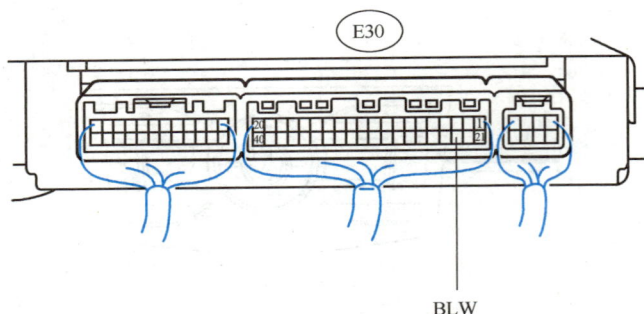

图9-92　空调放大器端子

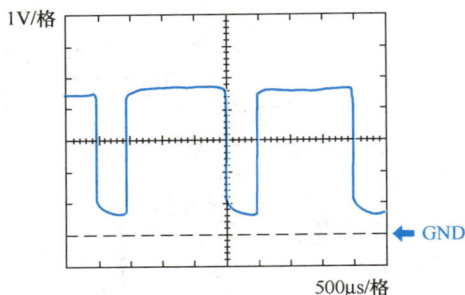

图9-93　空调放大器控制鼓风机的标准波形

4）更换空调控制总成（操作面板）。

5）若是配备手动空调的车型，鼓风机、鼓风机开关及电阻器的检测方法如下。鼓风机的检测：可直接给鼓风机的端子加上12V电压，观察是否工作。鼓风机开关的检测方法如图9-94所示，鼓风机开关检测条件及结果见表9-13。鼓风机电阻器的检测方法如图9-95所示，鼓风机电阻器检测条件及结果见表9-14。

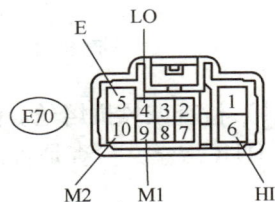

图9-94　鼓风机开关的检测方法

表9-13　鼓风机开关检测条件及结果

检测仪连接	开关状态	规定状态	实测结果
E70-4（LO），E70-6（HI）， E70-9（M1），E70-10（M2） -E70-5（E）	鼓风机开关：OFF	10kΩ 或更大	
E70-4（LO）-E70-5（E）	鼓风机开关：LO	小于1Ω	
E70-4（LO），E70-9（M1）- E70-5（E）	鼓风机开关：M1	小于1Ω	
E70-4（LO），E70-10（M2） -E70-5（E）	鼓风机开关：M2	小于1Ω	
E70-4（LO），E70-6（HI）- E70-5（E）	鼓风机开关：HI	小于1Ω	

E66

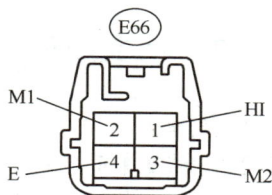

M1 —— 2 | 1 —— HI

E —— 4 | 3 —— M2

图 9-95　鼓风机电阻器的检测方法

表 9-14　鼓风机电阻器检测条件及结果

检测仪连接	条件	规定状态	实测结果
E66－1（HI）－E66－4（E）	始终	3.12～3.60Ω	
E66－3（M2）－E66－4（E）	始终	2.60～3.00Ω	
E66－2（M1）－E66－4（E）	始终	1.67～1.93Ω	

小　　结

汽车空调即车内空气调节，指对汽车车内的温度、湿度及空气的清洁度进行调节控制。汽车空调系统一般由制冷系统、加热系统、通风系统、操纵控制系统及空气净化系统组成。制冷系统需要消耗发动机的动力，由压缩机带动制冷剂循环实现制冷。加热系统不需要消耗发动机的动力，只是利用发动机冷却液的热量对车内空气进行加热。操纵控制系统的作用是对制冷系统、加热系统及通风系统的工作进行控制，同时对车内的空气温度、风量、流量进行调节，保证空调系统正常工作。

为了减少压缩机工作时对发动机运转的冲击，提高发动机的动力性，多数汽车空调制冷系统都采用了可变排量压缩机，压缩机是与发动机始终连接的，制冷量与发动机的工况始终是匹配的。

汽车空调分为手动空调与自动空调两种。手动空调系统在使用时只是对冷热程度、风机转速及送风方式进行手动调整；自动空调系统可利用车内温度传感器、车外温度传感器及光照传感器等的信号，由空调控制单元按预先编制的程序对信号进行处理，控制鼓风机的转速、出风温度、送风方式及压缩机的工况，从而使车内温度达到驾驶人设定的温度。

在维修汽车空调制冷系统时，对制冷剂的回收、抽真空、加注制冷剂等作业内容要按要求进行操作，按照维修手册的要求加注制冷剂与冷冻油。

复习思考题

1. 简述汽车空调系统的组成及作用。
2. 简述汽车空调制冷系统的组成及工作原理。
3. 简述手动空调与自动空调系统的区别。
4. 简述汽车空调制冷系统不工作的故障原因及诊断方法。
5. 简述汽车空调制冷系统制冷不足的故障原因及诊断方法。
6. 简述汽车空调制冷系统制冷剂的回收、抽真空、加注制冷剂及冷冻油的操作方法。
7. 简述汽车空调采暖系统供暖不足的故障原因及诊断方法。

参 考 文 献

［1］ 毛峰，杜春盛．汽车车身辅助电器系统检测与修复［M］．北京：机械工业出版社，2011．

［2］ 毛峰，毛洪艳．汽车安全与舒适系统检测与修复［M］．北京：机械工业出版社，2011．

［3］ 马明芳．舒适与安全系统诊断维修［M］．北京：机械工业出版社，2016．

［4］ 毛峰．汽车车身电控技术［M］．3版．北京：机械工业出版社，2016．

［5］ 毛峰．汽车舒适与安全系统故障诊断与维修［M］．北京：机械工业出版社，2021．

［6］ 周建平，悦中原．汽车电气设备构造与维修［M］．4版．北京：人民交通出版社股份有限公司，2020．